百家廊文丛
BAIJIALANG WENCONG

郭象《庄子注》与魏晋美学思潮

余开亮 ○ 著

本书受中国人民大学科学研究基金项目暨中央高校基本科研业务费专项资金支持

中国人民大学出版社
·北京·

编委会名单

编委会主任 靳 诺 刘 伟
编委会副主任 贺耀敏 刘元春
编委会委员（以姓氏拼音排序）
冯惠玲 冯仕政 胡百精 刘大椿
孙 郁 王 轶 乌云毕力格 严金明
张 杰 张雷声

序　言

中国人民大学建校八十年，也是中国共产党创办新型高等教育的八十年。从1937年到2017年，从延安的陕北公学，到晋察冀边区的华北联合大学、正定的华北大学，再到北京的中国人民大学，八十年历史沧桑，斗转星移，中国人民大学始终与党和国家同呼吸、共命运。八十年来，几代学人进行了殚精竭虑的学术探索，在治学方面取得了令人瞩目的杰出成就。

改革开放以来，中国人民大学的学者在马克思主义指导下，努力继承中华传统文化精粹，发扬老一辈学者的笃实学风，同时借鉴了西方学术研究的新方法、新成果，解放思想，大胆创新，有力推动了我国人文社会科学的深入发展。经过数十年的建设与积淀，中国人民大学在人文社会科学各领域内学科门类建设齐全，研究领域日渐拓展，研究水准不断提升，呈现出人才辈出、欣欣向荣的学术繁荣景象。

2017年9月，经国务院批准，教育部等部门下发了《关于公布世界一流大学和一流学科建设高校及建设学科名单的通知》，中国人民大学入选A类一流大学建设名单，哲学、理论经济学、应用经济学、法学、政治学、社会学、马克思主义理论、新闻传播学、中国史、统计学、工商管理、农林经济管理、公共管理、图书情报与档案管理等14个一级学科入选一流学科建设名单。入选学科除统计学为理学学科外，其余全部为人文社会学科。

中国人民大学入选"双一流"建设高校和14个学科入选"双一流"

建设学科，既体现了党和国家对人文社会科学的重视，同时也是对中国人民大学八十年发展成就的充分肯定，是鼓励和认可，更是鞭策和期许。我们感觉肩上的担子更重了。

习近平总书记指出："人类社会每一次重大跃进，人类文明每一次重大发展，都离不开哲学社会科学的知识变革和思想先导。"如果我们将"双一流"的入选视为中国高等教育在新的历史阶段开启新的征程的信号，那么当前，中国人民大学已经站在新的历史坐标点上。我们需要总结历史，更需要开拓未来。

2016年，学校科研处的同志与我们谈起，他们准备在校庆年启动一项名为"百家廊文丛"的持续支持工程，希望通过多年连续性的资助，把学校各学科卓有成就的学者所撰写的代表性学术成果择优出版，系统性地展示中国人民大学近年来的整体学术水平。科研处作为管理和服务教师科学研究的机构，一直把提升科研品质、打造学术精品作为部门的责任。但是，客观讲，中国高校的文科科研经费投入还是有限的，怎样把有限的资源配置到最需要、最出成效的地方，是中国人民大学多年来认真思考的问题。为了把"好钢用在刀刃上"，科研处也做了许多有益的谋划，推动了学校科研事业的蓬勃发展。

在校庆年首度推出"百家廊文丛"，具有几层特殊的意义。首先，"百家廊文丛"反映了中国人民大学在人文社会科学方面的深厚学术实力。本年入选的多部著作各具特色，有的资料翔实，有的论述细密，有的条理畅达，有的富有文采，足以彰显中国人民大学近年来的学术实绩。其次，体现出中国人民大学学者群体持续关注和深入研究我国发展面临的重大理论和实践问题的深沉人文情怀。有的学者耐得住寂寞，苦坐书斋；有的学者读万卷书行万里路，遍寻一手数据。最后，丛书是一个对外交流的窗口，在人大学者与国内外的学者之间架起了一个交流的平台。"百家廊文丛"如能持续坚持下去，就是一项规模较大的学术文化工程，值得期待。

大学因学术而显厚重，因学者而富气象。"百家廊文丛"首批推出的著作，选题丰富多元，特别是对基础学科和学科基础中的一些重要问题进行了专题研讨。对于"基础学科和学科基础"的强调和看重，一直以来也是我校科研工作的指导方针。"百家廊文丛"如果能做到叫得响、传得开、留得住，就成功了。好的学术成果一定要能沉淀下来，而非过眼云烟。

习近平总书记《在哲学社会科学工作座谈会上的讲话》指出："这是一个需要理论而且一定能够产生理论的时代，这是一个需要思想而且一定能够产生思想的时代。我们不能辜负了这个时代。自古以来，我国知识分子就有'为天地立心，为生民立命，为往圣继绝学，为万世开太平'的志向和传统。一切有理想、有抱负的哲学社会科学工作者都应该立时代之潮头、通古今之变化、发思想之先声，积极为党和人民述学立论、建言献策，担负起历史赋予的光荣使命。"中国人民大学长期秉持立学为民、治学报国的优良传统，始终践行着实事求是的学术良知。不论是在抗战烽火中，还是在新中国成立伊始；不论是遭受了"文革"的磨难，还是在改革开放中凤凰涅槃，中国人民大学的学者一方面坚守书斋、甘于清贫，另一方面又关心国家、民族的命运，关心社会的进步。中国人民大学的命运从来与党和国家的命运休戚相关，而人大学者从来志向远大，他们为构建具有中国特色、中国风格、中国气派的哲学社会科学做出了积极贡献。今天，我们推出这套文丛，正是传承中国人民大学八十年文脉，弘扬砥砺奋进、实事求是精神的有益之举。

"百家廊文丛"的名字，非常契合中国人民大学的实际。因为"百家廊"是中国人民大学校内的著名风景，在李东东同志创作的《人民大学赋》中有云："百家廊，檐飞七曜，柱立八荒，凝古今正气，汇中外学术。"我们认为，这几句话就是对即将面世的"百家廊文丛"首批的最好诠释。"百家廊中百家争鸣"，这套文丛是献给历经岁月沧桑、培育桃李芬芳的中国人民大学八十年校庆的一份心意，祝愿这所伟大的学校在新的历史征程中继往开来、再续辉煌。

是为序。

目　录

绪论 …………………………………………………………………… 1
第一章　郭象哲学体系及其美学关联 ……………………………… 18
　　第一节　郭象哲学图景 ………………………………………… 19
　　第二节　郭象哲学与美学的关联 ……………………………… 32
第二章　郭象"自生独化"说与自然山水之美的独立 …………… 46
　　第一节　郭象之前的自然山水观模式 ………………………… 48
　　第二节　郭象"自生独化"说与新自然观的确立 …………… 66
　　第三节　郭象玄学与东晋自然山水之美的独立 ……………… 84
第三章　郭象情物关系与寓目美学观的生成 ……………………… 93
　　第一节　寓目美学观的兴起与理论溯源 ……………………… 93
　　第二节　魏晋玄学"有情无情论"辩题中的情物关系 ……… 98
　　第三节　郭象情物关系新义及其美学意蕴 …………………… 106
　　第四节　寓目美学观在晋宋山水审美中的实践 ……………… 117
　　第五节　寓目美学观的历史走向 ……………………………… 134
第四章　郭象人性论哲学与魏晋个体生命意识的自觉 …………… 143
　　第一节　汉魏才性论与魏晋个体生命意识 …………………… 144
　　第二节　郭象本性论对魏晋个体生命意识的发展 …………… 149
　　第三节　魏晋名士对生命个体本性的自觉 …………………… 163

第五章　郭象性情论与魏晋风流⋯⋯⋯⋯⋯⋯⋯⋯⋯⋯⋯⋯⋯⋯⋯ 179
第一节　郭象的性情关系论⋯⋯⋯⋯⋯⋯⋯⋯⋯⋯⋯⋯⋯⋯⋯ 180
第二节　魏晋名士性情周旋的生命风流⋯⋯⋯⋯⋯⋯⋯⋯⋯⋯ 191

第六章　郭象"游外冥内"观与东晋士人心态⋯⋯⋯⋯⋯⋯⋯⋯⋯ 207
第一节　郭象"游外冥内"辨义⋯⋯⋯⋯⋯⋯⋯⋯⋯⋯⋯⋯⋯ 207
第二节　东晋士人心态的调适⋯⋯⋯⋯⋯⋯⋯⋯⋯⋯⋯⋯⋯⋯ 224

第七章　郭象哲学的理论盲点与玄学美学的转迁⋯⋯⋯⋯⋯⋯⋯⋯ 240
第一节　适性逍遥论的理论困境与心性哲学/美学的转向 ⋯⋯ 241
第二节　相因玄冥论的绝对化与哲学/美学道体的恢复 ⋯⋯⋯ 248
第三节　郭象哲学与中古美学的发展⋯⋯⋯⋯⋯⋯⋯⋯⋯⋯⋯ 253

附录一　钟情与无情的周旋：论魏晋风度的内在矛盾性⋯⋯⋯⋯⋯⋯ 262
附录二　刘勰对山水诗的创造性误读与中古诗学的转向⋯⋯⋯⋯⋯⋯ 276
主要参考文献⋯⋯⋯⋯⋯⋯⋯⋯⋯⋯⋯⋯⋯⋯⋯⋯⋯⋯⋯⋯⋯⋯⋯ 291

绪 论

一、问题的提出

中国文化发展到魏晋，围绕着《老子》《周易》《庄子》三书而展开的各种义理阐释之学深入人心。由此，玄学渐趋取代统治两汉数百年之久的经学传统而成为时代主流思潮。以玄学为主要依托，魏晋士人构建了一套表征自身独特地位的精神文化体系并铸造了在中国美学史上影响深远的熔生命美学、自然美学、生活美学、文艺美学为一炉的士人美学体系。其中，个体感性生命的觉醒、山水自然之美的发现、魏晋名士的生命风流以及士人文化艺术体系的建构和趣味等都属于与魏晋玄学紧密关联的美学新思潮。

然而，对魏晋美学思潮的理解，除了去勾连其与玄学的密切关系外，还应看到魏晋思想世界所具有的多元复杂性特征。除了儒家经学、汉代元气论哲学、老庄哲学的传统影响，道教、佛教等宗教哲学也深入地浸染了人心，再加上新兴的主流玄学也存在着"本无""崇有""独化""玄佛合流"等不同旨趣，这使得魏晋思想世界呈现为多元文化的冲突与交融。这种多元文化、不同思想旨趣的碰撞、交织、融通也深刻地影响了魏晋美学，从而造就了魏晋美学复杂多维的理论面相与实践方式。

从魏晋名士的生命形态来看，多元思想的渗透影响着魏晋士人内在深层的精神世界，从而造就了他们矛盾冲突的生命世界：时而遗弃世事，时而利欲熏心（如山涛）；时而疾恶如仇，时而又诫子寡言慎备（如嵇康）；时而简要清通，时而贪财鄙吝（如王戎）；时而坦荡旷达，时而夜起彷徨

（如阮籍）；时而操节守义，时而放荡淫逸（如周顗）；时而任诞风流，时而高德雅量（如谢安）；时而才情高远，时而诞纵秽行（如孙绰）；时而畅叙幽情俯仰自得，时而兴怀感叹痛悼死生（如王羲之）；时而兄弟情深不能顺命，时而无情适性随遇而安（如王徽之）；时而攀条执枝泫然泪下，时而废主立威杀人逞欲（如桓温）……此正如颜之推在《颜氏家训·勉学》中所写："而平叔以党曹爽见诛，触死权之网也；辅嗣以多笑人被疾，陷好胜之阱也；山巨源以蓄积取讥，背多藏厚亡之文也；夏侯玄以才望被戮，无支离臃肿之鉴也；荀奉倩丧妻，神伤而卒，非鼓缶之情也；王夷甫悼子，悲不自胜，异东门之达也；嵇叔夜排俗取祸，岂和光同尘之流也；郭子玄以倾动专势，宁后身外己之风也；阮嗣宗沉酒荒迷，乖畏途相诫之譬也；谢幼舆赃贿黜削，违弃其余鱼之旨也；彼诸人者，并其领袖，玄宗所归。其余桎梏尘滓之中，颠仆名利之下者，岂可备言乎！"①

这些看似矛盾的生命表现都真实地发生在魏晋名士身上，构成了魏晋风流的多重纠结面相。这里，生命形态展示出来的不再是完美之道德人格的高尚或超然之精神境界的高迈，而只是具体生命偏执却又真实的独特个性。

不但生命形态如此，魏晋的其他美学思潮内部也蕴含着多元的气质走向。魏晋个体感性生命的觉醒实际上既源于汉魏以来的元气论与才性论传统，又源于玄学本性论哲学的推动。魏晋对山水自然的审美经验就有着感物缘情、以玄对山水、以佛对山水、情景交融等形态流变。在魏晋士人文化艺术的审美追求上，也有着雕缋满眼的重形之美与清水芙蓉的重神之美的不同偏好。对于魏晋美学的这种多元气质，研究者不能囫囵吞枣式地统而论之，需要将之置于汉学、玄学、佛学等多元思潮的交替与辨析中方能有历史与逻辑相统一的具体把握。以玄学为核心，并保持与汉学、佛学的内在张力，更为细腻、立体地阐释魏晋美学新思潮得以出现的思想语境是本书研究的一个缘起。

对于魏晋兴起的美学思潮，学界多有人从经济、政治、哲学、宗教、艺术等角度来进行阐释，很好地推动了对魏晋美学的理解。可以说，魏晋美学与艺术的新变是政治、经济、文化等多重因素塑造的。其中，以世界观、人生观、方法论等为主要反思内容的哲学当起着重要的作用。

---

① 檀作文译注：《颜氏家训》，中华书局，2007，第 116 - 117 页。

从哲学层面上来说，学界亦在经学、老庄、佛学、玄学等方面多有论述。在诸多哲学理论研究成果基础上，如果要对魏晋美学研究有进一步突破的话，尚需要引入更为细致的理论辨析意识①。这种更为细致的"辨名析理"意识要求不能简单、笼统地去谈何种哲学如何影响了魏晋美学，而应该对哲学内部差异以及魏晋美学的内在细节差异进行具体呈现，建立起具体哲学理论与具体美学理论之间的勾连机制、中介环节，并继而去看看其间是否存在着一些可以把握的演进规律。拿玄学与魏晋美学的关系来说，由于魏晋美学是多元形态的（有时这种多元形态会在一个人身上呈现矛盾与冲突），故在阐释玄学与魏晋美学的关系时应具有如下问题意识：一方面，不能把魏晋美学思潮的出现都笼统地套到玄学影响之上，还要看到汉学、佛学等其他哲学的影响；另一方面，必须在把握玄学特性的基础上对玄学内部差异进行分疏，以建立具体玄学与具体美学之间的勾连环节。汤用彤曾说："魏晋时代思想界颇为复杂，表面上好像没有什么确切的'路数'，但是，我们大体上仍然可以看出其中有两个方向，或两种趋势，即一方面是守旧的，另一方面是趋新的。前者以汉代主要学说的中心思想为根据，后者便是魏晋新学。我们以下不妨简称'旧学'与'新学'的两派。'新学'就是通常所谓玄学。"② 按汤用彤的看法，"本于阴阳五行的'间架'"的汉代"旧学"与"用老庄'虚无之论'做基础"的玄学"新学"在魏晋时代的思想界是并行的，且新学有着取代旧学的总体趋势。所以，对魏晋美学的研究，应特别注意要在对这两派哲学有所区分的意识基础上，自觉地去呈现玄学所带来的美学新貌。目前学界尚存在一些似是而非的观点，如不加区分地去讲刘劭《人物志》与晋人的人物品藻、不加区分地去讲陆机的物感与刘勰的物色、不加区分地去讲钟情与忘情、不加区分地去讲任诞适性与心性境界、不加区分地去讲形似与传神的对立等，

---

① 在研究过程中，笔者既感受到了细致的理论辨析意识对于研究中国文化的重要性，同时又产生了颇多困惑。由于中国哲学、中国美学概念的模糊性与交叉性，要彻底明确地辨析一些概念与思想之间的差别往往是很难做到的。本书中所涉及的诸如"气化"与"玄化"、"物感"与"物色"、"本性"与"心性"、"内在超越式精神境界"与"客观本然的生命境界（客观实存的生命精神）"等概念有时也会有难以截然分别之处。即便如此，本书仍尽可能以边缘可以模糊但中心必须清晰的原则来运用这些概念并指出其间的思想差异。

② 汤用彤：《魏晋玄学论稿》，上海古籍出版社，2001，第111页。

而这正是因为缺乏细致的理论辨析意识。对这些问题的阐释与厘清，要求研究者具有细致的理论辨析能力与具体的审美经验感受能力。

本书聚焦郭象哲学，试图建构一种细致而具体的哲学理论与美学思潮之间的勾连机制。王晓毅说："郭象《庄子注》是一部杰作，是魏晋玄学的集大成之作，放眼整个魏晋南北朝思想史，没有哪部著作能与其比肩。但，它不能视为郭象个人的作品，而是凝集了汉晋之际中国思想家的智慧，将黄老、老庄、儒家哲学以及前辈玄学家的思想成果融为一体，解决了魏晋时代一系列重要的理论课题。"① 叶维廉也说："郭象注的南华真经不仅使庄子的现象哲理成为中世纪的思维的经纬，而且通过其通透的诠释，给创作者提供了新的起点。"② 正是由于郭象的《庄子注》在魏晋时代具有"思想熔炉""课题聚焦""思维经纬"的理论地位，通过一个文本来联动社会思潮的研究方法成为可行。出于这种考量，笔者以对魏晋士人极具影响力、具有理论熔炉性质的向秀、郭象《庄子注》③ 为切入口，意图建构一种郭象玄学与魏晋美学之间的具体勾连机制。经由这种具体勾连机制，笔者发现，除了《庄子》本身哲学的影响，作为魏晋玄学理论高峰的《庄子注》里呈现的玄学观念，更对魏晋玄学美学产生了最为深刻的影响。《庄子注》一书，堪称魏晋诸多美学形态的理论写照、哲学根据。不但如此，郭象哲学还在两汉哲学与隋唐佛学之间起着承上启下的作用。对郭象哲学美学意蕴的研究，实有助于理解元气论美学、玄学美学、佛教美学之间所出现的历史转承。汤一介曾对郭象在中国哲学史的地位画过大小两个圈：其大圈为"两汉哲学—魏晋玄学—隋唐佛学"，其总体小圈可为"王弼—郭象—僧肇"④。从汤一介的大小两圈中不难看出，郭象哲学可视为两汉哲学与隋唐佛学转捩的核心节点。郭象哲学的这一转折意味，笔者在研究中也深深地感受到了。经由对郭象哲学与美学的把握，实能较好地勾勒出中古美学的思想史流变。

---

① 王晓毅：《儒释道与魏晋玄学形成》，中华书局，2003，第276页。
② 叶维廉：《中国诗学》，三联书店，1992，第91页。
③ 本书所引《庄子》原文与《庄子注》文字，均据曹础基、黄兰发点校《庄子注疏》（中华书局2011年版）。
④ 汤一介：《郭象与魏晋玄学》，中国人民大学出版社，2016，第101-102页。

可以说，郭象玄学在中古美学史上起到了"破前启后"之功，是一种极具理论个性与历史价值的思想体系。所谓"破前"，是说郭象玄学不但突破了先秦两汉哲学，同时也与何晏、王弼等人的玄学不同。不论是儒家的道德哲学还是道家的精神境界哲学，先秦哲学都是以心性论为主的，追求的是修养与工夫。两汉以气阴阳五行哲学为主，注重的是事物之间的气感类应关系。而何晏、王弼的"本无论"哲学所持的"反无""体无""反本""性其情"等观念，亦表明他们对精神本体"无"的追求更多倾向于一种精神境界论形态。郭象哲学则与之不同，破除了气阴阳五行构筑的关联感应性宇宙网络，面对普罗大众打开了一幅经由具体个体"自生独化"而组成的现象世界画面。同时，郭象的本性论哲学在剔除心性工夫与精神本体的基础上，高扬了一种无须借助艰涩的修养工夫人人皆可适性而得逍遥的世俗生命存在之形态。这种本性论哲学在中国思想史上既是新创的也是前卫的，其对魏晋的自然观、人生观、审美观、艺术观的影响也是新颖的。事实上，魏晋的一些新美学思潮多能在郭象玄学中找到哲学理据的支撑。因此，以郭象玄学为关键节点，当能呈现出魏晋美学思想之于先秦两汉的差异、演化与新质。所谓"启后"，是说《庄子注》作为魏晋名士理解《庄子》的重要窗口，其蕴含的现象之"有"的自足无碍、无心玄应等观念直接成为接引佛教的一个玄学中介，并因此影响到了后来的佛教本土化历程，从而影响到了中国美学后世的发展。

二、研究现状及学术推进

在中国哲学上，代表玄学理论完成形态的郭象哲学作为魏晋玄学、魏晋南北朝哲学研究的重要部分，在众多展开哲学断代史或玄学史研究的著作中都得到了较大关注①。其中，汤用彤的《魏晋玄学论稿》、钱穆的

---

① 关于郭象哲学的研究现状，学界有多篇综述文章可以参看。汤一介的《郭象与魏晋玄学》附录六《在西方学术背景下的魏晋玄学研究》一文对20世纪魏晋玄学研究进行了总体概述。李小茜的《郭象哲学与中古的自然审美》（天津社会科学院出版社2016年版）第一章对郭象及郭象哲学的研究现状进行了综述。其他述评性文章还有仲寅《1980年以来中国大陆郭象〈庄子注〉研究述评》(《高校社科动态》2012年第3期)、罗彩《郭象思想研究三十年及前瞻》[《深圳大学学报（人文社会科学版）》2015年第1期]等。

《庄老通辨》、牟宗三的《才性与玄理》等书都具有标杆作用。除了这种哲学史的研究,汤一介、王晓毅、卢国龙、苏新鋈(台湾)、林聪舜(台湾)、庄耀郎(台湾)、康中乾、王江松、黄圣平、杨立华、暴庆刚、韩林合等人还对郭象哲学进行了专著式研究。虽然目前学界的这些研究对郭象注与向秀注的关系、郭象注与《庄子》的关系、郭象《庄子序》的真伪、一些主要概念与命题(如心性与本性、性情与感情、玄冥之境、自然与名教关系)的理解、郭象理论学派与评价等问题还存在一些分歧,但这些研究基本上都看到了郭象哲学在推动魏晋社会思想发展进程中所具有的重要性,为后续对郭象哲学展开边缘扩展式研究打下了良好的基础。

然而,与郭象哲学的重要性不匹配的是,中国美学理论界对郭象哲学的美学意蕴及其对魏晋美学思潮的影响的研究还显得相对薄弱。这种相对薄弱性主要体现在如下三个方面:

一是不谈或者从根本上否定郭象哲学具有美学性。在20世纪80年代的美学史学术背景中,郭象玄学理论被一些人"标签化"地视为在给门阀士族统治的合理性做辩护,因而认为郭象"极为片面地发展了庄学中最庸俗虚伪的一面,完全失去了庄学中抨击现实揭露黑暗的批判精神",是一种"纯粹的混世主义、滑头哲学"①,其与美学的批判精神是格格不入的。受这种观点影响,在早期的几部美学通史著作中,在写作魏晋玄学美学部分时,往往不谈郭象或从根本上否定郭象玄学具有美学性,"郭象反对对自由的人格理想的追求,这使他的玄学本身在根本上就带有反美学的性质。魏晋玄学与美学的密切关系也从而告一段落"②。

二是很多美学通史或者魏晋美学断代史著作对郭象美学及其影响方面提及较少。在中国美学史的写作范式上,魏晋南北朝美学往往与先秦两汉美学之间存在着范式的断裂现象。一个饶有深意的现象是,由于先秦两汉的美学思想多是以哲学美学形态存在的,故在写作过程中,先秦两汉美学史写作往往是与哲学思想相通的。随着文学艺术的独立,魏晋

---

① 李泽厚:《中国古代思想史论》,人民出版社,1986,第198页。
② 李泽厚、刘纲纪:《中国美学史》第二卷,中国社会科学出版社,1987,第151页。

南北朝美学史写作的主要范式则由哲学美学转化为文艺美学。因此，在文艺美学为主的写作范式中，玄学往往只是作为一个理论背景被提及而不能得到深入的展开。即使在玄学背景中，极具世俗化色彩且"名声不佳"的郭象玄学也往往被掩盖在庄子、王弼、嵇康、阮籍等人的思想光芒中而无法得到重视。也就是说，在很多谈及玄学美学及其对魏晋美学影响的著述中，郭象思想往往被统摄于庄子哲学或整体玄学之下而并未得到必要的分疏。由此，在阅读很多魏晋美学理论研究著作时，难免出现了一种较为奇怪的观感：一方面既感受到了魏晋玄学高扬了《庄子》的美学精神，另一方面又很少看到对把《庄子》精神落到实处的《庄子注》美学及其影响的相关论述。另外，在魏晋玄学美学研究中还存在的一个误解是，把魏晋玄学的"任性"与汉魏哲学的"任情""缘情感物"相互混淆，从而认为玄学在为魏晋纵情思潮张目。而事实上，从何晏、王弼、嵇康到郭象，玄学所持的基本都是一种"无情""性其情""无哀乐""任性忘情"的性情观念，其恰恰是为了对治纵情思潮而提出的。通过对郭象玄学性情关系、情物关系的阐述，有利于对这一问题进行澄清。

三是目前针对郭象《庄子注》美学以及《庄子注》与魏晋美学关系进行研究的专门性论著不多。笔者所见有两篇博士论文对郭象《庄子注》美学思想进行了研究。第一篇为武汉大学陈望衡教授指导的陈琰博士的《郭象〈庄子注〉美学思想研究》（2010年）。该论文从肯定人的自由生存为哲学与美学连接点，较好地论述了郭象的道论、性论、真知论、逍遥论哲学中所蕴含的美学性。由于该文立意于郭象哲学自身的美学性，故对郭象《庄子注》美学所具有的影响力所涉不多。第二篇为吉林大学张锡坤教授指导的李希博士的《郭象哲学与中古的自然审美》（2011年）①。该书从郭象"独化"自然观入手，较有见地地勾勒了郭象哲学对魏晋南朝自然审美的影响，为郭象美学研究的重要著作。由于作者立意于郭象哲学对中古自然审美的美学影响，故对郭象其他命题与其他美学影响尚未展开系统论

---

① 该博士论文于2016年出版。李小茜：《郭象哲学与中古的自然审美》，天津社会科学院出版社，2016。

述。另外，曲经纬在其硕士论文基础上写就的《庄禅摆渡：〈庄子注〉与玄学美学》① 一书，在较好地把握中国古典美学问题意识的基础上，从审美本体观、审美态度、审美心理、审美人格四方面比较了《庄子》与《庄子注》美学的差别。该书虽较有学理性地呈现了郭象玄学美学对庄子美学的思想史突破，但对《庄子注》与魏晋美学、艺术现象之间的关联性所涉不多。

当然，薄弱并不等于没有，除了上述专门性论著，目前一些美学史著作与论文也展开了关于郭象玄学美学与六朝美学关系的研究。这些关联性研究主要包括如下几个方面：

一是在有无、自然名教、言意、玄冥之境等主题下，论述郭象哲学观念对魏晋美学的影响。这方面的论述多出现于一些美学史著作关于魏晋玄学美学的论述上，比较突出的如袁济喜的《六朝美学》，王振复的《中国美学史教程》，陈望衡的《中国古典美学史》，胡海、秦秋咀的《中国美学通史·魏晋南北朝卷》，朱良志的《中国美学十五讲》，张海明的《玄妙之境》，潘知常的《中国美学精神》，祁志祥的《中国美学通史》，韩国良的《道体·心体·审美》等。如《中国美学通史·魏晋南北朝卷》就认为"向、郭《庄子注》是中国古代思想史上有关万物作为个体在世间的存有价值的一次透彻之悟，更是魏晋六朝时期有关个体存有价值的最为完备的理论阐述"。该书从"玄冥之境与万物一美""独化自得与美其所美""性分之限与天真之美"三方面简要归纳了《庄子注》的美学思想②。由于多属于通史类或断代类，这些著作对郭象哲学美学及其理论影响的提及都相对简略。

二是关于郭象哲学与魏晋风度的关系研究。这方面的论文不多，代表性的有袁济喜的《郭象与魏晋美学》与马元龙的《郭象玄学与魏晋风度》。前者认为郭象思想代表了汉魏向两晋南朝转化的士人心态，对六朝士人的人格精神的转型影响深刻；后者认为郭象对庄子《逍遥游》的创造性误读，为魏晋士人在精神和社会实践两方面的逍遥放达提供了哲学上的依据。著作方面，台湾吴冠宏的《魏晋玄论与士风新探：以"情"为绾合及诠释进

---

① 曲经纬：《庄禅摆渡：〈庄子注〉与玄学美学》，东南大学出版社，2018。
② 胡海、秦秋咀：《中国美学通史·魏晋南北朝卷》，江苏人民出版社，2014，第111-118页。

路》一书以"情"概念为绾合,对魏晋玄学与士人心态之间的关系进行了精到的诠释,其中所涉及的郭象情理关系与魏晋士风之间的关联有较好的参考意义。罗宗强的《玄学与魏晋士人心态》一书对郭象玄学新义与西晋士人心态也有所论述。黄圣平的《郭象玄学研究》虽未就魏晋风度进行研究,但也敏锐地看到了郭象本性论哲学与魏晋风度之间的关系。应该说,这方面的研究尚有着较大的推进空间。

三是郭象哲学与中古自然审美的关系研究。这一主题的研究目前在国内外取得了较好的成绩。日本的小尾郊一对中国文学自然观的探讨和美国孙康宜对抒情与描写的区分虽不涉及郭象哲学,但富有启发性。台湾地区郑毓瑜的《六朝情境美学》、陈秋宏的《六朝诗歌中知觉观感之转移研究》与新加坡萧驰的《玄智与诗兴》对六朝诗学的感知经验变化有较好的理论阐释,其中有些主题涉及了郭象哲学对山水诗生成的影响问题。特别是萧驰在《郭象玄学与山水诗之发生》① 一文中对郭象玄学如何影响到了山水诗新变有具体阐发,其论甚为精当。张节末的《禅宗美学》与《中古诗学史》都较有理论深度地提及了郭象哲学与中古诗歌创作的关系,特别是其对玄言诗与山水诗关系的释读对笔者启发颇大。李小茜的《郭象哲学与中古的自然审美》对郭象哲学如何影响了山水诗的兴起以及如何促成了自然审美上的"寓目成咏"、畅神说等观念做了较为系统的论述,值得关注。另外,章启群的《论魏晋自然观》把郭象自然观置于魏晋自然观流变中考察了郭象自然观作为其间一个环节对于中国艺术自觉的影响。李昌舒的《意境的哲学基础》一书将郭象哲学置于整个中古审美精神中,论述了郭象崇有论与自然山水审美以及中国美学的关联。论文方面,洪之渊的《郭象玄学与东晋赏物模式的确立》与周广文的《试论郭象哲学中的直觉观念》两文也都对郭象哲学如何建构了一种新的观物方式进行了较好论述。其他还有众多关于玄学与文学、玄学与诗学关系研究的成果,虽对郭象哲学缺乏具体性关注,但对玄风与自然审美关系、玄言诗与山水诗关系的探讨具有借鉴性,如王瑶《中古文学史论》、葛晓音《八代诗史》、钱志熙

---

① 该文原载台湾《汉学研究》2009年第27卷第3期,后收入《玄智与诗兴》一书(台湾联经出版事业股份有限公司,2011)。

《魏晋诗歌艺术原论》、王钟陵《中国中古诗歌史》、胡大雷《中古诗人抒情方式的演进》、孔繁《魏晋玄学和文学》、卢盛江《魏晋玄学与文学思想》、刘运好《魏晋经学和诗学》、徐国荣《玄学和诗学》、唐翼明《魏晋文学与玄学》、皮元珍《玄学与魏晋文学》、黄应全《魏晋玄学与六朝文论》、蔡彦峰《玄学与魏晋南朝诗学研究》等。虽然目前有关郭象美学与自然审美关联的研究成果较为突出,但依然有些问题需要解决,如郭象哲学在中国自然山水审美独立过程中所具有的转折意义,郭象哲学的物我关系如何影响了寓目美学观的形成,寓目美学观的审美经验结构以及寓目美学在缘情诗、玄言诗、田园诗、山水诗中的具体转换过程等。

虽然学界对郭象哲学与魏晋美学新变的关联性研究有着较好推进,但在总体上,目前对郭象哲学美学意蕴研究还不够系统,且有着较大的深化空间。笔者认为,郭象哲学对六朝个体感性自觉与审美艺术自觉的影响都极为关键。相比汉代的元气宇宙论与儒家价值主导的生存方式,玄学的出现给魏晋士人带来了一种全新的宇宙观、人生观、社会政治观与美学观。郭象《庄子注》把庄子思想现实化、具体化为一种处世精神,这对六朝美学新变影响最为深刻。这种新变不但建构了魏晋士人的个体生命意识、行为方式与自然审美观念,而且奠定了中国美学的士人艺术体系并影响了后世美学走向。如果说庄子哲学给中国美学奠定了精神主基调的话,郭象哲学则是这个主基调的现实落实者。它通过消解万物外在元气与"无"的生成根据,呈现了万物自身独化的存在价值,为自然山水的独立做出了哲学论证;它对万物个性与适性逍遥的注重,宣告了一种新的个体生命意识的诞生,成为晋人风度的理论写照;它的物我相冥、当下寓目所呈现的"本性—物"关系开拓了中国美学对自然观赏方式的转捩并为六朝诗歌的进展提供了理据支撑;它的自然名教调和观使得新的朝隐隐逸方式盛行,影响了中国艺术的自觉和士人心态走向。这些论题都是本书最为关注的问题。

展开对郭象哲学美学意蕴的系统研究有着较大的学术价值,既有助于深化六朝美学研究,为六朝审美与文艺现象的诸多方面找到哲学的依据,同时也有助于理顺两汉美学、玄学美学、佛教美学的对接问题。因此,本书拟在学界现有研究的基础上,就郭象《庄子注》哲学的诸多美学意蕴进行系统性的研究。一方面对学界涉及较少的郭象哲学美学思想、郭象哲学与晋人风度、郭象哲学与寓目美学观、郭象美学的历史地位等问题进行研究，另一方面也对学界取得了较好成绩的郭象哲学与自然审美主题方面进一步拓展。当然，除了郭象《庄子注》的重要影响之外，魏晋的诸多美学新潮还与其他多元复杂的思想背景相关，这需要笔者细致地辨析与谨慎地"依材立论"。同样，郭象思想中存在的一些理论盲点与理论问题也需正视——正是这些盲点与问题使得玄学走向衰退，而中古美学亦相应地出现新的理论转型。总之，希望本书的研究能较全面、深入并有所新见地展示郭象的哲学美学思想及其对魏晋美学的具体影响，以重估郭象与《庄子注》思想在中国美学史上的地位。

三、对几个概念和命题的基本界定

为了明晰问题与避免一些不必要的争论，本书在展开研究之前先对几个相关概念和命题做一下基本界定。

郭象玄学　本书所指涉的郭象玄学或郭象哲学是以《庄子注》为文本所呈现出来的思想体系①。鉴于目前学界对郭象的生平、哲学思想以及与向秀的关系已有相当成熟的研究，本书的研究重点将放在郭象《庄子注》中与魏晋美学思潮密切相关的哲学论题的阐释上，尽力在吸取前贤研究的基础上稍出新意。虽然学界对郭象《庄子注》与向秀《庄子注》（或《庄子隐解》）的关系问题存在争议，但基本都认为郭象注要比向秀注更为体系化。本书遵从汤用彤的看法："向秀和郭象各有一《庄子注》，而郭象注对向秀注则是'述而广之'，是根据向注而修改成。向郭之注虽大体一样，而郭注当比向注更完善。现向注已佚，故讲郭注即也包括讲向注。"② 故本书所讲的郭象玄学实际也包含了向秀《庄子注》哲学，为一种吸收借鉴了向秀思想，并进行了理论提升与体系化的郭象的哲学。所以，向、郭《庄子注》，郭象《庄子注》，郭象玄学，郭象哲学等概念在本书的使用中其意义指涉是相同的。之所以主要用郭象玄学、郭象哲学或郭象《庄子

---

① 《庄子注》外，郭象的其他著作皆已遗佚，仅留存有《论语体略》《老子注》等个别佚文。可参看汤一介《郭象与魏晋玄学》附录一《有关郭象的生平和著作的资料》一文。
② 汤用彤：《魏晋玄学论稿》，上海古籍出版社，2001，第178页。

注》来冠名向、郭《庄子注》思想，一是尊重文献的历史流传。虽然从晋至唐，向、郭二注曾并行于世，但最终文献流传的历史结果是向注遗佚而郭注独存。其中的缘由虽不可得知，但历史的选择是需要尊重的。二是郭象对向秀《庄子注》的"述而广之"并非仅仅停留于"点定文句"而是将其有选择性地发展成了一个一以贯之的体系，故这个被两晋时人誉为"王弼之亚"的郭象理应得到思想史的尊重。

魏晋美学 从历史年代来说，魏晋时期是指公元 220 年曹魏建立到公元 420 年刘裕代晋立宋这两百年的时间段。由于本书的立意在于以向、郭《庄子注》之思想转型来探求魏晋美学思潮之流变，故在使用与《庄子注》勾连的魏晋美学概念时存在狭义与广义两层内涵。所谓狭义的魏晋美学，是以向、郭《庄子注》所可能波及影响的核心时限范围来定位的，其指涉的范围自魏正始年间向秀在竹林时期（公元 240—249 年）所作《庄子注》而"振起玄风"始①，而至公元 420 年东晋亡国止，其中又以东晋为核心时间段。所谓广义的魏晋美学，是在郭象玄学的"破前启后"意义上说的，其指涉的范围会有所前推与后延，除了在一些相关论题上会考虑历史大线索外，大体为汉魏到谢灵运时代。由于向秀主要活动时间在魏末与西晋初年，而郭象主要活动时间在西晋中后期，因而在具体勾连《庄子注》与魏晋美学时需要注意其历史与逻辑关系问题。关于这一点，本书主要做了两方面的处理。一方面，在论述二者关系时，笔者选择的材料主要围绕着狭义的魏晋时段来进行，其中又以东晋时段为核心，如自然美的发现、寓目美学观、士人心态等论题；另一方面，笔者认为《庄子注》实具有"思想熔炉""课题聚焦"的理论效应，其既是对庄学兴起后魏晋士人现实行为方式的归纳总结，又以理论创新形态为这种现实行为方式提供了答案。依此，在论及《庄子注》与曹魏、西晋士人行为方式的内在关联时，则主要试图去给这一时段的士人审美化的行为方式提供一种恰当的哲学阐释。

心性/才性/本性 牟宗三说："凡言'性'有两路：一、顺气而言，

---

① 王晓毅认为竹林时期向秀只是注解了《庄子》的某些篇章，而《庄子注》当完成于西晋咸宁元年（公元 275 年）前后。此种看法可参考，但与《世说新语》刘孝标注引《向秀别传》"及成，以示二子"的说法不符。参见王晓毅：《儒释道与魏晋玄学形成》，中华书局，2003，第四章第二节。

二、逆气而言。顺气而言,则性为材质之性,亦曰'气性'(王充时有此词),或曰'才性',乃至'质性'……逆气而言,则在于'气'之上逆显一'理'。"① 在笔者看来,所谓"逆显一理"即通过心之工夫和自我意识来自觉开显生命之性,为一种心性之学。就注重心之工夫和自我自觉意识方面来说,包括宋明理学在内的儒家主流哲学、老庄哲学②、佛教哲学大体都为一种心性之学。从顺气而不逆理、只谈生命生理材质方面来说,先秦告子的"生之谓性"、荀子的"性者,本始材朴也"直到汉代哲学的以气之聚结言性大体都为一种气性论、才性论或性朴论之学③。本性论哲学属于气性论或才性论范围,依然注重从生理材质之实然聚结方面来谈性。但本性论对先秦两汉才性论的推进在于其凸显的是生理材质之实然聚结的方式而非材质本身。这种聚结方式被本性论哲学视为性或理。可以说,才性论拘于元气、阴阳、五行之质料,是质实的,而本性论则直接把握住了贯通于质料中的生命条理,是灵动的。汤用彤说:"夫玄学者,谓玄远之学。学贵玄远,则略于具体事物而究心抽象原理。论天道则不拘于构成质料(Cosmology),而进探本体存在(Ontology)。论人事则轻忽有形之粗迹,而专期神理之妙用。"④ 黄圣平从质料与形式的角度对才性论和本性论哲学区分道:"从质料角度着眼,则所论为物性之质料因,所得之物性为物之质性;从形式角度着眼,则所论为物性之形式因,所得之物为物之本性。"⑤ 虽然物之本性与物之质料是分不开的,但本性论与才性论相比,确实更为突出了物中所具的条则与神理。本书把郭象玄学视为一种本性论哲学⑥,并依此来说明其与魏晋美学诸多议题的相互关联。在笔者看来,庄子哲学大体属于心性论哲学,注重的是一种"游心"的内在超越式

---

① 牟宗三:《才性与玄理》,广西师范大学出版社,2006,第1页。
② 关于老庄哲学开启的道家心性论问题,可参看罗安宪:《中国心性论第三种形态:道家心性论》,《人文杂志》2006年第1期。
③ 此方面相关论证可参看牟宗三:《才性与玄理》,广西师范大学出版社,2006。拙著《先秦儒道心性论美学》(北京师范大学出版社,2015)对这一问题也有相关论述。
④ 汤用彤:《魏晋玄学论稿》,上海古籍出版社,2001,第23-24页。
⑤ 黄圣平:《郭象玄学研究:沿着本性论的理路》,华龄出版社,2007,第34页。
⑥ 需要指出的是,本性、本心等概念在庄子哲学、佛学乃至宋明理学研究中皆有使用,强调的是超越性与精神性。本书使用的本性更强调包含心理、生理、精神等在内的非反思性之总体生命力层面。

精神境界，是超脱生理与物质世界的；而向、郭《庄子注》则将庄子高蹈超迈的哲学思想拉进了社会现实，并将其改造为一种世俗而极具客观现实性的处世哲学，注重的是一种客观实存的生命精神。本性不同于心性，它不局限于纯粹精神领域，是不可后天学至的，而是一个包含了心理、生理、精神等在内的总体自然生命本质。虽然《庄子注》中依然存在心性工夫论问题，但更多的是围绕着圣人论述的。而对于圣人来说，其超然性的心性工夫乃源自圣人天生具有的独特本性，故圣人之心性论依然属于一种本性论哲学。《庄子·德充符》云："以其知得其心，以其心得其常心。"在庄子那里，人需要通过"心斋""坐忘""齐物""以心复心"等艰涩的心性反本之修养工夫才能达至精神境界的积极自由。在郭象那里，这一套心性工夫皆被转化为"适性逍遥"①。"适性"实是让生命本性得到顺畅无碍的实现，所谓"顺""任""循""率""恣""当"等，这是一种无须内在心灵自觉自主去"提撕"的无心、无意识、直来直往之生命行为与消极自由。郭象的这种本性论哲学是以"性"为生命中枢的，这种作为生命原发精神的"性"与"情""心"不能相互混淆。郭象所言的"任性"既不是"任情"，也不是"任心"，而恰是"任本性无（感）情"与"任本性无心（性）"。暴庆刚也说："若以有待众生为主体，则郭象所说的有待逍遥并不需要主体的工夫实践和精神境界的提升即可实现，因此他说的有待逍遥更多的是一种从'性'上言的现实客观形态，而不是主观的境界形态。"② 笔者认为，郭象的这种直率简易之自由学说正迎合了那些出身豪门而普遍缺失刻苦修养工夫的士族子弟，成了他们挥洒感性生命的理论依据③。只有把握了郭象玄学的这种本性论哲学新质，方能对魏晋美学新思潮做出恰当的定位。王晓毅说："事实上，本性问题的确是魏晋玄学哲学思辨的出发点和归属。"④ 而这恰恰是以往魏晋美学研究中最容易被人忽

---

① 关于庄子与郭象逍遥观的比较，可参看刘笑敢：《从超越逍遥到足性逍遥之转化：兼论郭象〈庄子注〉之诠释方法》，《中国哲学史》2006 年第 3 期。
② 暴庆刚：《反思与重构：郭象〈庄子注〉研究》，南京大学出版社，2013，第 104 页。
③ 魏晋玄学亦存在多种形态，在王弼、嵇康的哲学中，心性论的色彩还是比较浓的，不过很多论述针对的也是圣人与"宏达先生"。
④ 王晓毅：《儒释道与魏晋玄学形成》，中华书局，2003，导言第 3 页。

视的重要方面。

圣人语境 圣庶有别是魏晋玄学较为共同的看法。刘劭在《人物志》中就认为只有圣人方具有中和之质，能调成五材，变化应节，而凡庶则往往是偏至之材。何晏认为圣人无情，而凡人任情，喜怒违理。王弼在一定程度上拉近了圣人与凡庶的距离，认为圣人与凡人一样都有五情，但圣人依然有着不同于凡人的"神明"。故相比凡人的为情所累，圣人则能"应物而无累于物"。郭象认为圣人天生就具有凡众所不具有的独特性情与能力，能做到"无物不顺""无情应物""无待逍遥"。郭象的圣人指的是理想的统治者，他以自身的"无为"确保有待者得其所待而实现各自性分的逍遥。对凡庶而言，圣人虽不可达至，但可以作为理想人格而进行追慕。特别是，在郭象那里，圣人几乎就是庄子笔下具有高远精神境界的神人、至人，是庄子理想人格的化身。这种将圣人庄子化的看法实是对圣人的降格。《世说新语·言语》[①] 载："孙齐由、齐庄二人小时诣庾公，公问齐由'何字'，答曰：'字齐由。'公曰：'欲何齐邪？'曰：'齐许由。'齐庄'何字'，答曰：'字齐庄。'公曰：'欲何齐？'曰：'齐庄周。'公曰：'何不慕仲尼而慕庄周？'对曰：'圣人生知，故难企慕。'庾公大喜小儿对。"可见，在魏晋人眼中，孔圣非希企所及，而庄子则是可追慕的。郭象的圣人作为"内圣"的典范，同时也具有"外王"的化俗功效，实具有强大的精神示范性。张节末甚至说："向郭其实是把王弼的有情之圣人降落到平常人，并把他们理解为具有自然秉性的个体，对圣人的推崇似乎只是一个幌子。"[②] 基于此，在研究魏晋玄学时，一方面，要把圣人语境与凡庶语境进行一些区分，不能完全不加考察地把针对圣人的理论套用到凡庶身上；另一方面，也不能将二者语境看作截然二分的不可跨越的鸿沟。总体而言，在郭象玄学那里，圣人语境虽与凡庶语境有着不同，但二者之间又有着密切的关系。

玄佛交涉 魏晋玄学的发展往往被学界划分为正始、竹林、元康、东晋四个阶段，而玄佛交涉则是东晋玄学发展过程中的重要特点。从东晋玄

[①] 本书所引《世说新语》，均据余嘉锡笺疏：《世说新语笺疏》，中华书局，2011。
[②] 张节末：《禅宗美学》，北京大学出版社，2006，第33页。

学的发展来说，由于郭象已达到了玄学高峰，故需要借助外来的佛教般若学思想来继续玄学的讨论；从东晋佛教的发展来说，佛教也需要借助玄学的进一步"格义"来推动佛教思想的传播。根据僧肇的批判，两晋之际涌现的"六家七宗"实际都偏离了佛教经典，可视为一种玄学化的佛学。对于东晋士人来说，虽然由玄向佛的思潮转换渐趋开始，但玄学无疑还是其思想主流。事实上，佛教是一种论证世界虚幻不实，宣扬六道轮回、善恶报应与西方极乐净土世界的宗教哲学，而玄学则是一种肯定世界实有、应对现实生存的世俗哲学。同时，东晋佛学最为盛行的是以探讨终极本体为主的般若学，其面向众生的佛性论维度并未深契人心。因此，除佛教徒外，大多数东晋士人尚未能对佛教产生真正的深切体验并付诸实践①。也就是说，虽然东晋士人对佛教有很大的兴趣，但佛教还不足以成为东晋士人的人生指南。余敦康说："魏晋名士对佛教并不真正服膺，而是用玄学的眼光来看待佛教的。"② 从《世说新语》所载的两则故事中当能看出时人对佛教的态度：

> 张玄之、顾敷，是顾和中外孙，皆少而聪惠。和并知之，而常谓顾胜，亲重偏至，张颇不恹。于时张年九岁，顾年七岁，和与俱至寺中。见佛般泥洹像，弟子有泣者，有不泣者，和以问二孙。玄谓"被亲故泣，不被亲故不泣"。敷曰："不然，当由忘情故不泣，不能忘情故泣。"（《世说新语·言语》）

> 支道林造《即色论》，论成，示王中郎，中郎都无言。支曰："默而识之乎？"王曰："既无文殊，谁能见赏？"（《世说新语·文学》）

顾敷以"忘情"与"不能忘情"来解释佛像，是以玄释佛，以玄学的眼光看待佛教。王坦之的反唇相讥，则表明了他对支遁佛理的不屑。这里虽有文人相轻的意味，但也表明东晋一些世族名士对佛僧名士的排斥。

---

① 《世说新语·文学》所载王羲之闻支遁逍遥新义"披襟解带，留连不能已"更多受其"才藻新奇，花烂映发"所吸引。按汤用彤看法，支遁逍遥新义为援佛入庄，但与向、郭圣人无待逍遥实是相通的，故在义理上谈不上创新。同时，认同一种义理到将之体认为一种生活模式实需要很长的时间。

② 余敦康：《魏晋玄学史》，北京大学出版社，2016，第451页。

《世说新语·轻诋》载王坦之《沙门不得为高士论》云:"沙门虽云俗外,反更束于教,非情性自得之谓也。"可以说,玄学的"情性自得"而非佛学的"束于教"才是最契东晋名士的人生哲学。因此,虽然佛教对魏晋美学确实是存在影响的,但囿于本书论题的考虑,笔者在论述魏晋美学思潮特别是东晋美学时,主要是去揭示郭象玄学对美学的深层次影响,而一般不去辨析其间的佛学向度。

《世说新语》的材料有效性 南朝刘宋宗室临川刘义庆著述的《世说新语》是古代一部盛名的志人小说,历来深受文人士大夫的厚爱。从史料的角度看,这部书既有真实的记录也杂有一些虚构的内容①。不过,唐代之前的文言小说带有很强的杂史性质,往往以类似史家的笔法来记录历史人物的言谈事迹。鲁迅说:"六朝时之志怪与志人底文章,都很简短,而且当作记事实;及到唐时,则为有意识的作小说,这在小说史上可算是一大进步。"② 从史料笔记角度看,《世说新语》虽然属于一部志人小说,其个别史料也存在讹误,但基本上可视为对魏晋士人生活的真实记录。因此,历来魏晋文化研究者都极为重视《世说新语》,并誉之为"名士底教科书"(鲁迅语)、"中国的风流宝鉴"(冯友兰语)、"清谈之总集"(陈寅恪语)。由于本书对《世说新语》材料的运用更多地集中于魏晋名士的言谈与生活面貌,意图探讨的是其中呈现出的魏晋名士人生观、审美观而非考证历史事件,故其材料的有效性应不成为问题。宗白华在 1940 年撰写的《论〈世说新语〉和晋人的美》一文中就高度肯定了《世说新语》对美学研究的重要性。他说:"要研究中国人的美感和艺术精神的特性,《世说新语》一书里有不少重要的资料和启示,是不可忽略的。"③ 事实上,自 20 世纪 80 年代以来的中国美学史、文学史研究著作无不将《世说新语》作为魏晋思想研究的重要有效资料。

---

① 唐代刘知幾《史通·外篇》卷十八《杂说中第八·诸晋史》云:"近者,宋临川王义庆著《世说新语》,上叙两汉、三国及晋中朝、江左事。刘峻注释,摘其瑕疵,伪迹昭然,理难文饰。而皇家撰《晋史》,多取此书。遂采康王之妄言,违孝标之正说。以此书事,奚其厚颜!"刘知幾的看法代表了史学家的激进态度。
② 鲁迅:《中国小说史略》,商务印书馆,2011,第 292 页。
③ 宗白华:《美学散步》,上海人民出版社,1981,第 209 页。

第一章　郭象哲学体系及其美学关联

从正始年间到永嘉之乱，魏晋玄学经过七十余年的持续发展，在郭象那里呈现为一个理论高峰。《庄子·大宗师注》云："宜忘其所寄以寻述作之大意，则夫游外冥内之道坦然自明，而庄子之书，故是涉俗盖世之谈矣。"郭象以"寄言出意"的诠释方法把《庄子》一书注解为对现实发声的"涉俗盖世"之论，既以理论综合形态汇聚了时代思潮，又以理论创新形态为现实问题提供了答案。郭象《庄子注》是一部思维水平高、理论体系完备的著作，因而受到了海内外学界的广泛关注并取得了较深入的研究成就。不过，因为郭象的哲学概念之间往往存在着环环相扣、难分伯仲的严密性关联，故学界对其哲学体系特性尚存在着"崇有论""玄冥论""无无论""自生论""独化论""'性'本体论""本性论""反本体论"等理解差异①。这些理解都倾向于从理论范畴来寻找郭象哲学体系的思维展开，无疑具有很大意义。由于本书论题的关注点在于阐发郭象哲学对魏晋士人

---

① 如许抗生在《关于玄学哲学基本特征的再研讨》（《中国哲学史》2000年第1期）一文中认为郭象哲学是"本性之学"，具有"反本体论"性质；王晓毅在《郭象"性"本体论初探》（《哲学研究》2001年第9期）一文中则认为郭象哲学为一种"性"本体论哲学。笔者认为，上述理解都能在郭象哲学体系中找到相应的证据。当然，如果从最根本的概念来说，笔者倾向于同意王晓毅、黄圣平等人提出的以"性"为"本"来概括郭象哲学的基本特色。这种"性"在郭象那里为本性，其特性即动态性的"自生""独化"。"崇有论""玄冥论"虽也是郭象哲学特性，但更多停留于郭象哲学现象描述，非探本之论。"反本体论"则注意到了郭象哲学对宇宙论本根、实体性本体的否定一面，但否定了宇宙论本根与实体性本体并不意味着就反对了本体论。在郭象哲学中，动态自生的"性"作为本体一直在统摄其思想的展开。

生命、审美与艺术所生发的精神与现实实践效应，故拟从郭象哲学所构建的个体、社会、政治哲学图景入手，辅以核心范畴来描绘郭象眼中的物态人情与政治理想，以期呈现郭象哲学所蕴含的问题意识、现实关怀以及美学维度。

第一节 郭象哲学图景

作为玄学理论发展的成熟与高峰阶段，郭象哲学对玄学论辩的诸多主题都有着独特的看法。汤用彤说："郭象综合当时各种学说，成一大系统，在中国哲学史上放一异彩也。"① 郭象哲学和魏晋风流一样，虽都是历史长卷的短暂篇章，但散发着令人迷醉的另类个体性"异彩"②。下面，笔者将在与传统主流哲学的比照中，紧扣中国哲学生命之学的主题，从宏观上概述郭象哲学对个体存在形态、个体与世界的社会关系、个体自然与名教的政治关系等方面的看法（微观具体的论述详见后面诸章），以凸显郭象哲学从自然观、人生观、社会政治观层面对个体生命存在状态的深思。

一、"自生独化"的个体图景

中国哲学的主旨是"生命的学问"③，其关注的核心是个体与群体生命当如何恰当存在于世的问题，并由此展开了天、道、气、理、命、性、情、心、物等概念的哲学体系建构。先秦儒家哲学主流以完美价值性的天道来说明人性的良善，并提倡以心性的自律，辅以外在的规范，来达成君子人格与成就礼乐文明国度。先秦道家哲学则以自然而然的天道来说明人性的自由，并提倡以虚静的心性工夫来达成与自然同一的精神境界与无为

---

① 汤用彤：《魏晋玄学论稿》，上海古籍出版社，2001，第192页。
② 王江松对郭象哲学进行了高度肯定，他把郭象的哲学视为中国历史上最为完备、最为系统的个体主义哲学，并认为郭象是孔、孟、老、周之外的中国哲学史与文化史上的第五人。这种说法虽有拔高之嫌，但确实看到了郭象哲学在中国哲学上的异质性与创新性所在。参见王江松：《郭象个体主义哲学的现代阐释》，中国社会科学出版社，2008，第191-193页。
③ 牟宗三：《中国哲学的特质》，上海古籍出版社，2007，第71页。

而治的政治理想。先秦儒道哲学对个人生命存在状态的看法虽异,但都把个人生命的价值源泉置于天道之中,以天道推人道,实现天人的一体和谐。同时,二者都对个人生命的心性精神充满信心,以人道返天道,皆希冀于内在的精神性超越来实现理想人格与理想社会。从个人生命来讲,二者皆可视为一种整体性与精神性生命观。时至两汉,随着气阴阳五行哲学的盛行,个人生命被编织于一张包罗万象的宇宙之网中,个人生命也因此通过气化类应的方式被置于一种宇宙与群体共感之中。气化类应的生命观一方面为生命的情感抒发埋下了伏笔,另一方面又使得个人生命无时不在整体性的制约当中。特别是,汉代的宇宙之网不仅是一张自然气化之网,也是充满着意志之天、三纲五常、灾异谶纬、非理性比附的编码之网。于此罗网中,生命的感性与个性实也处于整体性之中而难得到真正的张扬。

  魏晋玄学的兴起是对汉代哲学的正本清源。汤用彤在谈到魏晋玄学,特别是王弼哲学不同于汉代哲学时说:"已不复拘拘于宇宙运行之外用,进而论天地万物之本体。汉代寓天道于物理。魏晋黜天道而究本体,以寡御众,而归于玄极(王弼《易略例·明象章》);忘象得意,而游于物外(《易略例·明象章》)。于是脱离汉代宇宙之论(Cosmology or Cosmogony)而留连于存存本本之真(ontology or theory of being)……建言大道之玄远无朕,而不执着于实物,凡阴阳五行以及象数之谈,遂均废置不用,因乃进于纯玄学之讨论。汉代思想与魏晋清言之别,要在斯矣。"[①]汉代哲学以经验性的气阴阳五行等元素来说明世界的生成与运行,其思维倾向于朴素的宇宙生成论。魏晋哲学则开始运用抽象思维,去寻求那个统御万殊的本体,为一种本体论思维。王弼《老子道德经注》第四十章:"天下之物,皆以有为生。有之所始,以无为本。将欲全有,必反于无也。"[②]王弼以精神本体"无"来统御万有,使得万有皆出于无。"贵无""反无"遂成为王弼哲学的核心。因此,个人生命不能自居于生命本身,而应该追求一种超越万有之自然无为精神性。王弼的哲学以"无"之体御

[①] 汤用彤:《魏晋玄学论稿》,上海古籍出版社,2001,第43-44页。
[②] 楼宇烈校释:《王弼集校释》,中华书局,1980,第110页。

有之用,虽说是体用相贯,但不够圆融,存在着"贵无贱有"的明显倾向。这种体用矛盾在后世呈现了崇"无"与崇"有"两种极端性发展面向。嵇康、阮籍思想不精密,把道家的超越精神落实为一种生活情调,追求一种超越世界万有与放任逍遥的"大人"精神世界成为嵇、阮思想主题。出于对玄学贵无与放任之风的反动,裴頠从儒家的立场提出"崇有"来肯定现实秩序。"生以有为已分,则虚无是有之所谓遗者也。"① 世界乃有,无只是有的消失,贱有则忘礼制。这种从日常层面来理解的有无关系并未真正领会玄学有无之辨的精神实质。

从先秦儒道哲学到王弼哲学的简要发展来看,个人生命总体上有如下特点:一是个人生命的意义皆源于天道(气、无),只有在与天道(气、无)的契合、感应当中生命的意义方得以开显;二是多注重个人生命心性精神的超越性,通过反本工夫来达成个人生命的理想性。从人性论讲,不管是先秦儒家的性善论、先秦道家的性自然论还是王弼的"无"之精神本体,其注重的都是人之为人的精神类性,即人性的普遍性。这种普遍人性论看到了生命价值美好而有尊严的一面,构成了中国主流文化的"精彩",兹不赘述。然而,需要指出的是,这种注重精神超越性的普遍人性论虽并不意味着要废除生理、身体性生命,但确实也带来了对生理性、身体性生命的节制与克制。在这种生命之学中,个体性、生理性相对于普遍性、精神性终归处于被支配的命运。正是在这种传统哲学脉络中,注重个体"自生独化"与生命原发精神的郭象哲学就绽放出了一道异样的光彩。

宋代无著妙总禅师曰:"曾见郭象注《庄子》,识者曰,却是《庄子》注郭象。"② 作为"涉俗盖世"之论的郭象哲学,寄《庄子》之言以出时代之意。面对知识传统的发展与魏晋个体觉醒的新士风,郭象借助《庄子》之言为个体生命的独特存在性进行了哲学论证,从而既呼应又推动了时代精神的发展。郭象对个体生命独特性存在论证的基本思路是这样的:首先,郭象采用直面万物本身的哲学方式,否定或悬置了万物外在的生成

---

① 裴頠:《崇有论》,载房玄龄等撰《晋书》卷三十五《裴頠传》,中华书局,1974,第1046页。

② 普济:《五灯会元》卷二十,中华书局,1984,第1348页。

根据；其次，在否定或悬置万物外在生成根据后，郭象转而从具体万物自身中重新提出了具体万物得以生成的内在根据。前者是对传统生命来源天道观念的否定，使得生命的意义回归生命自身而不是由他者决定；后者是对具体万物本身所具的生命原则进行了提炼，使得生命的意义回归到每一个具体事物自身。

郭象通过对汉代哲学与王弼哲学的批判具体描绘了其"自生独化"的个体存在图景。《庄子·齐物论注》云："无既无矣，则不能生有；有之未生，又不能为生。然则生生者谁哉？块然而自生耳。"按照汉代宇宙生成论思路，元气阴阳为万物本原，是万物生成与变化的根据。郭象则认为，如果遵循这种宇宙论的归根溯源思维方式，元气阴阳也依然是"有"，其本身还面临着被生成的过程，因而不能作为先于物的本原而存在；按照王弼的本体论思路，至道之"无"为万物本体，是万物生成与变化之根。郭象则认为，"无"事实上不是一种存在性的实体，它根本上是什么都没有的"零"，因而"无"既不能在时间上先在于万物（"无"是非实体性的，故"无"不能生"有"），也不能在逻辑上先在于万物（作为精神性本体的"无"如果在逻辑上先于万物，则存在体用为二之嫌）。郭象一改本体与现象的本末关系而成一种新型的即本体即现象的体用关系，显示了郭象思维的先进性。因此，郭象在注解《庄子》时，对《庄子》中存在的形而上意义的超越之道皆以物之自生进行了新的阐释。

> 夫道有情有信，无为无形……未有天地，自古以固存；神鬼神帝，生天生地；在太极之先而不为高，在六极之下而不为深，先天地生而不为久，长于上古而不为老。（《庄子·大宗师》）

> 泰初有无，无有无名；一之所起，有一而未形。物得以生谓之德；未形者有分，且然无间谓之命；留动而生物，物成生理谓之形；形体保神，各有仪则谓之性。性修反德，德至同于初。（《庄子·天地》）

在庄子的上述观念中，"道"或者"无"是先天地生的永恒性存在，既有宇宙生成论的内涵又有精神本体论的内涵（在先秦哲学中，二者往往混在一起）。从宇宙生成论角度来说，道经由气为中介创造天地万物，为一外在于万物的主宰性实体；从精神本体论角度来说，道为一超越天地万物并临照万物的精神境界①。

郭象对此二文的注解则对外在于天地万物的形而上之道予以了剔除。

> 无也，岂能生神哉！不神鬼帝，而鬼帝自神，斯乃不神之神也。不生天地，而天地自生，斯乃不生之生也。故夫神之果不足以神，而不神则神矣。功何足有，事何足恃哉！言道之无所不在也，故在高为无高，在深为无深，在久为无久，在老为无老，无所不在而所在皆无也。（《庄子·大宗师注》）

> 无有，故无所名。一者，有之初，至妙者也。至妙，故未有物理之形耳。夫一之所起，起于至一，非起于无也。然庄子之所以屡称无于初者，何哉？初者，未生而得生，得生之难，而犹上不资于无，下不待于知，突然而自得此生矣，又何营生于已生，以失其自生哉！夫无不能生物，而云物得以生，乃所以明物生之自得，任其自得，斯可谓德也。夫德形性命，因变立名，其于自尔，一也。恒以不为而自得之。（《庄子·天地注》）

庄子的"先天地生""神鬼神帝""泰初有无""无生初有"等形而上之道的内涵皆被郭象转化为"不生天地""不能生物""天地自生""鬼帝自神""太初有一""自生""自得""自尔"等经验现象之自我生成、自我实现。郭象对《庄子》的这种重新注解，实抽除了庄子哲学中的形而上道体，而将天地万物拉进了一个经验现实世界。钱穆说："故在《庄》书，则万物尽属'有'，而万物之外之先，尚若有一所谓'无'与'道'者为之主。而郭象则谓天地间只此一有，只此万形万有；于此万形万有之外之先，不再有所谓'至道'与'无'之存在。"②

既然"有"与"无"都不能先在于万物，万物的生成也就只能是没有

---

① 牟宗三在《才性与玄理》一书中就从临照万物的精神境界上来阐释郭象玄学，将之视为与庄子一样的"境界形态"的形而上学。受其影响，苏新鋈、庄耀郎等人也将郭象玄学视为对庄子哲学本有意蕴的更为圆融之阐发。这种以庄解郭的方法看到的更多的是郭象玄学与庄子思想的相同之处，而没有看到郭象注庄乃运用"寄言出意"的方法，其玄学与庄子思想还有着很大的不同之处。

② 钱穆：《庄老通辨》，九州出版社，2011，第507-508页。

主宰物使然的自生、自在、自然、自为、自尔。也就是说，在郭象看来，世间万物就在那里，我们只需要直面它，思考"如何在"即可，而不必去问"为什么在"。所谓"块然而自生"（《庄子·齐物论注》）、"不知所以然而然"（《庄子·齐物论注》）、"突然而自得此生"（《庄子·天地注》）、"无所稍问"（《庄子·寓言注》）等论述，表明的就是郭象对这一因果关联式追问的悬置与否认。既然没有缘由，万物生命的存有也就没有必然性，它只是一种偶然刹那的存在。汤用彤说："郭象只承认现象世界之实在，现象之外再没有东西，一切事物的产生都是无用的，是偶然的，是突然而生的。"①

在郭象看来，万物虽自生而在，但这种自生又并非一种万物之间相互联系、互为因果的自生，它只是每个个体自身的独自变化，是绝对无待的。因而，自生也即独化。按汤用彤的看法，独化有"自然（自生）、多元（而变化）、不为而相因"三义②。可以说，独化是对自生的进一步阐释，从而把自生定位于多元而不相为的个体事物之上。这样，郭象对具体事物生成根据的看法实是一种多元个体性思维而非一元整体性思维。

《庄子·在宥注》云："提挈万物，使复归自动之性，即无为之至也。""自生独化"是从事物生成的"动力状态"入手来描绘事物现象之生成，而发出这种"动力"的则是事物之"性"。"物之自然，各有性也。"（《庄子·天运注》）性作为包括人在内的万物与生俱来的本质，是促使万物自生独化的内在深层根据。与独化一样，郭象的"性"不是普遍性的类性，而是每个具体事物的"各性""殊性"。每个事物在"突然而生"时，就具有了不同的偶然禀赋，因而具有了各不相同之性分。这种各不相同之性遂造就了每个独特生命的"自生独化"。这种"自生独化"之"性"，不是先秦儒道哲学中所提炼出来的纯意识心性，而是一种生命的自然禀赋所具之性，或者说是包括了生理与意识在内的一种身心一体之生命力或生命原发精神。"其理固当，不可逃也。故人之生也，非误生也；生之所有，非妄有也。"（《庄子·德充符注》）在郭象看来，这种作为个体存在根据的生命

---

① 汤用彤：《魏晋玄学论稿》，上海古籍出版社，2001，第183页。
② 同上书，第191页。

原发之性不是盲目冲动、误生妄有的一团乱麻,而是具有自身的性理宜则。"物物有理,事事有宜。"(《庄子·齐物论注》)也就是说,个体之性蕴含着各自的潜能,具有一定的生命条理,它通过"无心"与"自生独化"的方式来理顺自己,实现自己。这就像人体各个生理器官之间的协调一样,无须大脑意识的控制亦能达到一种自然而然的默契。

因而,个体生命的意义就在于自身之性理以自身具足的"自生独化"方式来自我实现,这就是适性逍遥。"夫大鸟一去半岁,至天池而息;小鸟一飞半朝,枪榆枋而止。此比所能则有间矣,其于适性一也。"(《庄子·逍遥游注》)庄子的逍遥本指一种常人(小鸟)难以企及的精神高迈之自由,而郭象则把常人(小鸟)的性分自足也视为一种与之具有同等价值的适性逍遥。可以说,由性理之生命根基,通过"自生独化"之生命原发动力,达至适性逍遥之生命目的,郭象建构了一幅与传统人性论迥然有别的个体生命图景。刘大杰对这种魏晋个性思潮评论道:"他们有很高的智慧,细密地体验与观察,了解天地万物是自生自化,并无所谓造物之主,也没有有意志的天帝。这样子,天人感应、阴阳五行的思想,不能存在,迷信也就站不住了。反对一切因袭的文物制度,于是在心灵或是行为上,都可以得到自由了。"①

相较于传统的生命之学,郭象对个体生命存在状态的看法无疑是有新意的。他否定或悬置了生命意义的外在根源,而把生命意义的生存权利恢复到了每一个独特的人手中;他赋予了个体生命"独立自发"的内在原则,高扬了生命的原发精神;他把生命的自由感由内在精神境界式的超迈逍遥转换成了无须艰深的心性工夫而每个人都能切实感受到的现实自足性逍遥。郭象的生命之学呈现了一幅千差万别、风姿各异、充满生命活力的个体图景。

二、"相因玄冥"的社会图景

郭象给个体生命的存在状态描绘了一幅"自生独化"的生动图景。在这幅图景中,个体因自身的生命活力自我任性而动。然而,个体事实上又

---

① 刘大杰:《魏晋思想论》,上海古籍出版社,1998,第21页。

总是在群体社会中共存的。这必然涉及应如何处理个体之间的关系或群己社会关系的问题。

群己关系一直是先秦哲学，特别是儒家哲学最为关注的问题之一。《论语·学而》载孔子曰："弟子入则孝，出则弟，谨而信，泛爱众而亲仁。"儒家伦理以孝悌亲情为根基，并发展出一系列仁义礼智信等道德意识。在儒家看来，如果每个人能把亲子、兄弟之间的爱推及他人，那人与人之间的关系就将是相亲相爱、和睦友好，整个社会也不会有人犯上作乱而秩序井然。在这一仁爱之情由己推人的社会化过程中，真诚之爱构成了儒家群己关系的纽带或法则。因此，人与人之间应当相互爱护、相互扶持，彼此在情感交流之中建构一种和谐的社会关系。为了使社会上的每个人都能具有一种真诚仁爱的道德意识，就需要对人进行人文教化，以培养君子人格。由此，儒家一方面从内在修养的角度发展了一套个人修心养性的心性理论，另一方面又从外在教化的角度建构了一套引人向善的礼乐制度。儒家出于对人性本善与向善的美好认知而提出的社会关系处理方案，因切合了中国的社会形态、国家形态、家族观念等而形成了一种主流的群己关系。

先秦道家与儒家不同，其立足于自然人性来建构群己关系。在道家看来，正是儒家所宣扬的那套文明教化观念，使得人性的自然受到了破坏。老子认为，人的自然之性中就有一些如慈、俭、和等美好的生命价值，人只要顺应自然之性即可成就一种理想和谐的关系。但是，一旦你把这些生命价值支离出来并形成道德规范来对人进行教化，势必会对自然之性形成破坏。《老子》第十八章云："大道废，有仁义；智慧出，有大伪。"在老子看来，随着人类理性、智巧的发展，社会进入礼乐文明的同时却废弃了纯朴无为之道。在心知和情欲的驱使之下，人开始超出自然生存的需要而追求理性规则指导下的文明化华彩乐章。《庄子·马蹄》亦云："故纯朴不残，孰为牺樽！白玉不毁，孰为珪璋！道德不废，安取仁义！性情不离，安用礼乐！五色不乱，孰为文采！五声不乱，孰应六律！"庄子认为，仁义礼乐的出现恰是纯朴大全之道丧失的结果，其本身出自人心有目的性的制作，故亦是对自然无为生存方式的伤害。因此，道家主张人与人之间的关系应是一种遵循自然法则、彼此随任自然之性的群己关系。虽然道家的理想是人性的自然淳朴与社会的"小国寡民",但在随社会历史发展而出现的残酷现实面前,这种理想已经变得不再可能。基于此,老庄从精神境界的层面开掘了一种生存于世的现实处世方案。这就是经由精神的超越来维系住内心的安宁,以安时处顺、超离情爱的姿态来随任世事的变迁。老子的"虚静""涤除玄鉴""昏昏闷闷"与庄子的"虚己以游世""用心若镜""不将不迎""哀乐不能入"等都是这一处世方案的具体实践方法。在这种超凡脱俗的精神境界中,他人与外物都不再搅扰个人内心的平静,从而获得个人内在精神的自然以及与群体之间互不相扰的和谐。

郭象的"个体间性"社会关系与先秦儒道皆有不同。郭象的个体是一种"自生独化"的个体,它自身是一个封闭和谐的小系统。它能自我生成、自我实现,故不需要接受他者的爱护与扶持。儒家讲究的他者的爱护与扶持反而会影响个体自身的"自生独化"原则,使之偏离性分所适的轨道。因而,对彼此双方情感交流的无心无系乃至拒斥,使得郭象的群己关系不同于儒家而更接近于道家。但郭象的群己关系与老庄的群己关系也不同。《老子》第五十七章载:"故圣人云:'我无为而民自化。'"老庄理想性的群己关系源于圣人之道的让与,百姓自身之间所形成的社会关系并未得到凸显。同时,老庄的现实性群己关系是以心性修养工夫为基础的,它以一己之精神境界超越于人间世,虽在群实离群,故其基本倾向还是超凡脱俗的。而郭象的群己关系则剥离了这种完全出世的"神人"色彩,而使得每个凡众皆能将之作为一种实践性的社会关系。

郭象是如何处理个体间的社会关系的呢?余敦康说:"既然每个具体的事物都是自生、自由,自足于己而无待于外,按照自己的本性而独化,那么它们像莱布尼兹所说的'单子'一样,每个个体都是一个自身封闭的和谐的小系统。但是由于它们种类繁多,万殊不齐,而且东西相反,彼此矛盾,怎样协同配合、共同构成整体性的和谐呢?郭象与莱布尼兹不同,不去乞求超自然的上帝来帮忙,而归结为各个具体事物之间的自为而相因的作用。"[1] 此言甚是精辟。郭象正是以一种"自为而相因的作用"既保证了个体的"自生独化",又保证了彼此之间的关联,从而建构了一种独

---

[1] 余敦康:《魏晋玄学史》,北京大学出版社,2016,第382页。

特的"个体间性"群己关系。

"自为"与"相为"对应。"自为"是具体个体的顺性而为,它不由于外而以自我为轴。"相为"是彼此借助互帮,因外力而为。每个个体都自为而不相为,保证了个体不受他者制约而"自生独化"。每个个体的"自为"并不意味着它们之间彼此隔绝、毫无联系。"相因"就是独立个体彼此无意间相互形成的一种协同配合关系。《庄子·秋水注》云:"天下莫不相与为彼我,而彼我皆欲自为,斯东西之相反也。然彼我相与为唇齿,唇齿者未尝相为,而唇亡则齿寒。故彼之自为,济我之功弘矣,斯相反而不可以相无者也。"个体的"自生独化"虽然源自其自身之性,无求于外,但也离不开他者的相因相济之功。这种相因相济之功由于是个体"自生独化"所自然偶成的,故是一种"相与于无相与,相为于无相为"(《庄子·大宗师》)。我无意帮助你,却在"自生独化"过程中事实上帮助了你。如同唇齿关系一样,嘴唇和牙齿都是自然形成,彼此各有其性、各有其能。唇齿之间未尝相为,但又自然而然形成一种唇齿相依的相因关系。《庄子·齐物论注》云:"故彼我相因,形景俱生,虽复玄合而非待也。"这种个体之间的相因关系不是谁有待于谁的关系,而只是一种彼此无心无意间的玄妙配合关系。

郭象又把这种"无言默契"的相因关系称作"玄冥"关系。"玄冥"在郭象哲学中有不同的意义指向。就个体之间的关系而言,"玄冥"描绘的就是这种微妙、玄妙、幽深的相因冥合关系。每个个体因自身的存在场所不同,故会形成多元复杂的相因玄冥关系。如果把这种玄冥关系向外不断推宕,则天地万物都处于一种玄冥关系之中,由此天地万物之间形成了一种整体性的玄冥之境。《庄子·齐物论注》云:"今罔两之因景,犹云俱生而非待也,则万物虽聚,而共成乎天,而皆历然莫不独见矣。"万物各自独化而又汇聚一体,成为一个并列共存的和谐整体。由此可见,玄冥之境首先应该是一种天地万物各自独化又彼此相因而连成的无限并难以把握的整体性疆域或场所。其中,以各自自然之性为运转轴心的个体构成了整体存在的前提,而个体与个体之间的不断相因玄冥则使得整体的玄冥之境成为可能。正是在这个意义上,郭象才说"玄冥者,所以名无而非无也"(《庄子·大宗师注》)。

这样，郭象以一种新型的个体间"玄冥"关系较为圆融地解决了万物独化而又相互关联或者说个体与整体的关系问题。当然，就个人生命而言，玄冥之境又意味着个体生命在天地万物之中的一个定位，它把任性而动且不参与他者独化历程的个体又重新纳入了一种与他者冥合的整体性和谐之境。只是这种整体性的和谐之境不是人为集聚而是自然乃至偶然生成的。个体的生命本来就处于偶然与刹那的被抛状态。他孑然一身，没有家园，只能按照自己的生命本性来实现生命的适性逍遥。正是因为有了个体与他人、个体与万物的"群己"玄冥关系，个人生命才在保存独化的同时，又能与他者彼我玄同，共游于自得之场，共通于玄冥之境。《庄子·人间世注》云："故能弥贯万物而玄同彼我，泯然与天下为一，而内外同福也。"所以，从个人生命的体验来说，玄冥之境又是一种生命条畅而自得的生命感受，是人与万物一体俱在、相互共振的和谐同福之境，为一种和谐性、自由性的与造化为一的在世经验。正是在这个意义上，郭象所谈及的大化、天道、天地、天等概念都不是指传统哲学那种实体性、形而上的天道，而就是这种由个体相互汇聚而形成的整体性和谐状态。"起于太初，止于玄冥"（《庄子·应帝王注》）。生命偶在于原始的和谐，最终又实现于整体的和谐，算是郭象给孤独而独立的个体生命描绘出的理想的安生之道吧。

三、"无为而治"的政治图景

"自生独化"的个体图景与"相因玄冥"的社会图景，基本上呈现了郭象哲学对个人生命如何在世的理想看法。按照道家与郭象的理想，这两大图景即能给个体生命的自然无为带来适性逍遥。因此，为了确保个体的适性逍遥，在郭象看来，取消君主统治制度的无政府主义是最佳选择。然而，历史的发展使得无政府主义的政治主张不可能具有现实性。郭象在注解《庄子·胠箧》"则圣人之利天下也少而害天下也多"一句时说："信哉斯言！斯言虽信，而犹不可亡圣者，犹天下之知未能都亡，故须圣道以镇之也。群知不亡而独亡圣知，则天下之害又多于有圣矣。然则有圣之害虽多，犹愈于亡圣之无治也。虽愈于亡圣，故未若都亡之无害也。甚矣！天下莫不求利，而不能一亡其知，何其迷而失致哉！"虽然郭象也认为无君无圣无知是最为理想的社会状况,但现实的情况是,并不是每个人都能做到"亡知",故圣王之治是基于自然形成的,其存在依然是必要的。《庄子·人间世注》亦云:"千人聚不以一人为主,不乱则散。故多贤不可以多君,无贤不可以无君。此天人之道,必至之宜。"因此,在历史自然发展的进程中,郭象认为君主制是"必至之宜",或者说,君主制是置身于群体生活中的个体实现适性逍遥的必要保障。对君主制的肯认使得郭象哲学又偏离了老庄哲学的政治理想。同样,郭象的政治理想也与儒家的积极有为君主制不同。既要不妨碍个体的"自生独化",又需要维系君主制,郭象的政治理想只能是一种主张无为而治的"虚君论"。可以说,这种"虚君论"是郭象"自生独化"哲学在政治领域的延伸。

郭象眼中的君主应具有一种理想的圣人人格。受魏晋"圣人不可学不可至"观念的影响,郭象认为圣人与凡众不同,其受自然之独特禀赋,具有无往不可、无物不冥的特性。故圣人自然之性分就能做到无心顺物、游外冥内。郭象的圣人不同于庄子游于方外、不与世俗处的圣人、神人、至人。《庄子·大宗师注》云:"所谓无为之业,非拱默而已;所谓尘垢之外,非伏于山林也。"圣人的无为而治不是隐于山林,什么都不做,而是既在世间,又不为世间所累。《庄子·在宥注》云:"君位无为而委百官,百官有所司而君不与焉。二者俱不为而自得。"圣君不把自己的意志强加给臣民,他通过知人善用,让臣民各任其自为,可谓无为而有为。臣民则因其性分,各当其能,各司其任,可谓有为而无为。这种有为与无为的统一,配合上郭象对自然与名教的融通,使得郭象极大地拓展了道家"无为而治"政治理想的现实可行性。

郭象的"无为而治"政治图景事实上是儒道融通的一个产物。"无为而治"不是简单地以儒家的君主制形式纳入道家的无为而治内容,而是会通自然与名教关系的一种政治理想。何晏、王弼等人主张"无为而治",并以"名教出于自然"的方式对名教的合理性进行了论证。但王弼以自然为本、以名教为末的"崇本举末"方式并没有真正解决自然与名教的冲突问题。面对现实复杂多样的名教,如果认为"名教出于自然",则有可能无条件承认了现实所有名教的合法性。在这种情况下,自然就可能反而被名教压制。而如果要完全以自然为本、以名教为末,让名教服从自然的话，名教也就可能名存实亡了。所以，王弼之后，裴頠的自然名教观走向了前者，而嵇康的自然名教观则靠向了后者。所以，何、王等人的"无为而治"政治理想实难真正调解魏晋现实的自然名教之矛盾。

这种把自然名教二分，然后设法让谁归属于谁的解决方案无法解决自然名教的内在矛盾。"像阮籍、嵇康那样排斥名教去谈自然，或者像裴頠那样排斥自然去谈名教，都不是出路，只有着眼于二者的辩证的结合，找到一种合乎自然的名教或者合乎名教的自然，才能解决问题。"① 郭象于此问题，则是另辟新径。郭象改造了庄子对自然之性的理解，给其注入了社会性的内容。他不但把仁义孝贤等道德情感视为本性，而且将人性所自然生发出来的社会性能以及与人之性能相匹配的社会分工、社会等级等也视为性分。这就意味着，在郭象看来，社会现实中存在的一些道德规范制度、社会等级制度、社会政治秩序等实是人之性分的外在体现，它们不但不与自然相矛盾，而且本身就是自然。通过对自然与性分的重新阐释，郭象把自然与名教、无为与治理冥合为一，真正在理论上将二者的矛盾进行了化解。需要指出的是，郭象并不是说现实所有的名教都是自然，而是说源于自然性分的名教方是自然。学界以"名教即自然"来表述郭象的自然名教观也应当在这种意义上来理解。严格来说，郭象的自然名教观表述为"自然即名教"或"即自然即名教"更为合适些。

可见，在郭象的"无为而治"政治图景里，圣君能"游外冥内"，无心而顺物，使名教制度自行于世，不扰乱庶众群生而使其各得其所；而庶众群生则各任性分，各尽其职，各安其位。在不推翻现实的君主制政治框架中，郭象通过限制君主权力的"虚君论"实现了君主制与个体独化之间的调和，为个体的"自生独化"建构了政治保障。

郭象把君主设想成一种与民同治天下的圣人人格，这种内圣外王的政治模式显然有着理想的色彩。不过，随着东晋门阀政治的兴起、君主权力的衰微，这一无为而治或者说让门阀世族自治的理论还是部分地得到了落实。这也从一个侧面反映了郭象的政治图景确实是与时代现实问题关联而提出来的。

就个体生命的存在状态而言，郭象在政治领域对自然与名教关系的融

---

① 余敦康：《魏晋玄学史》，北京大学出版社，2016，第372页。

通，使得自然与名教的冲突感在个体身上渐趋缓和。士人的适性逍遥不再与现实政治制度完全脱节，导致出处同归的朝隐观念、任自然而不废名教的生活方式等在东晋成为士人的普遍选择。

可以说，郭象的哲学以维护个体生命自我独立性为基点，从自然观、人生观、社会政治观层面系统描绘了一幅个体、社会关系、政治环境"应当如何"的理想图景。郭象哲学既回应了时代的思想主题，又融入了自己的理想规划，具有鲜明的现实性、世俗化、政治性等特色。余敦康说："在那个苦难的时代，玄学是对现实的一种超越，尽管人们在现实中找不到和谐，却殚心罩思在精神领域里去追求和谐。因而玄学也就集中反映了当时人们的共同理想，表现了时代精神。"① 这种共同理想与时代精神虽可能在社会政治领域无法得到真正实践，但必将给人的生活世界与精神世界带来诸多影响。

第二节 郭象哲学与美学的关联

一个时代的美学精神是与整个时代的经济状态、社会政治、文化观念等息息相关的。其中，建立于经济基础之上且作为时代精神精华的哲学则对审美、艺术等思想产生一种或直接或间接的重大形塑作用。玄学作为魏晋主流意识形态，对魏晋士人生活世界与精神世界的影响是不言而喻的。黑格尔说："每个人都是他那时代的产儿。哲学也是这样，它是被把握在思想中的它的时代。"② 汤用彤也说："所谓魏晋思想乃玄学思想，即老庄思想之新发展。玄学因于三国，两晋时创新光大，而常谓为魏晋思想，然其精神实下及南北朝（特别南朝）。其所具之特有思想与前之两汉、后之隋唐，均有若干差异。而此一时代之新表现亦不仅限于哲学理论，而其他文化活动均遵循此新理论之演进而各有新贡献。"③《庄子》一书经由向秀之"隐解"，至郭象之"述而广之"，再至成玄英之"疏"，其实际上代

---

① 余敦康：《魏晋玄学史》，北京大学出版社，2016，第404页。
② 黑格尔：《法哲学原理》，商务印书馆，1961，第12页。
③ 汤用彤：《魏晋玄学论稿》，上海古籍出版社，2001，第194-195页。

了整个魏晋士人乃至后世中国文化对《庄子》思想的主流阐释。余敦康就说:"郭象以后,庄学成为显学,这是郭象的功劳。人们往往是通过郭象的《庄子注》去研读《庄子》的。"① 可以说,要理解魏晋美学与艺术思想,向、郭的《庄子注》是绕不开的一座里程碑。如果说,庄子是魏晋士人精神向往的典范,郭象对庄子思想的注解则起到了把高蹈的庄子精神拉进魏晋士人日常生命世界之作用。正因如此,通过郭象哲学来阐释魏晋美学思潮之生成与演变,当是一种行之有效的研究路径。

当然,为了更明确地建立起郭象哲学与魏晋美学之间的内在关联,尚有两方面的工作需要得到澄清:一是从史料证据上表明向、郭《庄子注》确实对魏晋士人产生了深远影响,从而对魏晋士人的自然观、人生观、社会政治观起到了重要形塑之用;二是从观念证据上表明郭象哲学确实与魏晋士人的生活风尚、审美观念、艺术观念是直接契合的。

一、向、郭《庄子注》对魏晋士人的影响

《庄子·外物》云:"言者所以在意,得意而忘言。吾安得夫忘言之人而与之言哉!"庄子哲学提出后,除了刘安、严遵等少数人留意外,在先秦与两汉罕见知音的回响,一度沉寂了几百年。直到汉末、魏晋时期,庄子思想方显示其自身的理论价值。从竹林的嵇康、阮籍等人始,庄学开始成为显学而进入魏晋士人的生活领域。随着向、郭《庄子注》的盛行,庄学在两晋(尤其是东晋)时期被推至了学术思想的巅峰。从玄学发展来看,除了正始玄学以《道德经》《周易》为重点外,竹林玄学、元康玄学、东晋玄学都是以《庄子》为重点的。魏晋士人对《庄子》一书的理解虽有着不同向度,但《庄子注》无疑是其中影响最大、占据主流的庄子思想阐述方式。陆德明《经典释文·序录》云:"唯子玄所注特会庄生之旨,故为世所贵。"可以说,正因为《庄子注》切合了时代肯綮,故成为魏晋士人不可或缺的精神食粮。关于向、郭《庄子注》对时人的影响,史料上记载虽不算很多,但亦足以得其概要。剔除史料的重复,如下几则材料可大致体现《庄子注》在魏晋时代之回响:

---

① 余敦康:《魏晋玄学史》,北京大学出版社,2016,第436页。

庄周著内外数十篇，历世才士虽有观者，莫适论其旨统也，秀乃为之隐解，发明奇趣，振起玄风，读之者超然心悟，莫不自足一时也。惠帝之世，郭象又述而广之，儒墨之迹见鄙，道家之言遂盛焉。始，秀欲注，嵇康曰："此书讵复须注，正是妨人作乐耳。"及成，示康曰："殊复胜不？"（《晋书·向秀传》）

秀与嵇康、吕安为友，趋舍不同。嵇康傲世不羁，安放逸迈俗，而秀雅好读书。二子颇以此嗤之。后秀将注《庄子》，先以告康、安，康、安咸曰："此书讵复须注？徒弃人作乐事耳！"及成，以示二子。康曰："尔故复胜不？"安乃惊曰："庄周不死矣！"……秀游托数贤，萧屑卒岁，都无注述。惟好《庄子》，聊应崔譔所注，以备遗忘云。（《世说新语·文学》刘孝标注引《秀别传》）

秀为此义，读之者无不超然，若已出尘埃而窥绝冥，始了视听之表。有神德玄哲，能遗天下，外万物。虽复使动竞之人顾观所徇，皆怅然自有振拔之情矣。（《世说新语·文学》刘孝标注引《竹林七贤论》）

《庄子·逍遥篇》，旧是难处，诸名贤所可钻味，而不能拔理于郭、向之外。（《世说新语·文学》）

以上所引四则史料表明了向、郭《庄子注》对魏晋士人之影响。向秀在崔譔《庄子注》基础上，论其旨统，解其隐义，妙析奇致，从而将"莫适论其旨统"的庄子思想以清晰的方式阐释出来。从《经典释文·序录》可知，崔譔的《庄子注》为十卷二十七篇，向秀注为二十卷二十六篇（一作二十七篇，一作二十八篇）。显然，向注虽依托崔注，但其注解更细，分卷翻倍。向秀的专尚义理的注释工作使得庄学更契合了魏晋时代思潮，提振了庄学，引发了时人对庄子的极大兴趣。"读之者超然心悟，莫不自足一时也"，"读之者无不超然"，"使动竞之人顾观所徇，皆怅然自有振拔之情"皆表明向秀《庄子注》在当时确实产生了巨大的影响。

崔注与向注都只是对内外篇进行了注解，郭象则在向注基础上进一步进行了选篇、细化与凝练。郭象不但调整了崔譔、向秀注释过的《外篇》篇目，而且保留了十一篇《杂篇》，将《庄子》划分为内外杂篇合三十三卷三十三篇。日本高山寺旧钞卷子本《庄子·天下》篇末还保留了一段未收入通行本的郭象所写文字:"然庄子闳才命世,诚多英文伟词,正言若反。故一曲之士,不能畅其弘旨,而妄窜奇说。若《阏亦(弈)》、《意脩(循)》之首;《尾(危)言》、《游易(凫)》、《子胥》之篇,凡诸巧杂,若此之类,十分有三。或牵之令近,或迂之令诞,或似《山海经》,或似《(占)梦书》,或出《淮南》,或辩形名。而参之高韵,龙蛇并御。且辞气鄙背,竟无深澳(奥),而徒难知,以因(困)后蒙,令沉滞失乎(平)流,岂所求庄子之意哉!故皆略而不存。令(今)唯哉(裁)取其长达致全乎大体者,为卅三篇者(焉)。"① 这段文字与陆德明《经典释文·序录》所引郭象的话是一致的。《经典释文·序录》载:"故郭子玄云:'一曲之才,妄窜奇说,若《阏弈》、《意脩》之首,《危言》、《游凫》、《子胥》之篇,凡诸巧杂,十分有三。'"这表明,郭象对《庄子》文本进行了有意识的选择,去除了其中荒诞不经的"妄窜奇说",从而使《庄子》的义理得以呈现清晰的脉络。崔譔与向秀的《庄子注》皆为二十七篇左右(向秀所注的或为二十六、二十七、二十八篇),去除相对共识的七篇《内篇》,二者《庄子注》的《外篇》为二十篇左右。这样算下来,郭象可能正是去掉了崔、向所注《外篇》中的《阏弈》《意脩》《危言》《游凫》《子胥》五篇,而得今本《外篇》十五篇。可见,在篇目分类与选定上,相比崔、向注本,郭象显得更具思辨理性精神,其在向注基础上提炼出的《庄子注》应更符合崇尚玄智思辨的晋人。笔者推测,这可能也是上述第四则材料将郭象排在向秀之前的原因。陆德明《经典释文·序录》说:"徐仙民、李弘范作音,皆依郭本。今以郭为主。"可见,东晋徐邈、李轨各自在撰写《庄子音》时,皆是以郭象的三十三篇本作为底本的。这表明,郭象的选本相比古本或其他版本在东晋时期已具有极大的优势与影响力了。

不唯如此,郭象还对向注进行了选择性保留与点定文句的增删润饰,并增加了自己的注解。关于这一点,杨明照、王叔岷、汤一介、苏新鋈②

---

① 余敦康:《魏晋玄学史》,北京大学出版社,2016,第443页。
② 参见杨明照:《郭象庄子注是否窃自向秀检讨》,《燕京学报》第28期;王叔岷:《〈庄子〉向郭注异同考》,《"中央图书馆"馆刊》1卷4期;汤一介:《郭象与魏晋玄学》,中国人民大学出版社,2016,第七章;苏新鋈:《郭象庄学平议》,台湾学生书局,1980,第二章、第三章。

等学者有过详细考辨，其中尤以苏新鋈《郭象庄学平议》一书考证最为翔实。苏新鋈以史料网罗到的向秀注 138 则材料为基础，对勘今本郭象注解，从而翔实地归纳出了向、郭注之异同。苏新鋈经由比勘后说："故若以象注与秀注尚可考见之一百三十八则文字之比验，即视作一抽样之考核论，则象注与秀注虽无哲学问题上思理系统之乖背，然其注之'义'、'辞'皆或多或少有各种不同情况之殊异者，实超过四分之三。此尚是只以有象注可比验之九十则论之较保守计法，若扩及象之无注与秀之有注本身亦算一异，而以可考知之一百三十八则全数计，则象注之整体面目更有达十分之九是与秀注皆或多或少有各种不同情况之殊异者也。如此，则郭象之庄注，虽是承袭秀注而来，然实是大抵以秀注为基据，而曾经严格选择，深事增删润饰，既尚留有向秀庄学之精神，亦深深寓有郭象庄学之意向之一秀、象合璧之庄注，是一已成为足可表明郭象庄学之意向与成就之一庄注也。而郭象之庄学，乃是一主要为吸收融化秀之庄学为己有，而尚稍有深进一层发展与成就之庄学，殆亦由此可知也。"① 关于郭注对向注的"深进一层发展"，有一则材料可以说明。《列子·天瑞》有"故生物者不生，化物者不化"一句，张湛注曰："《庄子》亦有此言。向秀注曰：吾之生也，非吾之所生，则生自生耳。生生者岂有物哉？（无物也，）故不生也。吾之化也，非物之所化，则化自化耳。化化者岂有物哉？无物也，故不化焉。若使生物者亦生，化物者亦化，则与物俱化，亦奚异于物？明夫不生不化者，然后能为生化之本也。"从《列子注》对向秀与郭象注解的分别引用看，东晋时期的张湛是同时见过向注与郭注的。向秀的这一注文大概是对《庄子·大宗师》"生生者不生"一句的注释。这里，向秀在自生、自化的基础上还承认了"生物者""化物者""不生不化者"的"生物之本"的存在。这与郭象彻底摒弃"生物者"的"自生独化"哲学是有很大差别的。可能正是这个原因，郭象在注解时删除了向秀的这一注解。这就表明，郭象有意识地剔除了向秀注中某些不彻底的内容，在吸取向秀解庄精神的基础上，又做到了体系的更彻底与统一，从而把先秦道家自《恒先》以来的"自生模式"发展为

---

① 苏新鋈：《郭象庄学平议》，台湾学生书局，1980，第 421 - 422 页。

最为成熟的思想体系①。

郭象在向注基础上的"述而广之",不但使《庄子》成了一种体系合理的著作,而且其注解也自成一体,大大推进了庄子思想在两晋的传播与接受。"儒墨之迹见鄙,道家之言遂盛焉","《庄子·逍遥篇》,旧是难处,诸名贤所可钻味,而不能拔理于郭、向之外"皆表明郭注对庄学风行于世确有建功。郭象《庄子序》② 言:"故观其书,超然自以为已当,经昆仑,游太虚,而游惚怳之庭矣。虽复贪婪之人,进躁之士,暂而揽其余芳,味其溢流,仿佛其音影,犹足旷然有忘形自得之怀,况探其远情而玩永年者乎!遂绵邈清遐,去离尘埃而返冥极者也。"从《庄子序》的这段话不难看出郭象哲学对时人的吸引力。

《庄子注》对魏晋时人的影响还能从当时名士对向、郭玄学理论水平的评价以及文献援用中看出。作为竹林七贤之一的向秀自不待言,郭象于当时也是备受认同的。剔除道德评价③,就郭象的玄学理论水平来说,其在魏晋时代亦确堪称大家。

> 象字子玄,河南人。少有才理,慕道好学,托志老、庄。时人咸以为王弼之亚。(《世说新语·文学》刘孝标注引《文士传》)

> 象作《庄子注》,最有清辞遒旨。(《世说新语·文学》刘孝标注引《文士传》)

> 裴散骑娶王太尉女。婚后三日,诸婿大会,当时名士,王、裴子

---

① 汤一介据此认为,郭象尽管采用了向秀的注,但他都是按照自己的思想体系需要而有所选择,从而把向秀注解中不符合"上知造物无物,下知有物之自造"思想的都排除在外,因而那种认为郭象把向注"窃以为己注"的看法是站不住脚的。参见汤一介:《郭象与魏晋玄学》,中国人民大学出版社,2016,第 232 页。曹峰在《"自生"观念的发生与演变:以〈恒先〉为契机》(《中国哲学史》2016 年第 2 期)一文中认为,中国古代的宇宙生成论分为"他生""相生""自生"三种模式。从上博简《恒先》的"气是自生,恒莫生气"到郭象的"块然而自生",经历了从以"道"为前提的"自生"理论变成了不以"道"为前提的"自生"理论的演变过程。

② 《庄子序》作者历来被认为是郭象。今人王利器、王晓毅、黄圣平等人则对此提出异议。笔者认为,在没有充足的证据前,将其作者视为郭象应更稳妥。当然,如果按黄圣平等人的看法,认为《庄子序》作者乃东晋熟稔郭象《庄子注》的玄学名士,则更进一步说明了郭注在东晋的影响力。

③ 《晋书·郭象传》载:"东海王越引为太傅主簿,甚见亲委,遂任职当权,熏灼内外。"

弟悉集。郭子玄在坐,挑与裴谈。子玄才甚丰赡,始数交未快。郭陈张甚盛,裴徐理前语,理致甚微,四坐咨嗟称快。王亦以为奇,谓诸人曰:"君辈勿为尔,将受困寡人女婿。"(《世说新语·文学》)

郭象字子玄,少有才理,好老、庄,能清言。太尉王衍每云:"听象语,如悬河泻水,注而不竭。"(《晋书·郭象传》)

郭子玄有俊才,能言老、庄。庾敳尝称之,每曰:"郭子玄何必减庾子嵩!"(《世说新语·赏誉》)

王太尉云:"郭子玄语议如悬河泻水,注而不竭。"(《世说新语·赏誉》)

宋岱、郭象,锐思于几神之区;夷甫、裴颜,交辨于有无之域;并独步当时,流声后代。(《文心雕龙·论说》)

上述材料中的"王弼之亚""最有清辞遒旨""才甚丰赡""悬河泻水,注而不竭""何必减庾子嵩""独步当时,流声后代"等评语,皆可衬出郭象的玄理水准与时代影响。特别是,像王衍、庾敳等人都是西晋后期士林中最有声望之人,能受到他们的品藻并认可的人被称为"登龙门",往往都能引发时人的推崇与追慕。由此可见,郭象在时人眼中是被视为与天才王弼相提并论的人物。

从现有材料看,至少从东晋始,向秀与郭象的《庄子注》就并行于世,并因其影响大而受到了时人很多著述的援引。王叔岷在其《〈庄子〉向郭注异同考》中,就曾对《经典释文》《列子注》《弘明集》《世说新语》《云笈七签》《文选》等文献进行了钩沉,得到了向注佚文 138 则。至于对郭象注文的引用以及对其学说的评价,则在《列子注》(张湛)、《周易注解》(韩康伯)、《养生延命录》(陶弘景)、《世说新语》(刘义庆著、刘孝标注)、《文心雕龙》(刘勰)、《论语义疏》(皇侃)、《颜氏家训》(颜之推)、《高僧传》(释慧皎)、《弘明集》(僧祐)、《神灭论》(范缜)、《文选》(萧统编、李善注)、《经典释文》(陆德明)以及玄言诗人诗文论著[①]等文献皆有体现。张湛的《列子注》大约作于东晋中期,其中就明确署名地引

---

① 据管雄统计,谢灵运山水诗引用《庄子》及郭象注最多,计67次。参见卢盛江:《魏晋玄学与中国文学》,百花洲文艺出版社,2010,第180页。

用了向秀注四十余条，郭象注二十余条。如张湛对《列子·天瑞》中的"形动不生形而生影，声动不生声而生响"句，其注曰："夫有形必有影，有声必有响，此自然而并生，俱出而俱没，岂有相资前后之差哉？郭象注《庄子》论之详矣。"① 这里，张湛明确认为"形影并生"之论乃郭象思想。在东晋玄学家韩康伯的《周易注解》中也对郭象的思想有引用。韩康伯对《系辞上》"阴阳不测之谓神"一句，注曰："原夫两仪之运，万物之动，岂有使之然哉？莫不独化于大虚，欻尔而自造矣。造之非我，理自玄应，化之无主，数自冥运，故不知所以然而况之神。"② 这一"独化、自造"的注释应也是源自郭象的"自生独化"论。《世说新语·文学》（四十六则）刘孝标在注引《庄子·齐物论》"天籁者，吹万不同，而使其自已也"一句后，明确说："郭子玄注曰：'无既无矣，则不能生有。有之未生，又不能为生。然则生生者谁哉？块然而自生耳，非我生也。我不生物，物不生我，则自然而已然，谓之天然。天然非为也，故以天言之，所以明其自然故也。'"这则材料不但表明了郭象哲学的影响，也表明了刘孝标在援引《庄子注》时对向注与郭注是有明确区分的。另外，如范缜《神灭论》所云的"若陶甄禀于自然，森罗均于独化，忽焉自有，恍尔而无；来也不御，去也不追，乘夫天理，各安其性"之论，其实质也是郭象的自然观思想。从文献的援引，特别是东晋南朝文献的援引来看，《庄子注》对魏晋南北朝时期的影响是极为深远的。

从史料上看，代表魏晋时代对庄子精神领会之理论高峰的向、郭《庄子注》确实对魏晋士人产生了极为深远的影响，可算得上是魏晋时期对《庄子》一书的最为主流的一种理解方式。可以说，魏晋士人特别是东晋士人，多是以向秀、郭象的《庄子注》为入口，形塑了自己的玄学世界观与人生观，真正地把庄子精神落实在自己的生活与生命世界之中③。

---

① 杨伯峻撰：《列子集释》，中华书局，1979，第18页。
② 楼宇烈校释：《王弼集校释》下册，中华书局，1980，第543页。
③ 《世说新语·文学》曾载谢安论《庄子·渔父》之清谈场景。《庄子·渔父》本极为简短，而谢安能"自叙其意，作万余语"，可见东晋人对《庄子》的理解往往有郭象"寄言出意""六经注我"之方法影响。

二、郭象哲学与魏晋审美、艺术观念的契合

理论是灰色的,而生命之树常青。从史料层面来梳理《庄子注》对魏晋士人的影响毕竟是出于理论的严谨性之考虑。然而事实上,一种新的哲学思想一旦盛行,其生发出来的"历史真实"性影响往往是史料与理论难以全面照管得住的。玄学,特别是竹林之后的庄学一旦得以振拔,其内在精神所生发出来的深刻影响往往体现在鲜活的生活画卷与生命感受当中,而非故纸堆中。论及哲学观念对审美与艺术现象的影响,虽要避免大而无当的空悬牵强之论与先在的理论框架,但也不能无视二者之间确实存在的"陶铸"效应。

魏晋哲学与审美、艺术观念之所以存在着紧密的契合关系,至少有两个原因是值得关注的。首先,大多数魏晋士人既是玄学家又是美学家与艺术家,其玄学观念与人生、审美、艺术观念之间必然存在着密切的互联。其次,魏晋尚处于文人审美与艺术观念自觉的初期,其审美与艺术的内在规律性尚未完全凸显。因此,在魏晋阶段,社会文化外在因素对其审美与艺术观念的影响力必然要远远强于审美与艺术自身的内在因素。这两个原因表明,从哲学因素去阐释魏晋美学的方法论不但是可行的而且也是必要的。

虽然,魏晋士人对庄学精神的理解感悟存在多维向度,其生活风尚与审美艺术观念也有着多维的源头,但郭象哲学对庄学精神的诠释无疑是最具影响力的,也当是最能引发魏晋士人共鸣的思想渊薮。一方面,"涉俗盖世""经国体致"的郭象哲学是在回应时代精神主题的基础上产生的,因而其具有对时代精神的"承前"之用;另一方面,郭象哲学对时代精神主题进行了圆融的理论解决,给时代精神提供了哲学理据的支撑,因而又对时代精神的发展具有"启后"之功。《庄子注》对时代精神的"承前启后"功用,使得郭象哲学与魏晋士人的内心世界是息息相通的。叶维廉说:"在当时,王弼注的老子,郭象注的南华真经,都是清谈的中心题旨,尤其是郭注的庄子,影响最大,其观点直透兰亭诗人,达于谢灵运,及与兰亭诗人过从甚密的僧人支遁。"[①] 因此,实有必要跳脱文献的——直接

[①] 叶维廉:《中国诗学》,三联书店,1992,第91页。

佐证，而去领会庄学精神与魏晋士人内心世界的融通，特别是要领会郭象哲学与魏晋士人生活生命世界、审美艺术观念的内在契合。

郭象哲学以其现实性、世俗化、政治性的鲜明特色把离俗高迈的庄子精神拉进了社会现实与个人生活世界。郭象哲学建构的"自生独化"的个体图景、"相因玄冥"的社会图景、"无为而治"的政治图景无不与生命的切身在世问题相关。郭象哲学可谓直击时代痛点，因为生命的切身在世问题恰是处于乱世的个人最为关注的核心问题。郭象哲学与魏晋士人精神需要之间的"供求平衡"，致使其或显或隐地推动了诸多魏晋美学新潮的产生。郭象《庄子·德充符注》云："虽所美不同，而同有所美。各美其所美，则万物一美也。"郭象以个体生命的实现为不同之美与个性之美，而以不同个性之美的整体性和谐为同一之美。其理想的哲学图景是具有美学性的。可以说，正由于郭象是在基于现实生命存在状态基础上来建构其哲学自然观、人生观与社会政治观的，故其哲学也与庄子哲学相似，本身就蕴含着丰富的美学意蕴，或者说其哲学就可视为一种美学。因此，郭象哲学对个体生命、社会关系、政治理想的描绘，与魏晋美学中出现的个性意识（个体感性自觉、魏晋风流、自然美独立价值的发现）、物我关系（寓目美学）、自然名教观（出处问题、情礼关系）等是相互契合的。考虑到《庄子注》对魏晋士人内在思想世界广泛而又深刻的影响，这种哲学观念与美学思潮的相互契合就不应简单地归结为一种历史的巧合，而应视为一种哲学观对审美观、文艺观的形塑效应。汤用彤就说："而观察往昔之哲学思想而归纳之称为属于某时代者，固因其有特殊之方法、态度，因而较之前代有新异之理论，故在此一文化史中占显明之分野，而此一时代之哲理家（思想家）亦罕能超出其时代之定式，其故何在兹亦不论。但此一时代各种文化活动靡不受此新方法、新理论之陶铸而各发挥此一时代之新型，而新时代之形成即在其哲学、道德、政治、文学艺术各方面均有同方向之新表现，并因此种各方面之新表现而划为另一时代。"[①] 郭象哲学与审美、文学艺术的"同方向之新表现"，可谓代表了新理论去陶铸文化活动的典型。与之一致的历史进程是，随着郭象哲学被佛教转化与代替，魏

---

① 汤用彤：《魏晋玄学论稿》，上海古籍出版社，2001，第194页。

晋风流之美也一去不返了。

具体来说，郭象哲学观念与魏晋诸多美学思潮之间的契合关系主要体现在如下四个方面：

第一，郭象对人（物）性"自生独化"观念的论述给自然山水之美的发现、个体生命意识的深化乃至各种文艺审美价值的独立性提供了哲学理据的支撑。郭象对物性之有、独化的本体论看法，从哲学层面凸显了万物自身的存在意义。如郭象哲学廓清了自然山水的象征拟代色彩，使得山水在哲学本体上摆脱起兴、比德、悟道的附庸地位而具有自身独立价值，呈现本然面貌，从而使得自然山水成为一种可以直寻、娱情的对象。与魏晋玄学的发展桴鼓相应的历史现象是魏晋士人对自然山水、个体生命之性以及各种文艺独立性价值的发现。诸多历史现象的独立性价值之所以在魏晋时期得以出现，其原因当是复杂而多方面的。然而，如果从哲学理据来看，这些审美现象新变当与玄学有着直接的关联。自然山水之美的发现意味着自然山水摆脱了自身的附庸性、工具性之地位而呈现为自性之本然，只有如此，其自性之美方能被人清晰地感知与体认。在诸多的玄学理论中，只有郭象"自生独化"的物性理论自然观认识到了具体万物变化过程中的独立自足性与因自身特殊性而呈现的"主位"性。郭象"自生独化"的人性理论也大大深化了魏晋士人对个体生命意识的认知。相比刘劭《人物志》以质实的气阴阳五行来说明人性的才性论，郭象哲学以"性""理"为本来理解人性要显得更为本质化与虚灵化。郭象的这种注重本质性、个体性、能动性、价值性的人性观大大提升了魏晋士人对自身个体生命的认知，给魏晋名士崇本性、标自我、尚任诞、重神理的生命意识提供了人性论基础。同样，郭象"自生独化"的个体性哲学与各种艺术走向独立和兴盛也有关联。郭象哲学所蕴含的客观世界自然之理与主观世界自然之性独立相因的思想，使得主客的沟通建立在二者内部精神的节奏运迈之上，而各种艺术正是在探索二者内部精神的节奏运迈过程中趋于独立。与之相伴随的就是，大量探讨艺术之理、创作者与欣赏者之性的艺术理论著作也蔚为大观。

第二，郭象对"适性逍遥"的生命性情关系的论述为魏晋名士的行为方式提供了一种人生哲学的理论说明，堪称魏晋风流的极佳理论写照。魏晋风流作为一种独特的人生或生活审美现象，其深层次依赖于一种新的性情论、人生观的出现。郭象"适性逍遥"的性情论把庄子通过心性修养方能达成的精神境界论转化为一种自然本性自在展现的适性论，从而为魏晋名士寻求"逍遥"的行为方式提供了指引。风流作为一种生命行为方式的审美化，形象鲜明地展现了魏晋士人自然生命本性的动态践履过程。郭象"适性逍遥"的性情论，以生命本性为唯一根据，摆脱掉与之相对立的各种束缚，真诚地裸露自己，任性而动。魏晋士人面对真性与俗情的冲突，既任性而尽真情，又任性而忘（遣）俗情，因而成就"适性逍遥"的生命感受。"适性逍遥"让魏晋名士意识到，生命固然不易，但依然可以通过任性不羁、不循常规的"行为艺术"来感受生命的灵动华采与适性之美。

第三，郭象"相因玄冥"的情物关系滋生了魏晋士人"以玄对山水"的"寓目"审美观念。"以玄对山水"不是以抽象的玄理去看待山水，而是以玄远之性去妙赏山水，其实质是郭象情物关系哲学在山水审美中的直接落实，并推动了山水诗的产生。郭象"相因玄冥"情物关系的提出是出于对万物个性与独立性的维护。只有在物我双方的默契无言当中，二者方能不因彼此的依赖、交互影响而丧失自性，从而在"自得之场"中各自任性独化。这种生命之性情与外物之性理"异质同构"的情物关系运用到山水的观照中，则形成一种"以玄对山水"的审美直觉观照法。"玄对"，意味着以"相因玄冥"的关系去看待人与山水的关联。这种生命之性与自然之理当下相遇的直观方法既保证了山水之理的呈现，又保证了自我之性的敞开。"以玄对山水"既是体玄识远的哲学方法，又是审美观照方法。其中，玄言诗人对自然山水形象的感受与对生命玄理的领会集于同一心理过程。这种"寓目理自陈""妙善冀能同"①的"以理释情"的"寓目"山水审美观改变了传统物我双方彼此影响的感物缘情诗学路径，为"体物为妙"、注重畅神的山水诗乃至山水画登上历史舞台做好了美学准备。章启群就说："郭象在发现独立的、外在客观自然世界时，建立的这个丰富、

---

① 谢灵运《田南树园激流植援》末句云："赏心不可忘，妙善冀能同。""妙善冀能同"来自郭象《庄子·寓言注》："妙，善也。善恶同，故无往而不冥。此言久闻道，知天籁之自然，将忽然自忘，则秽累日去以至于尽耳。"

自然的人性，几乎就是一个艺术化了的审美的主体，他的自然生活与整个自然世界是内在一致的。在这个意义上，郭象的自然观，最后沟通了客观世界的自然之理与人的主体的自然之性。我认为，这种艺术化的审美主体的出现，及其与自然世界的内在和谐统一，无论从主体还是客体来说，都是构成当时中国艺术自觉的一个绝对的必要条件。"①

第四，郭象"游外冥内"观对自然与名教关系的调和，给魏晋士人在出与处、自然与名教、情与礼等方面的内心冲突提供了一种调适方案，从而直接影响到了魏晋士人的审美文化心态。作为玄学主题之一的自然名教关系，直到郭象哲学那里才在理论上得到解决。郭象突破了庄子对性之理解的自然主义立场，而把因于自然的社会性名教也纳入了"性分"之中，从而以"性分"论实现了自然与名教的融通。郭象的"游外冥内"观使得方内与方外、出仕与隐逸、礼教与性情的矛盾冲突统一于适"性分"的心理态度。相对于适性之"所以迹"而言，方内方外、出处、情礼等"迹"则是无关紧要且不分轩轾的。郭象哲学所折中的自然名教观念抚慰了魏晋名士的内心焦虑，为魏晋士人，特别是东晋士人追求宁静雅趣的适性空间打开了大门。自然与名教的调和使得朝隐在东晋成了最具影响力的隐逸方式。隐逸朝廷使得士人独立性与集权制的关系得到了一定程度的舒缓，士人对人身和人格自由独立性的追求开始被纳入集权制所容忍的范围内。在集权制范围内保持士人独立性的要求促使东晋士人更加自觉地去建构体现其精神品位的文化艺术体系。东晋名士在与现实调和的悠游容与中，在山水、雅聚、园林、文艺、清谈、嗜好中展示着生命的风流文雅，既成就了自己也成就了对后世影响深远的士人生活美学世界。

不难看出，正因为郭象哲学的自然观、人生观、社会政治观等系列思想是与魏晋士人对个体生命在世状态的切身体会一体相连的，故魏晋士人"揽其余芳，味其溢流"，莫不自足一时，从而对魏晋士人的世界观产生了极具影响的形塑作用。就此而言，郭象哲学必将波及魏晋士人的生活、审美与艺术等诸多活动领域。以郭象的哲学思想为基点，来建构起其对魏晋美学思潮的影响关系，既能深化对魏晋美学与艺术精神的理解，又能还郭

---

① 章启群：《论魏晋自然观》，北京大学出版社，2000，第132页。

象哲学在中国哲学史,特别是中国美学史上一个公正的历史地位。本书的总体致思正是基于上述考虑,意图从郭象的哲学思想出发,在具体阐释郭象哲学思想的基础上(因郭象哲学思想体系性较强,故有些观念在各章节间会有所交错),深入其内在的美学意蕴,并在一种前后美学语境的转换历程中建构郭象哲学与魏晋美学思潮的深度性关联,以确立郭象及《庄子注》在中国美学史上的历史地位。

第二章 郭象"自生独化"说与自然山水之美的独立

自然山水之美自古有之，而其成为一种独立的审美对象则是东晋以后的事①。宗白华说："晋人向外发现了自然。"② 从宗白华所举的例子可以看出，宗白华所说的晋人实际上指的是东晋之人。其所言的"发现了自然"则是说只有到了东晋，自然山水之美才从情志、比德、体国经野等象征模式下解脱出来，被真正当作一个独立的审美对象来进行赏析。关于自然之美为何在魏晋得以独立，学界已从政治环境、隐逸思潮、庄园经济、江南地理环境、玄佛思想以及自然审美意识自身发展规律等方面多有阐发③。这些原因虽都有其阐释力，但也不免显得过于笼统。笔者认为，在自然山水之美独立的背后，当有一种哲学自然观在起支撑作用，从而使自

---

① 学界对自然山水之美独立或自觉被发现的时段定位存在不同观点，大致有汉季说、魏晋说、六朝说、东晋说、晋宋之际说等。这些说法从大体宏观上说皆可成立。因为山水之美的独立本身就有一个用具体时间段难以截断的历史渐进与量变过程。本章试图以自然观的质变并结合史料描述将自然山水之美独立的时间段锁定于东晋。之所以用"独立"一词，意在表明自然山水本身成为人关注的焦点所在，也就是说山水是通过自身性理主位而非依附其他价值来彰显其存在性。同时，山水的独立并不意味着山水完全摆脱了与其他文化价值的关联。事实上，山水的独立始终是与人的独化之性、观看方式以及生命价值相关联的。
② 宗白华：《美学散步》，上海人民出版社，1981，第215页。
③ 可参看王瑶《中古文学史论》（北京大学出版社1986年版）、王钟陵《中国中古诗歌史》（江苏教育出版社1988年版）、钱志熙《魏晋诗歌艺术原论》（北京大学出版社2005年版）、葛晓音《山水田园诗派研究》（辽宁大学出版社1993年版）、小尾郊一《中国文学中所表现的自然与自然观》（上海古籍出版社2014年第2版）、何国平《山水诗前史》（暨南大学出版社2011年版），以及张节末、李鹏飞《中古诗学史：境化与律化交织的诗歌运动》（浙江大学出版社2013年版）等书。

然山水之美的独立获得了一种根本的推动力。因为,自然美的被发现最需确立的是一种重新看待世界万物存在形态的眼光,即一种新型自然观的产生。可以说,只有一种把自然(natural)视为自然万物、自然山水(nature)的新型自然观的出现,方能使得人去赏析自然山水之美。比较而言,《庄子》哲学的自然观追寻的是一种超越感性外物的自然而然的体道境界,而儒家哲学的自然观追寻的是一种融道德性于山水的伦理美学境界,故二者皆无法从自然山水之本然或主位的角度去发现自然美、赏析自然美。同时,由于汉魏、西晋的自然山水被过多的悲情、羁旅、咏怀、行役等浓情点染,也使得山水自然美更多地成了情志的拟代而无法显现自身的独特风姿。同样,笔者不同意将佛教思想作为山水审美独立之理论根据的论断,一则是因为般若学、净土思想、涅槃学等佛教思想对魏晋山水审美的主要影响是后起于郭象哲学的;二则是因为佛教思想对山水审美之影响,特别是对山水诗兴起之影响实是对玄学审美经验结构的发展(后详)。

  由此可见,新型自然观的产生实有待进一步的哲学突破。放眼整个魏晋思潮,只有郭象的"自生独化"自然观方具有这种理论效应①。在郭象之前的儒家象征式山水观、道家非对象性山水观、魏晋情感化山水观中,自然山水要么统摄于主体的精神境界而受到忽视,要么纠缠于物物的因果链条而受制于其他。郭象的"自生独化"说在解构事物外在生成论的同时又把事物自身的性、理作为推动事物发展变化的根据,从而使具体事物之性、理与形皆获得了独立性价值并因此形成一种新的自然观。郭象的"自生独化"自然观经由东晋"以玄对山水"观念的推动,使得山水本身成为一种有"生命力"的主位对象而进入人的审美视野。可以说,虽然中国文化中自然山水成为一个独立审美对象是历史多重合力造成的,但郭象"自生独化"说则是自然山水之美获得独立的哲学根据。

---

  ① 李昌舒《郭象哲学与山水自然的发现》[载《复旦学报(社会科学版)》2006 年第 2 期]一文对本论题已有探讨并富有见地。与李昌舒从中国美学史角度来评价郭象对"物"的发现的意义不同,本书立意于郭象"自生独化"说的具体内在理路,试图更细致更全面地(如郭象自然观与汉魏晋自然观的比较、万物之理、玄冥、"以玄对山水"等重要论题在李昌舒文中尚未涉及)探讨郭象哲学是如何导引自然山水之美在东晋独立的。

第一节　郭象之前的自然山水观模式

生活在一个农耕文明国度里，中国古人对自然山水的感知由来已久。在郭象之前，撇开神化与地理志的自然山水观不谈，儒家的象征式山水观、道家的非对象性山水观和魏晋的情感化山水观对中国自然山水审美影响最大。不过，在这三种自然山水观模式中，自然山水本身皆未得到充足的审美关注，山水之物自身的形象都处于暧昧不清当中。

一、气感类应与山水的象征性

气感类应的观念由来已久。从先秦的乐教传统、人事与天事合一的月令模式，再到汉代大一统宇宙模式，中国古人建构了一套包容阴阳、五行、四时、五方、农事、政治、性情等相互关联的文化图式。万物只有被纳入这一图式中，根据相互感应的关联才能得到恰当的说明。在这套文化图式中，气是生成与统摄万事万物的本根，而类应则是万事万物得以联结的方式。

中国文化中对气感类应现象的注重首先体现在乐教理论中。先秦的乐教理论接续了"乐以通神""乐以调风"的古老传统，对乐与天地之气的相互关系进行了提升。《左传·昭公元年》载医和对晋侯的话说：

> 君子之近琴瑟，以仪节也，非以慆心也。天有六气，降生五味，发为五色，征为五声，淫生六疾。六气曰阴、阳、风、雨、晦、明也，分为四时，序为五节，过则为菑：阴淫寒疾，阳淫热疾，风淫末疾，雨淫腹疾，晦淫惑疾，明淫心疾。

这里，医和不但以气化思想来统摄色、声、味、体、四时、五节，而且指出了不同之气的过度失调会导致身体不同部位的疾病。医和正是要通过自己体认到的天地万物气感交化的专业知识来阐释"烦手淫声"与疾病之间气感类应的必然关系，从而以一种"疾病震慑"策略来劝谏晋侯放弃淫乐而推行先王之乐。

这种以气感类应为理论基础的乐教传统在单穆公与伶州鸠的音乐思

想中同样得到了体现。《国语·周语下》载单穆公论乐云：

> 口内味而耳内声，声味生气。气在口为言，在目为明。言以信名，明以时动。名以成政，动以殖生。政成生殖，乐之至也。若视听不和，而有震眩，则味入不精，不精则气佚，气佚则不和。于是乎有狂悖之言，有眩惑之明，有转易之名，有过慝之度。出令不信，刑政放纷，动不顺时，民无据依，不知所力，各有离心。

载伶州鸠论乐云：

> 物得其常曰乐极，极之所集曰声，声应相保曰和，细大不逾曰平。如是而铸之金，磨之石，系之丝木，越之匏竹，节之鼓，而行之，以遂八风。于是乎气无滞阴，亦无散阳，阴阳序次，风雨时至，嘉生繁祉，人民和利，物备而乐成，上下不罢，故曰乐正。

周王要铸造超出律度的无射大钟，单穆公与伶州鸠的劝谏都以音乐之气应与天地之气相互和谐为立论，并指出了音乐和谐、身体和谐、政令和谐、八风和谐、民心和谐的相互类应关系。这种乐以调风、乐以谐政的思想直接成为先秦儒家乐教理论的来源。作为先秦儒家乐教思想集大成者的《乐记》，则把这种乐教气感类应模式从哲学角度进行了概括：

> 凡奸声感人，而逆气应之。逆气成象，而淫乐兴焉。正声感人，而顺气应之，顺气成象，而和乐兴焉。倡和有应，回邪曲直，各归其分，而万物之理，各以类相动也。（《乐记·乐象》）

首先，《乐记》把音乐与人的关系以气感的方式进行了联结。其次，《乐记》对音乐与人的气感关系进行了分类，形成了一种声、音、乐与人的气化情感状态之间相互感应的结构关系：奸声/正声——逆气/顺气，淫乐（音）——逆气成象，和乐——顺气成象。再次，《乐记》把这种音乐与人的感应关系推演为一种"各以类相动"的万物普遍之理。也就是说，不但音乐、人情、伦理、政治、天地之间存在着气感关联（"乐者，通伦理者也"，"声音之道，与政通矣"，"乐者，天地之和也"），而且万物都处于这样一种以气感联结的关联性结构之中。

"倡和有应，回邪曲直，各归其分，而万物之理，各以类相动"意味着万物的存在意义只有在一种相互关联类应的"物体系"中方得以说明。因此，每一个"物"的意义只能在相互关联类应的一系列"物"中得以彰显，其自身是无法独立成就其存在价值的。

与乐教传统相一致，古代的农耕文化则生成了一套农事活动与天地之气和谐运行的月令文化模式。从《夏小正》到《逸周书·时训解》《礼记·月令》《吕氏春秋·十二纪》《淮南子·时则训》《春秋繁露》，月令模式对人事活动与自然现象相互涵盖的领域不断增生扩容，最终形成一种包括了十二律、四时、五行、五方、五色、五味、五音、五情、五脏、五德、五神、五帝等在内的庞大文化体系。

《夏小正》作为中国最早的历法，保存在《大戴礼记》中。按照徐复观《两汉思想史》[1]的看法，从《夏小正》到《吕氏春秋·十二纪》有着一种明显的发展演变迹象。《夏小正》以十二月为时间顺序，分别记载了每个月的星象、气候、动植物态、农事活动，描述了一年中每个月的农业生产经验。《逸周书·时训解》以二十四节气为时间顺序，加入了阴阳观念，并有了节物不时则导致政治不祥事物出现的思想。《吕氏春秋·十二纪》则对《夏小正》与《逸周书·时训解》进行了融合与发展。一方面，《吕氏春秋·十二纪》重新恢复了《夏小正》以月计时的观念，不过其以春夏秋冬的孟、仲、季纪月以突出"四时"观念；另一方面，《吕氏春秋·十二纪》接受了《逸周书·时训解》关于政治灾异与节物不时的观念，并将阴阳、五行、四时进行了类应匹配。事实上，《吕氏春秋·十二纪》《礼记·月令》《淮南子·时则训》的文字基本相同。同时，《逸周书》在第五十二篇《时训解》之后，尚存有第五十三篇《月令》之篇目，但其文已佚。虽然目前还无法明确《吕氏春秋·十二纪》《礼记·月令》《逸周书·月令》之间到底谁为源出的问题，但月令模式无疑成为先秦、秦汉理解天地万物的一种极为重要的文化图式。以《淮南子·时则训》为例，可一窥其包罗万象的文化体系建构模式[2]：

---

[1] 徐复观：《两汉思想史》第二卷，华东师范大学出版社，2001，第8页。
[2] 张法：《中国美学史》，高等教育出版社，2015，第140页。

季节	孟春	仲春	季春	孟夏	仲夏	季夏	孟秋	仲秋	季秋	孟冬	仲冬	季冬
音	角			徵			宫	商			羽	
律	太蔟	夹钟	姑洗	仲吕	蕤宾	百钟	夷则	南吕	无射	应钟	黄钟	大吕
时辰	寅	卯	辰	巳	午	未	申	酉	戌	亥	子	丑
天干	甲乙			丙丁		戊己	庚辛			壬癸		
昏	参	弧	七星	翼	亢	心	斗	牵牛	虚	危	壁	娄
旦	尾	建星	牵牛	婺女	危	奎	毕	觜巂	柳	七星	轸	氐
五行	木			火		土	金			水		
数	八			七		五	九			六		
方位	东			南		中	西			北		
虫	鳞			羽		嬴	毛			介		
气	膻			焦		香	腥			腐		
味	酸			苦		甘	辛			咸		
祀	户			灶		中溜	门			井		
祭	先脾			先肺		先心	先肝			先肾		
乐器	琴瑟			竽笙			白钟			磬石		
帝寝	青阳			明堂		中宫	总章			玄堂		
寝舍	左个	太庙	右个	左个	太庙	右个	左个	太庙	右个	左个	太庙	右个

"盖阳气萌而玄驹步，阴律凝而丹鸟羞。"（《文心雕龙·物色》）可以说，月令模式把天象、时节、五行、物候、农事活动、政治活动、日常生活、宗教活动等统统纳入了一套以阴阳五行观念为主导的归类体系中。万事万物只有在恰当的归类体系中方能得到顺利开展，否则就会出现天灾人祸、战乱频仍。

不管是乐教传统还是月令模式，其中潜含的都是以气为本体、以类应为联结方式的哲学思维。气使得万物具有了相互类应的物质基础，而类应则使得万物具有了相互整合的手段。到了汉代，随着政治上的大一统，中国文化的大一统亦提上日程。由此，董仲舒的以阴阳五行为架构的天人感应哲学体系就顺理成章地出现了：

　　天地之气，合而为一，分为阴阳，判为四时，列为五行。（《春秋繁露·五行相生》）

　　夫喜怒哀乐之发，与清暖寒暑其实一贯也。喜气为暖而当春，怒气为清而当秋，乐气为太阳而当夏，哀气为太阴而当冬。四气者，天与人所同有也，非人所能畜也，故可节而不可止也。（《春秋繁露·阳尊阴卑》）

庆赏罚刑与春夏秋冬，以类相应也，如合符。故曰王者配天，谓其道。天有四时，王有四政，四政若四时，通类也，天人所同有也。（《春秋繁露·四时之副》）

美事召美类，恶事召恶类，类之相应而起也。如马鸣则马应之，牛鸣则牛应之。帝王之将兴也，其美祥亦先见；其将亡也，妖孽亦先见。物故以类相召也，故以龙致雨，以扇逐暑，军之所处以棘楚。（《春秋繁露·同类相动》）

天有阴阳，人亦有阴阳。天地之阴气起，而人之阴气应之而起，人之阴气起，而天之阴气亦宜应之而起，其道一也。（《春秋繁露·同类相动》）

在董仲舒那里，天地之气通过阴阳、四时、五行的分化而创生万物，而万物之间以气为统摄，通过以类相应、以类相召的感应方式而形成一个复杂性整体。这种文化大一统的哲学构思，把多元统诸一元，用网纲联结殊目，从而牵一发而动全身，显示中国文化的关联性思维特色，是有合理之处的。但董仲舒把天视为有目的、有意志的天，并将三纲五常、人体骨脏等都纳入了其感应体系之中，也难免有穿凿比附之所。随着汉代谶纬学说对这一模式的极端化运作，导致潦水泛滥、乌烟瘴气，遂滋生诸多荒谬之论。董仲舒构建的这种阴阳、五行、四时、五方、五帝、五色的天人比附图式，使得"物"的价值都在一种感应关联、因果关系中得以彰显。于此关系网络中，"物"的存在意义恰恰是囊括整个自然与社会的阴阳五行关系网络决定的。这种整体性的世界观无疑有着自身独特的文化意义，兹不赘述。但这种整体感应的世界观把每一个单独之物都编织在一个文化体系中，从而导致每一个单独之物只能在一套关联性体系中，特别是在与社会人伦和国家政治的群体共感中才能呈现其意义，无疑也给"物"本身承载了太多的负荷，以至于遮蔽了"物"性本身的独特性而沦为了一种道德政治体系之编码。

正是在气感类应宇宙观念之下,自然山水被置于一种与其他事物的相互关联中获得了其结构性或隐喻性意义。先秦理性精神建立后,儒家的一套仁义道德思想开始影响到社会生活的各个层面,包括文学作品的创作与阐释。这时很多作品中的自然山水描写也都与仁义道德挂上了钩,这就是一种比德象征手法。在这种手法里,主体之志已然先在,尔后借物为喻,使得自然山水都打上了道德的烙印,山水也因此成了道德的化身。关于自然与道德象征的关联在儒家文本中呈现最为明显的当属《易传》了。"天地感而万物化生。"(《咸·象传》)《易传》以天地阴阳的交感来说明万物的产生,其本身遵循的就是一种气感类应的宇宙观念。《易传·乾·文言》云:"同声相应,同气相求。水流湿,火就燥,云从龙,风从虎。圣人作而万物睹,本乎天者亲上,本乎地者亲下,则各从其类也。"《易传·系辞下》云:"古者包牺氏之王天下也,仰则观象于天,俯则观法于地,观鸟兽之文,与地之宜;近取诸身,远取诸物,于是始作八卦,以通神明之德,以类万物之情。"八卦之象作为"近取诸身,远取诸物"的创造性符号,本身就凝结了人的身体和自然的特性,并以此特性昭示一种神明之德。所以,八种经卦不但与八种自然现象关联,而且也与人的身体器官和道德品性关联。依此气感类应的"象思维""类思维",八卦与自然现象、社会角色、身体器官、动物形象、道德品性之间形成了一种复杂性关联,如乾—天—父—首—马—健、坤—地—母—腹—牛—顺、震—雷—长子—足—龙—动、巽—风—长女—股—鸡—入、坎—水—中男—耳—豕—陷、离—火—中女—目—雉—丽、艮—山—少男—手—狗—止、兑—泽—少女—口—羊—说,等等。正因如此,《易传·系辞下》对《易》的总括为:"是故《易》者,象也。象也者,像也。"《易传》的这种"立象以尽意"的解卦思维几乎贯穿于对各种卦象的解释中,建构起了一种依自然形象进而引申出道德义理的比德形象性思维。如《象传》将乾卦解释为:"天行健,君子以自强不息。"这里,天之运行的昼夜不息、周而复始与君子之德的自强勉力之间形成一种比德关系。再如《象传》将坤卦解释为:"地势坤,君子以厚德载物。"这里,地势的顺承载物与君子之德的容载雅量也形成一种比德关系。

《论语》里的"岁寒,然后知松柏之后凋也"(《子罕》)、"知者乐水,仁者乐山"(《雍也》)都是用自然山水来比喻仁义道德。朱熹注"知者乐水"章云:"知者达于事理而周流无滞,有似于水,故乐水;仁者安于义理而厚重不迁,有似于山,故乐山。"①《荀子·宥坐》关于孔子观水的解释可说是儒家比德说法的典型说明:

> 孔子观于东流之水。子贡问于孔子曰:"君子之所以见大水必观焉者,是何?"
>
> 孔子曰:"夫水,大遍与诸生而无为也,似德;其流也埤下,裾拘必循其理,似义;其洸洸乎不淈尽,似道;若有决行之,其应佚若声响,其赴百仞之谷不惧,似勇;主量必平,似法;盈不求概,似正;淖约微达,似察;以出以入,以就鲜絜,似善化;其万折也必东,似志。是故君子见大水必观焉。"

儒家的比德山水虽然对山水之美也有所关注,但其主要旨趣不在山水自身而在于"引譬连类""感发意志"以引发德性的比兴或象征意义。在《楚辞》中这种比德之辞运用得更多。《楚辞》虽然已经初具个体性抒情,但其个人化的抒情最终又都指向了道德、政治的公共群体共感世界,正如王逸在《楚辞章句·离骚经序》中所说的"《离骚》之文,依《诗》取兴,引类譬谕,故善鸟香草,以配忠贞;恶禽臭物,以比谗佞;灵修美人,以媲于君;宓妃佚女,以譬贤臣;虬龙鸾凤,以托君子;飘风云霓,以为小人"②。这种关于自然山水的描写都是把自然山水人格化、道德化了。虽然,儒家的这种比德山水观有着自身独特的伦理美学性,但是,这种比德山水意象在形成过程中难免会出现内在道德性比附和外在本真形象性之间的矛盾。"类比的两端处于比较紧密的结构模式中。这种结构模式的内在规定性、逻辑性,造成联想的简单和粗糙。"③

这种矛盾性在汉儒的《诗经》诠释理论中得以突出体现,使得诗歌形象性受到严重破坏。汉儒为了贯彻其对《诗经》的经学化建构,大肆运用

---

① 朱熹撰:《四书章句集注》,中华书局,1983,第90页。
② 洪兴祖撰:《楚辞补注》,中华书局,1983,第2—3页。
③ 张锡坤、姜勇、窦可阳:《周易经传美学通论》,三联书店,2011,第218页。

"比兴"的阐释方法来扭转诗意以符合其"经夫妇、成孝敬、厚人伦、美教化、移风俗"(《毛诗序》)的诗学目的。如汉儒对《诗经·关雎》的解释要么"感彼关雎,性不双侣,愿得周公,配以窈窕,防微消渐,讽谕君父"(《鲁诗》),要么"言能致其贞淑,不贰其操,情欲之感无介乎容仪,宴私之意不形乎动静,夫然后可以配至尊而为宗庙主"(《齐诗》),要么"言雎鸠贞洁慎匹,以声相求,隐蔽于无人之处,故人君退朝入于私宫,妃后御见有度"(《韩诗》),要么"乐得淑女以配君子,忧在进贤,不淫其色;哀窈窕,思贤才,而无伤善之心"(《毛诗》)①。不管是"刺"还是"美",《关雎》中所描绘的物态本身在这里都是无关紧要的,其存在的意义主要在于对道德伦理的"比兴"。

到汉大赋那里,对自然山水的描写明显增多,但其对山水的铺张扬厉依然是象征式的。赋的特点之一就是通过文字来实现对万物的占有。所以赋极尽夸饰之能事来描写世间万物。当描写水的时候,赋就会用上大量的三点水偏旁的字来烘托波光粼粼的水的样态;描写树的时候,大量木字旁的字就会鱼贯而出,从字面上就让人感受到了林木森森。但这种关于自然山水的描写更多的是一种字词的堆砌,夹杂了很多夸饰想象的内容,还谈不上是对景物本身的描写,它更不可能形成一个完整的关于自然山水的审美意象②。在这种汉赋中,有一些代表之作是专门描写天子游猎的林苑山水景色和天子居住的帝王都城地势的,如司马相如的《上林赋》、扬雄的《蜀都赋》和《羽猎赋》、班固的《两都赋》、张衡的《两京赋》和《南都赋》等。在这种大赋中,作者对林苑或帝都的叙述往往无所不包,其地域之辽阔、山岳之巍峨、河流之众多、物产之丰富、树木之珍奇、野兽之怪异等描写都一应俱全。汉大赋这种关于林苑和帝都的无所不包的铺叙手法,是和汉代囊括四方、包罗万象的宇宙观相一致的,目的就是要象征天子之威和帝国的物产丰饶与地域强大。"赋作者好像更多地利用了固定的形式和经验,而使自身的观念和经历降到了次要地位。赋与朝廷和宗教意

---

① 王先谦撰:《诗三家义集疏》,中华书局,1987,第4—5页。
② 汉代,特别是东汉末出现过一些对物象描写较为细致的咏物赋。从时代主潮之宏观大线上,笔者将之视为自然山水走向审美独立的量变(前奏)阶段。

图的密切关联可能有这样一个原因，即赋作者是朝廷指派的官吏并依附于朝廷，因此便不能随心所欲地观察自然，也感受不到自然之美。"① 因而，汉赋中的山水更多的是服从于帝国"体国经野，义尚光大"（《文心雕龙·诠赋》）的政治宏图，被堆砌编织、夸饰铺陈而失去了自身的本来形貌。赋的另一个显著特点是用于经学道德教化。汉代经学鼎盛，作为文学主流的汉大赋不可避免地沾染上这种风气。班固《两都赋序》就汉赋写作目的云："或以抒下情而通讽喻，或以宣上德而尽忠孝。雍容揄扬，著于后嗣，抑亦雅、颂之亚也。"在这种"游道德之平林""曲终奏雅"的富丽之辞中，山水自然依然承载的是儒家的比德、讽谏功能。

可见，在气感类应的自然观下，不管是儒家的比德山水还是汉大赋的铺陈山水，其自然山水的价值都是在与道德、政治的气感类应中得以彰显的。这种结构性、隐喻式的山水观虽然有着自己独特的整体性意义，但这种整体性意义的获得是以牺牲或弱化山水自身的形象为代价的。山水自身的审美风貌尚处于暧昧不清之中。

二、迁逝悲情与山水的情感化

汉光武帝中元元年（公元 56 年），刘秀"宣布图谶于天下"，从此图谶之学成为官方经典。尔后，汉章帝建初四年（公元 79 年）的白虎观会议，使得谶纬之学与儒家经学进一步融合。东汉谶纬之学的大肆盛行，使得阴阳五行、天人感应的文化模式出现了很多荒谬虚妄的内容。由此，桓谭、王充、张衡等一些有识之士开始站出来批判这套日趋走向僵化的文化体系。王充在论及自己写作《论衡》的目的时就说："《诗》三百，一言以蔽之，曰：'思无邪。'《论衡》篇以十数，亦一言也，曰：'疾虚妄。'"（《论衡·佚文篇》）王充在《论衡》中还专辟了《感虚篇》来反对自先秦至汉的感应异说，如他对史书上"邹衍无罪，见拘于燕，当夏五月，仰天而叹，天为陨霜"这种天人感应说法就提出了批评："一夫冤而一叹，天辄下霜，何气之易变，时之易转也？寒温自有时，不合变复之家。"（《论衡·感虚篇》）"万物之生，皆禀元气。"（《论衡·言毒篇》）王充把自然元

---

① 顾彬：《中国文人的自然观》，上海人民出版社，1990，第71页。

气作为宇宙的本原，力图以一种客观的物质之气的运转来说明事物的发展变化，从而廓清了董仲舒神秘化的有意志的天道观和黏附在事物相互关联体系上的过多比附、荒谬色彩，为魏晋玄学对汉代宇宙观的解构埋下了伏笔①。同时，王充在整个元气宇宙之中，开始对个人的生命之性进行了凸显。"强寿弱夭，谓禀气渥薄也"（《论衡·气寿篇》）、"人禀元气于天，各受寿夭之命，以立长短之形"（《论衡·无形篇》），由于每个人禀受的元气各有差异、各有等级，故每个人的自然才性也是不同的。牟宗三说："王充对此'差异强度之等级性'以及由之而来的'命定'，似有极强烈而真切之感受，于此真知其有无可奈何处。吾人亦可退而言之，知其于'自然生命'之独特性有极真切之认识。彼能以彻底之材质主义、自然主义、命定主义，将此自然生命之领域显括出。"② 王充对才性论意义上的自然生命的显括，使得气化宇宙中个体生命的地位日益突出，围绕着个体生命来抒发所感所受成为可能。

除了哲学观念上的批判，随着汉代以来政治大一统的渐趋崩析，这种僵化的大一统阴阳五行文化模式也遭遇到了凝聚力的失效。汉代大一统的文化模式是以官方为主导而建构起来的一种大一统意识形态。当政治控制力比较强大的时候，这种一统万物、寻求普遍共感的文化模式往往能产生强大的思想凝聚力。但中央集权一旦失控，这种大一统的文化就会出现思想的游离。一旦有了思想的游离，文化大网的漏洞就将越来越大，直至被颠覆或被重建。从东汉中期起，士人对政治大一统的离心力越来越强。"汉自中世以下，阉竖擅恣，故俗遂以遁身矫洁放言为高。士有不谈此者，则芸夫牧竖已叫呼之矣。故时政弥昏，而其风愈往。"（《后汉书·荀韩钟陈列传》）郭林宗说："吾观乾象人事，天之所废，不可支也。"（《世说新语·德行》刘孝标注引《续汉书》）随着两次"党锢之祸"、黄巾起义、豪强割据、三国战乱等的一再打击，维系士人精神的大一统文化模式开始呈

---

① 《后汉书·王充传》李贤注引袁山松书云："充所作《论衡》，中土未有传者，蔡邕入吴始得之，恒秘玩以为谈助。其后王朗为会稽太守，又得其书，及还许下，时人称其才进。或曰，不见异人，当得异书。问之，果以《论衡》之益，由是遂见传焉。"由此可知，《论衡》在汉末已经广为人知。

② 牟宗三：《才性与玄理》，广西师范大学出版社，2006，第31页。

现分裂化倾向。从大一统文化模式游离、分裂出来的士人开始被置入一种漂泊无依的精神焦虑和苦闷之中。虽然汉末魏晋士人依然以一种气感的宇宙观看待世界，但开始在这种气感的宇宙观下凸显个人的生存体验内涵。他们不再把自己简单地编织于一种群体的共感世界中，而是在气感的宇宙中体验到了自己置身于世界的无所归依、命运多舛和生命的短暂悲哀。当报国无门、政治失意、命运无常、生命渺小、人生短暂等情绪弥漫心头时，一种新的感物迁逝抒情美学逐渐形成。

感物迁逝的抒情美学可以追溯到《楚辞》传统。从屈原《离骚》的"日月忽其不淹兮，春与秋其代序；惟草木之零落兮，恐美人之迟暮"到宋玉《九辩》的"悲哉秋之为气也！萧瑟兮，草木摇落而变衰"，在气化的世界观中，生命已然敏锐地感受到了因时序变迁而带来的迁逝悲情。不过，与《楚辞》注重个人情感与群体共感交叠不同，汉末魏晋士人的感物迁逝更多地摆脱了政治讽喻而具有了个人抒情的鲜明特色。这与诗学观念由"诗言志"到"诗缘情"的发展路径是一致的。在气感的宇宙观下，当群体性特别是道德性、政治性的类应缺失回应或者遭遇断裂时，感物之情也就只能围绕着个体的遭遇、观感、生死等关涉自身生命流转的诸多领域展开。由此，这种感物迁逝就不是去表现外界空间的繁复与充实，而是去体悟绵延的生命时间在时序变迁中的悲剧性感受。这种对生命在世悲情的领悟，无疑是汉末魏晋人的个体情感自觉的重要组成部分。

作为"五言之冠冕"的汉末《古诗十九首》，在借鉴"感于哀乐，缘事而发"的东汉乐府民歌基础上，直接开启了魏晋文学重视感物迁逝之情的美学思潮。钟嵘《诗品》评价云："文温以丽，意悲而远，惊心动魄，可谓几乎一字千金。"其一方面延续了《楚辞》伤春悲秋的抒情传统，另一方面又将这种抒情传统变得纯美化。"生年不满百，常怀千岁忧"（《生年不满百》）、"人生天地间，忽如远行客"（《青青陵上柏》）、"人生寄一世，奄忽若飘尘"（《今日良宴会》）、"人生非金石，岂能长寿考"（《回车驾言迈》）、"人生忽如寄，寿无金石固"（《驱车上东门》），这些诗句都鲜明地表达了汉末文人对有限人生的敏感情怀。吉川幸次郎在《推移的悲哀》一文中将《古诗十九首》的主题称为"推移的悲哀"，为一种人类意识到自己生存于时间之上而引起的悲哀。李泽厚就认为,汉末魏晋人士将这种有限的人生感伤"变成了一种本体的感受,即本体不只是在思辨中,而且还在审美中,为他们所直接感受着、嗟叹着、咏味着"①。高友工说:"《十九首》所开创出来的新形式,是一种'自省体'的抒情。"② 正是这种情感的审美化,开启了一种主体审美情感自觉的感物美学。用更为纯粹的感物美学而非政治式的比兴美学来联结情与物的关系,从而使得情物关联更为直接、自然与紧密:

> 去者日以疏,来者日以亲。出郭门直视,但见丘与坟。古墓犁为田,松柏摧为薪。白杨多悲风,萧萧愁杀人!思还故里闾,欲归道无因。(《去者日以疏》)

这首诗中,空间(去者、来者、丘坟、古墓、松柏、白杨)的变化弥漫着时间(日疏、日亲、但见、犁为田、摧为薪、萧萧)的侵袭,一种生死无常、人生悲催的生命悲剧意识跃然而出,给人带来强烈的情感共鸣。这里,情是先在并积存于心的,而物的选择与空间转换都是在这种时间迁逝的悲情意识下展开的——物象空间被时间率领不断渐次推进,在时间意识的河流中重染着情感的表现,它实际上是一种不稳固的状态,是一种物的不断流逝状态。

时至魏晋,感物美学以一种自觉的文学理论得以建构。陆机《文赋》云:"诗缘情而绮靡。"汉代以来的个体感性生命意识,给魏晋人带来了一种对时序变迁、生死时命极为敏感的情怀。大一统文化秩序的分崩离析,把人抛入了一种无根的生存状态。战乱、灾荒、瘟疫、疾病、行役、暴政之苦更加剧了生命的悲情意识。感物伤时、咏怀生命之哀成为当时的艺术主流。陆机的"感物"理论对这一点深有阐发:

> 遵四时以叹逝,瞻万物而思纷。悲落叶于劲秋,喜柔条于芳春。心懔懔以怀霜,志眇眇而临云。(陆机《文赋》)

时序的变化,带来的是宇宙万物生命的生荣枯杀,而个人的生命也在

---

① 李泽厚:《美学三书》,安徽文艺出版社,1999,第347页。
② 高友工:《中国美典与文学研究论集》,台湾大学出版中心,2004,第183-184页。

这种节候流转与万物变容中叹逝思纷。这种人与世界的情感类应，形成了与物共感、与时推移的生存审美经验。与先秦两汉的乐教、月令模式以群体性的类应不同，感物审美经验是以个人性的情感为枢纽、以万物的纷纭变化为触点，从而形成一种以情感为主导、以万物为辅助的抒情模式。虽然这种抒情模式依然建立在悲—落叶—秋、喜—柔条—春这一气化类应模式上，但它抑制了比兴体的肆意冲动，没有无限延展这种类应模式，而是把这种类应模式限定在个人情感对外物时空的直接感受上。加上道家玄览、虚静等心态在感物美学中的融入，使得感物所起之情更为自然化、审美化。因此，魏晋的情物感应经验不同于先秦两汉的以政治道德为旨归的群体性类应经验，是一种个体化、纯美化的审美经验。正是在这种情物的直接关联中，自然山水开始挣脱了象征性的道德政治目的，开始了自身的清晰化历程。

试看下面的诗句：

明月澄清景，列宿正参差。秋兰被长坂，朱华冒绿池。潜鱼跃清波，好鸟鸣高枝。(曹植《公宴》)

回溪萦曲阻，峻阪路威夷。绿池泛淡淡，青柳何依依。滥泉龙鳞澜，激波连珠挥。前庭树沙棠，后园植乌椑。灵囿繁石榴，茂林列芳梨。(潘岳《金谷集作诗》)

秋风吐商气，萧瑟扫前林。阳鸟收和响，寒蝉无余音。白露中夜结，木落柯条森。朱光驰北陆，浮景忽西沉。顾望无所见，唯睹松柏阴。肃肃高桐枝，翩翩栖孤禽。仰听离鸿鸣，俯闻蜻蛚吟。(张载《七哀诗》其二)

远游越山川，山川修且广。振策陟崇丘，案辔遵平莽。夕息抱影寐，朝徂衔思往。顿辔倚高岩，侧听悲风响。清露坠素辉，明月一何朗。抚枕不能寐，振衣独长想。(陆机《赴洛道中作》其二)

"秋兰被长坂，朱华冒绿池""绿池泛淡淡，青柳何依依""白露中夜结，木落柯条森""清露坠素辉，明月一何朗"，这些都是历来被人津津乐道的写景佳句。如果单独来看这些诗句，无论是在山水形态、观看视角、空间经营还是炼词造句上，都具有了山水诗的影子。这就表明，从汉魏、西晋开始，随着公宴诗、游园诗、行旅诗、招隐诗、游仙诗等越来越多的关于山水描写的诗文的出现，山水渐渐拂去了笼罩其上的神化、道德与政治等色彩，逐渐有了自身的昭晰过程①。

刘勰《文心雕龙·明诗》对建安诗人评价云："慷慨以任气，磊落以使才。造怀指事，不求纤密之巧。"虽然汉魏、西晋描写山水的诗文已经展开了山水的清晰化历程，但对山水形象"纤密之巧"的关注还不是诗文题材的重心。感物说虽以物为感情发动之触点，但并不意味着主体就仅仅是被动的。陆机的"悲落叶于劲秋，喜柔条于芳春。心懔懔以怀霜，志眇眇而临云"之语中，悲、喜、心懔懔、志眇眇皆是先在的情志。吕正惠说："'感物'内在于'叹逝'的主题结构之中，两者根本是密不可分的。"②也就是说，此时的感物理论的重心不是"物"而是"感"与"叹逝"，情感表现或者抒情才是魏晋感物美学的理论核心。陆机《赴洛道中作》的"悲情触物感，沉思郁缠绵"、潘岳《悼亡诗》的"悲怀感物来，泣涕应情陨"、张载《七哀诗》的"哀人易感伤，触物增悲心"等都表明了主体自身的郁结之情在感物过程中的先在性③。"从《古诗十九首》到建安文学，都震颤着这种人生悲歌。建安之后，随着文学的深入发展，建安文学慷慨悲凉的气调越来越为沉重的忧生之嗟所笼罩，文士们自觉地把抒发个人情感作为审美创作的内容。"④ 这应是学界很多人并不把魏晋诗视为山水诗的内在原因。因为一首诗能否被称为山水诗，不是简单地由个别秀句所能决定的。叶维廉指出："我们称某一首诗为山水诗，是因为山水解脱其衬托的次要的作用而成为诗中美学的主位对象，本样自存，是因为我们接受其作为物象之自然已然及自身具足。"⑤ 王国璎也说："所谓山

---

① 从文学发展规律入手来说明山水自身如何清晰化，可参看小尾郊一：《中国文学中所表现的自然与自然观》（第2版），上海古籍出版社，2014；何国平：《山水诗前史》，暨南大学出版社，2011。
② 吕正惠：《抒情传统与政治现实》，华中师范大学出版社，2011，第53页。
③ 关于对太康感物诗中情物关系的分析，可参看赵琼琼：《汉末魏晋缘情诗审美经验研究》，武汉大学出版社，2015，第220-225页。
④ 袁济喜：《六朝美学》，北京大学出版社，1989，第208页。
⑤ 叶维廉：《中国诗学》，三联书店，1992，第85页。

水诗,是指描写山水风景的诗……不论水光或山色,必定都是未曾经过诗人知性介入或情绪干扰的山水,也就是山水必须保持其本来面目。"① 如果把这些写景佳句放到全诗中通读下来,不难发现,这些秀句呈现的山水形态不但没有成为主位对象,而且其山水意象很快被全诗的主旨冲散,最终被淹没在强烈情感的弥散之中。如潘岳《金谷集作诗》写景后紧接的是"玄醴染朱颜,但愬杯行迟。扬枹抚灵鼓,箫管清且悲。春荣谁不慕,岁寒良独希。投分寄石友。白首同所归"。张载《七哀诗》在写景之后,跟进的也是"哀人易感伤,触物增悲心。丘陇日已远,缠绵弥思深。忧来令发白,谁云愁可任。徘徊向长风,泪下沾衣襟"。从诗人的角度来说,其所感的重心并不是物,而是与物共存的光阴迁逝下的人生无常;从接受者的读诗体验来说,我们感受到的也不是自身具足的风景而是触物而兴的悲情。事实上,即使出现了个别以山水为主位对象描写的诗篇,也必须把这些诗篇放到整个时代的创作主流中来看,因为确定一种山水审美观类型是不能以个别作品来判断的,必须依据整个时代的艺术主流。魏晋感物缘情的时代主潮注定其对山水的观照以情感表现为主,而自然山水则是作为代拟情志的方式存在的。

感物审美经验造就的是一种感应式与时间化的山水观。感应依然是一种气化类应,只是要比先秦两汉的类应更具情物关联的直接性。这种更具美学性的感物经验多把物态与特定的情感相互对应起来,从而达到一种情物之间的移情式内在关联,如春之向荣、秋之悲落、浮萍之无寄、朝露之苦短等。正因如此,处于这种感应式关联下的物态就不一定都是真山实水,而是可以通过想象加以建构的,所谓"鼻感改朔气,心伤变节荣"(陆机《壮哉行》)。因此,魏晋诗人笔下的春草秋风、飘风流水、枯条落叶、白露朝霜、走兽孤雁、浮萍游云、寒蝉离鸿等很难说就一定是一种客观化的物象(多为时间短暂即逝、空间浮动无依之物,与叹逝孤悲的情感具有同构类应性),其笔下的山水形象也更多服从借物寓情的需要而被压缩化约,并根据情感抒发的需要而随意穿插。可以说,在这种抒情模式下,诗人对自然山水的描写更多的是通过遵循一种类型式(如伤春悲秋模

---

① 王国璎:《中国山水诗研究》,台湾联经出版事业公司,1986,第1页。

式）文学惯例加以想象的，而不必然是根据客观实存的方式得以展现的。

同样，时间化的感物经验，使得物态的空间被时间引领而无法贞定。这种空间的时间化使得山水的客观空间被浸没在时间的洪流当中，就像高速车窗外的魅力风景，还来不及停驻流连就一晃而过①。《晋书·羊祜传》载："祜乐山水，每风景，必造岘山，置酒言咏，终日不倦。尝慨然叹息，顾谓从事中郎邹湛等曰：'自有宇宙，便有此山。由来贤达胜士，登此远望，如我与卿者多矣！皆湮灭无闻，使人悲伤。如百岁后有知，魂魄犹应登此也。'"羊祜的这种对山水的感物兴怀本身是魏晋风流的一种"钟情"表现，与王羲之《兰亭集序》中的"向之所欣，俯仰之间，已为陈迹，犹不能不以之兴怀。况修短随化，终期于尽。古人云：'死生亦大矣！'岂不痛哉"之感喟相互映衬，显示了魏晋人士心中难以磨灭的悲情。同样，魏晋文人笔下的悲秋、伤春或者喜春之作，春秋之景也多被卷入了绵延的时间之流成为情感的替代物。小尾郊一在研究魏晋时期的"咏秋诗"时说："魏晋时代的人们从秋景中感到了时间的推移，感到了别离的哀愁，而在其深处的，则是对秋的悲哀感。"② 按小尾郊一的意思，魏晋文人的咏秋诗作，与其说描写的是秋之景，毋宁说描写的是秋的感伤性。即使是一些看似客观化描写的景物，其对山水的描写在在处处也为全诗的情感之流所点染，成为诗文情意主旨的表征。"感物增人怀，凄然无欣暇。"（江逌《咏秋》）在一种情感弥散的感物经验中，"增人怀"是置身山水的审美走向，而"无欣暇"则阻断了面对山水的审美凝视。

感应式与时间化的山水观是以情感直抒为主导的，其外物、外景多与情感的倾泻有内在关联。如果把汉魏、西晋时期的人称为"情感我"的话，这时的山水可称为"情感化山水"。情感化山水虽然在一定程度上呈现了山水形态，但这种山水形态又被一种强烈的情感语态包裹与压制而无法达至后世"情景交融"的艺术至臻之境。"登山则情满于山，观海则意溢于海"（《文心雕龙·神思》），在强烈情感的灌注下，山水形态的呈现最

---

① 关于此点，可参看郑毓瑜《推移中的瞬间》一文（《六朝情境美学综论》，台湾学生书局，1996，第 61–119 页）。
② 小尾郊一：《中国文学中所表现的自然与自然观》（第 2 版），上海古籍出版社，2014，第 37 页。

终还是服从于情感抒发的需要而成为一种移情的替代物。所以，情感化山水相比以前的比兴象征性山水虽在情之审美品质上有了质的飞跃，在景之审美品质上有了量的提高，但与以前的山水观一样，都是一种气化类应宇宙观的产物，依然还属于山水客观形态与本来面目受到遮蔽的传统抒情类型。

三、超然心境与道玄的非对象性山水

学界有人将自然山水美的发现追溯到道家，特别是庄子哲学。事实上，这一观点是有争议的。王国维《释物》云："古者谓杂帛为物，盖由物本杂色牛之名，后推之以名杂帛……由杂色牛之名，因之以名杂帛，更因之以名万有不齐之庶物，斯文字引申之通例矣。"① 可见，物本是杂色牛之名，后来引申为天地万物。《春秋左传·昭公九年》云："服以旌礼，礼以行事，事有其物，物有其容。"杜预注："物，类也。"②《周易·系辞上》云："方以类聚，物以群分。""物"在先秦两汉都是以一种"物类"的方式存在，属于一种共性的归类概念。先秦道家对物的看法也大致如此。

在老子那里，"物"的含义主要有二：一是作为一个共性的归类概念，称为"万物"，如"道生一，一生二，二生三，三生万物"（《道德经》第四十二章）；二是作为道的显现，与道同意，为一种整体性的大全，如"道之为物，惟恍惟惚"（《道德经》第二十一章）、"有物混成，先天地生"（《道德经》第二十五章）。庄子对"物"的使用依然沿用了老子的看法。《庄子·达生》云："凡有貌象声色者，皆物也。"此处是在"万物"意义上说的，将"物"看作经验世界的一切对象与事情。《庄子·田子方》云："吾游心于物之初。"此处是在道的意义上说的。也就是说，先秦道家都是以浑沦统称的方式来看待物的。在这种共性的思维中，其哲学重心在于提携一种超然万物之外的心境，具体之物并没有得到足够的关注。面对万物的气化流变以及人与物缱绻感应的无穷链条，先秦道家哲学，特别是庄子

---

① 王国维：《观堂集林》，河北教育出版社，2003，第142页。
② 杨伯峻：《春秋左传注》，中华书局，1990，第1311-1312页。

哲学试图通过人的精神境界超脱于这种关联性的对象化世界。为此，先秦道家以"收视反听"的非对象化观照方式来返归自心，以保持一种超绝具体的对象性外物同时又与天地万物融为一体的心灵自由。《庄子·知北游》说："山林与，皋壤与，使我欣欣然而乐与！乐未毕也，哀又继之。哀乐之来，吾不能御，其去弗能止。悲夫！世人直为物逆旅耳。"山林、皋壤虽然给人带来了欣欣然的审美愉悦，但庄子认为这种执着于物感与对象形式的审美愉悦也只能是短暂的，其情感愉悦的来去都无法自已，最终让人为物所累，沦为外物的奴隶。因此，在庄子那里，具体的自然山水之美恰恰可能因其具有对自然心性搅扰的危险而招致了庄子的反对。可以说，自然山水的具体对象性之美在老庄哲学那里是不可能得到彰显的。

魏晋玄学的中兴，一扫汉代阴阳五行的比附宇宙观，彻底扭转了汉人神秘的象数之学，以一种理性精神重新对中国文化进行了正本清源，从而大大提升了中国哲学的理性思辨精神。何晏与王弼以"无"之本体论替代了汉代的元气生成论，剔除了天人之学中的神秘色彩，建立了以"无"为本的哲学体系。但这种宇宙图景的清晰化并没有给山水之美的独立带来契机。何晏云："天地万物皆以无为本。无也者，开物成务，无往不存者也。阴阳恃以化生，万物恃以成形。"① 何晏的"贵无论"以"无"释"道"，明确开始以一种哲学本体论思维而非质实的宇宙生成论思维来解释世界万物。王弼则云："天下之物，皆以有为生。有之所始，以无为本。将欲全有，必反于无也。"② 虽然在王弼的"崇本举末"哲学体系中，"无"是经由"有"，"意"是经由"象"来显现的，在一定程度上提升了"物"的地位，但王弼的"无"与何晏一样，主要指的是一种精神性本体，其背后昭示的是要求人以一种无为、自然、冲虚的精神境界来对待万物和社会治理。在这里，主体的虚无精神境界恰恰需要的是超越万有而不是"滞于"万有。"无形无名者，万物之宗也。"③ "寡者，众之所宗也。"④ 因此，在

---

① 《晋书·王衍传》卷四十三引何晏《无为论》，载房玄龄等撰《晋书》，中华书局，1974，第1236页。
② 楼宇烈校释：《王弼集校释》，中华书局，1980，第110页。
③ 同上书，第195页。
④ 同上书，第591页。

王弼的哲学观念中，万有或"物"的存在价值是由"无"来统摄的，其自身依然没有得到充足的关注，其背后还是有着"贵无贱有"的思想倾向。王弼"大美配天而华不作"之"大美"指的依然是一种老庄意义上的超越有限之具体外物束缚的精神境界之美。针对何晏、王弼等人"贵无"学说衍生出的口谈浮虚、不遵礼法的社会风气，裴頠提出了"崇有论"。裴頠仅立足于现象层面来谈有与无的关系。他把"有"看作具体存在的有形实体，而"无"则是"有"的消失。"夫至无者无以能生，故始生者自生也。自生而必体有，则有遗而生亏矣。生以有为已分，则虚无是有之所谓遗者也。"① 虽然裴頠也提出了"自生"的概念，但这种"自生"是"体有"的"自生"。牟宗三针对郭象与裴頠的"自生"概念进行过比较，他认为郭象的"自生"是有"自生、自在、圆满具足"之玄义在内，而裴頠的"自生"则是"偏无自足"者，前者无待，后者有待②。裴頠云："夫品而为族，则所禀者偏，偏无自足，故凭乎外资。"③ 这里，万物并不具有自身存在的自足性，它必须"凭乎外资"，在与外物的"化感错综"中才能存在。

可见，郭象之前的思想都没有为"物"的独立自足性提供一种哲学上的说明。"物"要么统摄于主体的精神境界中（有生于无）而被忽视，要么纠缠于物与物的因果链条（有生于有）中而受制于其他。由此可见，象征性、情感化、非对象性山水与具有自足性或独立审美价值的山水尚存在较大的距离，尚需自然山水之景在质上完成一次飞跃。

第二节　郭象"自生独化"说与新自然观的确立

自然山水之景要完成向自足性、主位性之质的飞跃首先有待于"物"自身地位在中国文化中的凸显。从上一节的论述可知，在先秦与两汉，中

---

① 裴頠：《崇有论》，载房玄龄等撰《晋书》卷三十五《裴頠传》，中华书局，1974，第1046页。
② 牟宗三：《才性与玄理》，广西师范大学出版社，2006，第322页。
③ 裴頠：《崇有论》，载房玄龄等撰《晋书》卷三十五《裴頠传》，中华书局，1974，第1044页。

国文化中的"物"始终是位于整个天道秩序或天地网络中的，其要么被气关联，要么由道统摄。随着汉魏、西晋个体感性生命的觉醒，包括自然山水在内的"物"开始以一种表情的媒介大量地进入了人的审美视野。但由于此时的美学是以表现情感为主潮的，故"物"依然被包裹在一种浓烈的悲情之中而无法显现自身的主位形象。蔡彦峰说："'体物'诗学的确立，不是从'感物'中写景成分的增多而自然而然地发展而来的，准确地讲，'感物'到'体物'不是一种自然的演进，而是诗学上的一种转折，二者具有不同的思想基础。"① 此话甚为精辟。笔者进一步认为，魏晋之所以出现"感物"诗学向"体物"诗学的转折，郭象的自然观实起到了极为关键之作用。

一、作为动力状态的"自生独化"说

如果从有无关系来说，先秦两汉的元气宇宙生成论以及裴頠的崇有论可视为"有生于有"的理论。其中，具体之物与其他事物处于一种交感错综的网络之中，其自身的存在意义往往是通过物与物之间的因果关系来获得的。同样，何晏、王弼以无为本的哲学可视为"有生于无"的理论。其中，具体之物因被道性统摄依然处于一种不被重视的位置。郭象的"自生独化"学说恰是在对"有生于无"与"有生于有"的观念批判中树立起来的。

先看郭象对"有生于无"的批判：

> 无既无矣，则不能生有。有之未生，又不能为生。然则生生者谁哉？块然而自生耳。（《庄子·齐物论注》）
>
> 万物万情，取舍不同，若有真宰使之然也。起索真宰之朕迹，而亦终不得，则明物皆自然，无使物然也。（《庄子·齐物论注》）
>
> 无待而独得者，孰知其故，而责其所以哉？若责其所待而寻其所由，则寻责无极，卒至于无待，而独化之理明矣。（《庄子·齐物论注》）

---

① 蔡彦峰：《玄学与魏晋南朝诗学研究》，人民文学出版社，2013，第77页。

> 故造物者无主，而物各自造。物各自造而无所待焉，此天地之正也。（《庄子·齐物论注》）
>
> 夫无不能生物，而云物得以生，乃所以明物生之自得，任其自得，斯可谓德也。（《庄子·天地注》）
>
> 形自形耳，形形者竟无物也。（《庄子·知北游注》）
>
> 皆物之所有，自然而然耳，非无能有之也。（《庄子·则阳注》）
>
> 推而极之，则今之有待者卒于无待，而独化之理彰矣。（《庄子·寓言注》）

"无既无矣""起索真宰之朕迹，而亦终不得""卒至于无待""造物者无主""无不能生物""形形者竟无物也""非无能有之也"，从这些话可以看出，郭象既否定了"无"作为一种"真宰""造物主""生物者""形形者"的形而上根据的实体意义，又否定了"无"作为一种逻辑根据的精神本体意义，从而把"无"直接判定为一种毫无意义的"不存在"(not being)①。"无"既然是一种毫无意义的"零"，则无法"使物然""造物""生物""能有之"。因此，郭象把庄子意义上的"道"理解为"无"。《庄子·知北游注》云："至道者乃至无也。"在郭象看来，"道"既然为"零"，则不具有生物的功能，故"道，无能也"（《庄子·大宗师注》）、"知道者，知其无能也；无能也则何能生我？我自然而生耳！而四支百体，五藏精神，已不为而自成矣，又何有意乎生成之后哉"（《庄子·秋水注》）。郭象对"无""道"的否定，意味着其对"有""物"之外在生成根据的否定，而使得"有""物"自身意义的呈现成为可能。

再看郭象对"有生于有"的批判：

> 有之未生，又不能为生。（《庄子·齐物论注》）
>
> 谁得先物者乎哉？吾以阴阳为先物，而阴阳者即所谓物耳。谁又先阴阳者乎？吾以自然为先之，而自然即物之自尔耳。吾以至道为先之矣，而至道者乃至无也。既以无矣，又奚为先？然则先物者谁乎哉？而犹有物无已，明物之自然，非有使然也。（《庄子·知北游注》）

---

① 汤用彤：《魏晋玄学论稿》，上海古籍出版社，2001，第182页。

此故是无不能生有、有不能为生之意也。(《庄子·庚桑楚注》)

"有之未生,又不能为生",说的是"有"自身都还存在着一个被生成的问题,故一个自身都面临着被生成的"有"是无法作为一种先于物的本源而存在的。同时,针对汉代哲学"有生于有"的阴阳元气说,郭象认为阴阳依然还是一种物,它本身也面临着被无穷生成的问题,因而也不能作为生物之本源。

可见,郭象对"万物为何存在"这一自然观问题的思考,是从直接面对万物现象本身入手的。这种面向具体事物本身的哲学路径,使郭象跳脱了一开始就试图去寻找万物统一性的抽象本体论思维,从而开创了一种"悬置"形而上本体而直接面向事物本身来思考其所以存在的现象论思维。从现象论思维来看万物的话,万物就自然而然地在那里。既然"无不能生有、有不能为生",所以要思考"万物为何存在"的问题就不能从形而上的层面去给出一个虚妄的本体,而应该从万物现象自身入手。正因如此,郭象认为万物之所以存在是因为"自然"(自然而然的存在)、"无待"(无须其他事物的生成)、"独化"(自我独立生成与变化)、"自造"(自身创造)、"自得"(自我获得)、"自尔"(自然而然)。可以看出,郭象改变了以往哲学从外在原因上给万物寻找本源的看法,而直接从具体事物内在原因上去寻找其存在的理由。因此,"自生独化"成为郭象对万物存在"动力状态"的一种说明。

有的自生,表明了万物并不依附于他者而是自我生成的。这无疑使得万物从被动的天地秩序网络中挣脱出来,而具有了自动的独立性。所以,自生亦即独化。郭象《庄子·大宗师注》云:"然则凡得之者,外不资于道,内不由于己,掘然自得而独化也。"所谓独化,即事物独立自足的自生、自化、自得等。"天地之间,一切皆独尔自化。此纯纯常常之大化,乃可节节解断,各自圆成;前不待后,后不待前;彼不因我,我不由彼。"① 独化说之"节节解断,各自圆成"不但表明了万物的自生不是一种整体性的自生状态而是个体之物的独立生成,同时也呈现了天地万物不

---

① 钱穆:《庄老通辨》,九州出版社,2011,第494-495页。

断变化趋新的面貌。《庄子·齐物论注》云:"日夜相代,代故以新也。夫天地万物,变化日新,与时俱往,何物萌之哉?自然而然耳!"《庄子·大宗师注》又云:"故不暂停,忽已涉新,则天地万物无时而不移也。"物物独化,则物物趋新,天地万物乃一"节节解断,各自圆成"之大化貌也。

二、作为深层根据的"性理说"

"自生独化"侧重于从"动力状态"来描绘事物现象自身的生成。那是否存在着一种更深层次的东西使得万物能够"自生"、能够"独化"呢?郭象把这种促使万物自我生成与独立变化的深层根据称为"性"。

以性言之,则性之本也。夫物各有足,足于本也。(《庄子·大宗师注》)

言自然则自然矣,人安能故有此自然哉!自然耳,故曰"性"。(《庄子·山木注》)

不知其然而自然者,非性如何!(《庄子·则阳注》)

"性"在郭象的《庄子注》中出现了两百多次,为郭象哲学最为重要的核心概念。"性"表示的是包括人在内的万物与生俱来的内在本质,也是万物存在与发展的内在根据。在郭象看来,"性"自身是具有自动功能的,正是万物与生俱来的"性"的自身生命力才促成了万物的"自生独化":

任性自生,公也。(《庄子·应帝王注》)

提挈万物,使复归自动之性,即无为之至也。(《庄子·在宥注》)

任物而物性自通,则功名归物矣,故不闻。(《庄子·秋水注》)

以性自动,故称为耳。此乃真为,非有为也。(《庄子·庚桑楚注》)

任性独立。(《庄子·天下注》)

"性"作为万物存在与发展的内在根据,充盈着生生之力,本身具有生命的原发性。它"外不资于道,内不由于己",不断运动,推动着万物的生成与变化,造就了天地万物的独立自在、生生不息。

"因其本性,令各自得,则大均也。"(《庄子·徐无鬼注》)在郭象看来，万物之性因自然禀受各不相同，故这种"性"就不是抽象的共性而是一种生动活泼的殊性，具有不可替代的独特性，所谓"物各有性，性各有极"（《庄子·逍遥游注》），"所禀之分，各有极也"（《庄子·养生主注》），"物之自然，各有性也"（《庄子·天运注》），等等。这种对万物个性的肯定，无疑是振聋发聩的。同时，万物之性又具有一种完满自足的价值属性，所谓"各以得性为至，自尽为极也"（《庄子·逍遥游注》），"物各性然，又何物足悲哉"（《庄子·齐物论注》），"物各顺性则足，足则无求"（《庄子·列御寇注》），"任其性乃至"（《庄子·天下注》），等等。所以，任其本性，则万物自然天成地完成各自的独化使命。可以说，郭象的"性"聚集生存的根据、动力与目的于一身，而本性、天性、真性的实现也就意味着万物生命的圆满。生命一旦圆满自足，也就自然安顺、自由舒展。

郭象把这种"性"又称为"理"。《说文解字》曰："理，治玉也。从玉，里声。"理为玉石之性展现出的纹路，而雕琢玉石需要根据纹理进行。钱穆就认为"性"与"理"都是指称一种"物各无待"的"自然义"。"由其内而言之则曰'性'"①，"由其外而言之则曰'理'"②。按其意，"性"为万物存在的内在根据，而"理"则为"性"所显现出来的生理、条理、宜则。可见，在郭象那里，"性"乃具"理"之"性"，"理"乃"性"中之"理"，二者实为一体两面。"性"与"理"的一体两面，意味着"任性"之举实乃顺理而动，具有自然之和的价值性，而绝不是任意妄为。

> 物物有理，事事有宜。（《庄子·齐物论注》）
> 凡物云云，皆自尔耳，非相为使也。故任之而理自至矣。（《庄子·齐物论注》）
> 生理已自足于形貌之中，但任之则身存。（《庄子·德充符注》）
> 付群德之自循，斯与有足者至于本也，本至而理尽矣！（《庄子·大宗师注》）
> 任理而自殊也。（《庄子·秋水注》）
> 性分各自为者，皆在至理中来。（《庄子·达生注》）

---

① 钱穆：《庄老通辨》，九州出版社，2011，第514页。
② 同上书，第512页。

"物物有理""任理而自殊""性分各自为"的说法表明，与"性"的个体性、独特性一样，万物之"理"并不是后世宋明理学意义上的普遍性之"天理"，而是具体事物本身独具的一种殊理。"任之而理自至""任之则身存""本至而理尽"的说法表明，这种"理"随着物性的存在而存在，它经由"性"的发动而显示自身的节奏与光彩。同时，与"性"的完满自足性一样，"理"也具有"至理"（《庄子·齐物论注》："至理尽于自得也。"）、"全理"（《庄子·养生主注》："夫养生非求过分，盖全理尽年而已矣。"）、"通理"（《庄子·外物注》："通理有常运。"）、"正理"（《庄子·刻意注》："泯然与正理俱往。"）、"和理"（《庄子·天道注》："物得其道，而和理自适也。"）等价值属性。由此，在郭象看来，任物性、尽物理，就是万物自身存在价值的完满实现。

万物因内在的性、理造就了自身的"自生独化"，而这种"自生独化"则形成了万物千姿百态的殊相。郭象把这种千姿百态的殊相又称为"形"。"形"在郭象那里主要有两层不同的含义。其一是延续《庄子》的用法，指的是形骸，为构成物的材质，往往是指人益生之欲望产生的生理根源。郭象与庄子一样，往往在一种负面意义上来看待这种偏离性理的"形"，要求人"外形""离形"，《庄子·大宗师》就云："隳肢体，黜聪明，离形去知，同于大通，此谓坐忘。"对于这种伤性之"形"，郭象进行了批评：

> 言其心形并驰，困而不反，比于凡人所哀，则此真哀之大也。（《庄子·齐物论注》）

> 形骸外矣，其德内也。今子与我德游耳，非与我形交也。而索我外好，岂不过哉！（《庄子·德充符注》）

> 有形者，自然相与为累。唯外乎形者，磨之而不磷。（《庄子·徐无鬼注》）

> 苟不能忘形，则随形所遭，而陷于忧乐，左右无宜也。（《庄子·外物注》）

其二，郭象更为注重从紧密结合"性""理"的角度来谈"形"。例如：

> 夫以形相对，则太山大于秋毫也。若各据其性分，物冥其极，则形大未为有余，形小不为不足。（《庄子·齐物论注》）

第二章 郭象"自生独化"说与自然山水之美的独立 /73

> 万物万形,同于自得,其得一也。已自一矣,理无所言。(《庄子·齐物论注》)
>
> 生理已自足于形貌之中,但任之则身存。(《庄子·德充符注》)
>
> 万物万形,各止其分。(《庄子·天地注》)
>
> 得分,而物物之名各当其形也。(《庄子·天道注》)
>
> 形自形耳,形形者竟无物也。(《庄子·知北游注》)
>
> 以心顺形而形自化。(《庄子·知北游注》)
>
> 因其自备而顺其成形。(《庄子·庚桑楚注》)
>
> 不自是而委万物,故物形各自彰著。(《庄子·天下注》)

以上的"形"都不再仅仅是构成万物的物质性的材质,而是结合了具有生命力的性理而呈现出物之自身特色的"物形"。在郭象那里,自然之"形"与自然之"性""理"本是一体的:形以显性,性在形中。因此,郭象还提出了"形性"的概念:

> 夫长者不为有余,短者不为不足,此则骈赘皆出于形性,非假物也。(《庄子·骈拇注》)
>
> 夫物之形性,何为而失哉!皆由人君挠之,以至斯患耳,故自责。(《庄子·则阳注》)

"形性"概念剥离了"形"背后还有一个超越的"君形者""使形者"之实体性的存在,说明了万物之形自身就是现象与本质的合一。或者可以说,对万物之形来说,其现象就是本质的显现。这和郭象面向具体事物本身的哲学路径是一致的。汤用彤说:"郭象只承认现象世界之实在,现象之外再没有东西。"[①] 康中乾也说:"从'现象'的视野和角度来看'独化'论,说事物都是'独化'的,实质上就是说事物都是自我显示、自我显现、自我打开、自我敞露的,每个事物都显现、开显着它自己的存在本性、本质。它如此这般地存在着,正显现着它所以如此这般地存在着,它的存在状态就是其之所以存在的本体。"[②] 可以说,郭象所言的这种物之

---

① 汤用彤:《魏晋玄学论稿》,上海古籍出版社,2001,第 183 页。
② 康中乾:《魏晋玄学》,人民出版社,2008,第 259 页。

"形性"即物之"本性"的自然敞露。这种体用一如的事物"形性"必然引出对万物之形的关注,因为"形"与"性"、"形"与理是内在统一的。郭象《庄子·刻意注》云:"苟以不杂为素,则虽龙章凤姿,倩乎有非常之观,乃至素也。若不能保其自然之质而杂乎外饰,则虽犬羊之鞹,庸得谓之纯素哉!"也就是说,只要"形"乃事物本性天然所具,即使是绚烂斑斓也是一种自然之美、至素之美。刘勰《文心雕龙·原道》云:"龙凤以藻绘呈瑞,虎豹以炳蔚凝姿;云霞雕色,有逾画工之妙;草木贲华,无待锦匠之奇。夫岂外饰?盖自然耳。"这种将万品动植的形色之美视为自然之道的看法,当与郭象的自然观亦是相关的。袁济喜认为:"魏晋南北朝文学理论家和美学家所倡导的自然说,在受王弼影响的同时,也接受了郭象自然说的启发,无论是刘勰还是钟嵘,在标举'自然之道''自然英旨'时,都不废弃情采的藻饰。"① 笔者进一步认为,郭象的自然观可视为六朝文学讲究情采、推崇"贵形"理论的内在哲学理据。六朝时期,文学上的"巧构形似之言"并不与神似相冲突(六朝绘画理论方有形神对立观念的初步体现)。文学上的形似之言远比图像的固定形似要灵动,它需要读者想象力的填充方能体会。因此,文学上的形似之言往往是具有形似之外意义显现性的。可以说,其对形的追求实际是对形之性或者对形之神的追求。由于注重"形式因"的本性论哲学是对注重"质料因"的才性论哲学的发展(后详),其对"形"的文学描写往往是与"性""神"相结合的。从本性论哲学出发,"性"与"神"本身往往就是存在于物形之中的(或者说道在形中),故"巧构形似"并不是说只拘于对外物之形的刻画而是要借形以出性、以形而传神。这种"出位之思"在魏晋的人物品藻以及山水诗中皆可以看出——二者对人之形貌与山水形态的描写实际上往往就呈现出人与山水的生动变化之性理②。

可见,郭象的"自生独化"说一方面对道、无、阴阳产生万物的传统哲学进行了解构,另一方面又对万物自生独化的内在原理进行了理论圆融

---

① 袁济喜:《六朝美学》,北京大学出版社,1989,第141页。
② 在魏晋人物品藻中还存在"遗形取神"现象,往往是针对形恶神雅之人的品鉴而提出的。

的建构，从而描绘出了每一个具体事物各自变化生成的动态历程。由此，具体事物的"自生独化"，使得每一个具体之物都摆脱了他者的主宰而呈现独立风姿，真正在哲学意义上宣告了物性的独立与自我存在。章启群说："郭象把宇宙万物和大千世界，主要看成是一个物质性的世界。人自身也是这个物质世界的本身和产物。这个世界自身是和谐的、合理的，有着内在的运动、发展规律和法则。这为自然的发现和认识，奠定了哲学基础。"①

三、"个体间性"的自然观

既然每一个事物都是各具性理、完满自足的自生与独化，那物与物之间是否就没有任何关联了呢？于此，郭象极富创造性地提出了一种新的物物关联模式——玄冥，从而为"节节解断，各自圆成"的世界重建了一种"个体间性"的新型自然观。

在郭象那里，"玄冥"是一个重要的哲学概念，它是一个贯通物性自身、物物关系、物我关系的概念。正因为郭象论"玄冥"时存在着不同的使用场合，所以学界对郭象哲学"玄冥"概念的理解一直存在较大分歧，或认为玄冥为"神秘主义世界观说"②，或认为玄冥为一种精神境界③，或认为玄冥即本性④，或认为玄冥即绝对精神本体之无⑤，或认为玄冥为物物间微妙又默契的关系⑥，或认为玄冥是独化本体论、人生境界论、理想社会存在论三者的统一⑦。笔者认为，对"玄冥"的理解应从郭象的具体语境入手，如"与物冥"指的是一种物我微妙关系，"绝冥之境"指的是一种圣人精神境界，"各冥其分"指的是反诸本性，"独化于玄冥者"指的是物物关系，等等。从物物关系讲，正如兰喜并与黄圣平所说的，"玄

---

① 章启群：《论魏晋自然观》，北京大学出版社，2000，第131页。
② 任继愈主编：《中国哲学史》第二册，人民出版社，1963，第212页。
③ 康中乾：《有无之辨：魏晋玄学本体思想再解读》，人民出版社，2003，第277页。
④ 王晓毅：《儒释道与魏晋玄学形成》，中华书局，2003，第295页。
⑤ 余敦康：《魏晋玄学史》，北京大学出版社，2016，第362页。
⑥ 兰喜并：《试释郭象的"玄冥之境"》，《中国哲学史研究》1986年第2期；黄圣平：《郭象玄学研究：沿着本性论的理路》，华龄出版社，2007，第78页。
⑦ 高晨阳：《玄冥》，《中国哲学史研究》1989年第2期。

冥"指的是一种"物物间微妙又默契的关系"。

每一个事物都依据自我性分而独自生成，因而物物之间是绝对无待的。然而，除了圣人，万物群品又都是处于一定现实条件之中的（是有待的）。因此，郭象提出了一种"个体间性"的玄冥关系来解决个体生命的独立自足与外在他者、环境牵制的看似矛盾的关系。"个体间性"理论要解决的是每一个独立的个体之间如何共存的问题，或者说在一个自然整体之间个体如何能不丧失其本性独立性的问题。郭象在谈到形、影、罔两三者的关系时说：

> 世或谓罔两待景，景待形，形待造物者。请问夫造物者有邪？无邪？无也则胡能造物哉！有也则不足以物众形。故明众形之自物，而后始可与言造物耳！是以涉有物之域，虽复罔两，未有不独化于玄冥者也。故造物者无主，而物各自造。物各自造而无所待焉，此天地之正也。故彼我相因，形景俱生，虽复玄合而非待也。明斯理也，将使万物各反所宗于体中，而不待乎外，外无所谢，而内无所矜，是以诱然皆生而不知所以生，同焉皆得而不知所以得也。今罔两之因景，犹云俱生而非待也，则万物虽聚，而共成乎天，而皆历然莫不独见矣。故罔两非景之所制，而景非形之所使、形非无之所化也。则化与不化，然与不然，从人之与由己，莫不自尔，吾安识其所以哉！故任而不助，则本末内外，畅然俱得，泯然无迹。若乃责此近因而忘其自尔，宗物于外，丧主于内，而爱尚生矣。虽欲推而齐之，然其所尚已存乎胸中，何夷之得有哉！（《庄子·齐物论注》）

按照一般的看法，罔两是因为影子而产生的，而影子又是因为形产生的，三者之间有着一种有待的因形生影、因影生罔两的因果关系。但郭象则认为三者之间所具有的是一种玄合、玄冥关系。在这种玄冥关系中，罔两与影子、影子与形都是独化的，因而并不依赖他者来制造自己。事实上，形、影、罔两之间密切不分的关系只是一种相因、俱生而非相使有待的关系。形影俱生意味着形之本性的实现会出现"形生影"的结果，而影之本性的实现会出现"影生于形"的结果。由此可见，物与物的"玄合"指的是万物之间的一种彼此独立而又默契亲和的关系，它是彼此双方打开各自本性的同时呈现出的相因相济的关系。由于这种关系是物物之间无心相契、玄妙幽深的，所以又被称为"玄冥"关系。这种相因、俱生、无碍的物物关系表明了物在保持各自独立性的同时又与他物处于一种默契的亲缘关系之中。这种关系正如同唇齿关系一样：

> 天下莫不相与为彼我，而彼我皆欲自为，斯东西之相反也。然彼我相与为唇齿，唇齿者未尝相为，而唇亡则齿寒。故彼之自为，济我之功弘矣，斯相反而不可以相无者也。（《庄子·秋水注》）

唇齿各自独立，自为而不相为，但二者又形成一种唇齿相依的相济关系。在郭象看来，唇与齿的不可相无并非唇齿之间的彼此有待。我们不能说嘴唇的存在是为了给牙齿保暖（嘴唇有待于牙齿），而牙齿需要保暖才出现嘴唇（牙齿有待于嘴唇）。嘴唇与牙齿的亲密无间、相依相济正是相互独立的二者各自本性自然显现的结果，而唇亡齿寒则只是这种默契玄冥关系的破坏。

郭象的玄冥关系在保证每个事物各自独立的同时，又把个体纳入了一种整体性的关联之中。推而广之，万物就聚集成了一个历然独见的天道自然，此即玄冥之境。由此可见，玄冥之境首先应该是一种天地万物各自独化但又彼此相因而连成的无限并难以把握的整体性疆域。正是在这个意义上，郭象才说"玄冥者，所以名无而非无也"（《庄子·大宗师注》）。也就是说，在郭象哲学中，天道自然并不遥远，其就在万物的并存和谐当中。这样，郭象就在中国文化上创造性地提出了一种新的"个体间性"群己关系解决方案。这一方案既保证了个体的绝对独立，又把个体纳入了一种整体性的和谐之中。

如此，郭象在解构传统形而上的实体性的天道自然观的基础上又建构了一种新的天道自然观："玄冥之境"。与实体性的天道主宰、制衡具体万物不同，郭象的"玄冥之境"是各自独立的具体事物相因、相济而成就的各得其所的场域。在这一"自得之场""自得之境"中，具体事物与具体事物之间、具体事物与"玄冥之境"之间都不存在谁依附谁、谁生成谁的问题。"夫小大虽殊，而放于自得之场，则物任其性，事称其能，各当其分，逍遥一也，岂容胜负于其间哉！"（《庄子·逍遥游注》）可以说，郭象的"玄冥之境"是万物各任其性、悠游自在的理想场域。在"玄冥之境"中，万物既能实现各自的适性逍遥，同时也能无心济成他者的适性逍遥，从而形成一种"各美其所美，则万物一美"的天理流行之和谐韵律宇宙。这就是郭象眼中最为理想的宇宙图景。在《庄子·大宗师注》中，郭象以人体"小宇宙"的四肢、五藏的"玄冥"状态来譬喻了这种"大宇宙"图景："夫体天地冥变化者，虽手足异任，五藏殊官，未尝相与而百节同和，斯相与于无相与也；未尝相为而表里俱济，斯相为于无相为也。若乃役其心志以恤手足，运其股肱以营五藏，则相营愈笃而外内愈困矣。"如同身体官能的自然运行一样，其各个器官相互之间各任其能，未尝相为而表里俱济，形成相互协调配合的和谐状态。如果各官能之间有为相营、有心控制，反而会出现彼此失调、内外交困的状态。郭象还把万物之间的这种整体性和谐状态称为"天地"或"天"：

天地者，万物之总名也。天地以万物为体，而万物必以自然为正。（《庄子·逍遥游注》）

万物虽聚，而共成乎天，而皆历然莫不独见矣。（《庄子·齐物论注》）

夫天籁者，岂复别有一物哉！即众窍比竹之属，接乎有生之类，会而共成一天耳。（《庄子·齐物论注》）

天之所生者，独化也。（《庄子·大宗师注》）

以德为原，无物不得。得者自得，故得而不谢，所以成天也。（《庄子·天地注》）

万物莫不皆得，则天地通。（《庄子·天地注》）

"万物之总""万物共聚""会而共成"的说法都表明郭象意义上的"天地"或"天"只是一种客观形态之物的集合而非一种主观概念之共相。以"天籁"概念为例，在庄子哲学那里，天籁本指道体的显现，与"地籁"与"人籁"等经验之物并非位于同一层面。人籁和地籁为一种"并皆眼见""听之以耳"的声音，而天籁有如老子哲学的"大音"或儒家哲学的"玉音"，当为一种非现象层面的、内在本源性的声音。这种声音只有处于南郭子綦那种"吾丧我"的体道状态下方可领略和谛听。但是，郭象消解了庄子"天籁"这一形而上意涵而解之为"岂复别有一物哉！即众窍比竹之属，接乎有生之类，会而共成一天耳"。这种注解实是将形而上天籁涵摄于地籁、人籁之具体现象中。这也是郭象给"道"赋予的一种新语义：

> 不知所以因而自因耳，故谓之道也。（《庄子·齐物论注》）
>
> 道无封，故万物得恣其分域。（《庄子·齐物论注》）
>
> 故天者，万物之总名也。莫适为天，谁主役物乎？故物各自生而无所出焉，此天道也。（《庄子·齐物论注》）
>
> 其有昼夜之常，天之道也。（《庄子·大宗师注》）
>
> 言道之无所不在也。故在高为无高，在深为无深，在久为无久，在老为无老，无所不在而所在皆无也。（《庄子·大宗师注》）
>
> 不为此为，而此为自为，乃天道。（《庄子·天地注》）
>
> 天者，自然也。自然既明，则物得其道也。物得其道，而和理自适也。理适而不失其分也。得分，而物物之名各当其形也。（《庄子·天道注》）
>
> 各自得耳，非相同也，而道一也。（《庄子·徐无鬼注》）
>
> 物所由而行，故假名之曰道。（《庄子·则阳注》）

"自因""无封""自生""自为""自然""自适""自得"等"道性"描述，说明上述"道"指的是具体之物自身的自生独化之状态，与形而上意义的整全性、实体性之道完全不同。这样，钟情于"个体性"的郭象在解构形而上的实体性的天道观后，又以"总名""假名"的权宜方式重新赋予了"天地""天""道"等概念的新内涵。但郭象所谓的这种天道实际已经失去了其"实在论"的内涵，只是一种"唯名""假名"而已。因为，郭象的"天地""天""道"承认的只是个体万物的"自生独化"以及相互之间的"玄冥"关系。如《庄子·秋水》云："河伯曰：'然则何贵于道邪？'"郭象注释道："以其自化。"对郭象而言，万物自生独化即道，在万物自生独化之外是没有道之所存的。所以，郭象的"天地""天""天道"观实际承认的只是具体万物"自生独化"的天理流行，是个体与个体之间的玄冥，是一种"个体间性"的自然观。相比宋明理学的"天理流行"，郭象的天道观是不认可有一整体性、形而上的天理本体存在的。正如钱穆指出的："郭象则主'即流行即本体'，'流行'之外不复再有一'本体'。"①

四、郭象"自生独化"说的美学意蕴

总的来说，郭象的"自生独化"说集万物生成的动力状态、内在根据、外在显现、内在目的于一身，体现了一种鲜明的理论体系性。他在否定"无生有""道生物""元气生物"的外在生成论后，提出了"有之自生""物之独化"的内在生成论；他在否定"道主宰万物"的外因说后，提出了"物自我生成"的独立宣言；他在否定"物物制衡"的被动说后，提出了"物物玄冥"的相因论。在郭象的"自生独化"理论体系中，"自然"是一以贯之的核心法则，有明显的自然主义哲学倾向。自然之性、自然之理、自然之形、自然之物通过自然而然地自我生成，呈现出各自存在的面貌并共聚为一和谐美满的"玄冥之境"。诚如钱穆所言："故亦必俟有郭象之说，而后道家之言'自然'，乃始到达一深邃圆密之境界，后之人乃不复能驾出其上而别有所增胜。故虽谓中国道家思想中之自然主义，实成立于郭象之手，亦无不可也；虽谓道家之言'自然'，唯郭象所指，为最精卓、最透辟，为能登峰造极，而达于止境，亦无不可也。"②

郭象自然主义哲学体系的建构，改变了庄子、何晏、王弼等人通过精神本体向上超拔去体玄识道的艰深哲学路径，从而使得庄子哲学从"见弃于当涂"转化为"涉俗盖世之谈"。郭象这种即现象即本质、即物即性理即天道的哲学观念给世人带来了一种"直面现象本身"的玄学思潮。汤用彤说："而观察往昔之哲学思想而归纳之称为属于某时代者，固因其有特殊之方法、态度，因而较之前代有新异之理论，故在此一文化史中占显明之分野，而此一时代之哲理家（思想家）亦罕能超出其时代之定式，其故何在兹亦不论。但此一时代各种文化活动靡不受此新方法、新理论之陶铸

---

① 钱穆：《庄老通辨》，九州出版社，2011，第508页。
② 同上书，第492-493页。

而各发挥此一时代之新型,而新时代之形成即在其哲学、道德、政治、文学艺术各方面均有同方向之新表现,并因此种各方面之新表现而划为另一时代。"① 可以说,自然山水之美的独立就是郭象"自生独化"说带来的一种实践效应,或者说是郭象的"自生独化"说在自然山水审美方面的"陶铸新型"与"同方向之新表现"。

郭象的"自生独化"说从现象层面立论,把万物的存在根据置入万物自身的性理之中,从而使得万物自身就具有了生存与发展的动力,并使得万物成为一个独立自足的事物。同时,郭象认为这种独立自足性是每一个具体事物自身都具有的一种殊性。这就使得每一个具体事物自身都成为一个独立自成、自足的个体。这一观念打破了万物因其他目的而存在的传统观念,真正宣告了个体的独立。显然,自然山水作为万物之一,其自身之独立地位与美的样态的出现是这一哲学的必然引申。刘成纪在谈及生态学意义上的自然时说:"它既不是被理性的牢狱所命名的死寂,也不是为浪漫主义者所强加的诗意,而是物之为物的本然属性的展示。这种属性就是自然物作为独立生命存在的属性,就是审美对象靠其内在的活力所展示的生命样态。"② 郭象"自生独化"说展示的就是物之为物的本性与内在活力,而这正是自然山水作为独立生命存在的美的样态所在。

然而要指出的是,郭象哲学所言的物的独立,其意义指向的并非客观、科学意义上的物。由于郭象所言的物性、物理皆立足于物之活力形态而非质料,故其物性理论不是去追问"物是什么"而是去体认"物如何在"的问题。所谓物的独立实是物从上古"泛神论"的"神之显现"、儒家"泛道德论"的类应体系或先秦道家自然无为的精神宰制中挣脱出来,而展现自身生命为主位的独立存在性。物的存在方式的转变带来的是一种世界观、人生观乃至社会政治观的转变,这必然意味着一种新的对道的体认方式的产生。对于热衷于玄理的名士来说,他们对物自身的客观内在材质构成并没有兴趣,而由物的自然存在状态去体认道、体认个体生命应如

---

① 汤用彤:《魏晋玄学论稿》,上海古籍出版社,2001,第194页。
② 刘成纪:《自然美的哲学基础》,武汉大学出版社,2008,第270页。

何在方是其理论目的。可以说，以物体道或物性、物理即道的观念才是魏晋士人对包括山水在内的物产生浓厚兴趣的根本动因。郭象对形而上的实体性之道的解构，截断了道生物的本末体用关系，使得道物关系转化为了一种本末一体、即体即用之关联。《庄子·齐物论注》云："不知所以因而自因耳，故谓之道也"，"故物各自生而无所出焉，此天道也"。这样，郭象把抽象的道就具体落实到了万物的"自生独化"之上了，所谓"道之无所不在也"（《庄子·大宗师注》）、"道不逃于物"（《庄子·知北游注》）。普遍的、抽象性的道向具体物性、物理、物形的转换似一次"哥白尼式革命"，把物的价值、现象的价值带到了人的面前。在郭象那里，推动物之"自生独化"的性、理皆不是抽象的形而上实体，而就是万物本身具有的独特、充满个性、生机盎然的"生理""条理""形性"，其本身即具有一种生命的原发精神。郭象的"自生独化"说，使得具体万物本身之性、理乃至形都具有了存在性的价值。也就是说，对名士们而言，具体万物不仅是作为物质性的存在，同时也是作为直观道之所在的唯一凭证。引申一下的话，郭象"自生独化"哲学理所当然地隐含了如下命题：道即具体之物性、形性，道即具体之物理。可以说，郭象的"自生独化"说才真正从哲学物性论、自然观理据上使得中国文化中包括山水在内的个性之"物"获得了其自身"本样自存"的独立价值。余下要等待的就是把这种物性论广泛地落实于山水审美之中了。

同样，郭象对物物玄冥关系的观点，也带来了一种全新的对世界一体性的看法。《庄子·齐物论注》云："万物虽聚，而共成乎天，而皆历然莫不独见矣"，"故物各自生而无所出焉，此天道也"。《庄子·大宗师注》云："玄冥者，所以名无而非无也。"郭象的"玄冥之境"作为一种天地万物各自独化但又彼此相因而连成的整体性疆域，使得"天""天道""无"的称呼只是一个自生万物聚集在一起的名号而已，已失去了普遍性的规约功能。在郭象玄冥观中，"天"只是一个万物各自独化、相因并存的天；"天道"只是自然万物"自生独化"之道；"无"也不是虚无，而是实实在在的存有，只是因为这种物物之间的亲和关系幽妙玄通，难以把握，故称"无"。傅伟勋说："郭象对于'道'、'无'之类的（超）形而上学名辞一律解为完全无有，即不存在，所存在者只是万物，欻然自生，天然自灭，如此而已。"① 郭象这种对世界一体性"予以具体化"的看法实际上把自然（自然而然）之道、自然（自然而然）之天落实到了自然万物之道、自然万物之天。"自然而然的世界，就是一个实实在在的世界。"② 这样，郭象把庄子意义上的精神境界的自然改造成了一种实然性的生生不息之自然界（自然万物的聚合）。笠原仲二与小尾郊一认为，正是老庄思想盛行与隐逸思想的流行，才导致了自然界和自然现象意义上的自然概念产生于魏晋时代③。徐复观也说："魏晋时代，则对人文而言自然，即指非出于人为的自然界而言，后世即以此为自然之通义。这可以说是语意的发展。"④ 笔者则进一步认为，恰是郭象对《庄子》的重新注解，才导致了自然界意义或者自然山水意义上的自然概念有了出现的可能。当然，这种自然概念的语义不仅仅只是实然性的自然山水，同时也是精神自然而然的存在状态。"久在樊笼里，复得返自然。"（陶渊明《归园田居》）这种自然概念正如陶渊明的诗所蕴含的诗意，它既是一种实然性的自然界，又是一种适性的精神性存在，两种语义往往一体两面。

这就表明，郭象哲学真正实现了玄学对汉代神学目的论自然观的解构，使得天地宇宙涤除了神秘的色彩而显出了真实清新的面貌。自然界也开始以每个具体之物的蓬勃生机以及物物相因的自身韵律呈现在世人面前。于此自然观下，人与自然的合一、人与大化的相融实是个体独化之我与个体独化之自然万物之间所形成的相因玄冥之整体性和谐。孙绰《游天台山赋》云："太虚辽廓而无阂，运自然之妙有，融而为川渎，结而为山阜。"⑤ 这种全新的自然观为自然美的独立和新的天人关系的建立都提供了认识论的基础。钱志熙就说："郭象在讨论天地万物的本质时，提出了'块然自生'的学说，这是玄学第一次正面地取代了天人合一、神学目的论的宇宙自然观。"⑥ 显然，借助于郭象"自生独化"哲学的孕育，自然

---

① 傅伟勋：《从西方哲学到禅佛教》，三联书店，1989，第400页。
② 章启群：《论魏晋自然观》，北京大学出版社，2000，第195页。
③ 小尾郊一：《中国文学中所表现的自然与自然观》（第2版），上海古籍出版社，2014，第23页。
④ 徐复观：《中国艺术精神》，广西师范大学出版社，2007，第165页。
⑤ 严可均辑：《全晋文》卷六十一，商务印书馆，1999，第634页。
⑥ 钱志熙：《魏晋诗歌艺术原论》（修订本），北京大学出版社，2005，第297页。

山水之美的独立已呼之欲出了。

第三节 郭象玄学与东晋自然山水之美的独立

郭象活动的主要时期是西晋中后期，其间朝政黑暗、民不聊生、生灵涂炭，其所开显的"直面现象本身"的自然哲学观念尚缺乏落实到山水的现实基础。时至东晋，偏安的政局、侨姓世族的求田问舍经济活动、江南的美景、玄风佛理的兴盛等因素都给自然山水之美的独立提供了助产的温床。与魏、西晋等玄学家热衷于体系建构不同，东晋的谈玄者多为一些具有艺术才情的名士。"如果说在魏晋玄学发展中，正始玄学和元康玄学重在理论建构的话，那么东晋玄学则重在理论的运用，特别是将郭象的'独化'论玄学思想贯彻、运用于实际生活中，转化为、塑化为人的心理习惯和生活方式。"① 东晋士人并不热衷于玄学体系的构建而是把玄学具体化为一种清谈情调与艺术实践。江南的美景促使他们更广泛深入地步入山水，实现了郭象玄学自然观与山水审美活动的结合，从而导致了自然山水之美在东晋的独立。

一、东晋自然山水之美的独立

对中国文化上自然山水之美在哪个历史阶段得以发现或获得独立的理论判定，既要从历史现象入手来予以归纳，又要重视哲学自然观变革带来的深层次影响。"只有当人们摆脱了天人合一、天人感应观念的制约，将自然界作为独立的审美对象，以一种自由的精神观照自然界时，山水美才会受到人们的重视。这一阶段，是从东晋开始的。"② 翻看东晋史料和诗文，有关东晋士人观看、登临、吟咏乃至嗜好自然山水的记载比比皆是：

> 家于会稽。性好山水……纵意游肆，名山胜川，靡不穷究。(《晋书·孙统传》)
>
> 游放山水，十有余年。(《晋书·孙绰传》)

---

① 康中乾：《魏晋玄学》，人民出版社，2008，第264页。
② 钱志熙：《魏晋诗歌艺术原论》（修订本），北京大学出版社，2005，第215页。

> 出则渔弋山水，入则言咏属文。(《晋书·谢安传》)
>
> 羲之既去官，与东土人士尽山水之游。(《晋书·王羲之传》)

"性好""游肆""穷究""游放""渔弋""尽游"等用词表明，游历与亲近山水已成为名士们日常生活必不可少的部分。不过，自然山水在东晋地位的上升并不只是表现在记载与描写数量上的增多，更表现在山水面貌的质变。《世说新语·言说》载：

> 顾长康从会稽还，人问山川之美，顾云："千岩竞秀，万壑争流，草木蒙笼其上，若云兴霞蔚。"
>
> 王子敬曰："从山阴道上行，山川自相映发，使人应接不暇。若秋冬之际，尤难为怀。"

这两句山水品藻的名言都有一个共同特点，即山川在人的眼中呈现为一种有"生命力"的主位对象，而山川的美则来自山川自身的独特面貌。当东晋士人将山水引为知己时，山水亦张开自身的独特魅力来显现大自然的独化之功。其中，千岩、万壑、草木、山川皆有着一种"自相""主动"地散发其"竞秀""争流""蒙笼""映发""使人"之内在魅力的动能，自身构成了一个万象纷纭的美妙世界。应该说，这种对于山水之美自身动因、动态的描绘，揭示了一种山水审美观的新变，即山水之美既不是来自其与道德属性、帝国政治的类应同构，也不是来自对情志的感发，而是只在于其自身的独特性。"若秋冬之际，尤难为怀"一句在此处并不具有明显的"感物兴情"作用。事实上，刘孝标注引的《会稽郡记》以及王献之《杂贴》中皆不见此句。《会稽郡记》曰："会稽境特多名山水，峰崿隆峻，吐纳云雾。松栝枫柏，擢干竦条。潭壑镜彻，清流泻注。王子敬见之曰：'山水之美，使人应接不暇。'"① 其意应指的是，会稽山阴因多松栝枫柏等常青树木，在秋冬之际景色更令人难以忘怀。把"应接不暇"与前引江逌《咏秋》的"感物增人怀，凄然无欣暇"相比较就可以看出：一个是景物太多太美，来不及一一欣赏；一个是悲情太重，根本就没法去欣赏。可见，自然山水的面貌在此具有了与情感化山水不同的面貌，其是以自身的

---

① 余嘉锡笺疏：《世说新语笺疏》，中华书局，2011，第128页。

独特自然存在性而对人生发意义，即已然成了一个独立的审美对象。

饶有意味的是，在各种史料诗文的记载中，"山水""物色""风景"等词语皆大量出现于东晋时期。在先秦文献中，"山水"一词连用较为少见，其原初意义是"山中水"。《管子·度地》云："当秋三月，山川百泉踊，降雨下，山水出。"这里的山水就是指"山中水"。虽然东晋依然还有以"山川"代指具有美感的自然的用法，但用"山水"代指具有美感的自然的用法越来越频繁。郑毓瑜认为魏晋之前的诗文多用带有浓厚政治地理学概念的"山川"，而晋宋后则大量运用具有自然美感成分的"山水"①。王羲之的"取欢仁智乐，寄畅山水阴"（《答许询诗》）、王徽之的"散怀山水，萧然忘羁"（《兰亭诗》其一）都明确指出了山水所具的"寄畅""散怀"的美感作用。东晋袁山松《宜都记》云："常闻峡中水疾，书记及口传，悉以临惧相戒，曾无称有山水之美也。及余来践跻此境，既至欣然，始信耳闻之不如亲见矣。其叠崿秀峰，奇构异形，固难以辞叙，林木萧森，离离蔚蔚，乃在霞气之表。仰瞩俯映，弥习弥佳，流连信宿，不觉忘返，目所履历，未尝有也。既自欣得此奇观，山水有灵，亦当惊知己于千古矣。"②这里，不但明确提出了"山水之美"，而且将山水之奇观美境与人之身履亲见视为一种各具独立性的"知己"关系。张静通过对逯钦立《先秦汉魏晋南北朝诗》和严可均《全上古三代秦汉三国六朝文》的检索发现，自然景物缀以"色"字所构成的景色语汇（如暮色、晨色、日色、月色、天色、雾色、秋色、春色等）在诗文上最早出现于东晋③。小川环树认为中国文化中"风景一语，由风和光（光和空气）的意思，转而为风所吹、光所照之处，再转而指人所观览的物的全体"，并认为风景作为独立词语在文献中最早出现于东晋④。"山水""物色""风景"等词语的大量出现，从一个侧面佐证了在东晋时期客观山水的物态、色彩、光影已进

---

① 郑毓瑜：《身体行动与地理种类：谢灵运〈山居赋〉与晋宋时期的"山川"、"山水"论述》，《淡江中文学报》2008年第18期。
② 陈桥驿校证：《水经注校证》，中华书局，2007，第793页。
③ 张静：《"物色"：一个彰显中国抒情传统发展的理论概念》，《台大文史哲学报》2007年第67期。
④ 小川环树：《论中国诗》，贵州人民出版社，2009，第4、14页。

入了人的审美眼帘。这种山水主位之美的呈现以及山水物态形性的发现，当与郭象"自生独化"的哲学自然观是有关系的。

如果说，上面山水审美的例子与郭象哲学的关联还不够直接的话，那东晋时期"以玄对山水"① 观念的盛行就是直接把郭象哲学的玄理转化在山水审美中了。

二、观赏山水即体悟生命性理

孙绰《太尉庾亮碑》云："公雅好所托，常在尘垢之外，虽柔心应世，蠖屈其迹，而方寸湛然，固以玄对山水。"② 庾亮虽为东晋权臣，但其人也颇具名士风流。《晋书·庾亮传》载："亮美姿容，善谈论，性好《庄》《老》。"《世说新语·容止》云："庾太尉在武昌，秋夜气佳景清，使吏殷浩、王胡之徒登南楼理咏。音调始遒，闻函道中有屐声甚厉，定是庾公。俄而率左右十许人步来，诸贤欲起避之。公徐云：'诸君少住，老子于此处兴复不浅！'因便据胡床，与诸人咏谑，竟坐甚得任乐。"可见，庾亮亦称得上是爱好玄学、"坦率行己"与"唯丘壑独存"之人。在朝政中，人难免屈居隐忍，而"以玄对山水"的审美活动则带来了生命真性的显发与逍遥"任乐"。

"以玄对山水"并非以抽象玄理来看待山水，而是以玄心来妙赏山水，其意表明的是生命性理/玄理与山水物理的结合，这应是东晋士人一种普遍的观照山水、欣赏山水的观念。这一观念把郭象所言的"物性"直接具体化为山水之性、山水之理，并把郭象所言的"具体的物"明确地置于山水之物上了，从而对晋宋的山水审美观产生了深远影响。在郭象那里，物之性、理不是抽象的形而上实体，而是万物本身具有的"生理""条理"，

---

① 东晋处于玄佛交涉的文化背景之中，因而东晋士人对"玄"的理解往往有玄佛融合的迹象。此处对"玄"的理解主要从玄学角度入手，不去辨析其间的佛学理论面向。笔者认为"以玄对山水"直承的是郭象玄学，虽有外来佛教自然观的渗入，但不是最主要的。同时，笔者不大赞同学界一些仅从佛学观念入手去探讨自然山水之美独立的论断。虽然支遁的"即色游玄"论、慧远的"托形象以传真"、僧肇的"不真空论"等继承了郭象的体用一如观念，并不离现象界去谈空性，但他们总体上都是认为"色不自有"，这与郭象只承认"自性"而从根本上肯定现象界是不同的。

② 严可均辑：《全晋文》卷六十二，商务印书馆，1999，第648页。

它是万物自身存在与发展的本质力量。"以玄对山水"表明的实际是在山水的生动形态之性、理中体玄识远，也就是说观赏山水即体悟独化之性理。因而，"以玄对山水"观念是对郭象"自生独化"自然观的一种观念延伸，是郭象哲学在山水审美活动中的一种实践效应。由于"以玄对山水"实现了生命玄理与山水性理的同一，其要旨是在客体山水的生动形态之物理中去领会主体生命的生动形态之性理（"即有而得玄"），故这种玄化的山水观不但不妨碍山水之性的自在展现，反而要求对具体的山水之性进行赏析把玩。"寥朗无厓观，寓目理自陈。"（王羲之《兰亭诗》其三）"孤游非情叹，赏废理谁通？"（谢灵运《于南山往北山经湖中瞻眺》）① 对于这种"理"与山水之"观""赏"之间的紧密关联，也许王羲之与谢灵运是深有体会的。

"以玄对山水"的观念把山水与性理、天道合二为一，从而使得东晋士人眼中的山水不再仅仅是一个生存环境的物质性存在，同时也是一种体道的精神性存在。这应该是自然山水在东晋备受士人喜好以及自然山水之美得以独立的根本原因。《世说新语·赏誉》载：

> 孙兴公为庾公参军，共游白石山。卫君长在坐，孙曰："此子神情都不关山水，而能作文。"庾公曰："卫风韵虽不及卿诸人，倾倒处亦不近。"孙遂沐浴此言。

这里，"神情不关山水"居然被当作一种人之风韵来进行讨论。也就是说，"神情关乎山水"已经被时人视为一种人之风韵或者名士风流的必备条件了，爱山水、看山水与生命的风流相通为一。正因如此，在晋人对名士的人物品藻中，山水意象遂成了个人风韵的一种类似性感受说明②。晋简文帝观华林园山水时说："觉鸟兽禽鱼，自来亲人。"可见，山水作为一种灵动性的存在，它是可以进入身体并与人的内在世界相互沟通的。在人与山水的相遇中，个人生命游走于清丽的山水之中，呈现了与山水一般

---

① 《昭明文选》李善注："言己孤游，非情所叹；而赏心若废，兹理谁为通乎？"小尾郊一则认为谢灵运此处"赏"的对象既不是心，也不是人，而是"自然山水"。见小尾郊一：《中国文学中所表现的自然与自然观》（第2版），上海古籍出版社，2014，第283页。

② 张法：《中国美学史》，四川人民出版社，2006，第87页。

的自在自然风韵,这可谓一种生命条畅、适性自足的生命内景。陶渊明《归园田居》(其一)云:"少无适俗韵,性本爱丘山。"谢灵运《游名山志》曰:"夫衣食人生之所资,山水性分之所适。"这里,陶谢两位大诗人就都把嗜好山水视为一种"适性"的精神性存在。也就是说,热爱山水、观赏山水、走向山水根本上就是个人生命整饬俗情、条畅性理、适性逍遥的体现。"适性"在郭象哲学那里本身就是顺应"自生独化"之道的表现。汪裕雄说:"东晋以降,山水游赏之风日盛一日,应该和郭象玄学有直接关系。"① 由此可见,郭象哲学的"自生独化"物性论在山水独立过程中起到了"拱心石"的理论作用。

这样,自然山水在东晋士人面前完全洞开了其物质性与精神性融合一体的文化内涵:山水之形、山水之性、山水之理、山水之道于此相融为一。郭象的即现象即本质的哲学在自然山水中结出了审美之花,使得山水本身能够成为一种"有生命力"的主位存在,而在人的眼帘自在腾跃,显示大自然本身的美妙身姿。"从东晋时期开始,我国古代文人群体,与自然乃至宇宙全体建立了一种平等的关系。"② 试看下面三则材料:

> 郭景纯诗云:"林无静树,川无停流。"阮孚云:"泓峥萧瑟,实不可言。每读此文,辄觉神超形越。"(《世说新语·文学》)
>
> 简文入华林园,顾谓左右曰:"会心处不必在远。翳然林水,便自有濠、濮间想也。觉鸟兽禽鱼,自来亲人。"(《世说新语·言语》)
>
> 王司州至吴兴印渚中看。叹曰:"非惟使人情开涤,亦觉日月清朗。"(《世说新语·言语》)

阮孚的由林川流动之美到"神超""形越",司马昱的由"翳然林水"到"会心处""濠、濮间想",王胡之的由印渚的"日月清朗"到"人情开涤",观赏山水与体悟生命玄理之间已经无须过渡、不分轩轾地融合在了一起。"辄""不必在远""便自有""亦觉"说明山水与性理之间是一种猝然相即的关系:对山水美的欣赏本身就是对人生在世之生命性理、生命自

---

① 汪裕雄:《意象探源》,安徽教育出版社,1996,第395页。
② 钱志熙:《魏晋诗歌艺术原论》(修订本),北京大学出版社,2005,第308页。

由的感悟，其本身就是物我双方的"适性逍遥"。这种山水与道的"不可凑泊"事实上构成了整个中国山水艺术的重要美学特征。

"以玄对山水"，使得对生命玄妙之性的体悟是在山水间达成的，也就是说，对山水之理的把玩本身就成就了对生命之适性的领会。应该说，这一观念是东晋士人的普遍性共识。王羲之的两首《兰亭诗》就是这一观念的注解：

> 悠悠大象运，轮转无停际。陶化非吾因，去来非吾制。宗统竟安在，即顺理自泰。有心未能悟，适足缠利害。未若任所遇，逍遥良辰会。（其二）

> 三春启群品，寄畅在所因。仰望碧天际，俯磐绿水滨。寥朗无厓观，寓目理自陈。大矣造化功，万殊莫不均。群籁虽参差，适我无非新。（其三）

"宗统竟安在"之语，秉承的是郭象对宇宙形而上的道的观念的消解，《庄子·齐物论注》云："无既无矣，则不能生有。有之未生，又不能为生。""陶化非吾因，来去非吾制"之句，源于郭象的自生说，《庄子·则阳注》云："突然自生，制不由我，我不能禁。""即顺""任所遇""逍遥良辰会"诸语，则与郭象的"理无不通，故当任所遇而直前耳"（《庄子·人间世注》）、"当所遇而安也""况乎卓尔独化，至于玄冥之境，又安得而不任之哉！既任之，则死生变化，惟命之从也"（《庄子·大宗师注》）的"适性逍遥"观是一致的。"寄畅在所因"说的是人与山水之间的相因、俱生的玄冥关系而带来的生命的逍遥与安顿，郭象云："唯所遇而因之，故能与化俱"（《庄子·外物注》），"形与物夷，心与物化，斯寄物以自载也"（《庄子·山木注》）。钱志熙说："王羲之所说'寄畅''畅'，是东晋士人一个重要的思想"，"可以说'寄畅'是一种境界，也是一种方式，东晋人无论对待山水自然、艺术，还是文学创作，都怀有一种'寄畅'的态度"[①]。"寓目理自陈"是郭象物之性、理自生自尔理论在山水中的直接落实。在"以玄对山水"的观看当下，山水之理自在呈现。在郭象那里，万

[①] 钱志熙：《魏晋诗歌艺术原论》（修订本），北京大学出版社，2005，第288–289页。

物性理虽异，但无价值的高下。"形大未为有余，形小不为不足……无小无大，无寿无夭，是以蟪蛄不羡大椿而欣然自得，斥鴳不贵天池而荣愿以足。"（《庄子·齐物论注》）所以，"群籁虽参差"，但"万殊莫不均"。这种万物平等独立、自陈其理的观念与郭象相因相济的观念也是一致的，它强化了观照山水景色时"平列比较""平均地表现各种不同的景物"① 的空间组织方式。同时，因万物无时不处于独化之中，"夫天地万物，变化日新，与时俱往"（《庄子·齐物论注》），"故不暂停，忽已涉新，则天地万物无时而不移也"（《庄子·大宗师注》），故"适我无非新"。

虽然从字面上看，王羲之的这两首诗涉及写景的句子很少，但因其置身的环境与面对的对象都是自然山水，则其在精神实质上揭示的是一种觌面山水的玄学自然观。如果从传统诗言情志的角度来看，也许王羲之的这两首诗确有"淡乎寡味""平典似《道德论》"的弊端，但如果把这两首诗当作一种玄学自然观来看，其无疑是对"山水即天理"观念的极佳说明。"凡我仰希，期山期水。"（孙统《兰亭诗》）在王羲之与兰亭诗人那里，郭象哲学已经由一种哲学思辨理论转化成了一种觌面山水的直接经验。

后来宗炳在《画山水序》中就直接把这种山水与道、理的关系表述为"至于山水，质有而趣灵""山水以形媚道"②。山水是有，同时又内蕴着虚灵的天理；山水是"形性"之美，又是道的具体化身。"媚"字意为"逢迎""紧媚"，生动地体现了山水之形与道之间的直接相亲和圆融契合。所以，宗炳《画山水序》中的"以形写形，以色貌色"说的就不是简单的模仿，而是指山水画对山水之"形性"或性理、神采的发现。唯有如此，山水画才能给人带来"神超理得"的"畅神"之美。

---

① 孙康宜认为谢灵运山水诗描写程序的核心即平列比较的艺术手法。他说："明显不同于实际旅行的向前运动，谢灵运在其诗中将自己对于山水风景的视觉印象平衡化了。他的诗歌就是某种平列比较的模式，在他那里，一切事物都被当作对立的相关物看待而加以并置。在这种有序的扫描中，无论一联句内的两组印象彼此之间的差异多么大，它们都必然是同时产生的……这对比之物的并置，打破了连续时间的正常秩序。当两个客体肩并肩地站在一起时，它们之间的联系就不是先后相继，而是互相对等。"（孙康宜：《抒情与描写：六朝诗歌概论》，上海三联书店，2006，第69-70页）。葛晓音也认为："仰观俯察，寓目辄书，平均地表现各种不同的景物，既是在玄言诗中形成的套式，则必然直接影响到刚从玄言诗过渡而来的山水诗。"[葛晓音：《八代诗史》（修订本），中华书局，2012，第182页]。

② 严可均辑：《全宋文》，商务印书馆，1999，第191页。

这种把道具象化为山水的观念使得郭象的"自生独化"哲学最终转化为一种自然山水美学。这也同时意味着,晋人的山水审美并非一个简单的爱好问题,而是一个让生命"化其郁结"并向自然之性回归的问题。叶维廉说:"喻依者,所呈物象也;喻旨者,物象所指向的概念与意义。庄子和郭象所开拓出来的'山水即天理',使得喻依与喻旨融合为一:喻依即喻旨,或喻依含喻旨,即物即意即真,所以很多的中国诗是不依赖隐喻不借重象征而求物象原样兴现的。"① 审美是先于艺术的,自然观的转换也往往是先行的,并不能因为玄言诗缺乏对山水的细致刻画就认定山水价值在东晋还尚未独立。虽然在东晋的山水玄言诗中还未完全实现叶维廉所说的喻依与喻旨的"融合为一",但其在审美经验形态上无疑已经把这种山水审美观确立了起来,从而使得自然山水之性、理的自在展现成为必然。

当然,这种山水之美的自在展现如何凝结为一种新型的山水审美经验,尚需要一种"非缘情"式的寓目审美观的介入。关于这一点,有待下一章专述。

---

① 叶维廉:《中国诗学》,三联书店,1992,第93页。

第三章 郭象情物关系与寓目美学观的生成

山水在客观形态上虽然具有了独立自足的价值意蕴，但这种山水意蕴要让人捕捉到并呈现为一种独特的"自性"之美，尚需要一种独特的审美观照方式的介入。柳宗元曾说："夫美不自美，因人而彰。"① 同一片山水，不同的人可能会有不同的审美经验。即使山水展露了其自身的"竞秀争流""自相映发"，在主体的强烈情感驱使下，其映入眼帘的依然可能是变形了的情感化山水。因此，自然山水之美的独立除了客观条件外，尚有待于一种有别于传统缘情感物之新感知方式的出现。而历史的事实也恰是如此，一种新型的寓目美学观在东晋时期得以兴盛。

第一节 寓目美学观的兴起与理论溯源

清代沈德潜说："诗至于宋，性情渐隐，声色大开，诗运一转关也。"② 按其意，以自然山水作为主位审美对象的山水诗的出现有赖于"性情渐隐"与"声色大开"两大相辅相成的主客要素。同时，"渐隐"与"大开"也表明山水作为主位审美对象在宋之前就已具有了一个"隐"与"开"的历程。从东晋开始，随着"性情隐"与"声色开"的发端，自然

---

① 柳宗元：《柳宗元集》，中华书局，1979，第730页。
② 叶燮等：《原诗 一瓢诗话 说诗晬语》，人民文学出版社，1979，第203页。

山水已经展开了成为主位审美对象的质的飞跃历程。从理论逻辑来看，象征性、情感化、非对象性山水与山水诗笔下的山水差距的消解尚需两大要素的注入。一是物性或山水自身价值的敞亮，即山水能摆脱自己的依附地位而彰显独立的价值，于此方有"声色大开"的可能（见第二章）；二是存在一种新的有别于观物比德、感物缘情的物我关系，在体物或观山水的过程中，它悬置或隐没了道德与情感的冲动，从而能使人凝神于山水自身。只有同时具备这两大要素，山水才能在审美经验中如叶维廉所说"成为诗中美学的主位对象，本样自存"。事实上，这两大要素是相辅相成、互为因果的。王钟陵就不无洞见地说："迁逝感的淡退，与外物愈益成为描写的对象，是一组呈现反向运动的因果联结，内心深沉的感荡之减弱，方才能使外物的描写从'有我之境'走向'无我之境'，自然景候才能日益成为一种独立的审美对象。"[1]

所以，要使得山水之貌如在目前、自在跃现，需要的是物我相遇当下的刹那直观。这种刹那直观是一种"寓目辄书"、当下即是的物我"现量"关系。王夫之在《相宗络索·三量》中对"现量"说明道："'现量'，'现'者有'现在'义，有'现成'义，有'显现真实'义。'现在'，不缘过去作影；'现成'，一触即觉，不假思量计较；'显现真实'，乃彼之体性本自如此，显现无疑，不参虚妄。"[2] 显然，这种现在、现成、显现真实的寓目美学观与感物缘情是有很大不同的。它在应物的过程中恰恰悬置了情志的冲动，而以一种无心任性、当下即是的态度来与自然山水玄合一体，从而获得一种"以物观物""无我之境"的独特审美经验。

汉魏时期的缘情感物美学，因其诗歌的主旨在于表现情感，故而可以不必凭借目光所及的真实山水来进行创作。这种美学观主导下的诗歌创作更多地发生在黄昏、夜晚时期并多数是依靠听觉（视觉的弱化使得物象不成为关注重点，而听觉的强化则有利于想象力与情感的激发）来完成的。随着魏晋士人对山水的亲历身游，一种直面客观山水的感知经验特别是视

---

[1] 王钟陵：《中国中古诗歌史》，江苏教育出版社，1988，第526页。
[2] 戴鸿森笺注：《姜斋诗话笺注》，上海古籍出版社，2012，第53页。

觉感知经验日益得到了重视。萧驰认为:"在庾阐的诗里,'目散''盼''目玩''寓目''运目''仰盼''睨''眺'等词语大量出现。'寓目'这个词也是自魏晋开始与赏玩山水的诗有了关联。"① 从晋开始,"寓目"一词作为一种最典型的感知经验开始大量出现在诗歌创作中。如"驾言游西岳,寓目二华山"(潘尼《游西岳诗》)、"拂驾升西岭,寓目临浚波"(庾阐《登楚山》)、"肆眺崇阿,寓目高林"(谢万《兰亭诗》)、"寥朗无厓观,寓目理自陈"(王羲之《兰亭诗》)、"以为寓目之美观"(谢灵运《山居赋·注》)等。正因"寓目"所彰显出的感知新义,钟嵘《诗品》对谢灵运诗歌的评价为:"嵘谓若人兴多才高,寓目辄书,内无乏思,外无遗物。"

晋宋时期所出现的这种强调眼见身观的感知方式被郑毓瑜称为"寓目美学观",后来萧驰、张节末、李小茜等人在论述六朝山水诗时也有所理论跟进。郑毓瑜在《观看与存有——试论六朝由人伦品鉴至于山水诗的寓目美学观》一文中说:"那是以物色形象先于情理概念,并以为目光所及就足以成就意义。换言之,耳目观聆不但成为创作的首要步骤,而且是主要活动,因此所见所闻的声色形构直为创作的主题内容,而不必须被重塑、归类以便成为情志之借代品,即此身观眼见即是所欲表现(包括对象与作者)的整体实存与价值。"② 按其意,寓目美学观实是一种人与对象之间所形成的"冥于当下"的审美关系,而在这种"当下即是"的相互照面与身境冥合中,眼见先于心想,直观先于情理,从而成就眼见身观之对象与我自身一体共有的实存世界。郑毓瑜通过对《世说新语》人物品藻的解读敏锐地看到了寓目美学观这一新审美观照方式在东晋的盛行。《世说新语·赏誉》云:"闲习礼度,不如式瞻仪形。"在《世说新语》的人物品藻中,有着大量关于"见貌征神""即形知性""一见奇之""见而异焉""一见改观"的记载,郑毓瑜据此认为这种体现于当下目前的观人方法实际开创了一种新的审美经验:"形象赏鉴至此又开拓了一个新领域,那是要求对于人物作一种本然形骸的视看,而脱除道德教义、人情规范

---

① 萧驰:《郭象玄学与山水诗之发生》,《汉学研究》2009年第27卷第3期。
② 郑毓瑜:《六朝情境美学综论》,台湾学生书局,1996,第123-124页。

的扭曲;'一见'即可观照本质天性,也就是由'见貌征神'至于'即形知性'。"① 可见,寓目是与本然形骸、本性紧密关联的。对被品鉴对象而言,寓目是观其本性;对品鉴者而言,寓目是依本性去观。以性观性,则能实现彼我之性的交汇。可以说,寓目美学观虽主要以"目"为窍,但又并非仅限于视觉,是一种悬置了道德情志、政治功利等因素而呈现出的"本性统摄感官"的全方位或具身式体物方式②。在郑毓瑜看来,由此人物品藻领域对寓目美学观的开拓与奠定,其走向山水领域并在谢灵运那里集大成当是一种水到渠成的过程。

其中,与寓目美学观相一致的诗学创作现象的一大变化就是诗题的改变。就中国诗歌题制而言,从《诗经》到《古诗十九首》,绝大多数的诗既无题目也无作者。魏晋五言诗兴起后,诗作题制渐兴。据吴承学的考证,诗作使用长题的现象发生在西晋以后。吴承学说:"诗从无题到有题,是中国诗歌艺术发展一大关键,这不仅是诗歌艺术形态的外在变化,还引起诗歌意境的整体变化。"③ 诗由无题到有题,从有题到带有日记条目式的长题,确实更有利于读者聚焦于其所吟咏的"即事""即目"。如果说《芙蓉池作》(曹丕)、《河阳县作》(潘岳)等是以一种概括性的地名入题,而《春可乐》(夏侯湛)、《悦晴诗》(嵇含)等则是以概括性的节候入题,庾阐的《三月三日临曲水诗》《登楚山诗》《江都遇风诗》,湛方生的《帆入南湖诗》《还都帆诗》,谢灵运的《游赤石进帆海》《石壁精舍还湖中作》《于南山往北山经湖中瞻眺》《石门新营所住四面高山回溪石濑茂林修竹》等,则完全以一种具体性、动态性的诗题将其"身所盘桓,目所绸缪"之景做了如实揭示。可以说,正是寓目美学观的出现,方引发了诗题的变化乃至山水诗的兴起。正如萧驰所说:"山水诗是在对即刻景色变化敏感和诗坛寓目入咏的风气形成之后,才可能衍为一种重要的题材。"④

---

① 郑毓瑜:《六朝情境美学综论》,台湾学生书局,1996,第134页。
② "寓目"之"仰观俯察"本身就带有身体诸感官的参与,其中,对彼我性理的体会则构成了这种体物方式的核心要素。笔者认为这种"本性—物"的双向打开结构或"性物一体"美学当为后世"心物一体"美学的前奏。
③ 吴承学:《论古诗制题制序史》,《文学遗产》1996年第5期。
④ 萧驰:《郭象玄学与山水诗之发生》,《汉学研究》2009年第27卷第3期。

按照审美先于艺术的原理，一种新的审美经验当是先于或至少同步于一种新的艺术题材的产生的。既然山水诗是在"寓目成咏"之风形成之后的产物，那这种寓目美学观在山水诗产生之前，或具体说是在玄言诗当中，难道不会得到实践吗？估计是受到刘勰《文心雕龙·明诗》中"庄老告退，而山水方滋"论断的影响，郑毓瑜一方面对寓目美学观在东晋人物品藻领域的实践进行了敏锐的发掘，另一方面又把这种新型美学观直接引到了谢灵运身上。问题在于，既然寓目美学观已经在东晋形成并在人物品藻领域得到了实践，那这种美学观当不会直接跳跃到谢灵运那里方在山水审美中得以确立。也就是说，要理顺寓目美学观在审美与艺术创作中的演进脉络，还必须考察这种新型美学观是否也在东晋山水审美领域中得到了具体落实。更重要的问题是，东晋寓目美学观对传统缘情感物、言志比兴美学的新变有无更深层次的原因？遗憾的是，这些问题在郑毓瑜的文章中都付之阙如。对这些问题进行推进研究的当属萧驰。萧驰在《郭象玄学与山水诗之发生》一文中极具眼界地看到了郭象玄学标示的"自然生命原发精神"对寓目美学观之形成以及对山水诗之发生的影响，让笔者受益良多。不过，萧驰只是抓住郭象玄学所标示的"自然生命原发精神"这一点来说明郭象玄学与寓目美学观之间的关系则显得不够。因为"自然生命原发精神"在郭象玄学那里尚属于一个阐释性或引申性命题，由此论证而出的郭象玄学与寓目美学观之间的关联毕竟不是直接性的关联。正因如此，萧驰虽然认为郭象玄学与寓目美学观的出现有着关联，但只是谨慎地将二者"视作同一历史文化脉络下一对桴鼓相应的现象"。笔者认为，如果从郭象玄学的情物关系这一更为根本的命题直接入手，则能揭橥出郭象玄学对寓目美学观形成的直接理论效应。也就是说，正是郭象玄学情物关系理论在东晋被具体化为一种玄学化的审美方式，遂导致了寓目美学观的形成，并同时在人物品藻与山水审美中得到了实践，从而推动了后来谢灵运山水诗的出现。

接下来的问题就是，郭象的情物关系如何变革了一种物我关系处理模式？这种物我关系处理模式又如何形塑了一种新型的寓目美学观？这种新型的寓目美学观又如何在东晋山水审美实践中得到运用并影响了谢灵运？如果能较好地回答这三个问题，笔者认为就能坐实郭象哲学与寓目美学观之间的内在关联,并给山水诗的出现提供一种哲学理据的支撑。

第二节 魏晋玄学"有情无情论" 辩题中的情物关系

有情与无情的论辩为魏晋玄学的一个重要课题,学界对此也颇多阐释①。在中国哲学中,情主要有情实、性情、感情三种意义。情实,指实际情况,哲学意义不大。"情者,性之动也。"性动之情或性情(如四端之情)是自生命本性所发之情。感情(如五情、七情)则侧重指感物而动之情,主要是因外物的感召而生发的情感。魏晋玄学关于有情无情的讨论主要是围绕着人在应物过程中是否该有喜怒哀乐怨等感情而展开的。所以,有情论承认的是人必然会受到外物的影响,故感情乃人之必然,而无情论则认为人可以仅任性情而不必滋生感物并为物所累之情。

按照魏晋圣人不可至也不可学的观念,圣人语境下的有情还是无情的问题似乎与凡俗群品的有情还是无情并无必然关系。《世说新语·伤逝》载王戎(余嘉锡考证,应为王衍)语:"圣人忘情,最下不及情。情之所钟,正在我辈。"这里圣人"忘情"与凡人"钟情"的判然二分应是魏晋时期较为流行的观念。对于玄学来说,凡人"钟情"是一种汉末以来的传统情物观念,而玄学情物关系恰恰是为对治这种为物感所累终不得自由的传统观念而提出的。不过,圣人作为一种庄子式的理想人格,又是魏晋名士们最为希企的生命理想。我们又很难说关于圣人有情无情的讨论不会对凡俗群品的理想追求生发影响。同时,在嵇康、郭象等人的哲学思考中,有情与无情的问题又不简单局限于圣人身上。所以,魏晋"有情无情论"辩题作为一种盛行的玄学观念,其理论效应当是多维的。笔者这里感兴趣的是在"有情无情"的玄学论辩背景中,郭象哲学在情物关系上是否给魏晋士人带来了一种新的处世方式。

---

① 吴冠宏的《魏晋玄论与士风新探:以"情"为绾合及诠释进路》(台湾花木兰文化出版社,2009)一书对此问题有较好阐发,值得参阅。

一、圣人"无情""有情"论

《三国志·魏书·钟会传》注引何劭《王弼传》载:"何晏以为圣人无喜怒哀乐,其论甚精,钟会等述之。弼与不同,以为圣人茂于人者神明也,同于人者五情也,神明茂故能体冲和以通无,五情同故不能无哀乐以应物,然则圣人之情,应物而无累于物者也。今以其无累,便谓不复应物,失之多矣。"①

从这段话可以看出,何晏、钟会等人的圣人无情论主要持两个理论要点:一是圣人无五情,二是圣人不应物。所谓五情,即喜怒哀乐怨五种感物之情。既然圣人不应物,则必然无五情。应该说,何晏、钟会等人持的圣人无情论大抵上与庄子是相同的。汤用彤说:"圣人无情乃汉魏间流行学说应有之结论,而为当时名士之通说(故王弼之说实为立异),圣人无情之说,盖出于圣德法天。此所谓天乃谓自然,而非有意志之天。夫天何言哉,圣人为人伦之至,自则天之德,圣人得时在位,则与寒暑同其变化,而未尝有心于宽猛,与四时同其推移,而未有心于喜怒。不言而民信,不怒而民威。圣人不在其位,固亦用之则行,舍之则止,与时消息,亦无哀怨。"② 由于圣人与天同德,故自然无心无累,超然物表而呈现为一种心灵的超越之境。在何晏等人看来,圣人作为一种超凡逾贤的最高生命位阶,"圣人无情"恰与"凡人任情,喜怒违理,颜渊任道,怒不过分"③形成对照。从情物关系而言,何晏的圣人无情论恰是通过圣人的无情不应物来保持其异于凡贤的超越境界的,实际上是与其所持的"以无为本"的哲学一脉贯通的。所以,具体的情物关系在何、钟等人的圣人无情论中并未得到彰显。不过,无情作为一种理想的生命在世状态,却深深地映照在魏晋名士的心中,成就了一种挥之不去的拟圣心态。如《晋书》卷四十一载:"(魏舒之子)年二十七,先舒卒,朝野咸为舒悲惜。舒每哀恸,退而叹曰:'吾不及庄生远矣,岂以无益自损乎!'于是终服不复哭。"

---

① 陈寿撰、裴松之注:《三国志》(简体字本),中华书局,1999,第591页。
② 汤用彤:《魏晋玄学论稿》,上海古籍出版社,2001,第67页。
③ 程树德撰:《论语集释》,中华书局,1990,第367页。

再如《世说新语·言语》载:"张玄之、顾敷,是顾和中外孙,皆少而聪惠。和并知之,而常谓顾胜,亲重偏至,张颇不恹。于时张年九岁,顾年七岁,和与俱至寺中。见佛般泥洹像,弟子有泣者,有不泣者,和以问二孙。玄谓'被亲故泣,不被亲故不泣'。敷曰:'不然,当由忘情故不泣,不能忘情故泣。'"

针对何、钟的圣人无情论,王弼提出了圣人有情论的新见。比照圣人无情论,圣人有情论有三个理论要点:一是圣人有五情,此点与凡俗无异;二是圣人有喜怒哀乐之情应物,此点亦与凡贤无异;三是圣人神明茂,应物而不累于物,此点与凡俗不同。从前两点可以看出,王弼的圣人有情论大大地拉近了圣人与凡俗的距离,彰显了一种具体的情物关系,顺应了魏晋沟通名教与自然以及重情的思潮。第三点表明,圣人有情与凡俗之有情又具有根本性的差别。虽然王弼和何晏一样都看到了"凡人任情,喜怒违理"的不可去除的一面,但是王弼玄学论证的不是凡人任情的合理性,而恰恰是论述了圣人不同于凡人的"性其情"一面。唐君毅说:"此谓圣人有情,同于人,其无累于物,不同于人,则其情亦自有不同于人之处。此不同于人之处,在依其无累,而其情、其感应,乃广大而不可穷极。"① 依唐君毅的说法,王弼的"广大而不可穷极"之情与魏晋名士的"钟情"有着很大区别。魏晋的"钟情"当为一种感物之情所致,乃出自生命与所遇之境的自然交感,并没有一个"广大而不可究极"的"神明"纵贯于上,而只是缘情一任而发。王戎(应为王衍)的丧子之恸、桓温的"攀枝执条""泫然流泪"皆为感物之情、为物所困顿之情。从"人禀七情,应物斯感,感物吟志,莫非自然"(《文心雕龙·明诗》)的角度说,此情与汉末、西晋的缘情感物主体生命一样,皆是一种审美之情。但从玄学角度看,此情只会令人无休止地陷入生命悲情之中而无法自拔不得自由,依然是一种现实生活为物所累之世情。从这种意义上说,由于王弼的圣人有情论与魏晋重情思潮有着区别,故学界很多人往往拔高了王弼圣人有情论对魏晋重情风尚的影响。"王弼的'圣人有情论',是代表着玄学的主要倾向的,因为玄学整个而言是重情的,不是禁欲或寡情的。这同魏晋

---

① 唐君毅:《中国哲学原论·原道篇》,中国社会科学出版社,2006,第546页。

时期整个社会风尚和心理有密切关系。"① 由王弼圣人有情论的理论要点可知，王弼一方面提出了自然之情不可割除，提升了情感的地位；另一方面又并不必然要去开启一种重情风尚。也许王弼的圣人有情论内涵，需从王弼对于性、情、物关系的论述入手方可得到确解。

夫耳、目、口、心，皆顺其性也。不以顺性命，反以伤自然。（《老子·十二章注》）

夫喜、惧、哀、乐，民之自然，应感而动，则发乎声歌。（《论语释疑》）

不性其情，焉能久行其正，此是情之正也。若心好流荡失真，此是情之邪也。若以情近性，故云性其情。（《论语释疑》）

弼注《易》，颍川人荀融难弼《大衍义》。弼答其意，白书以戏之曰："夫明足以寻极幽微，而不能去自然之性。颜子之量，孔父之所预在，然遇之不能无乐，丧之不能无哀。又常狭斯人，以为未能以情从理者也，而今乃知自然之不可革。足下之量，虽已定乎胸怀之内，然而隔逾旬朔，何其相思之多乎？故知尼父之于颜子，可以无大过矣。"（《三国志·魏书·钟会传》注引何劭《王弼传》）

在王弼那里，性乃与生俱来的自然之性。《老子》第二十五章注云："道不违自然，乃得其性，法自然也。法自然者，在方而法方，在圆而法圆，于自然无所违也。"② 对于圣人而言，其自然之性天生与凡俗不同。所谓"神明茂故能体冲和以通无"，说的是圣人之性天生就具有顺应自然，贯通性情、道物、无有之资质。"情者，性之动也。"自然之性感物而动，遂有喜怒哀乐怨之自然五情的生发。王弼认为，自然之性通过感应而生的自然之情，乃是一种近性之情，是一种性其情，为情之正。而非自然之性、流荡失真之心所感发的情则是一种情之邪。可见，王弼对情的看法实有两端，一是自然之性情，此为王弼高扬之正情；二是非自然的有心之情，此为王弼反对之邪情。在王弼看来，孔子对颜回遇之则乐、丧之则哀

---

① 李泽厚、刘纲纪：《中国美学史》第二卷，中国社会科学出版社，1987，第131页。
② 楼宇烈校释：《王弼集校释》，中华书局，1980，第65页。

实是圣人有情的体现。这种情是自然之性情。所以，王弼所言的圣人有情论说的是圣人以自然之性、自然之心应物，而生自然之情。这种心性—情—物的贯通皆是自然天成，故圣人能做到应物而无累于物。由此也可以看出，王弼的有情论凸显的是一种自然无为之心性提点下的自然性情，而与魏晋名士直来直往"辄唤'奈何！'"的"一往有深情"（《世说新语·任诞》）还是有别的。《老子》第二十九章注云："圣人达自然之性，畅万物之情，故因而不为，顺而不施。除其所以迷，去其所以惑，故心不乱而物性自得之也。"① 圣人因顺万物，以自身"体冲和以通无"之心性去自然应物，从而既畅万物之情不为物所累也能达自然之性不为己所累。从何晏的角度来看，王弼当是有情（有自然之性情、应物之情）论者；从魏晋名士"终当为情死"的角度来看，王弼又何尝不是无情（无累物之情）论者。准确地说，王弼是"无情—有情论"者。冯友兰就认为王弼的圣人有情论是对先秦道家圣人无情论的修正，认为"这个修正正是将有情与无情的对立，统一起来"②。这种"无情—有情论"打通了有与无、自然与名教，从性情论层面贯通了其崇本举末的哲学思路。

从情物关系而言，王弼的圣人"无情—有情论"开启了一种应物而无累的情物关系，这种情物关系明显与当时盛行的论调不同。它既不同于汉魏间盛行的圣人无情论，也不同于汉末魏晋流行的感物缘情式的情物关系。王弼的这种新型情物关系无疑对嵇康与郭象都有过影响。但是，王弼仅把这种新型情物关系限定在圣人身上并未引申到凡庶的情物关系处理上，其《老子》第二十章注就云："众人迷于美进，惑于荣利，欲进心竞"，"众人无不有怀有志，盈溢胸心"③。在王弼看来，包括颜回在内的凡庶之众都无法真正做到贯通情物而不为物所累。

二、嵇康"声情异轨"论

真正将情物关系脱离圣人语境来进行探讨的是嵇康。《世说新语·文

---

① 楼宇烈校释：《王弼集校释》，中华书局，1980，第77页。
② 冯友兰：《三松堂全集》第五卷，河南人民出版社，2001，第91页。
③ 楼宇烈校释：《王弼集校释》，中华书局，1980，第47页。

学》载:"旧云:王丞相过江左,止道《声无哀乐》、《养生》、《言尽意》,三理而已。然宛转关生,无所不入。"作为魏晋玄学的一大辩题,嵇康的《声无哀乐论》^① 以音乐为具体对象,深入探讨了情与声的关系问题。嵇康"声无哀乐"的新见是直接针对儒家"声情相应"的乐教传统理论提出来的。《乐记·乐本》云:

> 乐者,音之所由生也,其本在人心之感于物也。是故其哀心感者,其声噍以杀;其乐心感者,其声啴以缓;其喜心感者,其声发以散;其怒心感者,其声粗以厉;其敬心感者,其声直以廉;其爱心感者,其声和以柔。

在儒家乐论看来,声、音、乐与人的情感之间存在着一种相互感应的关系:有什么样的情感就会发出什么样的声音,而特定形态的声音又会令人产生特定形态的情感。正因为有了这种主客之间"感物情动"的相互一致性,故可以通过音乐本身的设计来影响人的情感走向,从而使得乐教成为可能。从情物关系来看,儒家的乐教理论遵循的是一种有情应物式的感物论音乐美学,而嵇康的"声无哀乐论"则旨在破除这种感物说,提出了一种无情应物式的新型音乐美学。可以说,嵇康对声情关系的探讨是玄学"有情无情论"辩题在音乐领域的进一步展开。嵇康把玄学"有情无情论"辩题从圣人语境中剥离,使之成为一个普遍化的论题,势必对日常普通人处理情物关系产生影响。

嵇康的"声无哀乐论"旨在否定儒家以《乐记》为典范的音乐美学而建构一种新型的音乐与情感的关联模式。在《乐记》看来,音乐是凝聚了人的情感的,故音乐的教习能熏陶人的情感,从而产生音乐的道德教化作用。这里,音乐表现一定的情感,听音乐的人同类相感、感乐情动,因而也兴起这种情感,从而完成音乐对人的情感的塑造。为了推翻这一观念,嵇康就音乐的本质、乐情关系提出了有别于《乐记》的看法。

在音乐的本质上,嵇康不同于《乐记》对声、音、乐的严格区分,而统之以"声"来称呼音乐。嵇康对音乐定位云:"和声无象","声音自当

---

① 所引嵇康文字皆据戴明扬校注:《嵇康集校注》,中华书局,2015。

以善恶为主，则无关于哀乐""音声有自然之和，而无系于人情"。朱熹曾说："先王作乐，既象其声，又取其义。"①"象"与"义"是儒家礼乐德性的体现。嵇康"无象"的说法则否定了音乐中的道德象征含义；"善恶"在此处指的不是道德善恶，而是指"和与不和"。所以，嵇康对音乐本质的看法实际上剥落了儒家附属在乐上的情感与伦理内涵，从而使得音乐纯粹化了。是故，《声无哀乐论》中秦客与东野主人所展开的辩论其实是两种不同音乐观之间的理论交锋。从今天的眼光来看，二者各有胜场，无所谓谁对谁错。但就嵇康而言，其创举性在于明确提出了中国文化上的一种新音乐美学观，实在更值得赞许。

既然音乐与人"殊途异轨，不相经纬"，是一种客观的存在，则其本质就不能从情感表现上定位而只能是一种"自然之和"。这种"自然之和"使得音乐自身以"单复、高埤、善恶为体"，从根本上体现的是一种天地的和谐。"夫天地合德，万物贵生；寒暑代往，五行以成。故章为五色，发为五音。音声之作，其犹臭味在于天地之间。其善与不善，虽遭遇浊乱，其体自若，而不变也。岂以爱憎易操，哀乐改度哉？"嵇康认为，正是这种音乐自身的独立性，方导致了"用均同之情，发万殊之声"与"理弦高堂，而欢戚并用"的现象的发生。也就是说，音乐不是情感的表现，否则如何解释同一情感而发不同之声？同样，音乐也不能唤起相应情感，否则如何解释同一音乐而引发不同情感？如此，嵇康将对音乐本质的看法与传统乐论的情感表现观及情感唤起说进行区别，赋予音乐一种天地自然之和的新本质。

音乐虽然与人情无关，但有一种强大的共识，即音乐又确乎会与人的情感发生关联，那这种关联到底是一种什么样态的关联呢？虽然嵇康在宇宙论上依然以阴阳五行的变化来说明天地之和，但在情物关系上，他已经走出了气化交感的传统路径。首先，嵇康认为，儒家乐论所认为的情生乐、乐感情的乐情交感论事实上是一种错觉。"夫哀心藏于内，遇和声而后发；和声无象，而哀心有主。夫以有主之哀心，因乎无象之和声，其所觉悟，唯哀而已。"在嵇康看来，"哀乐自当以情感，则无系于声音"。既

---

① 朱熹注：《周易本义》，中国书店，1994，第42页。

然人的哀乐情感只能是内在于主体的,而音乐的本质只是和,那么当人的哀乐情感与音乐相遇时,不论是发于声还是感于乐,二者的关联始终是一种因借关系。当人处于哀乐时,他只是因借和声把这种哀乐表达出来,并不是说这种和声就是哀乐的,所谓"至夫哀乐自以事会,先遘于心,但因和声,以自显发"。同样,当人处于哀乐时,他听到了和声感到了哀乐,实则他感到的这种哀乐本就是他自身的哀乐而非音乐所具之哀乐,所谓"不可见喜怒为酒使,而谓酒有喜怒之理也"。通过把哀乐情感归属于主体,把自然之和归属于音乐,嵇康在切断情感与声音之间兴发情感关系的基础上又对常识给出了一种新解释。

其次,嵇康认为,声音与人之间所存在的关系并不是情感与声音的交感关系而只是一种声音与人之间的躁静反应。嵇康云:"然皆以单复、高埤、善恶为体,而人情以躁静专散为应……此为声音之体,尽于舒疾;情之应声,亦止于躁静耳……若言平和哀乐正等,则无所先发,故终得躁静……躁静者,声之功也;哀乐者,情之主也;不可见声有躁静之应,因谓哀乐皆由声音也。"躁静作为和声的直接主体效应不同于哀乐之情感,是人在和声逗引下形成的一种平和、哀乐正等、无为自得之心境。从情而言的话,实是一种庄子意义上的"无情"或"性命之情"。嵇康《养生论》云:"故修性以保神,安心以全身,爱憎不栖于情,忧喜不留于意,泊然无感,而体气和平。"这种心境是生命的本质状态,是自然之性、自然之心的显露,是谓"循性而动,各附所安"(《与山巨源绝交书》)。

可见,嵇康的音乐美学是与他的人生哲学一体的。嵇康先是剔除了附属在音乐上的情感道德内涵,使得音乐"和声无象",正如同大道的"无状无象"。然后,嵇康又否定了音乐与人情的相互感发作用,从而避免了音乐扰人耳目的"情—乐"理论误区。最后,嵇康从正向角度建构了一种有别于传统乐论的"心性—乐"理论。这种"心性—乐"理论要求人在音乐之和的导引中,"发滞导情",显露自身的自然之性、自然之心,从而进入一种与自然之道相合的太和之境。嵇康云:"使心与理相顺,气与声相应,合乎会通,以济其美。"这表明,人应当主动地以"心""气"去与"理""和"相顺会通,从而达成一种"游心太玄"的审美超越。这与庄子提出的"若一志,无听之以耳而听之以心,无听之以心而听之以气"(《庄子·人间世》)的"心斋"理论是一致的。这里,嵇康对心性的看法与庄子一致,注重了心性的工夫论。不同的是,庄子是直就心性修养工夫而言,嵇康则是借助音乐来谈心性修养。

这样,嵇康在音乐领域开辟了一种新型的心物/情物关系,使得先秦道家以心性工夫为主的情物关系落实到了具体的审美艺术领域。人在音乐审美活动之中,以自然之性情而非感物之情去聆听音乐,遂使得生命本质得以敞开,并因而进入天人合一之超越境界。嵇康的这种音乐美学观,实是意义甚大。从何晏、钟会的圣人无情论,到王弼的圣人"无情—有情论",再到嵇康的"声无哀乐论",魏晋玄学走的都是一条有别于"缘情感物"之理论路径。那种把魏晋风度之"钟情"归因于玄学影响的观点是有问题的。恰恰相反,魏晋玄学当是在给"为情所困"的日常人生提供一种解决方式。所以,不是"钟情",而是"无情",方为玄学情感哲学的理论焦点。显然,在理解魏晋美学时,必须高度重视这种以"无情"为主导的玄学情物关系。

不过,嵇康的观念是直就音乐美学而展开的,同时嵇康的情物关系落实于心自身的超越义。要使得这种心物/情物关系脱离具体的音乐领域而明确成为一种"涉俗盖世"的玄学观念,则有待于郭象《庄子注》的发展了。

第三节 郭象情物关系新义及其美学意蕴

郭象在继承王弼、嵇康等人思想的基础上,从时人最为推崇的《庄子》入手,对情物关系进行了论述,从而明确地建构了一种"本性—物"之玄学情物理论。郭象一方面继承了何、王圣人语境下的"情物"关系讨论,提出了"圣人无情说";另一方面又把这种无情应物的情物关系视作凡俗达至"适性逍遥"的必然之途。不论是从凡俗追慕圣人角度还是从凡俗自身得道角度,无情应物的情物关系皆成为一个与普通人的生命自由息息相关的切身问题。就此而论,虽然玄学情物关系的诸多探讨皆有可能对魏晋美学产生影响,但针对普通凡众的郭象情物关系论当是最具影响潜能的。

一、郭象的"圣人无情论"与化俗之功

郭象对圣人的探讨是围绕着其社会政治理想展开的。在郭象那里,圣人还被称为神人、天人、全人、大人、无待之人等,指代理想的统治者。郭象的"圣人无情论"区别于何、王之处在于,其不再立足于一种"本无"的角度来谈"无情"的问题,而是将"无情"转化为一种圣人本性所具的情感特点。郭象继承了汉魏的才性论的观点,认为圣凡性分各异,不可跂尚所及。《庄子·德充符注》云:"言特受自然之正气者,至希也。下首则唯有松柏,上首则唯有圣人。"圣人由罕见的"自然之正气"所结聚而具有不同凡俗的性分,非后天的学养可至。因此,圣人天生就具有凡众所不具有的独特性情与能力,能做到"无物不顺""无形不载"。在情物关系上,圣人随时随地都能自然做到"无情""无心""无系""无为""无我"地面对外界,因而具有一种无待的逍遥。其无情应物的情物关系不但给世人树立了"内圣"典范,使得追慕圣人的凡众有了可希企的理想人格①,而且也产生了"外王"之功,引领世人的情感能各归其位,各安其情,各自逍遥,从而达到化俗功效。因此,郭象的"圣人无情论"看似只是一个关乎郭象的政治主张问题,但依然会对凡众处理情物关系产生深远影响。这也应是我们理解郭象哲学对当时士人心态产生影响的一个方面。

郭象《庄子注》关于"圣人无情"的论断可谓很多:

彼是相对,而圣人两顺之,故无心者与物冥,而未尝有对于天下也。(《庄子·齐物论注》)

夫圣人,无我者也。(《庄子·齐物论注》)

无情,故浩然无不任。无不任者,有情之所未能也,故无情而独成天也。(《庄子·德充符注》)

故有情于为离旷而弗能也,然离旷以无情而聪明矣;有情于为贤圣而弗能也,然贤圣以无情而贤圣矣。(《庄子·德充符注》)

常无心而顺彼,故好与不好,所善所恶,与彼无二也。(《庄子·

---

① 追慕理想人格与圣人不可跂尚并不矛盾。

大宗师注》)

　　鉴物而无情。来即应，去即止。物来乃鉴，鉴不以心，故虽天下之广，而无劳神之累。(《庄子·应帝王注》)

　　自同于好恶耳，圣人无好恶也。(《庄子·山木注》)

　　圣人无爱若镜耳。(《庄子·则阳注》)

圣人天生具有一种无心、无我、无情、无爱之秉性，他顺应外物而无好恶爱憎之情的兴起，所谓"无心玄应，唯感之从"(《庄子·逍遥游注》)。如此，他内能平和如镜、应而不藏、鉴不以心，外能委顺万物、不夺物宜，从而物我冥合，共成天然。然而，郭象的圣人并非拱默山林不问人事的方外之人，而是积极入世的"冥内"之人。当他以无情应世时，又非冷酷而不近人情。他在顺应人情的基础上又超脱人情。因而，圣人的无情应物又以"貌似有情"的状态出现：

　　至人无喜，畅然和适，故似喜也。(《庄子·大宗师注》)

　　无逆，故人哭亦哭；无忧，故哭而不哀。(《庄子·大宗师注》)

　　夫常觉者，无往而有逆也。故人哭亦哭，正自是其所宜也。(《庄子·大宗师注》)

　　至人无情，与众号耳，故若斯可也。(《庄子·养生主注》)

"人哭亦哭"，表明圣人并非毫无情绪。但圣人的情绪与天地四时相通的，出于天而归于天，既非依据自身的好恶待人待物，亦非根据对象的好恶而造作好恶。故这种"貌似有情"仍是"无情"，但又使"无情"有了一种独特的"有情"之貌。圣人这种顺应俗内之迹又超越俗内之迹的方式既使得自身的"情态"与世俗之情有了对接，同时也使得自身的"情态"能产生一种外王之功。

　　绝情欲之远也。君欲绝，则民各反守其分。(《庄子·山木注》)

　　圣人在上，非有为也，恣之使各自得而已耳。自得其为，则众务自适，群生自足，天下安得不各自忘哉！(《庄子·天运注》)

　　君莫之失，则民自得矣。君莫之枉，则民自正。(《庄子·则阳注》)

　　夫圣人统百姓之大情，而因为之制，故百姓寄情于所统，而自忘

其好恶，故与一世而得澹漠焉。(《庄子·天下注》)

圣人的无情应物遂产生一种强大的示范效应，从而使得"百姓寄情于所统"，形成理想的君民关系。在圣人的化育之下，世人能自得其情而忘其情累，从而返归性分，自适逍遥。这里，郭象的"圣人无情论"实具有一种影响、转化世人俗情的可能。无情应物的情物关系在东晋能被凝结为一种"非缘情""澹漠"式的审美心态也当与郭象的"圣人无情论"相关。

二、无情应物与"本性—物"关系结构的双重显现

对魏晋士人玄化处世经验影响最大的当属郭象适性逍遥观中呈现出的情物关系。圣人无情应物、无所不待，故在任何条件下都能保持一种无待的逍遥。对于凡众而言，由于其缺乏圣人的秉性，故要实现自得逍遥，尚需要借助其他的一些条件方能获得。郭象言：

> 夫小大虽殊，而放于自得之场，则物任其性，事称其能，各当其分，逍遥一也，岂容胜负于其间哉！(《庄子·逍遥游注》)
>
> 夫大鸟一去半岁，至天池而息；小鸟一飞半朝，枪榆枋而止。此比所能则有间矣，其于适性一也。(《庄子·逍遥游注》)
>
> 苟有待焉，则虽列子之轻妙，犹不能以无风而行，故必得其所待然后逍遥耳。(《庄子·逍遥游注》)

也就是说，凡众的逍遥是一种有待的逍遥。这种有待的逍遥需要主客两方面条件的满足。从主体而言，凡众需要做到各当其分，任性称能，使得自身的性分不受心知、欲望控制地自然呈现；从客体而言，凡众需要得其所待，在一种恰当的、与自身性分相适应的"自得之场"中方能获得逍遥。这种主客观条件缺一不可，本是一体的。郭象的这种有待逍遥观实际为他对理想情物关系的看法奠定了基本的论调，即凡众如果要获得逍遥，一方面要无情应物——让自身摆脱日常情智的困顿，彰显自身的生命本性或生命的原发精神去接应外物；另一方面则要让自身置于一种适合性分、能使性分充分展现的外在条件中，从而在"物任其性""事称其能"的情境当中使得主客"各当其分"。

> 内保其明，外无情伪，玄鉴洞照，与物无私，故能全其平而行其

法也。(《庄子·德充符注》)

夫鉴之可喜,由其无情,不问知与不知、闻与不闻,来即鉴之,故终无已。若鉴由闻知,则有时而废也。(《庄子·则阳注》)

不自是而委万物,故物形各自彰著。常无情也。(《庄子·天下注》)

"玄鉴洞照""与物无私""无情鉴之"意味着主体是以本性之动而非情感之动来面对外物;"委万物""物形彰著"意味着客体物性的自然自在。这种"性与物冥"的主客玄冥实际上是一个情物或"本性—物"关系结构双向打开、双重显现的过程。本性的彰显意味着物性的彰显,同时物性的敞开意味着本性的敞开。唯有在这种"本性—物"的现象学关联结构中,物我双方才能各尽其性,各得其所,一体任化而成玄冥之境。

在这种"性与物冥"的"自得之场"中,主体能"静其所遇",自冥其分,从而化解了日常心知与俗情的侵扰,彰显自身任性而动、率性称情的生命原发精神。在郭象那里,生命的原发精神不是一种纯精神性的心性境界,而是一个具体生命所具有的活生生的本性生命力。这种本性生命力乃自我所生、生命本具,而非外物逗引感动之哀乐休戚。郭象云:

故任而不助,则本末内外,畅然俱得,泯然无迹。若乃责此近因而忘其自尔,宗物于外,丧主于内,而爱尚生矣。虽欲推而齐之,然其所尚已存乎胸中,何夷之得有哉!(《庄子·齐物论注》)

今玄通合变之士,无时而不安,无顺而不处,冥然与造化为一,则无往而非我矣!将何得何失,孰死孰生哉!故任其所受,而哀乐无所措其间矣!(《庄子·养生主注》)

与人群者,不得离人。然人间之变故世世异,宜唯无心而不自用者,为能随变所适而不荷其累也。(《庄子·人间世注》)

故冥然以所遇为命,而不施心于其间,泯然与至当为一,而无休戚于其中。(《庄子·人间世注》)

"宗物于外,丧主于内,而爱尚生""哀乐措其间""荷累""施心""有休戚"等情物关系都是对"本性—物"内外一体之情物关系的偏离。郭象认为,人不得自由的原因在于不能安于性分,在面对外物的时候,往往为外物所感而横生休戚。"感物太深，不止于当，遁天者也。将驰骛于忧乐之境，虽楚戮未加，而性情已困，庸非刑哉！"（《庄子·养生主注》）"公人之有所不得，而忧娱在怀，皆物情耳，非理也。"（《庄子·大宗师注》）这种物累之情不但破坏了性理，也遮蔽了物理。郭象《庄子·列御寇注》云："必将有感，则与本性动也。"所以，在应物的过程中，人应当随变所适，"冥然以所遇为命"，做到不施心、不生爱、无哀乐、无休戚，则能任性命之情自然应物①。这种"任而不助""任其所受"的无情心态，则使得日常之我摆脱了心知的"推明"、情爱的"荷累"而呈现为一种"冥于当下"的真正的原发性情之我。同时，"无心而应，其应自来"（《庄子·人间世注》），外物在这种无情无心的心态下，也廓除了情感的点染而呈现为一种自得之貌：

物各有宜，苟得其宜，安往而不逍遥也。（《庄子·逍遥游注》）

夫物物自分，事事自别，而欲由己以分别之者，不见彼之自别也。（《庄子·齐物论注》）

夫物有自然，理有至极，循而直往，则冥然自合，非所言也。（《庄子·齐物论注》）

譬之宫商，应而无心，故曰鸣也。夫无心而应者，任彼耳，不强应也。（《庄子·人间世注》）

《中庸》曾云："能尽人之性，则能尽物之性。"郭象《庄子·大宗师注》云："无心于物，故不夺物宜。"《庄子·庚桑楚注》亦云："天光自发，则人见其人，物见其物。物各自见而不见彼，所以泰然而定也。"在郭象看来，物各有性，性各有别。只有"无心而应"者，方能不以己之意而强加于物，从而使物自宜、自别、自然、自鸣、自任、自应、自见。由

---

① 向秀《难养生论》云："有生则有情，称情则自然得，若绝而外之，则与无生同。何贵于有生哉？且夫嗜欲，好荣恶辱，好逸恶劳，皆生于自然。"此句被人视为魏晋纵情纵欲之理据。按牟宗三的看法，向秀这种与《庄子注》相违背的思想可能是"故作俗论以发康之高致"，而不能视为向秀的真正主张（牟宗三：《才性与玄理》，广西师范大学出版社，2006，第181页）。其实，以笔者看来，向秀在《难养生论》全文论述中始终以自然之理横贯文意，并不意味着向秀在文中主张纵情纵欲思想。按《庄子注》，称情实际就是任性，而任性实是任自然而非任情欲。

此，外物在这种无情应物的心态下，也敞开了自然之物性。这种物性的敞开保证了本性之人与外物的冥然自合，使得彼我泯然为一，畅然自得。《庄子·齐物论注》云："若乃物畅其性，各安其所安，无远迩幽深，付之自若，皆得其极，则彼无不当，而我无不怡也。"《庄子·人间世注》亦云："故能弥贯万物而玄同彼我，泯然与天下为一，而内外同福也。"对处于物我冥合与造化为一的人而言，自身化解了现实情智的困扰，而达至一种"无不怡""内外同福"的生命愉悦与适性逍遥。从情物经验结构而言，郭象的这种"本性—物"之直觉式情物关系可呈现为如下四者的统一：(1) 生命本性的显露（无情、无心、任性）；(2) 物性的显露（自然、自宜、自任）；(3) 物我双方的当下冥合（玄冥、冥然）；(4) 与造化为一的适性逍遥。

郭象的这种情物关系把庄子的"至人之用心若镜，不将不迎，应而不藏"的主体精神境界落实到了一种实然的具体而独特性的物我关系之中，从而以庄子精神为依托，真正开启了一种具有现实实践性、客观性的物我新型关系。比较而言，郭象的情物关系与庄子的情物关系有着两方面的不同。其一，庄子情物关系的展开立足于主体心性的精神境界，其顺利开展需要主体心性修养工夫的努力方能达成。郭象情物关系的展开则立足于主体的生命本性，其展开更多的是一种冥于当下的无意识的自然状态，没有心之曲折的反本工夫，可谓"当任所遇而直前耳"（《庄子·人间世注》），故其体现的是一种充满生命活力的原发精神。这种生命的原发精神相比庄子的心境，虽然缺少了精神超越的维度，但却更具有生命的原动力。其二，庄子情物关系中的"物"表现为超越表象的本然之物、整全之物，更多以一种整体大全的方式存在。郭象情物关系之"物"则是客观具体存在并各有其性的"殊物"。郭象哲学对"物"的意义的发现使得其情物关系具有了一种现实的丰富性。正因如此，庄子在情物关系上对自然山水之物的欣赏进行了拒斥。《庄子·知北游》说："山林与！皋壤与！使我欣欣然而乐与！乐未毕也，哀又继之。哀乐之来，吾不能御，其去弗能止。悲夫！世人直为物逆旅耳！"山林、皋壤虽然给人带来了欣欣然的审美愉悦，但庄子认为这种执着于物感与对象形式的审美愉悦只能是短暂的——其情感愉悦的来去都无法自已，最终使人为情所累，沦为外物的奴隶。而在郭象那里，自然山水之物本身即是独化之道，恰是满足理想情物关系展开的极佳客观场所。

三、郭象情物关系的美学意蕴

郭象的这种情物关系无疑为现实充满郁结的士人带来了一种"化其郁结"的实践方法。从汉末魏晋开始，面对命运无常、生死焦虑、壮志难酬等现实境遇，生命的郁结与苦闷时刻萦绕在士人的心头。郭象的情物关系所蕴含的"冥于当下""以理遣情"的思想无疑开启了一条化解人生困顿去获得适性逍遥的处世之道。

"冥于当下"即在物我的当下相遇中，摆脱情志思虑的搅扰，从而让自身的原发生命精神与物玄同，去打开彼我之性与造化为一。在郭象独化的哲学中，包括人在内的天地万物无时无刻不处于变化日新当中。就人而言：

> 夫时不再来，今不一停，故人之生也，一息一得耳。(《庄子·养生主注》)

> 故向者之我非复今我也。我与今俱往，岂常守故哉！(《庄子·大宗师注》)

> 人之生若马之过肆耳，恒无驻须臾，新故之相续，不舍昼夜也。(《庄子·田子方注》)

> 欻然自生，非有本也。欻然自死，非有根也。(《庄子·庚桑楚注》)

郭象认为，人的生命本身就无时无刻不处于"自生独化"当中，在时间上只是一偶然无根的发生。人若执留过去，推明未来实在是陷入了时间的牢笼。生命的价值只在于开显当下"一息一得"的刹那永恒。

就物而言：

> 日夜相代，代故以新也。夫天地万物，变化日新，与时俱往，何物萌之哉？自然而然耳！(《庄子·齐物论注》)

> 夫无力之力，莫大于变化者也。故乃揭天地以趋新，负山岳以舍故。故不暂停，忽已涉新，则天地万物无时而不移也。世皆新矣，而

> 自以为故;舟日易矣,而视之若旧;山日更矣,而视之若前。今交一臂而失之,皆在冥中去矣。(《庄子·大宗师注》)

郭象认为,天地万物无时无刻不处于变化日新之中,没有片刻的暂停。人只有让自身的"独化"去"冥"于天地的造化,生时乐生,死时乐死,方能与时俱化而超脱于时间之流。"明终始之日新也,则知故之不可执而留矣,是以涉新而不愕,舍故而不惊,死生之化若一。"(《庄子·秋水注》)萧驰就说:"'游于变化之途,放于日新之流','知故之不可执而留矣,是以涉新而不愕,舍故而不惊','照之以天而不逆计,放之自尔而不推明','直无心而恣其自化,非将迎而靡顺之','无心玄应,唯感是从,泛若不系之舟,东西之非己也','自然御风行耳,非数数然求之耳'……所有这些表述中对过往的'执''留',对未来的'逆计''将迎''推明'的否定,皆凸显与此相反的'冥于当下'的工夫。"[①]虽然,"冥于当下"不一定是工夫所致,但郭象确实提出以一种"安于所遇"、珍惜当下的体验来化解生命时间之流变,从而在自得之场的情物遇合的当下去化解生命的苦痛悲情与生死时限,让个体生命跃入大化的变化日新之流中。这是一种坦然面对生死、顺应时序变化,让个体有限生命时间冥于无限宇宙时间的过程。张节末认为,郭象的自然观"首肯物在时空当中存在之个体性(短暂的时空规定),因此众多自然现象就可以被当作审美观照的对象而孤立起来(即所谓'独化'),而同时它们又是无为、无形地在时间之流中'玄合'着的(互相有联系)"[②]。可以说,这种生命个体与外在对象的玄合是具有生命安顿意义的,因为它使个体生命得以跃入宇宙大化之流中而与其一体同在。《庄子·德充符注》就云:"无是无非,混而为一。故能乘变任化,连物而不惊","夫死生之变犹以为一。既睹其一,则蜕然无系,玄同彼我,以死生为痛痒,以形骸为逆旅,去生如脱屦,断足如遗土。吾未见足以缨茀其心也"。郭象的这种玄学时空观显然与汉魏时际充满悲情的时空观不同:前者以个体生命的当下所遇、适性逍遥"玄合"宇宙大化,从而斩断了时间的侵扰,获得了与大化为一的生命寄畅;

[①] 萧驰:《郭象玄学与山水诗之发生》,《汉学研究》2009年第27卷第3期。
[②] 张节末:《禅宗美学》,北京大学出版社,2006,第32页。

后者则是个体生命在情物摇荡中,更强烈地感受到了时间之流的迁逝与人生在世的悲情。郭象的这种情物关系已然透露出中国美学中"当下即是永恒"的时空妙理。

"冥于当下"意味着在情物之间具有一种"安顺""为一""至当""相因""玄冥"之微妙关联。它是摆脱了情智干扰的个体以自身的生命原发精神与"所遇者"直接照面的过程,是人与物双方的生命律动和谐共振的过程。"向郭将王弼、何晏的逆向虚化的本体意识,向自然、人生的真境化行,并始终以待物适性的契合,倡言精神情怀的直觉拥抱,使玄学本体论在审美意识的归结上真正完成了'生生之韵'的现实化建构。"[①] 因此,郭象情物之间的微妙关联就不是情物、主客二分的关联而是情物之间、身境之间、内外之间彼此玄同为一的审美直觉式关联。

夫死生之变,犹春秋冬夏四时行耳。故死生之状虽异,其于各安所遇,一也。(《庄子·齐物论注》)

当所遇,无不足也,何为方生而忧死哉!(《庄子·齐物论注》)

当所遇而安之,忘先后之所接,斯见独者也。(《庄子·大宗师注》)

死生觉梦,未知所在,当其所遇,无不自得,何为在此而忧彼哉!(《庄子·大宗师注》)

不瞻前顾后,而尽当今之会,冥然与时世为一。(《庄子·人间世注》)

唯所遇而因之,故能与化俱。(《庄子·外物注》)

郭象的"所遇者"既是人生的性命所受,也是人生得以适性逍遥的所待之物。只有安于所遇,人生方能有悬解之可能。"所遇者"随时变化,偶然自生。人只有在不瞻前顾后、"冥于当下"的直接体验当中,方能超越生死、忘"先后之所接"而能与化俱。这与六朝美学所推崇的"即目""即事""直寻""寓目"等直感观念当是一脉相承的。

郭象情物关系所蕴含的"冥于当下"精神,使得当下体验的直接性摆

---

① 赵建军:《映彻琉璃:魏晋般若与美学》,中国社会科学出版社,2009,第135页。

脱了主体情志的束缚，从而使得生命本性与外物性理的双重显现成为可能。同时，生命本性与外物性理的双重显现也使日常的情志主体在这种"性与物冥"的当下体验之中得以化解，这就是郭象的"以理遣情"的思想。与庄子注重于心性工夫的提点来进行遣情的思路不同，郭象更注重对性理自身的"明""达"而让日常生命达至率性称情的适性逍遥。郭象"冥于当下"的情物关系对生命性理的开启，即是以一种对生命之性理的"明""达"来排遣、忘却情智的侵扰，而使得生命之本性如如呈现：

> 忧来而累生者，不明也；患去而性得者，达理也。（《庄子·达生注》）

> 达乎斯理者，必能遣过分之知，遗益生之情，而乘变应权。故不以外伤内，不以物害己，所以常全也。（《庄子·秋水注》）

> 未明而慨，已达而止，斯所以诲有情者，将令推至理以遣累也。（《庄子·至乐注》）

人若能"明""达"性理，自能反内遣外，性得而累去。同样，郭象"冥于当下"的情物关系对外物之理的开启，也使得"明""达"物理具有了"遣情"之效。

> 若乃物畅其性，各安其所安，无远迩幽深，付之自若，皆得其极，则彼无不当，而我无不怡也。（《庄子·齐物论注》）

> 故彼我相因，形景俱生，虽复玄合而非待也。明斯理也，将使万物各反所宗于体中，而不待乎外。外无所谢，而内无所矜，是以诱然皆生而不知所以生，同焉皆得而不知所以得也。（《庄子·齐物论注》）

正是在"冥于当下"的直观、直感中，外物也涤除了笼罩在其上的功利性面纱而呈现自身的真性、物理，从而使得"物"之性理的彰显具有了化情功效。"物采之而后出耳，非先物而唱也。"（《庄子·天地注》）人在玩味物理的瞬间已然脱离了情志的生发，从而实现"物任其性，事称其能，各当其分，逍遥一也"（《庄子·逍遥游注》）。可见，郭象的生命本性与外物性理相冥为一的情物关系论是实现"适性逍遥"的处世之方，给生命通达自由之美提供了一条现实途径。

不过，并非所有的"所遇者"皆能成就适性逍遥。对于普通人来说，既没有圣人无所不顺的禀受，也没有刻苦的心性反本工夫。郭象《庄子·逍遥游注》云："夫质小者，所资不待大；则质大者，所用不得小矣。故理有至分，物有定极。各足称事，其济一也。若乃失乎忘生之生，而营生于至当之外，事不任力，动不称情，则虽垂天之翼不能无穷，决起之飞不能无困矣！"也就是说，凡众要成就适性逍遥，必须得其所待，放于自得之场。只有"物任其性，事称其能，各当其分"方能实现逍遥。人性不同，实现逍遥之有待场域亦不同。同样的名教场所，既有乐广"名教中自有乐地"之论，也有陶渊明"久在樊笼里"之感受。不过，正如前一章所论，自然山水因其与道的密切关联，遂成为士人们展开情物关系、实现适性逍遥的最佳选择。"山水性分之所适"，正因为自然山水具有远离社会、不被扭曲的纯净性和自然性，故最典型地契合了世人追求适性自由的普遍愿望。由此，郭象情物关系在自然山水领域的展开并塑造一种新型的寓目美学观就成为历史的必然了。以无情、无心、无系的适性体验去"冥于当下"的即目山水，打开自我之本性与山水之性理，从而一体化，使得一种与汉魏"感物缘情"不同的寓目美学观走向了历史舞台。可以说，东晋以来的寓目成咏之风当是郭象情物关系理论得以具体落实的必然产物。

第四节　寓目美学观在晋宋山水审美中的实践

　　郭象的情物关系打开了一个生命本性与物相遇的"冥于当下"现象学境域。于此境域中，物我双方都在一种非构成的、原发的生命状态中敞开彼此，从而"独化于玄冥之境"。随着东晋士人对自然山水之物的亲近，郭象的情物关系亦同步地运用于对自然山水之物的感知观照之中，形成了一种新的寓目美学观。由此，郭象的"自生独化"说与情物关系论相辅相成，在带来自然山水之美独立的同时也带来了一种新的审美经验。这种新型的寓目审美经验不但推动了山水玄言诗、山水诗的出现，而且深远地影响了中国以山水为题材的艺术的审美走向。

一、"以玄对山水"与寓目美学观的理论比照

　　东晋是一个玄言诗盛行的时代。《文心雕龙·时序》云："自中朝贵

玄，江左称盛，因谈余气，流成文体。是以世极迍邅，而辞意夷泰；诗必柱下之旨归，赋乃漆园之义疏。"正因如此，诗史上对玄言诗的评价不高，认为其"理过其辞，淡乎寡味"。但是，这种评价是基于"诗言志""诗缘情"的传统诗学观念做出的。如果换一个角度来看的话，玄言诗恰恰就是对"诗言志""诗缘情"诗学的反动，其追求的就是无情寡味、性通玄理，以获得精神的玄远与生命的适性。檀道鸾《续晋阳秋》言："自司马相如、王褒、扬雄诸贤，世尚赋颂，皆体则《诗》、《骚》，傍综百家之言。及至建安，而诗章大盛。逮乎西朝之末，潘、陆之徒虽时有质文，而宗归不异也。正始中，王弼、何晏好《庄》、《老》玄胜之谈，而世遂贵焉。至江左李充尤盛。故郭璞五言始会合道家之言而韵之。询及太原孙绰转相祖尚，又加以三世之辞，而《诗》、《骚》之体尽矣。"① 从檀道鸾的描述可见，玄言诗的出现本身就是对传统讽咏比兴、言志抒情的《诗》《骚》之体的终结。所以，只有把玄言诗的创作放到当时的文化语境中来进行评价方有意义。

东晋时期，玄学理论的风行与士人们群体亲身性的山水游作无疑向人们昭示了一种新山水玄言诗体的规模化出现。山水玄言诗不同于直陈玄理的说理诗，它是从山水感性形象入手来体悟玄理。也许直陈玄理的说理玄言诗确实把诗当作了"柱下之旨归""漆园之义疏"，但山水玄言诗则另当别论。事实上，玄言诗中大量存在的是山水玄言诗，如以兰亭、庐山、天台山等为中心的文人携手之游中留下来的集团式山水玄言诗文之作。这种山水玄言诗与山水诗虽有着一定的距离，但其所贡献的山水审美观对山水诗的出现有着不可磨灭的贡献。山水玄言诗或赋所蕴含的山水审美经验可以概括为"以玄对山水"。这一观念不仅实现了玄理与具体山水的合一，而且蕴含着一种"玄对"的山水审美经验结构。

　　公雅好所托，常在尘垢之外，虽柔心应世，蠖屈其迹，而方寸湛然，固以玄对山水。(孙绰《太尉庾亮碑》)
　　寥亮心神莹，含虚映自然。亹亹沉情去，彩彩冲怀鲜。(支遁

---

① 《世说新语·文学》刘孝标注引。余嘉锡笺疏：《世说新语笺疏》，中华书局，2011，第229页。

《咏怀诗》之一）

  因湛亮以静镜，俯游目于渊庭。（孙绰《望海赋》）

  浑万象以冥观，兀同体于自然。（孙绰《游天台山赋》）

"而方寸湛然，固以玄对山水""寥亮心神莹，含虚映自然""因湛亮以静镜"都意味着人在面对山水时以湛然淡泊、莹澈明亮的无心、虚心来契合自然山水之性，这正是对郭象情物关系中无心、无情、无系心态的说明；"亹亹沉情去，彩彩冲怀鲜"说的正是在一种以理遣情、去情任性的观照心态下，自然山水本来面貌的自在腾跃与适性显现；"映""游目""浑""冥观"则是对"玄对"中身境相冥状态的说明；"浑万象""同体于自然"则是因审美观照而达至的与造化为一。可见，"以玄对山水"并非以抽象的哲理使山水概念化，反而是以刊落浮华后最本真的生命去切近山水。前面说到，寓目美学观实是人与对象之间所形成的一种"冥于当下"的"性物一体"审美关系，而在这种"当下即是"的相互照面与身境冥合中，眼见先于心想，直观先于情理，从而成就眼见身观之对象与我自身一体共有的实存世界。将"以玄对山水"与"寓目美学观"相比照的话，二者的审美经验形态是相通一致的，皆为郭象情物关系在山水审美中的具体落实。郭象的情物关系是在一种物我相冥的当下，使生命本性与外物性理得以双重显现，从而在一种各适其性、彼此相因中与大化为一，实现逍遥。前文第三节中总结过，郭象的情物经验结构为如下四者的统一：（1）生命本性的显露（无情、无心、任性）；（2）物性的显露（自然、自宜、自任）；（3）物我双方的当下冥合（玄冥、冥然）；（4）与造化为一的适性逍遥。而"以玄对山水"与"寓目美学观"则将这种情物经验具体转化成了一种面对自然山水的审美经验结构：（1）无心、无情、无系的审美态度；（2）山水面貌的自在腾跃；（3）个体生命与山水的寓目直观、身境相冥；（4）同体于自然的生命寄畅。这一经验世界无疑是个体生命与自然山水本己双重现身、相互契合的"显现真实"之审美世界。

  可见，"以玄对山水"实际已经昭示了一种独特的寓目山水审美经验：湛然淡泊、消释情感的审美心态保证了山水的自在兴现，同时也促成了人与山水的一体玄同。由于"以玄对山水"是以生命的原发之性去遇合山水之性，故其既是体玄识远的哲学方法，又是审美直觉的观照方法。其中，玄言诗人对自然山水形象的感受与对生命性理的领会是集于同一心理过程。区别于缘情之物感，这种山水审美经验具有鲜明的无情之"理感"特征。"理感则一，冥然玄会"（庾友《兰亭诗》）、"超兴非有本，理感兴自生"（庐山诸道人《游石门诗》）、"流心叩玄扃，感至理弗隔"（慧远《庐山东林杂诗》），这种感与理的玄冥，杜绝了情感的勃兴，从而实现了"无心玄应，唯感之从"的"应物而无累于物"之超然。在"理感"中，人之性理与山水之物理实现了冥然为一，共化于天地的自然和谐当中。

张节末说："'玄对'是一种玄学态度，脱离'尘垢之外'，且'方寸湛然'，以这样的一颗心观照山水，或许更能体会到自然美之所在。"①"夫去知任性，然后神明洞照"（《庄子·天下注》），浓郁的情感往往导致山水形态被情感倾注，而情感的消退方能使得山水形态成为主位对象被人捕捉。在这种"玄对""寓目"的直观观照方式下，自然山水之美当能更好地被人捕获并予以细致刻画。此即刘勰《文心雕龙·时序》所言的"淡思浓采，时洒文囿"。可以说，郭象新型的情物关系的出现，扭转了感物缘情或"以情对山水"的感物方式，其所开启的"以玄对山水"直接导致了山水领域寓目美学观的兴起。

不难看出，"以玄对山水"与寓目美学观的山水审美经验皆是郭象情物关系理论在山水审美实践中的落实。也就是说，寓目美学观在东晋山水审美中就已经确立并参与了诗学实践，并不是到谢灵运时期才出现。

二、寓目美学观在《兰亭诗》中的运作

发生在东晋永和九年（公元353年）的兰亭雅集可说是山水玄言诗的一次集中创作。王羲之、谢安、孙绰等42人聚会兰亭一共创作了37首诗歌，汇编成《兰亭集》，并附有王羲之与孙绰各写的前后《兰亭集序》（《三月三日兰亭诗序》）。相较于《世说新语·企羡》刘孝标注引的王羲之《临河叙》，《兰亭集序》的文字有很大差异，更多出了"夫人之相与"后

---

① 张节末、李鹏飞：《中古诗学史：境化与律化交织的诗歌运动》，浙江大学出版社，2013，第100页。

的一大段文字。严可均在辑录《全晋文》时认为刘孝标所注引的《临河叙》应该只是节录而非《兰亭集序》全文。余嘉锡认为《世说新语》中刘孝标的注引招致宋人晏殊、董弅等的删节，故《临河叙》文字之缺失也可能是后人妄删，而不一定是因刘孝标节录。从思想内容来说，《兰亭集序》与《临河叙》相比有两个主要区别。一是《兰亭集序》中存在着情感的激烈冲突，既有对自然山水的寄畅之情，又有对生死时序的悲痛之情，相较而言，《临河叙》则整体上情感较为平淡。二是《兰亭集序》对庄子的"一死生""齐彭殇"思想进行了批评。应该说，《兰亭集序》这两个思想特色在表面上看起来有悖于庄子、玄学观念。因这些问题的存在，学界持续有着《兰亭集序》文章与书法是否为王羲之所写的诸多争论①。笔者无意介入这种争论，不过要指出的是，《兰亭集序》中的自足与悲情的冲突以及诗序与诗作之间的矛盾并不能证明《兰亭集序》就一定是伪作。放在魏晋山水审美观的转变历程中，《兰亭诗》与《兰亭集序》恰恰代表了新旧两种不同山水审美观念的分野。

《兰亭集序》云："向之所欣，俯仰之间，已为陈迹，犹不能不以之兴怀，况修短随化，终期于尽。古人云：'死生亦大矣！'岂不痛哉！"② 这篇慨叹时序流转、直抒生命悲情的序言显然属于汉魏、西晋以来的抒情文学传统，它表达了魏晋士人心中难以平复的日常心态。《兰亭集序》云："固知一死生为虚诞，齐彭殇为妄作。"③ 要达至庄子"一死生""齐彭殇"的超越生死之精神境界，需要的是有"一志"与"齐物"的心性工夫。这对于深受郭象"适性逍遥"说影响的王羲之来说是较为隔膜的。不同于庄子通过"齐物"的心性工夫来超越生死，王羲之更注重在冥于当下的山水审美与诗歌创作中来暂忘生死。"谁能无此慨，散之在推理"（王羲之《兰亭诗》）、"散以玄风，涤以清川"（孙绰《答许询诗》）、"亹亹玄思得，濯

---

① 相关具体论辩可参见《兰亭论辨》（文物出版社，1977）以及华人德、白谦慎主编《兰亭论集》（苏州大学出版社，2000）。
② 严可均辑：《全晋文》卷二十六，商务印书馆，1999，第258页。
③ 老庄思想的拥趸王羲之对庄子思想的质疑乃至否定更让一些人认为《兰亭集序》是伪作。笔者认为，如果从玄学，特别是从郭象《庄子注》视角来看，推崇本性论、注重当下生命意义的王羲之否定"一死生""齐彭殇"之说是完全说得通的。

濯情累除"（许询《农里诗》），正是日常悲态才使得士人们走入山水，在山水的审美体验中消释悲情，并在与自然山水的一体玄同中远离生死困扰。因此，王羲之在《兰亭集序》中一方面感受到了日常生命那种浓烈的悲情，另一方面又对冥于当下的时刻充满了寄望，"是日也，天朗气清，惠风和畅。仰观宇宙之大，俯察品类之盛，所以游目骋怀，足以极视听之娱，信可乐也！夫人之相与，俯仰一世。或取诸怀抱，悟言一室之内；或因寄所托，放浪形骸之外。虽趣舍万殊，静躁不同，当其欣于所遇，暂得于己，快然自足，曾不知老之将至"。生命的原生态悲情也许只有在当下的仰观俯察、游目视听、欣于所遇的当下才能快然自足。通过寓目山水的当下，让人快然自足于当下审美，从而让山水之性理化去日常之悲态，遂达至生命的适性逍遥，这难道不正是郭象所说的"以理化情"吗？

通过对外在对象之性理的寓目直观，改变成心、成见的看法，这在魏晋审美中并非孤例。《世说新语·容止》载：

> 石头事故，朝廷倾覆。温忠武与庾文康投陶公求救。陶公云："肃祖顾命不见及，且苏峻作乱，衅由诸庾，诛其兄弟，不足以谢天下。"于时庾在温船后闻之，忧怖无计。别日，温劝庾见陶，庾犹豫未能往，温曰："溪狗我所悉，卿但见之，必无忧也。"庾风姿神貌，陶一见便改观。谈宴竟日，爱重顿至。

陶侃本痛恨庾亮酿祸而欲诛杀他，但一看到庾亮的风姿神貌，立刻扭转了以前的看法，赏析不已。由这则故事可知，对一个人当下寓目的审美是蕴含着非常强大的心理转化作用的。一见、寓目于对象风神性理的审美过程中，观者立即在审美的赏析中淡退了以前的政治功利心态，而以生命的本真去处世观物。孙绰《兰亭诗序》言："思萦拂之道，屡借山水，以化其郁结……乃席芳草，镜清流，览卉木，观鱼鸟，具物同荣，资生咸畅。于是和以醇醪，齐以达观，决然兀矣，焉复觉鹏鷃之二物哉！"①"焉复觉鹏鷃之二物哉"显然与郭象的"苟足于其性，则虽大鹏无以自贵于小

---

① 严可均辑：《全晋文》卷六十一，商务印书馆，1999，第 638 页。

鸟,小鸟无羡于天池""今言小大之辩,各有自然之素,既非跂慕之所及,亦各安其天性,不悲所以异"(《庄子·逍遥游注》)的适性逍遥观是相同的。孙绰正是在寓目山水中,在与山水的"同荣、资生"中,消散了日常生命之郁结而感到了适性逍遥。显然,《兰亭集序》即承接了汉魏缘情感物美学又开启了晋宋的寓目美学,实具有两种美学观分水岭的文化意义。

所以,《兰亭集序》内在的情感冲突以及与《兰亭诗》在思想内容上的矛盾恰恰是魏晋士人心态的真实体现,恰如郭象所云的"斯皆先示有情,然后寻至理以遣之"(《庄子·至乐注》)。胡晓明说:"只要再看看最早的山水诗,其实是对不自由人生的一种逃避,我们不妨认为山水诗是一个最大的补偿意象(Compensatory Image),尽管诗人们的真实命运中,充满了颠沛流离和不安焦虑的因素,但他们对山水的崇尚心理,扎根于一种更自由、更永恒、更真实的人生形式的持久的精神追求之中。"[1] 正是在与《兰亭集序》的比照中,《兰亭诗》所呈现出来的补偿性的新型山水审美经验才对魏晋士人具有莫大的生命意义。当然,这也表明,缘情式的抒情传统在中国文人身上如此强大,它不会因为新型山水审美经验的产生就退出历史舞台。事实上,这种抒情传统在后世文艺创作(如杜甫诗、宋词等)与理论(如刘勰、钟嵘等人的理论)中依然保持着强大的生命力。即使是在山水诗的创作上,其中一条重要的发展路径也恰是两种山水审美经验走向融合(详见后文)。葛晓音说:"山水诗脱胎于丝毫不写感情的玄言诗,如何把写景、言情、理趣融成一片,还是一个新的课题。谢灵运用东晋以来已为文人所惯用的谈玄说理的形式,恢复玄言诗产生以前汉魏古诗抒情言志的传统,尽管诗中不少玄言只是和山水描写机械相加,没有融合,但其用心却为后代山水诗创造融情于景的意境提供了有益的启示。"[2] 虽然,谢灵运的很多诗确实有着恢复抒情言志传统的倾向,但其山水诗更多的还是在沿袭玄言诗以理化情的路径,所谓"感往虑有复,理来情无存。庶持乘日车,得以慰营魂"(《石门新营所住四面高山回溪石濑茂

---

[1] 胡晓明:《万川之月:中国山水诗的心灵境界》,北京大学出版社,2005,第3页。
[2] 葛晓音:《八代诗史》(修订本),中华书局,2012,第181页。

林修竹诗》)。萧子显《南齐书·文学列传》对谢灵运的评价即为"典正可采,酷不入情"。所以说,两种审美经验的融合在谢灵运的诗中并不是很明显,比较明显的应体现在谢朓的山水诗上。然而,不管山水诗走向如何,它都不可能是经由情感化山水审美观的自身逻辑发展出来的,它必须依赖于玄学(严格来说是郭象玄学)所开显的新型山水审美观这一重要中介。

言归正传,寓目美学观是如何被兰亭诗人具体落实在山水审美中的呢?再引一下王羲之的《兰亭诗》:

> 悠悠大象运,轮转无停际。陶化非吾因,去来非吾制。宗统竟安在,即顺理自泰。有心未能悟,适足缠利害。未若任所遇,逍遥良辰会。(其二)
>
> 三春启群品,寄畅在所因。仰望碧天际,俯磐绿水滨。寥朗无厓观,寓目理自陈。大矣造化功,万殊莫不均。群籁虽参差,适我无非新。(其三)

上一章论证过,王羲之的这两首诗是对郭象哲学的注脚。不难看出,兰亭玄言山水诗与郭象哲学是密切关联的。可以说,这两首诗把山水审美经验与郭象哲学进行了直接勾连。既然在王羲之那里,郭象哲学已经由一种哲学思辨理论转化为一种觌面山水的直接经验,那对这种审美经验的阐释也意味着是对郭象哲学审美意蕴的阐释。或者说,王羲之的山水审美经验揭示了一种在郭象哲学孕育下的不同于情感化山水的山水审美经验结构的生成。由王羲之的这两首诗传达的山水美感可以看出,其间包孕的山水审美经验结构至少具有如下四个基本要素:第一,它强调观看者的无心任性,"非吾""有心未能悟,适足缠利害"有此义;第二,它强调感官的寓目性或当下性,"仰望""俯磐""观""寓目""即顺""任所遇""会"有此义;第三,它强调山水性理的自在呈现,"理自陈""万殊""参差""无非新""理自泰"有此义;第四,它强调人与山水相遇、相因而带来的一种"寄畅""适我""逍遥"的审美体悟。应该说,这四个基本要素是"四位一体"的:寓目直观的当下即目,截绝了日常心态中生命的悲情冲动,从而在对山水形态的把玩中,人复归于生命本性的自生独化,获得一种"神散宇宙内,形浪濠梁津"(虞说《兰亭诗》)的适性逍遥体验。可以看出,王羲之的山水审美经验既是一种郭象情物关系在山水审美中具体化展开的经验,也是一种寓目美学的审美经验。"相与无相与,形骸自脱落。"(王羲之《兰亭诗》其四)① 只有如此无心冥合之审美经验,方有"适性逍遥"之可能。"要欲及卿在彼,登汶岭、峨眉而旋,实不朽之盛事。"(王羲之《杂帖》)② 只有在山水寄畅之当下审美中,方能获得永恒不朽之生命体验。后来谢灵运山水诗的"记游—写景—悟理"③ 模式显然是与这种山水审美经验密切相关的。

事实上,借助这种寓目、写景、悟理的新的山水审美经验来超越生命悲情并非王羲之个人独具,而是包括兰亭诗人在内的整个东晋玄言诗人的普遍共识。试看下面几首《兰亭诗》:

流风拂枉渚,停云荫九皋。莺语吟修竹,游鳞戏澜涛。携笔落云藻,微言剖纤毫。时珍岂不甘,忘味在闻韶。(孙绰《兰亭诗》之二)

肆眺崇阿,寓目高林。青萝翳岫,修竹冠岑。谷流清响,条鼓鸣音。玄崿吐润,霏雾成阴。(谢万《兰亭诗》之一)

地主观山水,仰寻幽人踪。回沼激中逵,疏竹间修桐。因流转轻觞,冷风飘落松。时禽吟长涧,万籁吹连峰。(孙统《兰亭诗》之二)

四眺华林茂,俯仰晴川涣。激水流芳醪,豁尔累心散。(袁峤之《兰亭诗》)

松竹挺岩崖,幽涧激清流。消散肆情志,酣畅豁滞忧。(王玄之《兰亭诗》)

散怀山水,萧然忘羁。秀薄粲颖,疏松笼崖。游羽扇霄,鳞跃清池。归目寄欢,心冥二奇。(王徽之《兰亭诗》)

这里,虽然诗作结构有不同,或通篇山水,或山水+玄言,或玄言+山水,但其内在的山水审美经验是相通的,既有感官经验的仰观俯察、肆

---

① 王羲之"相与无相与"之句,出自郭象《庄子·大宗师注》:"夫体天地冥变化者,虽手足异任,五藏殊官,未尝相与而百节同和,斯相与于无相与也。"
② 严可均辑:《全晋文》卷二十二,商务印书馆,1999,第210页。
③ 林文月:《山水与古典》,三联书店,2013,第20页。

眺寓目,也有山水之理的活泼呈现、有声有色,还有主体情感在山水之间的消散豁畅①。钱志熙就说:"东晋诗人用'理'和'致'取代'情',以求表现他们与道相近的'性',以及通脱而无所羁绊的胸怀。"② 诗人们在直面兰亭美景的同时,"豁尔累心散""酣畅豁滞忧""萧然忘羁"。没有丝竹的喧闹,只有山水的清音,玄思寄托在山水之中,山水又载着玄思。此处,山水物理的展开意味着内在性理的舒展,而山水的清音亦成就了生命的清丽。在玄思与山水的玄同、身体与外境的互为其宅中,前代诗歌的沉重与悲情都被淡化了。不仅如此,兰亭诗人写景时在对仗的运用、动词的选择、山景水景的同置(这种景色的并置应与郭象哲学强调的物物独化而又相因有关系,至少可以说郭象的物物相因论强化了诗人对景色平等并列的描写方式)、远景近景的游目、视觉听觉的并举等方面都与后世山水诗相距不远。小尾郊一就说:"兰亭人士爱好作为散怀场所的山水,同时也开始爱好美丽的山水。强调散怀时,便表现为玄风诗;着眼于美丽的山水时,便表现为山水诗。"③

再如孙绰的《秋日诗》:

> 萧瑟仲秋日,飚唳风云高。山居感时变,远客兴长谣。疏林积凉风,虚岫结凝霄。湛露洒庭林,密叶辞荣条。抚菌悲先落,郁松羡后凋。垂纶在林野,交情远市朝。淡然古怀心,濠上岂伊遥。

诗人在"萧瑟""飚唳"的大背景下,细致地描写了秋日的"秋风""飞云""疏林""虚岫""凝霄""湛露""密叶""山菌""青松"。其中,"高""疏""凉""虚""湛""密""郁"等形容词和"积""结""洒""辞""抚"等动词结合一起,将山水美景细致而生动地刻画了出来。最后以庄子、惠施濠上之游的玄学典故结句。整首诗以景起语,言随物制,以

---

① 兰亭诗反复出现"散""寄""畅""兴"等词语,这是一种新的山水兴寄法。与传统诗学的兴情不同,这是一种偏于理性化的寄意与悟理。蔡彦峰认为玄言诗表现哲理的山水兴寄法对以谢灵运为代表的寄理于景、理景结合的元嘉山水诗有很大的启发。参见蔡彦峰:《玄学与魏晋南朝诗学研究》,人民文学出版社,2013,第 209 页。

② 钱志熙:《魏晋诗歌艺术原论》(修订本),北京大学出版社,2005,第 288 页。

③ 小尾郊一:《中国文学中所表现的自然与自然观》(第 2 版),上海古籍出版社,2014,第 103-104 页。

玄言收尾，显得情理相融。这首描写秋景的诗，虽依然有着感时兴叹之怀，但已扫情感化山水强烈的悲秋意识。同时，诗人在寓目自然的任化之景中，最终刊落了生命的感怀，而以远情、淡然之心与大自然的荣枯代谢化为一体。玄学的自然之道正在于大自然的神秘与静谧之中。濠上之乐、玄学之道不在别处，就在于咫尺山水之中。庐山诸道人《游石门诗并序》云："夫崖谷之间，会物无主，应不以情而开兴，引人致深若此。岂不以虚明朗其照，闲邃笃其情耶。并三复斯谈，犹昧然未尽。俄而太阳告夕，所存已往。乃悟幽人之玄览，达恒物之大情。"① 这种因"无主""无情""虚明朗照"而"开兴引人"，终归于悟达"幽人玄览""恒物大情"的表述，亦是一种玄化山水审美经验与寓目美学观的描述。关于这些，学界的中古诗学著作、玄言诗研究专论都已有较好阐发，这里就不再赘述了。

三、山水玄言诗与陶、谢诗歌在审美经验上的相通性

经由玄言诗人的理论阐发与山水实践，郭象哲学所开显的玄学情物关系已经在东晋被转化为一种山水寓目审美经验。这种新型的寓目美学观与情感化的山水经验相比，在主体心态、山水地位与审美体悟等方面都有着很大的不同。陶渊明田园诗、谢灵运山水诗的审美经验都是在玄言诗审美经验基础上的进一步完善与发展。张节末就说："直观自然和模山范水，玄言诗所贡献的自然审美经验和描写技巧，构成山水、田园诗诞生的基础和条件，并规定了中国山水诗类特有的品格。陶渊明、谢灵运在玄言诗的潮流中创造出田园诗、山水诗这两大久负盛名的诗类，乃玄言诗发展之必然。"②

虽然陶渊明的思想来源较为驳杂，但玄学显然是归隐后的陶渊明最为重要的思想维度。应该说，陶渊明并没有形成一个一以贯之的人性论理论，其思想中既有心性论的内涵，也有玄学本性论的影响。《归去来兮辞

---

① 逯钦立辑校：《先秦汉魏晋南北朝诗》，中华书局，1983，第 1086 页。
② 张节末、李鹏飞：《中古诗学史：境化与律化交织的诗歌运动》，浙江大学出版社，2013，第 105 页。

序》云:"质性自然,非矫励所得。"这种遵从自性,反对"矫拂其性"的人生观与郭象的"因形率情,不矫之以利也"(《庄子·山木注》)的说法是一致的。陶渊明深刻体会到了尘网与"性本爱丘山"之间的矛盾,从而毅然决然地辞官归隐,选择了一种适性逍遥的田园生活。陶渊明与寄情山水的东晋其他士人不同,他不再像东晋其他士人一样需要主动地走入山水才能排遣自身的郁结,归隐田园的他直接让自己居住在田园山水之中。也就是说,东晋很多士人是以旁观者的身份介入自然、游走于山水的,因而他们与山水之间的冥合尚需要"屡借山水",而归隐后的陶渊明就生活、居住在自然之中,不需要去刻意搜寻与向往山水,故能真正做到与自然山水之间的冥一。套用人文地理学的说法,自然山水对于陶渊明来说是熟识而稳定的地方(place),而不只是开放而运动的空间(space)[1]。这种身居而非游历的连贯切身性,使得他的审美感知不再具有搜求山水之胜的刻意之感,而是更平淡亲和、宁静闲适。苏轼《题渊明〈饮酒〉诗后》评价说:"因采菊而见山,境与意会,此句最有妙处。近岁俗本皆作'望南山',则此一篇神气都索然矣。"从语言风格来说,"见"并不比"望"要枯简,但就感受南山的方式来说,不期而遇的"见"(亦是"现")要比有刻意搜求感的"望"淡得多,其最能描绘南山的自然存在性,也最能体现陶渊明心态的宁静悠然。置身田园山水的陶渊明,一方面深切地感受到了宇宙大化的流转不息,另一方面又在日常生活一瞥一饮的当下让自身达观于此宇宙大化,从而在寓目的当下让自己徜徉于大化,实践了庄子哲学"外化而内不化"(《庄子·知北游》)的人生理想:

  怀良辰以孤往,或植杖而耘耔。登东皋以舒啸,临清流而赋诗。聊乘化以归尽,乐夫天命复奚疑!(《归去来兮辞》)

  提壶接宾侣,引满更献酬。未知从今去,当复如此不?中觞纵遥情,忘彼千载忧。且极今朝乐,明日非所求。(《游斜川》)

  在己何怨天,离忧凄目前。吁嗟身后名,于我若浮烟。(《怨诗楚调示庞主簿邓治中》)

---

[1] 段义孚:《空间与地方:经验的视角》,中国人民大学出版社,2017,第4页。

大钧无私力，万物自森著。……甚念伤吾生，正宜委运去。纵浪大化中，不喜亦不惧。应尽便须尽，无复独多虑。(《神释》)

陶渊明正是通过"良辰""今朝""目前"的所遇所受，而归尽、委运、纵浪于宇宙大化，从而超越时间、生死、身后名的束缚，获得一种无喜无惧的当下遥情。正因如此，自然万物在其笔下也呈现为细致的描绘，如"策扶老以流憩，时矫首而遐观。云无心以出岫，鸟倦飞而知还"(《归去来兮辞》)、"采菊东篱下，悠然见南山"(《饮酒》其五)、"日入群动息，归鸟趋林鸣"(《饮酒》其十四)、"朝霞开宿雾，众鸟相与飞"(《咏贫士》其一)、"山涤余霭，宇暧微霄。有风自南，翼彼新苗"(《时运》其一)等。诗人以不喜不惧、悠然无心的心态遐观着自然万物的森著、自现("大钧无私力，万物自森著"一句鲜明地展现了郭象的"自生独化"哲学观)，从而在当下寓目中获得了委运大化之逍遥。可见，陶渊明的田园诗虽然对山水玄言诗在诗意上有着推进，但其内在的审美经验依然承续了晋以来最为盛行的寓目美学观。

如果说陶渊明的田园诗受庄学、玄学的影响较为显著的话，谢灵运的山水诗则是受到了玄佛儒合流思想的影响。按谢灵运十世孙、唐诗学家皎然的说法，谢灵运之诗道"尊之于儒，则冠六经之首；贵之于道，则居众妙之门；崇之于释，则彻空王之奥"[1]。受庄玄自然主义哲学的影响，陶渊明的诗通过与自然的亲和而体证玄理，从而获得一种归于自然大化的适性逍遥。谢灵运既承接了玄言诗的寓目美学经验，同时也以佛教的般若空观（大智洞照性空）发展了这一经验。方东树《昭昧詹言》云："看来康乐全得力一部《庄》理。其于此书，用功甚深，兼熟郭注。"[2] 这表明，谢灵运受到了庄学与郭象哲学的很大影响。同时，受佛教顿悟空观影响的谢灵运，也意图通过对山水的游历身观而体证佛理，从而获得一种"物我同忘，有无一观"的空观境界。空比庄玄的自然主义哲学在本体论上显得更为彻底，它以"空"消解了庄玄文化中保留的自然大化之底色。虽然中国的文人在很大程度上都无法接受佛教这种把世界彻底看空的本体论，但

---

[1] 李壮鹰校注：《诗式校注》，人民文学出版社，2003，第42页。
[2] 方东树：《昭昧詹言》，人民文学出版社，1961，第139页。

却自觉地接受了把世界看空的心态。正是这种看空的心态导致了庄玄自然之有与佛教之"空"的糅合，遂出现了色即为空、即色悟空的"不二之法"。这种"不二之法"必将导致以山水证成佛理的"以禅入诗"方式的生成。谢灵运虽不算此类诗境的成熟者，但算是此类诗的先行者。要说明的是，从诗歌表层看，山水玄言诗、陶渊明田园诗以及谢灵运山水诗是有较大差别的，如陶诗大抵物象浅近、用语质朴、意境疏野，而谢诗则为物象瑰丽、用语新奇、意境空清。但深入其内在审美经验结构看的话，三者的差别实则较小。谢灵运的山水证成佛理实际是玄言诗山水证成玄理的一个发展。虽然义理内容有别，但谢灵运"以禅入诗"的形式过程与玄言诗的寓目美学经验在结构上并无本质上的差别①。

"法不孤起，仗境方生。"晋宋禅法一般从"人我"出发，借助禅定工夫，从观照对象中悟出万化皆空之理。然后返照自我，而觉悟到自身之空，通过佛理统摄情欲，从而发现一个"佛性我"，达到涅槃境界。有意思的是，谢灵运山水诗的篇章结构以及游历山水的情感过程，正与佛教的这种禅法相暗合②。诗人先是带着一种强烈的入世情感步入山水：

  束发怀耿介，逐物遂推迁。（《过始宁墅》）
  朝旦发阳崖。（《于南山往北经湖中瞻眺》）
  晨策寻绝壁。（《登石门最高顶》）

然后就是诗人对自然山水的观照和体悟。在静虑、参悟中，诗人最初躁动的情感渐趋平息淡化，最后完全消融在景色之中达至"以物观物""身与物游"之妙境。在空观心态下，外在景物的声色（光影明暗、色泽声响、动静空间等）就更为细腻、直陈地显现在人的面前：

  山行穷登顿，水涉尽洄沿。岩峭岭稠叠，洲萦渚连绵。白云抱幽石，绿篠媚清涟。（《过始宁墅》）

---

① 谢灵运虽推崇佛理，但其性格与魏晋士人相似，依然是一种任性使气的才性论基调。这种性格也是导致其政治悲剧性的一个原因。在某种意义上可以说，谢灵运的这种性格实与佛学难以契合，反而能切近玄学。

② 张法：《询问佛境》，宗教文化出版社，2000，第234页。

> 林壑敛暝色，云霞收夕霏。芰荷迭映蔚，蒲稗相因依。《石壁精舍还湖中作》
>
> 初篁苞绿箨，新蒲含紫茸。海鸥戏春岸，天鸡弄和风。《于南山往北经湖中瞻眺》
>
> 池塘生春草，园柳变鸣禽。《登池上楼》

最后以佛理结尾：

> 虑澹物自轻，意惬理无违。寄言摄生客，试用此道推。（《石壁精舍还湖中作》）
>
> 孤游非情叹，赏废理谁通。（《于南山往北经湖中瞻眺》）
>
> 匪为众人说，冀与智者论。（《石门新营所住四面高山回溪石濑茂林修竹》）
>
> 禅室栖空观，讲宇析妙理。（《石壁立招提精舍》）

诗篇大致遵循一个由情入景，然后是情消融于景，最后是理继景出的过程。这一"记游—写景—悟理"过程也就是诗人从山水中体悟佛理的审美—文化心理过程。这种记游的主体心态、写景的山水形貌、悟理的精神寄畅之线性审美观背后，依然潜存着寓目的审美经验结构。慧远《沙门不敬王者论·求宗不顺化三》云："有情于化，感物而动，动必以情，故其生不绝。其生不绝，则其化弥广而形弥积，情弥滞而累弥深，其为患也，焉可胜言哉？"诗人在山水与佛理相融的澄明之境中物虑尽去，情累尽除，幡然顿悟，其纷扰杂乱的情绪也最终化为恬静平和的心境。整个山水诗的篇章结构过程就是一个参禅修佛、以山水悟道的过程。

谢灵运的《石壁精舍还湖中作》云：

> 昏旦变气候，山水含清晖。清晖能娱人，游子憺忘归。出谷日尚早，入舟阳已微。林壑敛暝色，云霞收夕霏。芰荷迭映蔚，蒲稗相因依。披拂趋南径，愉悦偃东扉。虑澹物自轻，意惬理无违。寄言摄生客，试用此道推。

谢灵运这首诗写的是他从北山石壁精舍经巫湖返回南山居所的经历与感受。这种进入山水亲身游历的过程，使得谢灵运对所感知的山水有了比单纯的目视更为真实、更为立体的空间感受。人也更能在这种眼见身观中，更好地融入山水世界，从而与山水之美一体同在。诗篇首句"昏旦变气候，山水含清晖"只是停留于客观时序的描绘，并没有导入传统诗作的感物伤怀。正因为游览之人有泰然、虑澹与轻物心态，遂能感受到山水之美。于是，暮色映照下的林壑，夕阳边逐渐褪色的红霞与云彩，乃至近处交相掩映的芰荷、相互依偎的蒲稗等都历历在目。郭象《庄子·应帝王注》云："任自然而覆载，则天机玄应，而名利之饰皆为弃物矣。"正因为生命"天机自张"的本然性观看，才有了对光影物色的动态性捕捉。诗人就让自己沉浸于这种愉悦自在之中，从而达至一种与理无违的自由之感悟。郑毓瑜说："所谓'虑澹物自轻，意惬理无违'，'理'犹本性、本真，正表明安处真实本然的世界，则对身外之物可以无所计营。"① 谢灵运自己就有诗云："遗情舍尘物，贞观丘壑美。"（《述祖德诗》其二）"矜名道不足，适己物可忽。"（《游赤石进帆海》）。也就是说，谢灵运在山水的游历之中，通过一种寓目的审美经验，在打开真实本然的山水世界的同时，也打开了自身的本性、空性，从而摆脱了对外物的执着念想，实现了生命的适己与惬意。可以看出，虽然谢灵运在观照心态、证成境界的具体内涵上与山水玄言诗、田园诗有着细微的差别，但其间的审美经验模式却是相通的。谢灵运山水诗的"记游—写景—悟理"线性模式背后实际蕴含的是一种寓目美学观的审美经验结构。由此相通性的审美经验出发，可以对山水玄言诗与山水诗关系的理论判别提供一条新的路径。

关于玄言诗与山水诗的关系，自刘勰提出"庄老告退，而山水方滋"（《文心雕龙·明诗》）的论断以来，就主要存在着两种不同的看法。一种看法认为玄言诗阻碍了山水诗的出现；另一种看法则认为玄言诗与山水诗是密切相关的，前者推动了后者的发展②。清末民初著名学者沈曾植就说："元嘉开如何通法，但将右军兰亭诗与康乐山水诗，打并一气读。刘

---

① 郑毓瑜：《六朝情境美学综论》，台湾学生书局，1996，第162页。
② 笔者同意王瑶、葛晓音、王钟陵、张节末等人的观点，认为玄言诗与山水诗是前后相续的。

彦和言：'庄老告退，而山水方滋。'意存轩轾，此二语便堕齐、梁人身分。须知以来书意笔色三语判之，山水即是色，庄老即是意；色即是境，意即是智；色即是事，意即是理；笔则空、假、中三谛之中，亦即遍计、依他、圆成三性之圆成实性也。康乐总山水庄老之大成，开其先支道林。"① 一代鸿儒马一浮亦说："刘彦和乃谓'庄老告退，山水方滋'，殊非解人语。自来义味玄言，无不寄之山水。如逸少、林公、渊明、康乐，故当把手共行。知此意者，可与言诗、可与论书法矣。"② 王瑶先生也说："由玄言诗到山水诗的变迁，所谓'庄老告退而山水方滋'，并不是诗人的思想和对宇宙人生认识的变迁，而只是一种导体，一种题材的变迁。"③ 不论是"将右军兰亭诗与康乐山水诗，打并一气读"，还是讲逸少、康乐"把手共行"、"不是诗人的思想和对宇宙人生认识的变迁"，说的都是东晋兰亭诗与以谢灵运为代表的早期山水诗的内在一致性。笔者认为这种内在一致性即山水玄言诗与谢灵运山水诗结构底层所蕴藏的山水审美经验的一致性。"夫富于老庄辞趣之诗自由于'溺于玄风'，而谢灵运之颐情山水，亦何尝非清谈之表现？盖文学与思想之关系不仅在于文之内容，而亦在文学所据之理论。"④ 可以说，谢灵运山水诗与东晋山水玄言诗在深层的美学理据上应是分享了经由郭象哲学所孕育的同一种山水审美经验结构类型，其差别则主要在于喻依与喻旨如何结合以及结合得是否圆融（在佛教影响下，谢灵运山水诗中的喻旨与山水观法有一定变化，但这种变化依然是在这种新型山水审美经验结构下进行的）、不同语言描写技巧、不同山水题材与风貌等表层方面。

按叶维廉的看法，东晋山水玄言诗作为"发轫之初"的山水诗，其在实践新型审美经验过程中因语言因素的介入，还未脱离"物各自然"的思考痕迹，还需要一种附带的玄言说明来强化山水与玄理的关联。随着新型审美经验背后的庄学自然主义（后又引入了佛教空观思想）哲学观念在唐

---

① 沈曾植：《与金潜庐太守论诗书》，载郭绍虞主编《中国历代文论选》第四册，上海古籍出版社，2001，第291–292页。
② 《马一浮集》第二册，浙江古籍出版社、浙江教育出版社，1996，第101页。
③ 王瑶：《中古文学史论》，北京大学出版社，1986，第251页。
④ 汤用彤：《魏晋玄学论稿》，上海古籍出版社，2001，第195页。

代的深入人心，这种附带的玄佛尾巴就越来越失去其重要性而被剔除。"既已认可山水自身具足，便无须多费辩词。"① 王钟陵说："味玄体道的宗旨，使东晋诗着力于一种远旷境界的追求，而适性安分之旨，则又使得不少玄言诗表现了一种同回响着悲愁之声和高亢之音的魏代及西晋诗所不同的恬畅的风貌。山水诗正是在'玄淡'的诗风中，胎动着成为诗之大宗的节律。"② 也就是说，虽然谢灵运的山水诗相对于山水玄言诗而言，在山水主位、描写技巧、山水风貌、观照方法等方面有所推进，但如果没有郭象哲学对山水自性之美的发现、没有落实了郭象哲学的山水玄言诗所形成的寓目审美经验的出现，是不可能出现晋宋之际以谢灵运诗作为核心的"诗运转关"的。如此，则郭象哲学对于魏晋诗学的贡献不可谓不大，值得进一步重视。

第五节　寓目美学观的历史走向

寓目美学观的确立，催生了新的山水审美经验与诗学形态。它不但内在地构成了山水玄言诗、陶渊明田园诗、谢灵运山水诗的审美经验形态，而且深远地影响到了中国中古诗学的流变。可以说，谢灵运之后的山水诗、咏物诗和宫体诗等虽然在描写对象上堂庑渐小，感知焦点更为聚集，但都与这种美学观有着一定的关系。正是寓目美学观对当下感官直接性的强调以及所带来的"性情渐隐"与"声色大开"，改变了晋宋以前之诗言情务尽、直抒情志的诗风。后世诗歌创作的发展不可能不受到这种新型诗学经验的影响。齐梁年间，以礼学为代表，儒学思想一度兴盛并影响到了诗歌价值的重建。对于中国正统诗学而言，如果要重拾"诗言志"的诗学观念，就必须在更为辩证的高度去面对寓目美学观带来的新变。这就给另一种情景交融的诗学理论拓开了路径。

关于谢灵运及其所开创的山水诗，在南朝两部重要文论中有如下评价：

---

① 叶维廉：《中国诗学》，三联书店，1992，第95页。
② 王钟陵：《中国中古诗歌史》，江苏教育出版社，1988，第505页。

一是刘勰的《文心雕龙》：

　　宋初文咏，体有因革，庄老告退，而山水方滋；俪采百字之偶，争价一句之奇，情必极貌以写物，辞必穷力而追新。此近世之所竞也。(《明诗》)

　　自近代以来，文贵形似，窥情风景之上，钻貌草木之中。吟咏所发，志惟深远，体物为妙，功在密附。故巧言切状，如印之印泥，不加雕削，而曲写毫芥。故能瞻言而见貌，即字而知时也。(《物色》)

二是钟嵘的《诗品》对"元嘉三雄"之诗的评价：

　　杂有景阳之体。故尚巧似，而逸荡过之。("谢灵运"条)

　　尚巧似。体裁绮密，情喻渊深。("颜延之"条)

　　善制形状写物之词，得景阳之諔诡……然贵尚巧似，不避危仄，颇伤清雅之调。("鲍照"条)

可以看出，刘勰与钟嵘对刘宋元嘉时期的山水诗共同的评价是"贵形似""尚巧似"。而且，从刘勰与钟嵘的评价可以看出，二者都对这种山水诗体带来的体物、写物之历史变革持赞许态度。钟嵘在《诗品序》中更是把"指事造形，穷情写物"作为其"滋味说"的重要组成部分。不过，从刘勰与钟嵘的整体诗学思想来看，二者又对刘宋山水诗存有微词。刘勰的《文心雕龙·明诗》就对山水诗过分追求极貌写物与追求新辞表示了不满。学界有些人对刘勰《文心雕龙·物色》关于山水诗的评价存在误解，认为"窥情"之"情"为"情感"义，而"吟咏所发，志惟深远"乃"诗言情志"义，从而认为刘勰以"情景交融"来评价"自近代以来"的早期山水诗。事实上，"窥情"之"情"为"情态"，即一种风景的形态，与"钻貌"是一致的，而"吟咏所发，志惟深远"是对山水诗中蕴含的玄理或佛理的说明。也就是说，刘勰很清楚地看到了贵形似而寡情志的刘宋山水诗的特点，但受传统"气感类应"哲学观与儒家"诗言志"艺术观的影响，他又很难接受这种"寡情"之作。基于此，"唯务折衷"的刘勰在刘宋山水诗基础上重新嫁接上了"诗言志"传统，实现了寓目美学观与感物言志或缘情美学观念的调和。

刘勰的《文心雕龙·物色》即是这两种美学观念进行调和的产物。据张静《"物色":一个彰显中国抒情传统发展的理论概念》① 一文的考证,"物色"或"物+色"(如暮色、晨色、山色、夜色、秋色等)这类词语在东晋起开始流行,这一现象实际并非本土观念的自然延伸,而是借用"色"去翻译梵文 rūpa(一切物象的显现形式)的结果。所以,"物色"揭示的是佛教意义上的眼根所取之现象境。可以说"物色"与"风景"一词一样,都是与寓目美学观相伴随行的。萧统在《昭明文选》中将《风赋》《秋兴赋》《雪赋》《月赋》归类为"物色",可能注重的是"风、秋、雪、月"之"色"的变动不居与现象之虚层面,而非"物"的稳定性、实体性层面。否则,《昭明文选》中的物色类别与江海、宫殿、鸟兽等"物"之类别将无法区分。张静据刘勰在《文心雕龙·物色》中把"物色"等同于"感物"的现象,认为刘勰对"物色"一词的使用显然缺乏自觉。这种说法对于入定林寺"积十余年"且"博通经论"的刘勰而言实难以令人信服。笔者认为,刘勰更可能是要有意用"感物"来给"物色"一种创造性的诠释,从而把"近世之所竞"的注重形色描摹的"物色"诗类与儒家传统的"感物说"勾连起来而实现其诗学理论的折中。从《文心雕龙·物色》整体来看,刘勰并没有从玄学或佛学的理论源头来追溯山水诗的起源,而是将之纳入了气感类应的儒家哲学与《诗》《骚》传统中来定位山水诗,并以此把情景相融的诗学标准注入山水诗的评价与创作当中。

刘勰《文心雕龙·物色》开篇就把"物色"置换成了"感物"之"物":

> 春秋代序,阴阳惨舒,物色之动,心亦摇焉。盖阳气萌而玄驹步,阴律凝而丹鸟羞,微虫犹或入感,四时之动物深矣。若夫珪璋挺其惠心,英华秀其清气,物色相召,人谁获安?是以献岁发春,悦豫之情畅;滔滔孟夏,郁陶之心凝。天高气清,阴沉之志远;霰雪无垠,矜肃之虑深。岁有其物,物有其容;情以物迁,辞以情发。

这种"感物说"对"物色论"的置换,使得气感类应宇宙观替代了玄

---

① 张静:《"物色":一个彰显中国抒情传统发展的理论概念》,《台大文史哲学报》2007年第 67 期。

佛自然观,感物情动的传统诗学观念得以重新出场。由此哲学观念的奠定,接下来的"是以诗人感物,联类不穷。流连万象之际,沉吟视听之区。写气图貌,既随物以宛转;属采附声,亦与心而徘徊"的情物交感理论就自然得以引出。紧接着,刘勰开始把山水诗的历史追溯到了贯彻情物交感理论的《诗经》与《楚辞》传统,并以《诗》《骚》传统的"情貌无遗"来给山水诗确立"目既往还,心亦吐纳""情往似赠,兴来如答"的情景交融审美准则。这样,刘勰实现了感物缘情美学与寓目美学的相互调和,这种调和的产物就是情景交融理论的提出。当然,刘勰为了实现其诗学"宗经"的理论目的,认为《诗经》的创作已经贯彻了情景交融理论,这显然是一个有意的误判。刘勰认为《诗经》乃情景交融的典范是不符合历史事实的。虽然《诗经》中不乏一些心物交融的秀句,但"诗言志"与"情景交融"显然是不同的。如李泽厚就认为:"至于《诗经》中的'杨柳依依','蒹葭苍苍',是否即如后世的情景意境,则未必然。它们只是后世以至今天的'读法'。在当时恐确有其具体人事、礼仪的含义,在这方面,汉儒美刺说,又是有其历史根据的。"① 不管如何,《诗经》中一些情景交融秀句的存在并不能改变其在总体上的抒情与言志特色。

这样,刘勰以"诗言志"的诗学传统兼容了山水诗形似体物的诗学新变而创造性地提出了影响中国后世诗坛走向的情景交融理论。显然,这种理论调和后产生的情景交融理论在感物缘情美学与寓目美学之间开辟出了一条山水诗美学的中间道路。萧纲《答张缵谢示集书》云:"寓目写心,因事而作。"此表明的亦正是"寓目"与"写心"的调和。这条中间道路表明山水诗不能直抒情志而应该"随物以宛转",这意味着即景抒情;同样,这条中间道路表明山水诗不能只是极貌写物而应该"亦与心而徘徊",这意味着融情于景。情景交融理论是即景抒情与融情于景的有机合一、浑融一体。它一改过去诗中情景之间的或平行或因果或主客之类的内外二分与外在组合关系,使得中国诗学提升到一个新的理论自觉水平。刘勰《文心雕龙·物色》云:"是以四序纷回,而入兴贵闲;物色虽繁,而析辞尚简;使味飘飘而轻举,情晔晔而更新。""物色尽而情有余者。"可见,相

---

① 李泽厚:《美学三书》,安徽文艺出版社,1999,第360页。

比偏于情的汉魏感物诗，情景交融之诗在刻画景物方面有了极大的提升，而在情感的抒发上则显得隐微含蓄；相比偏于景的晋宋山水诗，情景交融之诗引入了更多的情感兴会，而在刻画景物方面则相对收敛。可以说，刘勰的情景交融理论是在物的自身价值得以确立的基础上再一次进行的情感灌注，是在情景两端"允持其中"方式下的一种理论创造。这表明，刘勰的情景理论在坚守儒家美学观念的基础上，又给传统的儒家美学提升了更大的审美空间，如对形式之美、自然情感、作家才性、辞藻文采等方面的注重。如果说，文质彬彬是儒家美学传统，刘勰的华实、丽雅观则在形式与情感上对朴实的文质观予以了进一步提升，使之具有了更高的美学性。

当然，这种区分只是出于对诗史逻辑总体把握的需要，并非意味着诗学创作都是严格遵循这种逻辑而发展的。事实上，在谢灵运、鲍照的一些山水诗中，还是有情感兴会的内涵的，只是很多情况下或其情处于陪衬地位或情景尚截分两橛。笔者认为，情景交融理论只能视作刘勰对山水诗或物色类诗作的理论主张而不能将之当作刘勰的总体诗学观念。从《文心雕龙·比兴》"畜愤以斥言""环譬以记讽"的说法可以看出，刘勰在总体诗学上依然是在儒家"诗言志"的美学保守传统下来谈论诗的。不过，受汉赋与魏晋以来"图状山川，影写云物"现象的影响，刘勰对传统"诗言志"中的"比兴"理论有了进一步发展，使得"比兴"摆脱了简单的比附性而加强了美学性。一方面，刘勰敏锐地看到了"诗刺道丧，故兴义销亡"的历史事实，故将"比"与"兴"合为"比兴"，事实上以"比"取代了"兴"；另一方面，刘勰对"比"的阐释提出了"写物以赋意，扬言以切事""比类虽繁，以切至为贵"的要求。显然，"写物""切事""切至"的说法意味着比体形象性与贴切性的提升。不难看出，刘勰这种对"比兴"的看法与其山水诗情景交融理论的提出有着共同的致思。

寓目美学观对钟嵘的五言诗诗学理论的冲击也是有迹可循的。钟嵘《诗品序》言："气之动物，物之感人，故摇荡性情，形诸舞咏。"和刘勰一样，钟嵘依然在气感类应的哲学宇宙观与吟咏情性的诗学传统下来看待五言诗的发展。不过，钟嵘鲜明地感受到了山水诗寓目美学观所带来的情物相触的直接性体验对于诗歌创作的意义。所以，钟嵘对诗歌创作中的"用事""补假""殆同书抄""声律"等拘挛补衲现象进行了批评，而提倡"即目""亦唯所见""直寻""自然英旨"的直接感受性。当钟嵘把寓目美学观倡导的"即目""所见""直寻""尚巧似"观念引入五言诗创作时，其关于五言诗的"滋味说"评价标准就应运而生了。钟嵘《诗品序》写道：

> 五言居文词之要，是众作之有滋味者也，故云会于流俗。岂不以指事造形，穷情写物，最为详切者耶？故诗有三义焉：一曰兴，二曰比，三曰赋。文已尽而意有余，兴也；因物喻志，比也；直书其事，寓言写物，赋也。宏斯三义，酌而用之，干之以风力，润之以丹彩，使味之者无极，闻之者动心，是诗之至也。若专用比兴，患在意深，意深则词踬；若但用赋体，患在意浮，意浮则文散。嬉成流移，文无止泊，有芜蔓之累矣。

钟嵘在这里对"专用比兴"与"但用赋体"两种诗学创作方式提出了批评。他既批评了"专用比兴"而导致诗歌情意晦涩、文辞不直接（意深词踬）的问题，又批评了"但用赋体"而导致诗歌情意粗浅、文辞散漫（意浮文散）的问题。相对而言，前者多为传统"诗言志"模式采用，而后者多为晋宋山水诗采用。黄节说："汉魏之前，叙事写景之诗甚少，以有赋故也。至六朝，则渐以赋体施之于诗，故言情而外，叙事写景兼备，此其风，实自康乐开之。"① 可见，赋体的运用是早期山水诗较为主要的特征。钟嵘也正是看到了晋宋山水诗的这种"但用赋体"特征而意欲以传统诗学来进行调和。所以，钟嵘要求诗歌创作应该对"赋""比""兴"酌而用之。这样，钟嵘重新恢复了"比兴"在诗歌创作中的重要性。不过，钟嵘对"比兴"的理解却蕴含了时代诗风所带来的新意蕴。这种新意蕴当是受晋宋山水诗寓目美学观影响而形成的。"因物喻志，比也。"这种"比"要求"因物"而生，即要在刻画物象的基础上来"喻志"。"文已尽而意有余，兴也。"这种"兴"不再立足于"取善事以喻劝之"或"环譬

---

① 黄节：《读诗三札记》，载萧涤非《乐府诗词论薮》附录，齐鲁书社，1985，第368页。

以托讽",而是要在诗文中蕴藉着"使味之者无极,闻之者动心"的无穷情味。所以,钟嵘"滋味说"实包含了较丰富的诗学要求,如"即目""亦唯所见""直寻"的直接感官经验性,详切的"指事造形,穷情写物"之形象描写,尚巧似的丹采之文,有打动人的情感力量,等等。他既坚守了儒家诗学重情志兴发的比兴传统,又扭转了儒家诗教、乐教传统重道德政治性而轻诗歌形象性、直感性、辞藻性的弊端。应该说,这一诗学要求亦体现了感物缘情美学与寓目美学的某种调和。

诗学理论既可能是对诗歌现象的总结①,也可能是对诗歌现象的引导。刘勰与钟嵘对两种美学模式的调和意味着南朝山水诗、咏物诗乃至描写女性之美的宫体诗的创作②将主要沿着情景关系的处理来进行。事实上,谢灵运之后的鲍照与谢朓等人的山水诗就已经显现了寓目美学与感物美学的融通趋势。关于这一点,钱志熙在《魏晋诗歌艺术原论》中有"晋宋之际诗歌的因与革"专章对晋宋之际诗歌的发展趋势问题进行了讨论③。钱志熙认为,南朝皇权的加强、门阀士族的衰落、寒门士人的崛起、对汉魏西晋诗歌传统的复归、对汉魏乐府与晋宋新声的借鉴等多方面原因导致了诗人们对文学的情感本质的普遍性认同。不过需要指出的是,晋宋之际的诗学并非对汉魏西晋诗歌传统的简单恢复,而是在认识到了"物之美"的独立价值以及形式美的基础上的再次艺术性综合。"晋宋之际的诗人,继承了发生于汉魏之际的这种文学观念,但又更进一步地从文学的审美价值上追求自觉的文学意识。既认识到文学的本质和文学发生的基本原理,又认识到文学独立的审美价值……这一观念的变化,使文学由单纯的高古自然,转为丰富多彩,刺激了人们对文学形式美的自觉追求。"④

---

① 晋宋文学创作现象上,已渐趋出现了缘情之诗与体物之赋两种文体互动的现象,如抒情小赋即二者融通的产物。

② 宫体诗在理论上主张体物与艳情的结合,亦可视为寓目美学与缘情感物美学的融合,如萧纲的"寓目写心"、萧子范的"缘情体物"、李昶的"风云景物,义尽缘情"、宇文逌的"穷缘情之绮靡,尽体物之浏亮"等皆是如此。关于宫体诗的"观看诗学",可参看王力坚的《由山水到宫体:南朝的唯美诗风》(台湾商务印书馆,1997)与田晓菲的《烽火与流星:萧梁王朝的文学与文化》(中华书局,2010)。

③ 钱志熙:《魏晋诗歌艺术原论》(修订本),北京大学出版社,2005,第309-379页。

④ 同上书,第356页。

这种将文学情感本质与独立审美价值结合的文学实践当为刘勰情景交融理论的提出奠定了基础。

鲍照《还都道中》（其三）云："霾雾冥隅岫，濛昧江上雾。时凉籁争吹，流浡浪奔趣。恻焉增愁起，搔首东南顾。茫然荒野中，举目皆凛素。"在此诗中，鲍照渐趋改变了谢灵运的山水二元架构，开始以"霾""雾""濛""雾"等元气来架构一种天地一体式的云山烟景①。这种气化风景的出现，使得山水重新被置于一种渺茫的天地之气中。伴随着气化风景的晕染，类应的情感就应运而出了。鲍照的这首诗还因气感的浓郁、情感的强烈未臻情景交融之境。谢朓《铜雀悲》云："落日高城上，余光入穗帷。寂寂深松晚，宁知琴瑟悲。"除了最后一"悲"字是在直抒情感外，其他"落日""余光""深松""晚照"等词语既是在描景，同时也在显情，从而生成一个情景交融的视觉意象。谢朓另一首诗《后斋回望诗》云："高轩瞰四野，临牖眺襟带。望山白云里，望水平原外。夏木转成帷，秋荷渐如盖。巩洛常睠然，摇心似悬旆。"在临轩远眺中，随着山水景色的由远及近，情感却莫名自生。葛晓音说："到齐梁时山水诗又进一步和羁旅行役结合起来，人们对自然的心领神会以及微妙的感受意绪成为诗歌表现的主要内容，这就使抒情诗转向了从客观形象和情感本身寻求美感的时代……永明体产生后，随着篇幅的压缩、句法的凝练，构思方式发生了明显的变化，在处理情景关系上，开始显示出即景抒情、融情于景，寄不尽之意于象外的特点。"②

这样，寓目美学观与传统的言志缘情说相融通，并在后世殷璠的"兴象"（情与象的结合）、严羽的"兴趣"（词理意兴的结合）、王夫之的"情景"（情中景、景中情）等理论中得到持久的回响。站在儒家传统的"诗言志""诗缘情"角度来看，情景交融理论的出现乃自身诗学发展逻辑的必然。况且，刘勰《文心雕龙·物色》本就是在应物斯感的感物论与《诗》《骚》传统下来谈情景交融的。这就让人更理所当然地认为从汉魏、

---

① 关于鲍照天地一体式的云水苍茫图景之诗学架构，可参阅萧驰：《诗与它的山河》，三联书店，2018，第二章。
② 葛晓音：《八代诗史》（修订本），中华书局，2012，第321页。

西晋感物诗发展到情景交融之诗乃儒家主流诗歌自身创作发展的必然。但是，正如本章所揭示的，没有郭象哲学所带来的"物"的独立价值性，没有玄佛思想所带来的情物关系新变，没有晋宋时期寓目美学观的美学实践，单在儒家诗学传统中，在南朝是无法催生出情景交融的诗学观念的。

由物的宏大式（道德的、政治的、宇宙的）类应关联到物的情感式拟代（情的独立），再到物的寓目式直观（景的独立），最后复归心物交融（情景统一），中国诗学在总体上实也有着一个"正—反—合"的理论发展过程。这一过程是物的诗性不断彰显的过程，也是物与个体生命体验不断贴近与契合的过程。其间，刘勰的"情景交融"和钟嵘的"滋味说"，算得上是儒家诗学发生艺术化、审美化转折的核心节点。

当然，情景交融理论不是寓目美学观历史走向的终结。随着佛教特别是禅宗思想在中晚唐的盛行，脱离情志的空观再度莅临。寓目美学观中的无情无心的直观方式伴随着道禅心性哲学与佛教"空"的宇宙观，在以王维晚期山水诗为代表的唐诗（还有裴迪、孟浩然、常建、韦应物、刘长卿、钱起、柳宗元、刘禹锡等）中激荡出了另一番诗境。寓目美学观主要通过"本性收摄感官"的方式来构建一种"本性—物"双向打开、彼此玄合的审美经验。由于"玄合"是物我之间保持彼此独立性而互不侵扰、互不融贯的并置平等状态，故这种审美经验还谈不上物我之间彻底的圆融无间。玄言诗与谢灵运早期山水诗中写景和悟理的二分当是这种审美经验在诗学实践上的体现。与刘勰以"情"来融贯物我的路径不同，王维是以"心"来融贯物我的。经由"心性收摄感官"与"色空不二"的空观，王维以道禅虚静空寂心性转换了谢灵运任性使气的才性论哲学基调，因而其山水小品对谢灵运诗中所呈现的理景截为两端的弊端进行了割除，真正做到了即色即空、无情无系的心物一体之境。

第四章　郭象人性论哲学与魏晋个体生命意识的自觉

个体感性的人的自觉是魏晋思想的一大主题。作为一部志人小说，《世说新语》以个体感性的人为主题，描绘出了一幅魏晋士人所思所感、所言所行的精彩画卷。摊开画卷，一个个鲜活而真实的名士形象跃然纸上，大有"读之令人心痛，令人快活""骇杀人，乐杀人，奇杀人，妙杀人"之观感。余英时说："所谓个体自觉者，即自觉为具有独立精神之个体，而不与其他个体相同，并处处表现其一己独特之所在，以期为人所认识之义也。"[①] 从人性论哲学而言，魏晋个体生命意识的觉醒实是意识到了人之为人的生命气质、才能、性情之独特性所在。所以，魏晋个体生命意识的自觉背后实是一种材质主义人性论的盛行。笔者将这种材质主义人性论区分为建基于元气论哲学上的汉魏才性论与建基于玄学上的郭象本性论。汉魏才性论从气阴阳五行层面呈现了生命之"实"的感性构成（气化生命观），开启了魏晋个体感性自觉的上半场。郭象推崇本性、个性的人性论虽立足于材质主义，但更为注重生命之"虚"的内在条理（玄化生命观），将魏晋个体感性自觉推进到了下半场。可以说，有承前启后色彩的郭象本性论最为典型地体现了玄学人性论哲学的特色，为魏晋个体生命意识的新推进提供了人性论说明。本章将围绕着魏晋个体生命意识自觉的主题，勾勒出魏晋时期由气化（汉魏才性论）向玄化（郭象本性论）的人性论哲学变迁，以显示郭象人性论哲学的生命美学意蕴。

[①] 余英时：《士与中国文化》，上海人民出版社，1987，第310页。

第一节　汉魏才性论与魏晋个体生命意识

为了更鲜明地凸显郭象本性论与魏晋个体生命意识自觉之间的关系，先探讨一下汉魏才性论给魏晋个体生命意识带来的影响。按照牟宗三的看法，中国哲学谈论人性论问题主要有"顺气而言"与"逆气而言"两条路径，前者可称为材质之性、气性、才性或质性等，后者则可称为天地之性、义理之性等①。天地之性或义理之性把生命的道德意识视为人的本质，以提点一种道德性的主体生命。气质之性或才性把生命的自然材质视为人的本质，以展现一种身体性的个体生命。所谓材质主义，在牟宗三看来，为具有亚里士多德"形式－质料"的"质料"之意。才性作为一种人的构成材质，它禀于自然，不是一种精神性的境界存在，而是一种构成性的实然存在。魏晋时代所生发出的个体生命意识与才性理论的发展密切相关。就哲学发展而言，主流儒家哲学的天地之性凸显的是生命最值得珍视的理想与超越层面，开启的是中国文化安身立命的生命精神。但是，正由于生命才性论、气性论的互补存在，中国传统文化才显得如此异彩纷呈，波澜壮阔。生命的才性论哲学使得中国人不只是行进在理想的朝圣之路，还在世俗的生活之中感受着真情实爱，嗟叹蹉跎。

以材质言性，在先秦就已有之。告子的"生之谓性"、《性自命出》的"喜怒哀悲之气，性也"、荀子的"性者，本始材朴也"，都是以生命本有的自然材朴之质作为性的规定。不过，先秦的性朴论并未在生命材朴之质方面做过多的展开，而是以此为礼乐教化寻找一个人性论的基点。相较而言，性善论把道德意识贞定于人性，从而给人内在的存养扩充提供了根据；性朴论则以无善无恶的生命材质为性，从而论证了外在礼乐教化的必要性。性善论、性朴论虽然对人性的看法有异，但其理论目标都在于去成就一个理想的君子人格。在这种理论目标下，先秦的性朴论虽然对人的生理、情欲等因素有所注重，但其最终目的依然在于通过礼乐规范等来节制情欲以实现一种道德人格。正因如此，先秦性朴论并没有带来一种感性生

---

① 牟宗三:《才性与玄理》，广西师范大学出版社，2006，第1页。

命的理论自觉。时至两汉，人性论渐趋驳杂，滋生出有善有恶、可善可恶、善恶混、上中下三品等诸多说法。但总体来说，两汉人性论更多的是沿着先秦的性朴论发展的，都极为关注构成生命的材质因素，如董仲舒、刘向、扬雄、王充皆视自然气性为人性内涵，并对其从气化宇宙论的角度进行了形而上论述。特别是在王充那里，气化的生命观念得到了较为充分的关注。

故夫临事知愚，操行清浊，性与才也。（《论衡·命禄篇》）

人禀元气于天，各受寿夭之命，以立长短之形。（《论衡·无形篇》）

人之善恶，共一元气。气有少多，故性有贤愚。（《论衡·率性篇》）

人命禀于天，则有表候于体。察表候以知命，犹察斗斛以知容矣。表候者，骨法之谓也。（《论衡·骨相篇》）

由于人对元气的禀受有着厚薄、清浊、强弱等不同，故人之气性、才性有异，由此生命也呈现为各有夭寿、各有长短、各有善恶、各有知愚、各有才不才、各有贤不肖等不同形态。《论衡·骨相篇》云："案骨节之法，察皮肤之理，以审人之性命，无不应者。"王充认为，通过对人外在骨骼相貌的观察可以看出其内在性命，从而推断其富贵贫贱、寿命长短以及操行好坏。经由蔡邕、王朗等人的推广，汉魏时期，才性论在人物品评中得以广泛运用，成为朝廷用人方面的重要理论。汉代的察举征辟制度在选用人才上，注重的是出身门第与德行。然而，随着汉末大量名不副实乱象的丛生，用人标准也开始出现了由重名向务实、由重德行向重才智的转变。从曹操的"唯才是举"到曹丕的"慕通达"，皆表明了一种不同于礼法规范的新的人才选拔标准的出现。重视才智超过德行，就会带来对才性的重视。因为审视一个人的才干能力，就意味着要审视一个人的驳杂结聚之气性，这必将带来一种对生命自身价值的新审视。正是在这种文化背景下，以刘劭《人物志》[①]为代表的才性论前承汉末名士的

---

① 伏俊琏撰：《人物志译注》，上海古籍出版社，2008。

人物清议,后启魏晋名士的人物品藻,发出了魏晋个体生命意识自觉的理论先声。

《人物志》虽然服从于曹魏知人用人、考核官吏的政治实用目的,但其"征神见貌"的人才鉴识的方法使得人的才性构成、外在形貌、言谈举止等生命感性特征成了其关注的重点,从而系统构建了一种对身体感性形态进行品鉴的理论模式。这种对生命形态构成才性的品鉴无疑打开了一幅看待个体生命的新图像。牟宗三说:"每一'个体的人'皆是生命的创造品、结晶品。他存在于世间里,有其种种生动活泼的表现形态或姿态。直接就这种表现形态或姿态而品鉴其原委,这便是《人物志》的工作。这是直接就个体的生命人格,整全地、如其为人地而品鉴之。这犹之乎品鉴一个艺术品一样:人是天地创生的一个生命结晶的艺术品,我们也需要直接地品鉴地来了解之。"① 由于《人物志》在品鉴人、欣赏人的同时实带有很强的政治功用性,故牟宗三的说法当属一种溢美之词。不过,《人物志》对生命感性形态的自觉审视,确实意味着一种新的个体感性生命意识的彰显,深远地影响到了魏晋时期的人物品藻美学。《人物志·九征》载:

> 盖人物之本,出乎情性。情性之理,甚微而玄,非圣人之察,其孰能究之哉!凡有血气者,莫不含元一以为质,禀阴阳以立性,体五行而著形。苟有形质,犹可即而求之。

五凉刘昞注曰:"性质禀之自然,情变由于染习。"可见,《人物志》对人的本质的看法是基于自然才性论的。这种自然人性禀自元气(元一),以阴阳、五行为具体构成元素,为一种"气—阴阳—五行"相互结聚的气化自然生命观。这种气化自然生命观与以往哲学对人进行善恶判断的抽象人性论不同,具有鲜明的感性经验性。显然,《人物志》的人性论是基于自然才性立论的,极大地拓宽了对个体生命认知的身体维度。

在"气—阴阳—五行"的生命总体认知下,《人物志》还展开了对生命具体形态的论述。既然"体五行而著形",则人的形体实是五行的外在形塑。《人物志·九征》云:

---

① 牟宗三:《才性与玄理》,广西师范大学出版社,2006,第38页。

若量其材质，稽诸五物。五物之征，亦各著于厥体矣。其在体也，木—骨、金—筋、火—气、土—肌、水—血，五物之象也。五物之实，各有所济。是故骨植而柔者，谓之弘毅；弘毅也者，仁之质也。气清而朗者，谓之文理；文理也者，礼之本也。体端而实者，谓之贞固；贞固也者，信之基也。筋劲而精者，谓之勇敢；勇敢也者，义之决也。色平而畅者，谓之通微；通微也者，智之原也。五质恒性，故谓之五常矣。

与木、金、火、土、水五行相互对应的是，人的内质有着仁、义、礼、信、智五种伦常，而人的形体则有着骨、筋、气、肌、血五种外在身体形态。由于每个人对五行的禀受不同，则人的身体形态也各不相同。通过观察一个人的这五种身体形态，即可以看出他的内在品性。因而，观骨可知仁、观气可知礼、观肌可知信、观筋可知义、观血可知智。相比孟子以恻隐、羞恶、辞让、是非"四心"来察知仁、义、礼、智"四德"的心性论路径，《人物志》以"五体"来察知"五常"可称得上是一种身体论路径。更为不同的是，仁、义、礼、智在孟子那里指的是一种具有反思性的"道德性当身之定然的善"（牟宗三语），有超越义；而《人物志》乃至整个才性论所言的仁、义、礼、智、信等都只是气性之善质，只是禀气而生的一种偶然材质而已，仅质性义。《人物志》对外在形体的注重与品鉴，无疑把向来较少谈及的肉身带进了观看者的眼帘。

在骨、筋、气、肌、血五体基础上，《人物志》又把外在身体形态更细致地区分为"九征"：

性之所尽，九质之征也。然则平陂之质在于神，明暗之实在于精，勇怯之势在于筋，强弱之植在于骨，躁静之决在于气，惨怿之情在于色，衰正之形在于仪，态度之动在于容，缓急之状在于言。

刘昞注："神者，质之主也。"神应为主宰整个身体的内在精神或神明，大约可对应于五体之肌但又有不同。如此的话，在原有的骨、筋、气、肌（神）、血（色）基础上，《人物志》还增加了精、仪、容、言四个更为具体可观的身体形态。精，即目光、眼神；仪，即形体之表、仪表长相；容，即身体动态、举止；言即言谈。"九征"的提出，使得感性的身体形态得到了更为具体的扩展。神态、眼神、仪容、举止、言谈等身体虚灵性、动态性特征更使得人呈现为生动活泼之生命形态,直接构成了魏晋人物品藻的关注对象。质实性与虚灵性的并重,也表明《人物志》思想确实有着由儒向道过渡的迹象。

神、精、筋、骨、气、色、仪、容、言虽为并行之"九征",但又往往一体联动。故《人物志》在论述"九征"表候时,又呈现出了一种整体关联性的思维,其突出的表现是对"精"与"神"有了一种整全性的看法。《人物志·九征》写道:

> 夫色见于貌,所谓征神。征神见貌,则情发于目。故仁,目之精,悫然以端。勇,胆之精,晔然以强……五质内充,五精外章,是以目彩五晖之光也。

本来,神、精、筋、骨、气、色、仪、容、言皆可为人的外在形体色貌。但是,这里却把神与精转换成了统摄全体形貌的称呼。在五体、五常关联中,仁与勇本对应于骨和筋,但在这里却以察知精神而知仁勇。不但如此,仁、义、礼、智、信五质皆可由目精显现。这里,显然有着孟子"良眸说"之影响。《孟子·离娄上》言:"存乎人者,莫良乎眸子。眸子不能掩其恶。胸中正,则眸子瞭焉;胸中不正,则眸子眊焉。听其言也,观其眸子,人焉廋哉!"眼睛成为探索内在品行、质性的重要方面。《人物志·九征》云:"凡人之质量,中和最贵矣。中和之质,必平淡无味。""物生有形,形有神精。能知精神,则穷理尽性。"对"平淡无味""精神"的关注,已然表明《人物志》道家精神亦甚显著。可见,《人物志》对人体生命形态的看法蕴含着一种转化的可能,即由多元化的质实的身体观转向以精神为主的虚灵化的身体观,而后者正是玄学人性论在承接才性论基础上所看重的身体观念(后详)。虽然有着向玄学过渡的迹象,但刘劭的《人物志》主要还应属于汉代元气论哲学观念下的才性论代表之作。

才性论在汉末、魏晋时期的盛行[①],直接催生了魏晋个体生命的觉

---

① 曹操的"唯才是举"、曹丕的"文以气为主"、陈群的"九品中正制"等观念以及阮籍早期的《乐论》、嵇康的《明胆论》等思想,大体都立足于元气论与才性论理论基础之上。

醒。首先，从生命生成来说，才性论持"性成命定"之思想，认为生命都源于禀气而生的命定性、偶然性。人的夭寿富贵、知愚祸福都有着自然命定性。这种悲观宿命的心态实为汉末魏晋士人悲慨人生的人性论根源。其次，从生命的总体构成来说，才性论所持的自然气化生命观使得魏晋士人普遍正视生命自身的个体感性。由于每个个体生命的结聚之气各有偏差，"虽在父兄，不能以移子弟"（曹丕《典论·论文》），故魏晋士人认识到了生命的独特性与差异等级性。再次，从生命的具体形态来说，对"五体""九征"的"征神见貌"无疑催发了魏晋士人对身体形态的鉴赏之风与珍惜之情。最后，气化的宇宙观与气化的身体观使得交感类应成为人感知外界的主要途径，从而使得气化交感、感物情动成为魏晋士人领悟人生在世的方式，"重情"也因此成为魏晋个体生命意识中最为亮丽的一道风景。

可见，汉魏才性论下的自然气化生命观为魏晋"人的觉醒"（也包括"文的觉醒"）提供了人性论说明。这种以气来看待生命、以气感类应来看待文艺的才性论观念无疑导致了感性与情感问题走向历史前台。不过，这只是魏晋"人的觉醒"与"文的觉醒"的前半场历程。随着玄学对气化宇宙论的批判与解构，元气论哲学观念下的才性论也随之转化为玄学观念下的本性论，魏晋"人的觉醒"与"文的觉醒"遂步入了下半场。遗憾的是，学界往往对魏晋的才性论笼而统之，而鲜有人去关注这种由汉学质实的才性论向玄学虚灵的本性论转变所带来的审美变化。玄学本性论虽然直承汉魏才性论，有所继承但也有所变化。明了这种承接与变化对理解魏晋个体生命意识发展、人物品藻美学中的传神观念以及魏晋缘情美学向寓目美学、重情向无情等思想转换都有意义。其中，郭象的人性论哲学称得上是玄学才性论的代表。

第二节　郭象本性论对魏晋个体生命意识的发展

汤用彤说："正始前后学风不同，谈论殊异。《人物志》为正始前学风之代表作品，故可贵也。其后一方因学理之自然演进，一方因时世所促成,遂趋于虚无玄远之途,而鄙薄人事。"① 随着道家思想的中兴,汉晋学术思路进入了转折阶段,汉代学术重训诂考据、重阴阳象数之类的经验性思维方法渐趋被抽象的本体论思维替代。才性问题虽为玄学清谈之议题,但也面临着诸多变化。从曹魏、晋乃至南朝,才性之辨都作为论辩主题伴随着士人清谈活动之始终。

《世说新语·文学》刘孝标注引《魏志》云:"会论才性同异,传于世。四本者,言才性同、才性异、才性合、才性离也。尚书傅嘏论同,中书令李丰论异,侍郎钟会论合,屯骑校尉王广论离。文多不载。"从"四本""同异合离"等用词可以看出,钟会所撰的《才性四本论》,虽然具体内容不是很清楚,但其方法肯定采用的是一种抽象思辨式的玄学方法,而不可能是刘劭《人物志》中侧重的经验类型划分模式。在东晋名士中,殷浩、支道林、谢万、阮裕等人都就才性问题进行过诸多辩论。据《世说新语·文学》的描述,东晋名士关于才性辩论的都以"思虑通长""精义入微"为胜场。可见,才性问题在玄学思维与观念的临照下,已经上升到了对人性问题的本体式把握的高度。也就是说,玄学观念下的才性论相比汉代元气论哲学下的才性论,对人性问题的看法当更为本质化、凝练化、精微化。笔者认为,对郭象人性论的看法当置于这种学术潮流下,方能看出其人性论哲学带来的生命意识新意义。

由于玄学人性论与汉代才性论有着不同,故以往研究郭象人性论哲学的著述很少把二者联系起来对待。笔者之所以把二者关联起来论述,一则是因为郭象的人性论与才性论一样,都注重人性的天生禀受(虽然禀受方式不同,前者不承认有一个更高阶的授予者,后者承认的是元气)②;二则是因为郭象的人性论将人的本质厘定为"本性",其与才性论一样都属于一种感性生命观而非主体精神的生命观;三则是因为很多关涉到汉晋思想转化的问题,特别是个体生命意识、人格美等方面的问题,需要在二者

---

① 汤用彤:《魏晋玄学论稿》,上海古籍出版社,2001,第14页。
② 林聪舜就说:"向郭庄注虽未及阴阳五行之说,然其言'性分'亦采取与才性论者相同之立场,否定'主体性'之成分,纯就被决定之材质而言任之顺之,如此则为逍遥。故亦不及修养转化之问题。"参见林聪舜:《向郭庄学之研究》,台湾文史哲出版社,1981,第51页。

的比较中方能得到澄清。因此，笔者对郭象本性论与汉代才性论的看法是，郭象本性论是对汉代才性论的继承与发展。广义地说，郭象本性论依然属于性朴论或才性论范围，属于更具本质性、个体性、能动性、价值性的玄学才性论；狭义地说，郭象本性论已经超越了汉代才性论的范围，可以在儒家性善论、道家自然心性论、性朴论（含汉代的才性论）与佛教缘起性空论之外，另立为中国人性论哲学之一种[①]。

下面，笔者将在汉魏才性论与本性论的关联视野下，来具体论述郭象本性论是如何呈现为一种更具本质性、个体性、能动性、价值性的人性论观念的，并依次来考察这种人性论将带来什么样的对个体生命的新认知，以期对魏晋名士的个体生命意识提供一种人性论哲学之阐释。

一、"以性言之，则性之本也"：一种本质性的论人方式

相比汉学，玄学渐趋于以一种精简而直探其本的本体论思维来看待世间万事万物。这是中国文化中理性精神的再次提升。汤用彤说："夫玄学者，谓玄远之学。学贵玄远，则略于具体事物而究心抽象原理。论天道则不拘于构成质料（Cosmology），而进探本体存在（Ontology）。论人事则轻忽有形之粗迹，而专期神理之妙用。"[②] 按汤先生的看法，魏晋玄学家正是凭借在"言意之辨"中所发现的新眼光新方法，一改汉人注重经验、质料的思维而推动了汉晋学术的转变。作为玄学发展高峰的郭象哲学，也正是以"寄言出意"的方法依托《庄子》而创构了自己的玄学体系。郭象以"性"来指称包括人在内的万物本质就是这种玄学本体论思维方法论的一大体现[③]。郭象以"性"来把握人的本质，意味着魏晋生命意识在才性论基础上的再一次提升。

那何为郭象的"本性"（郭象对"性"的称呼有很多，如本性、真性、

[①] 笔者曾将先秦儒道人性论划分为性善论、性朴论、性自然论三种类型，参见拙作：《先秦儒道心性论美学》，北京师范大学出版社，2015。
[②] 汤用彤：《魏晋玄学论稿》，上海古籍出版社，2001，第23-24页。
[③] 郭象哲学是不是一种"本体论"哲学，在学界尚存较大争议。笔者认为，虽然郭象不承认有一种实体性的本体如"道""无"的存在，但其以"性"来概括万物本质的思维依然是一种本体论思维。故也可以说，郭象虽然解构了一种"道""元气"宇宙本根论与"无"的精神实体本体论，但其本性论依然可以是一种本体论，只不过是一种即体即用的本体论。

天性、性分、自然之性等，其义相同）呢？这种以"本性"论人的方式为何又表明了魏晋生命意识的提升呢？郭象说：

> 不能止乎本性，而求外无已。(《庄子·齐物论注》)
>
> 以性言之，则性之本也。夫物各有足，足于本也。(《庄子·大宗师注》)
>
> 将使物不止于本性之分，而矫跂自多以附之。(《庄子·天地注》)
>
> 泰者，多于本性之谓也。巧于见泰，则拙于抱朴。(《庄子·天道注》)
>
> 初谓性命之本。(《庄子·缮性注》)
>
> 畜之而不得其本性之根，故不知其所以畜也。(《庄子·知北游注》)

可见，郭象所言的"本性"实有两个含义：其一为生命的天生所具之活力状态，为不可学之天性所在，所谓"此言物各有性，教学之无益也"(《庄子·天道注》)；其二为生命各项活动得以展开的根据，为本体所在，所谓"生理已自足于形貌之中，但任之则身存"(《庄子·德充符注》)。也就是说，每个个体生命都有其自然天生之性，并且这个"性"也对生命发生着根本性的作用。所以，郭象的本性指的是根源于生命潜质基础上的现时态的生命活力的显发。正因"本性"在郭象哲学中具有本体论的地位，在《庄子注》中，"性"作为核心术语共出现269次，其中《内篇》76次，《外篇》132次，《杂篇》61次。《庄子·徐无鬼注》云："因其本性，令各得，则大均也。"可见，性如同生命的轮轴，郭象围绕着它建构了自己的自然观、人生观、政治观等。用"性"或"本性"来指称生命本质，并依此来展开其思想体系，体现了郭象更自觉地用一种本体论思维去更为本质地把握生命。

郭象所言的这种生命之性同时就是生命之理。《庄子·德充符注》云："生理已自足于形貌之中，但任之则身存。"《庄子·大宗师注》亦云："付群德之自循，斯与有足者至于本也，本至而理尽矣！"也就是说，人的生命天生就具有一种生命条理，而最理想的生命存在方式就是顺应这种性理，并使其顺利地展开。显然，这种生命性理、自然条理既不是儒家意义上的普遍性的天理，也并非先秦道家意义上的精神境界，而是生命自身所蕴含的灵动生命力，是最能体现个体生命精神的那种生机与活泼所在。可见，郭象对生命本质的看法扬弃了汉人通过经验、质实的阴阳五行来把握生命的才性论思路，而以更为灵动的本性、性分来说明生命本质的摇曳多姿。

正如前面所述，刘劭《人物志》虽然初步具有了以"情性"来探人物之本的思想，但其"气—阴阳—五行"的总体生命观与"五体""五质""九征"乃至"兼德""兼材""偏材""依似之人""间杂之人"的人才等级划分等都带有很强的经验性描述。也就是说，《人物志》对个体生命所持的看法更多的是骨、筋、血、气、肌、容貌、声色等形体性、质料性的内容。虽然这些肉身性的内容是能体现人的内在精神的，但毕竟其对生命的认知尚更多地"滞留"于生命的材料构成。汤用彤所说的汉代哲学"论天道"则"拘于构成质料"，"论人事"则重"有形之粗迹"，实也可套用到对《人物志》生命意识的评述上，即"论人"则"拘于构成质料"与"有形之粗迹"。正因如此，汉代才性论论人性时，有看得见、摸得着的质料与有形粗迹之"内容"可言，而玄学本性论论人性时，其本性之具体内容则往往只可感受而难以言表。黄圣平说："对物性主要从形式因而不是质料因的角度进行剖析，这应该说是玄学较汉学思维进步的一个表现。"① 可以说，《人物志》的论人方式乃是一种注重"质料因"、注重外在形迹的质性观。而郭象的本性论则与之有别，其对人的生命本质的认识乃一种"进探本体存在""而专期神理之妙用"。郭象的论人方式乃是一种注重生命虚灵动态之活力、注重内在生命精神的本性观。

所以，相对于汉魏拘于构成质料内容的才性论，郭象直探本体的本性论生命观实现了对生命本质看法由重驳杂气质到重生命条理、由重形质到重神理、由重质实到重虚灵、由重静态肉身到重动态生机等诸多转变。这不能不说是一次生命意识的巨大提升。

二、"物之自然，各有性也"：一种鲜明的个体性宣言

人的觉醒，严格来说是个体感性生命意识的觉醒，是魏晋时代的一个

---

① 黄圣平：《郭象玄学研究：沿着本性论的理路》，华龄出版社，2007，第35页。

鲜明特色。在以往的研究中，这一鲜明特色往往是根据汉末以来的文学作品、刘劭《人物志》的才性论与人物品藻风尚总结出来的。然而，要从玄学角度来说明魏晋名士对个体性的推崇，似乎更应该从郭象本性论入手。相比汉代才性论，郭象不但明确地提出了"各性"概念，而且对"各性"的产生进行了更为合理的解释。郭象云：

> 物各有性，性各有极。(《庄子·逍遥游注》)
> 所禀之分，各有极也。(《庄子·养生主注》)
> 天性所受，各有本分，不可逃，亦不可加。(《庄子·养生主注》)
> 物之自然，各有性也。(《庄子·天运注》)

在郭象看来，每个人的天性所受都是各不相同的，由此形成了每个人独特的自然之性。这种内在的自然之性、自然之理最能体现我之为我的生命独特性本质所在。以内在于生命自身的"性""理"来说明生命的个性，相比才性论以禀气之厚薄、清浊、强弱来说明个性是一种理论的进步。《人物志·体别》云："禀气阴阳，性有刚柔。拘抗文质，体越各别。"从人体之个性的角度来说，这句话包含两个意思：其一表明，人的个性的产生源自气的授予，这是个性的产生之源；其二表明，人的个性是所禀受的阴阳刚柔之气的相互作用导致的，这是个性的产生机制。这种以气禀来说明个性的思路固然是对生命个性的说明，但也存在着一些问题。

继承才性论思路，郭象也以自然禀受来阐释个性的产生，所谓性乃是"所禀之分""天性所受"。然而，郭象并没有因此去进一步追问是什么东西对本性进行了授予。相反，郭象本性论的确立恰恰是在批评那个"授予者"的过程中建立起来的。对于生命的出现，以往的哲学追问往往是以宇宙生成论或"无"之本体论方式予以解答的。郭象哲学对这种禀"气"、本"无"所出的生命观都予以了否定。郭象的哲学思考是在直面万物的自然存有基础上进行的，认为在万物之上并不存在一个更高阶的实体或本体。郭象消解万物外在生成根据的看法，实际上以一种非因果关联式的思维方式回答了"万物从哪里来""人从哪里来"等哲学追问。在郭象的哲学中，万物和人并不存在一个自身生命所出的"哪里"，它只是在那里，无缘无故地在那里而已。所谓"块然而自生"(《庄子·齐物论注》)、"不知所以然而然"(《庄子·齐物论注》)、"突然而自得此生"(《庄子·天地注》)、"不知其然而自然者"(《庄子·则阳注》)、"无所稍问"(《庄子·寓言注》)等论述,表明的就是郭象对这一因果关联式追问的悬置与否认。既然没有缘由,万物生命的存有也就没有必然性,它只是一种偶然刹那的存在。汤用彤说:"郭象只承认现象世界之实在,现象之外再没有东西,一切事物的产生都是无用的,是偶然的,是突然而生的。"①

郭象通过对自然本性产生形而上之源的悬置,使其哲学思路完全向"现象"问题敞开。这就表明一切本质的问题实际都可以直接在现象中找答案。由此,郭象拈出了"性"或"理"来说明个性的问题,实是把人之个性的合法性锁定在了人自身之上。《庄子·天下注》云:"任性独立。"这样,人的个性问题不再根源于形而上,而只是根源于人自身。这种个性、独性虽属自然的偶然,但又是个体生命的内在必然,它具有神圣的不可侵犯性。这多少有点"人为自己立法"的意味——个性不在天只在我!这何尝不是与魏晋名士"我"的自觉桴鼓相应的呢?

不仅如此,郭象以本性作为个性的实现机制相比汉代才性论以阴阳刚柔、材之拘抗的相互作用来说明体性有别在理论上也更圆融。按才性论看法,人的个性的产生是因为禀受之气不同而导致的。但是,从材质构成来说,两个人在禀受之气上完全相同是有可能的。因而,要说明一个人的个性,我们不能只限于其材质构成,而需要深入其内在的材质构成之理。郭象的本性论应该就是沿着这样的线索,把生命才性的内在原则、内在性理揭橥出来,并名之为"性",从而恰当地解释了生命个性的产生根据。《庄子·骈拇注》云:"然少多之差,各有定分,豪芒之际,即不可以相跂。"也就是说,两个人可能从外表上看不出差异,但因其内在的生命性理不可能相同,即使只有毫毛之间的差异,其性也是各不相同的。

这表明,郭象既不是从外在他者的给定性来理解生命之性,也不是从人的类性、共通性来理解生命之性,而是把性理解为生命自身本具、自我独立生成的独性、殊性。也就是说,当郭象直面人性进行哲学思考时,映入眼帘的是千差万别、风姿各异的充满个性的具体真实之生命。《庄子·

---

① 汤用彤:《魏晋玄学论稿》,上海古籍出版社,2001,第183页。

齐物论注》云:"凡物殊称,既有善数,莫之能纪也。""夫物物自分,事事自别,而欲由己以分别之者,不见彼之自别也。"郭象对生命内在个性的注重,既是对魏晋风度个性思潮的理论总结,又进一步推动了这一思潮的发展。

三、"任性自生":一种能动性的生命实现机制

在郭象那里,人之性一旦生成,就构成了生命生机所在,推动着生命的自我实现过程。郭象认为,生命自然之性作为一种生命的内在动力,因其自生、自尔、自动的性能而具有极强的能动性:

任性自生,公也。(《庄子·应帝王注》)

提挈万物,使复归自动之性。(《庄子·在宥注》)

我自然而生耳!则四肢百体,五藏精神,已不为而自成矣。(《庄子·秋水注》)

以性自动,故称为耳。(《庄子·庚桑楚注》)

性之所能,不得不为也;性所不能,不得强为。(《庄子·外物注》)

可见,生命之性不是一种静态的身体材质,而是一种充满运动性、生成性、变化性的生命力量。它以其生命力造就了人生在世的具体形态,展现了单个生命生存于世的独特面貌。在郭象看来,人生在世的意义就是听从本性的呼唤,任性而动而已。

任性而动意义有二:一是随任,不受任何本性以外力量的制约,它独立自由,无拘无束,具有审美的情态;二是有性分,多则不负少则不足,它恰如其分,姿态万千。前者为万物生命实现的途径,后者为万物生命实现的原则。二者的结合则能使得生命的实现"各安其性,天机自张"(《庄子·逍遥游注》)、"各用其性,而天机玄发"(《庄子·天道注》)、"掘然自得而独化"(《庄子·大宗师注》)。

随任意味着万物要无心无系、无为恣意,是一种无意识的自然状态。它只是让自身本性如如呈现即可,所谓"无心而无不顺"(《庄子·齐物论注》)、"任之而自尔,则非伪也"(《庄子·齐物论注》)、"循而直往,则冥

然自合"(《庄子·齐物论注》)、"任物之自迁"(《庄子·德充符注》)等。这种生命的实现没有心之曲折的心性反本工夫,可谓无思无虑、直来直往,充满着毫无拘束的生命活力。"王弼说'全性'须反本。郭象则说只须实现其自己,用其自用,不可为(人为),不可造作,不可强制,'恣其性内而无纤芥于分外',即是'无为'。"①

有性分则意味着万物的随任不是毫无界限的肆意浪荡,而是要让自身随自然性分而动,发挥各自本然性分的最大限度,"恣其性内而无纤芥于分外"。《庄子·人间世注》云:"率性而动,动不过分,天下之至易者也。举其自举,载其自载,天下之至轻者也。""举其性内,则虽负万钧而不觉其重也;外物寄之,虽重不盈锱铢,有不胜任者矣!"落实到人的生命意识上,个体生命实现的至简、至易之道就是顺应本性、随任而动。

任性而动的生命实现唯一遵循的是生命的本性,任何外在的约束和内在的非分之想都是生命实现的歧途。《庄子·应帝王注》云:"任自然而覆载,则天机玄应,而名利之饰皆为弃物矣。"郭象虽然并不全然反对名教,但他所承认的只是本于自然的名教。郭象的名教与自然的合一并不表明所有的名教存在都是合理的。在他那里,自然是体,名教是用,体用一如。而实际上,一些腐儒和统治者往往打着异化名教和圣人陈迹的旗号去改造民性,试图"用迹治迹"。对此,郭象表示了深深的不满:

> 夫名智者,世之所用也。而名起则相轧,知用则争兴,故遗名知而后行可尽也。(《庄子·人间世注》)
>
> 由腐儒守迹,故致斯祸。不思捐迹反一,而方复攘臂用迹以治迹,可谓无愧而不知耻之甚也!(《庄子·在宥注》)

因郭象的本性论哲学思路,他对以外在名教为根据来指导生命实现的教化路径提出批评是必然的。既然万物个性天生就各不相同,那后天试图通过化性起伪、整饬规约以建立起统一德性的教化活动就必然是强为伤性之举,也注定是徒劳的。《庄子·天道注》亦云:"此言物各有性,教学之无益也。"因而,人要做的只能是尊重这种个性、顺应这种个性,而非去

---

① 汤用彤:《魏晋玄学论稿》,上海古籍出版社,2001,第188-189页。

改变这种个性。即使要冶锻成器、积习而为，也只能是"因性以练才"。故《庄子·列御寇注》云："夫积习之功为报，报其性不报其为也。然则学习之功成性而已，岂为之哉！"这种批评显然彰显了生命的独立自由，不禁让人想起阮籍振聋发聩的"礼岂为我辈设也"的人生宣言。显然，用混世主义和滑头哲学来概括郭象思想是有问题的。

《人物志·材能》云："夫人材不同，能各有异。"就是说人的能力是由材质决定的。材质的不同结聚，决定了生命动能的大小。这种材能观偏重于以具体的生命材质之能力来谈论人的人生在世的存在形态，关注的是具体生命力的实用能力。郭象的本性论则关注到了生命力本身，尤重生命本真之无拘无束的审美情态。同时，相比汉魏才性论对生理材质的注重，直探生命动力之源的本性论无疑赋予了生命更为强烈的能动性。

总体而言，郭象的"任性而动"生命实现观体现了生命本性的独立自足与自由自在的生存模式。这种生存模式只遵从生命本性的呼唤并花烂映发，称得上是绝大多数魏晋风度的理论概括。虽然"从感而求，倦而不已"是郭象明确反对的，但人之本性中的欲望往往是复杂多变并以快乐至上的，要真正做到"遇物而当，足则忘余"谈何容易！物性在展开的过程中，是能够自然自在地保证自性的。但人要比物复杂得多，人有欲有知，不但容易偏离自然本性，还会将自己的欲望、目的强加于物。正是因为任性而动的个体生命实现机制还只是停留在自发能动而非自主能动层面，故在挥洒生命本性的现实过程中，它也可能会陷入无法把控的迷乱之中。自发能动遵循的是一种类似于生命本能的天性动能，极具审美情态，而自主能动则会发挥人的心性主体力量，有所为又有所不为。个人认为，两晋士人特别是西晋士人所表现出来的"朝为伊、周，夕为桀、跖"的矛盾乃至分裂的生命行为和心态①，应与这种个体生命意识有密切关系。所以，郭象的"任性而动"的生存模式给人的生命带来的是一种自发自然式的消极自由，而非精神自主选择式的积极自由。按郭象思想，避害趋利当为一种生命个体无可厚非的生存本性，同时也是个体生命自足的一种表现。但人

---

① 关于对西晋士人矛盾心态的描述，可参看罗宗强：《玄学与魏晋士人心态》，天津教育出版社，2005，第三章。

的伟大,恰恰在某些时候会为了更崇高的目标与自由,以心灵的超越去自觉选择一种克制本性乃至牺牲生命的生存模式(如嵇康)。就此而言,郭象任性而动的生命实现机制只能是个体性而非主体性的。

四、"和理自适":一种推崇自然条理的生命价值观

郭象不但把本性视为生命存在的根据、发展的动力,而且认为其在自我实现的过程中还具有自身的内在合目的性。内在合目的性不同于外在的实用目的性,它完成的是自身本具的潜能。这如同一棵树的种子,其内在目的性就是发芽、生根、长叶、结实,而并非为了长大后被砍伐去制作家具。从价值论来说,本性论的生命价值观亦是一种内在价值(intrinsic value)而非外在价值(extrinsic value)。内在价值表明的是某物自身所具有的价值,这种价值是缘于事物自身固有因素而产生的。继承老庄尚自然无为的思想,郭象认为生命本性的发展是遵循一种合理性原则的,因为性理本身就是和谐。《道德经》第五章云:"天地不仁,以万物为刍狗。"《庄子·天运》:"天机不张而五官皆备,此之谓天乐。无言而心说。"在先秦道家看来,天地以自然无为的运行法则而化育了天地万物,人则以自然无为的运行法则获得了与道相通,从而实现了天地、万物、人之间的和谐。所以,道本身是有着一种和谐的价值性的。郭象同样认为,内在于生命的性理并非一团乱麻,而是始于和谐并终于和谐。

《庄子·缮性注》云:"初谓性命之本。"《庄子·天地注》云:"一者,有之初,至妙者也。至妙,故未有物理之形耳。夫一之所起,起于至一,非起于无也。"可以说,太初或至一只是万物刹那偶在时万物自身所处的并存混沌状态,是一种原始的和谐。黄圣平就说:"所谓至一,不仅仅是指一种原初的和谐的社会状态,更也应该是指一种原初的和谐的天地状态。"① 郭象对本性的发生论说明是悬置了"无"而直接从原初之"有""至一"入手的。这个原初之"有"是一种什么状态呢?《庄子·缮性》云:"阴阳和静,鬼神不扰,四时得节,万物不伤,群生不夭,人虽有知,无所用之,此之谓至一。"可见,"至一"状态并非毫无特征,而是具有阴

---

① 黄圣平:《郭象玄学研究:沿着本性论的理路》,华龄出版社,2007,第40页。

阳调和、四时节序、万物得体之和谐价值性的。由此可见，万物性理的原初状态本身是和谐的，顺应这种性理而动的天地万物所带来的也必然是一种和谐状态。《庄子·秋水注》云："适性为治，失和为乱。"具体到人的本性上，吾人率性而动则必将遵循一种和谐之理而至一种和谐理想生命形态。这一点可以从郭象对"性"与"理"的价值性描述中明确看出。

先看"性"：

> 苟使和性不滑，灵府间豫，则虽涉乎至变，不失其兑然也！（《庄子·德充符注》）
>
> 其任性而无所饰焉，则淡矣。（《庄子·应帝王注》）
>
> 物各任性，乃正正也。（《庄子·骈拇注》）
>
> 真在性分之内。（《庄子·秋水注》）
>
> 人生而遇此道，则天性全而精神定。（《庄子·知北游注》）
>
> 萑苇害黍稷，欲恶伤正性。（《庄子·则阳注》）

以"和性""淡性""正性""真性"来描述生命自然之性，表明了郭象对"性"的看法具有一种明显的价值倾向性。在郭象看来，由于万物本性自身就是一种理则、一种真际，故万物本性的运动就具有合目的性。也就是说，万物本性的因性而动，最终导致的恰恰是万物自身存在价值的完满实现。因此，万物本性聚集生存的根据、动力与目的于一身。本性的实现也就意味着万物生命的圆满。这种圆满对于个人生命而言，就意味着个体生存价值的完美实现，成就的是生命应然的自足、自得、自由、逍遥。这应该是道家思想一以贯之的人格理想。虽然现实的生命不乏残暴失性之徒，但郭象依然坚守了一种"以和为贵"的生命理想主义。《庄子·徐无鬼注》云："因其本性，令各自得，则大均也。"这种生命理想主义实因于郭象对"本性"自身的价值性厘定。

再看"理"：

> 忘善恶而居中，任万物之自为，冈然与至当为一，故刑名远已，而全理在身也。（《庄子·养生主注》）
>
> 其理固当，不可逃也。故人之生也，非误生也；生之所有，非妄

有也。(《庄子·德充符注》)

苟知性命之固当，则虽死生穷达，千变万化，淡然自若，而和理在身矣。(《庄子·德充符注》)

物无妄然，皆天地之会，至理所趣。(《庄子·德充符注》)

今人之有所不得，而忧娱在怀，皆物情耳，非理也。(《庄子·大宗师注》)

物得其道，而和理自适也。(《庄子·天道注》)

泯然与正理俱往。(《庄子·刻意注》)

通理有常运。(《庄子·外物注》)

至顺则全，迕逆则毁，斯正理也。(《庄子·天下注》)

以"全理""理当""和理""至理""正理""通理"来描述自然生命之理，亦显示郭象对"性理"判断的价值性。"理"，本身就是一种理则、条理、原则。它表明了生命之性自身不是杂乱无章、盲目冲动，而是本具有一种内在条理性。正是这种内在条理性，造就了个体生命运行的节奏与韵律。黄圣平说："(郭象)对物性和物性中自有之理都给予了一种价值化把握，并以物性中其理之'通'、'和'和'正'去作为物性自身之'真'、'和'和'正'的依据。"① 生命之性理当有"中庸之符"与自身节当，顺应性理则达至和谐自适。这种本性之理不同于儒家所言的"天理"，它不是普遍性而是个体性的；同样，这种本性之理也不同于儒家的道德心性意识，其运行不是出于自觉的道德自律而是出于生命自然的自发。所以，每个人的生命之性虽然不同，但都有着自适其性、适性逍遥的自足与自由。《庄子·逍遥游注》云："故大鹏之能高，斥鴳之能下，椿木之能长，朝菌之能短，凡此皆自然之所能，非为之所能也。"性分虽异，但就个体的圆满自足来说，则无价值的高下。"形大未为有余，形小不为不足……无小无大，无寿无夭，是以蟪蛄不羡大椿而欣然自得，斥鴳不贵天池而荣愿以足。"(《庄子·齐物论注》) 大鹏无须嗤笑燕雀，燕雀也无须钦慕大鹏，各安其性，皆为至足，所谓"物各有足"(《庄子·大宗师注》)、"物无贵贱，

---

① 黄圣平：《郭象玄学研究：沿着本性论的理路》，华龄出版社，2007，第37页。

得生一也"(《庄子·人间世注》)。这种对万物性分不可比较性乃至平等性的看法相比汉魏以元气、阴阳五行谈论才性的等级观念,对人的生命意识有了一种新的提升。

由此可见,郭象对生命本质的看法实含着一种价值倾向性。与先秦道家一致,郭象把生命的平淡、和谐、通达等视为一种人格理想。

不但如此,郭象作为儒道思想调和者,对人之本性的规定还突破了庄子的自然性立场。郭象把至孝、仁义、社会性的事能等也纳入了人性范围,称之为"性分"。《庄子·骈拇注》云:"夫仁义自是人之情性,但当任之耳。"《庄子·天运注》云:"夫仁义者,人之性也。"郭象把仁义视为人的性分,说明他认可的仁义只是发于自然本性的真仁义。《庄子·马蹄注》云:"马之真性,非辞鞍而恶乘。"在郭象看来,马的真性也不是"放而不乘",而是要尽其所能,"适迟疾之分"。《庄子·逍遥游注》云:"物任其性,事称其能,各当其分。"也就是说,在郭象看来,自然产生的名教和自然具有的性能就是人之本性的表现。所以,尊重本性,既要尊重它的自然之性,也要尊重它的社会性分。虽然郭象对本性的理解在逻辑上存在问题,但还是为人的自然性与社会性找到了一种较恰当的平衡。这种把一些德性内化为本性的思想,也让生命之性理的实现有了从狂放纵肆走向平缓适度的可能。这一点对理解两晋士风的转向当有重大意义(详见第六章)。

"性理""性分"的表述皆表明,郭象对生命本质之性的看法实贯通一种合理、分寸、和谐原则。相比汉代才性论以气禀论性的驳杂性、多元性、情气交感性,郭象本性论呈现了生命的条理性、平简性、淡然自适性。这种注重神理的玄学理想人格观亦是魏晋名士所推崇的。当然,由于生命之性是一个动态发展过程,故基于本性论哲学对"性理""性分"进行界定是很困难的,这也会导致郭象推崇自然条理的生命价值观在理论上存在困境。

综之,郭象本性论对生命所持的本质性、个体性、能动性、价值性的观念,系统地呈现了玄学观念下的个体生命意识基本特性。它标志着魏晋一种新的个体生命意识的形成,而魏晋名士所彰显出的生命观念多能从这种生命意识中得到说明。

第三节 魏晋名士对生命个体本性的自觉

由于缺少向、郭哲学影响魏晋具体士风的直接材料，故要说明郭象的玄学生命观与魏晋士风之间的密切关系，这本身是一个非常棘手的理论问题。但如果撇开材料的掣肘，把郭象哲学置于当时的玄学主流思潮下，推认郭象哲学与魏晋士风之间的内在关联是完全可能的①。《晋书·向秀传》载："秀乃为之隐解，发明奇趣，振起玄风，读之者超然心悟，莫不自足一世也。惠帝之世，郭象又述而广之，儒墨之迹见鄙，道家之言遂盛焉。"由"振起玄风""莫不自足一世""道家之言遂盛"的表述可知，《庄子注》对魏晋思想的影响是广泛与深刻的。我们并不能因为较少看到郭象哲学与魏晋美学思潮之间的直接勾连性材料，就忽视郭象《庄子注》所散发出的时代美学亮度。对于魏晋庄学而言，虽然《庄子》一书大行于世，然《庄子》高迈超俗的思想境界却难以得到魏晋名士的体认。因而，真正切入士人心态的恰恰是把《庄子》精神落到实处的向、郭《庄子注》。徐复观就说："竹林名士，在思想上实系以《庄子》为主，并由思辨而落实于生活之上，这可以说是性情的玄学……到了元康名士（即中朝名士），则性情的玄学已经在门第的小天地中浮薄化了，演变而成为生活情调的玄学。"②可以说，《庄子注》就是徐复观所说的那种对魏晋名士影响巨大的生活情调的玄学。

为了更具体地确证郭象人性论哲学与魏晋名士生命意识之间的内在关联，笔者将以《世说新语》所载士风材料为例，以对照说明魏晋名士对生命的认知实蕴含着郭象人性论哲学的潜在影响。正如前面论述的，郭象本性论哲学建构了魏晋时期一种新的玄学生命意识，而本论题的目的恰是要说明这种玄学生命意识同时也构成了魏晋名士的主流生命意识。或者

---

① 这种内在关联有两个意思：第一，向、郭哲学确实对狭义意义上的魏晋时期（自魏正始年间竹林时期至东晋亡国止，其中又以东晋为核心时间段）之士风产生了重大影响；第二，从人性论哲学阐释上来说，向、郭哲学的生命观堪称魏晋主流生命意识的理论写照。其理论既可以是时代士风的总结，又可以进一步推动时代士风的发展。

② 徐复观：《中国艺术精神》，广西师范大学出版社，2007，第111页。

说，魏晋名士的主流生命意识即被呈现在郭象的本性论生命观中。下面笔者将以《世说新语》中相关魏晋名士生命意识的具体材料为例，来论证郭象玄学生命观与魏晋名士生命意识之间的关联。

由于《世说新语》的年代跨度性，其对于人性问题的看法既贯有汉代才性论，也贯有玄学本性论，其关系往往也殊难论断。鉴此，下面以上述郭象玄学本性论的个体生命意识基本特性为参照，以比照的方法来揭示《世说新语》中所蕴含的主流生命意识，以期勾连二者之关系。可以说，郭象注重本质性、个体性、能动性、价值性的生命观与魏晋名士崇本性、标自我、尚任诞①、重神理的生命意识是息息相关、彼此呼应的。

一、魏晋名士崇尚"本性"的生命意识

对《世说新语》中的"性"字做考察，是通达他者生命世界的一座桥梁，也是理解魏晋士人眼中的"何谓人性""何谓生命"之本质性提问的便捷法门。与郭象对"性"的推崇一致，《世说新语》对魏晋士人的品藻也往往以"性"言之。以"性"鉴人，表明《世说新语》推崇的也正是一种本质性、精简式的论人方式。《世说新语》中使用"性"字的主要条目如下：

> 王安丰遭艰，至性过人。裴令往吊之，曰："若使一恸果能伤人，濬冲必不免灭性之讥。"(《世说新语·德行》)
>
> 祖光禄少孤贫，性至孝，常自为母炊爨作食。(《世说新语·德行》)
>
> （殷仲堪）虽欲率物，亦缘其性真素。(《世说新语·德行》)
>
> （张天锡）淳酪养性，人无嫉心。(《世说新语·言语》)
>
> 陶公性检厉，勤于事。(《世说新语·政事》)
>
> 夏侯湛作周诗成，示潘安仁。安仁曰："此非徒温雅，乃别见孝悌之性。"(《世说新语·文学》)
>
> 峤性雅正，常疾勖谄谀。(《世说新语·方正》)

---

① 由于尚任诞的士风还与郭象的性情关系紧密关联，故放在第五章展开论述。

羊忱性甚贞烈。(《世说新语·方正》)

(钟雅)君性亮直。(《世说新语·方正》)

(庾子嵩)其性俭家富。(《世说新语·雅量》)

庾太尉风仪伟长,不轻举止,时人皆以为假。亮有大儿数岁,雅重之质,便自如此,人知是天性。(《世说新语·雅量》)

刘尹每称王长史云:"性至通,而自然有节。"(《世说新语·赏誉》)

谢中郎云:"王修载乐托之性,出自门风。"(《世说新语·赏誉》)

真长性至峭。(《世说新语·赏誉》)

颛性弘方……广性清淳。(《世说新语·品藻》)

(谢万)以率任之性,欲区别智勇。(《世说新语·品藻》)

王夷甫妇郭泰宁女,才拙而性刚,聚敛无厌,干豫人事。(《世说新语·规箴》)

(刘道真)性嗜酒。(《世说新语·简傲》)

范性矜假多烦,故嘲之。(《世说新语·排调》)

(诸葛令女)性甚正强。(《世说新语·假谲》)

和峤性至俭。(《世说新语·俭啬》)

陶性俭吝。(《世说新语·汰侈》)

王蓝田性急。(《世说新语·忿狷》)

谢无奕性粗强。(《世说新语·忿狷》)

由上述24则"性"字的使用可知,《世说新语》对"性"的看法所持的是一种才性论立场。"贞烈""亮直""至峭""性刚""正强""性急""粗强"体现了汉代阴阳刚柔的才性论观念,而"至性""至孝""真素""养性""检厉""孝悌""雅正""性俭""雅重""至通""乐托""弘方""清淳""率任""俭吝"等则有明显的玄学本性论特征。除此之外,为《世说新语》做注的刘孝标在注引的魏晋史书中,也保留了很多当时对"性"字的使用情况,如"司徒会稽王天性虚澹"(《世说新语·言语》刘孝标注引《高逸沙门传》)、"鲲性通简"(《世说新语·文学》刘孝标注引《晋阳秋》)、"(戴逵)少有清操,恬和通任……性甚快畅,泰于娱生"

(《世说新语·雅量》刘孝标注引《晋安帝纪》)、"翰任性自适，无求当世，时人贵其旷达"(《世说新语·任诞》刘孝标注引《文士传》)、"逖性通济，不拘小节"(《世说新语·任诞》刘孝标注引《晋阳秋》)、"(谢尚)性通任，善音乐"(《世说新语·任诞》刘孝标注引《晋阳秋》)、"(孙统)少诞任不羁，家于会稽，性好山水"(《世说新语·任诞》刘孝标注引《中兴书》)、"徽之任性放达"(《世说新语·任诞》刘孝标注引《中兴书》)等。显然，"虚澹""通简""快畅""旷达""通济""通任""好山水""放达"等对"性"的描绘，体现的也是玄学本性论观念。

这些有关"性"的主要条目呈现了如下两个重要问题：

第一，魏晋所论的生命之性主要指的是一种自然本具之性，为天性、本性。第11则材料明确说明了这是"便自如此，人知是天性"。其所说的"至孝"之德性也是天生的，而非由外在之礼所规范的"孝道"。《世说新语·德行》刘孝标注引《晋阳秋》载："(王戎)性至孝，不拘礼制，饮酒食肉，或观棋弈，而容貌毁悴，杖而后起。"《世说新语·任诞》刘孝标注引《魏氏春秋》亦载："籍性至孝，居丧虽不率常礼，而毁几灭性。"王戎、阮籍的至孝实只是出自自身本性的流露，而非出自礼教的要求。此表明，魏晋所推崇的仁义、至孝等德性与儒家所说的礼教道德纲目是有区别的。《世说新语·言语》刘孝标注引《高逸沙门传》所言的"司徒会稽王天性虚澹"则表明，魏晋所论的性"虚澹""平淡""通简""平简""通济""放达"等也是指天性、本性，是自然如此的。这些人格理想虽然也是先秦老庄哲学所主张的，但先秦道家更侧重于从心性提升的精神境界上来谈这种人格理想，故二者也是有区别的。毋宁说，魏晋所论的自然天性实就是在郭象的本性论意义上使用的。第12则材料所说的王濛"性至通，而自然有节"可谓与郭象本性论观念毫无二致。

第二，魏晋所论的生命之性虽然既有汉代才性论又有玄学本性论，但对二者的区别已有一定的理论意识。第16则材料评述谢万"以率任之性，欲区别智勇"明确点出了本性之率任与才性之智勇的区别。按前面对《人物志》才性论与玄学本性论的区分，"智勇"偏于从汉学实用的才性观来品鉴人，而"率任"则偏于从玄学本性论来品鉴人。从《世说新语》对"性"的使用情况来看，从本性论角度品鉴人远比从才性论角度品鉴人的频率高。这就说明，魏晋名士对生命本质的理解更多的是从本性论入手的。这一现象的出现得益于玄学的中兴，与郭象本性论生命观是相互契合的。

姚维在具体辨析魏晋"性""才"概念的基础上认为："魏晋人的人性观既保留了汉代清议遗留下来的道德观、'孝廉'的形式，又更换了更接近玄学宗旨的实质内容——'孝'、'简'、'平淡'，同时大胆地在'性'的名下引入了极能表现个性存在特征的意志、情感要素。任性、任情反映了魏晋人个性意识的觉醒和个性解放的思想潮流。"① 此当是一种较为准确的判断。魏晋名士对本性的注重，必然意味着他们在品鉴人时，将透过形相更多地把目光聚于最能体现生命本质的内在性理上。《晋书·王戎传》载："阮籍与浑为友。戎年十五，随浑在郎舍。戎少籍二十岁，而籍与之交。籍每适浑，俄顷辄去，过视戎，良久然后出。谓浑曰：'濬冲清赏，非卿伦也。共卿言，不如共阿戎谈。'"同样的观看者，面对不同的观看对象时，有的人如同毫无意味的画作一样，"无一点俊发，看数尺许便倦"，唯有"神彩秀彻"的王戎才能成为清赏的对象。其中，吸引观看者的正是被看者所展现出的生命本真之性。

二、魏晋名士注重神理的生命意识

形神问题是中国哲学、中国美学的重要论题。魏晋时期，随着才性论生命观向本性论生命观的转变，人之品鉴也由以形为主实现了向以神为主的转变。"汉代相人以筋骨，魏晋识鉴在神明。"② 作为生命本质与"形式因"的内在精神、性理或神是只可感受，而看不见、摸不着的。所以，要领会个体生命的本质，就应该不止步于一个人的外在具体形相，而应该发挥一个人自身的想象力（迁想妙得），由形入神并直探其本，以期达至对一个人生命本质的领会。徐复观说："当时艺术性的人伦鉴识，是在玄学、

---

① 姚维：《才性之辨：人格主题与魏晋玄学》，人民出版社，2007，第90页。该书以才性论统摄《人物志》人性观与魏晋玄学人性观，较好地呈现了才性论主题的理论发展历程及其与魏晋玄学的关联。甚为可惜的是，该书缺少了对郭象本性论这一重要人性论发展阶段的考察。

② 汤用彤：《魏晋玄学论稿》，上海古籍出版社，2001，第36页。

实际是在庄学精神启发之下，要由一个人的形以把握到人的神，也即是要由人的第一自然的形相，以发现出人的第二自然的形相，因而成就人的艺术形相之美。"① 徐复观所说的"第一自然的形相"即形，"第二自然的形相"即神。这里，形与神不是二分的，皆为"自然的形相"。虽然神就在形中，但其不是简单的材质肉身之形而是形中内蕴的一种生命条理。按徐复观的说法，魏晋人物品藻中大量使用的"神姿""神貌""神情""风神""风颖""风气""风情""风韵""清""虚""朗""达""简""远"之类，都是对于神的描述②。此说甚是。但是，徐复观把庄子的艺术主体精神全然套用在玄学上并以一种"情调上的超越"来释魏晋人物之神，则并未看出郭象《庄子注》相对于庄子自身哲学来说的理论新变。庄子哲学偏向于心性论，偏向于高迈的心灵境界，故其艺术精神出于一种主体心灵的妙用工夫。但郭象哲学则偏向于本性论，偏向于简易随俗的任性而发，故其艺术精神出于一种生命的盎然天成。在笔者看来，精神境界是具有一种心性超越性的，可以通过后天工夫修养达成，当属于一种纯粹精神性的存在，而本性则不局限于纯粹精神领域，不是后天可学至的，而是一个包含了心理、生理、精神等在内的总体自然生命本质。本性属于生命整体内蕴的生命条理，可以称为生命内在精神、内在生命力、内在性理或生命之神，但不宜笼称为精神境界。

虽然在王弼与嵇康那里，"神"更多地趋向为一种精神境界，但本性论生命观依然是魏晋士人对生命理解的基本姿态③。就此而言，魏晋名士对生命之神理的注重更多的不是对生命精神境界的注重，而是对生命自然天生本性的注重。魏晋人物品藻中作为观看旨趣的生命之神乃经由生命本性的率性而动所带来，或者说，生命之神就是生命本性的"因变立名"罢了。人的本性是天生禀受、生理自足的，为一种原发与本真的生命精神，其实现的途径只在于任性而动。能任性而动，则适性逍遥，呈现生命本质的自由流畅与风神之美。而外在的从感欲求、人情规范、跂慕强学只能矫

---

① 徐复观：《中国艺术精神》，广西师范大学出版社，2007，第116页。
② 同上书，第115页。
③ 从东晋中后期开始，随着佛教与玄学的相互激发，心性的问题又渐趋凸显。支遁对"逍遥游"的新解就是以心性取代本性，使得精神境界的问题重回美学主题，参看本书第七章。

拂其性，使生命形象陷入扭曲、壅塞、丑恶而不可观的泥沼。"人物品藻中的形神和先秦至两汉讨论的形神有一个重大的不同。它不是一般地讨论精神与肉体的关系问题，而是更为具体地讨论人的内在的精神和外形的关系，即如何从人的外形去察知他的内在精神问题。同时，这里所说的精神，已不是一般地指和肉体相对而言的精神，而是指人的性情、个性、才能、智慧、品质，等等。"① 与肉体相对而言的精神是一种纯粹的精神，而性情、个性、才能、智慧、品质等则是因生命本性的运转而呈现出来的个性风流。

正因如此，即使像王敦这样精神修养境界比较差的人，也不妨碍被别人目为"神气豪上"（《世说新语·豪爽》）。其他如王戎、周颙等人就精神修养境界而言也谈不上多么高尚雅致，但其风神个性亦被誉为"名士风流"。另外还有一个值得注意的现象是，在《世说新语》的记载中，还有很多对小孩或少年名士（二者皆不可能具有多高的个人修养之精神境界）进行品鉴的资料。如孔融被收，其两个八岁与九岁的儿子"了无遽容"（《世说新语·言语》）；八岁的谢尚"语已神悟"（《世说新语·言语》）；七岁王戎闻虎吼"湛然不动，了无恐色"（《世说新语·雅量》）；庾亮数岁大儿"神色恬然"（《世说新语·雅量》）；五岁卫玠"神衿可爱"（《世说新语·识鉴》）；总角裴楷与王戎被钟会目为"裴楷清通，王戎简要"（《世说新语·赏誉》）；七岁何晏"明惠若神"（《世说新语·夙惠》）；等等。可见，魏晋名士所谈及的对"神"的赏鉴主要指的是对一个人生命天性、本性的欣赏，而非对一个人精神修养境界的欣赏。林聪舜就说："向郭于魏晋艺术情调浓厚之气氛暨庄学之熏陶下，其适性说实涵有万物呈现出其自身之艺术风姿之意味。"② 魏晋时期艺术上的传神理论、气韵生动论皆应放在这种语境下来进行解读，指的都是审美者所洞察感悟到的审美对象客观性理的呈现。

魏晋名士注重神理的生命意识在人物品藻中具体体现为对一个人本质之性的赏析。由于本性只可感受难以言传，为了达至对一个人本质之性

---

① 李泽厚、刘纲纪：《中国美学史》第二卷，中国社会科学出版社，1987，第136页。
② 林聪舜：《向郭庄学之研究》，台湾文史哲出版社，1981，第67页。

的体会，魏晋人物品藻采用了"精炼性词组"与"类似性感受"两种基本审美把握方式①。精炼性词组为对生命之性的本质性提炼，具体体现为简秀、思致、风神、清简、韶润、高爽、萧条、恬和、通达、朗俊、简贵等虚灵性或体悟性概念。如《世说新语·品藻》载：

> 抚军问孙兴公："刘真长何如？"曰："清蔚简令。""王仲祖何如？"曰："温润恬和。""桓温何如？"曰："高爽迈出。""谢仁祖何如？"曰："清易令达。""阮思旷何如？"曰："弘润通长。""袁羊何如？"曰："洮洮清便。""殷洪远何如？"曰："远有致思。""卿自谓何如？"曰："下官才能所经，悉不如诸贤；至于斟酌时宜，笼罩当世，亦多所不及。然以不才，时复托怀玄胜，远咏《老》《庄》，萧条高寄，不与时务经怀，自谓此心无所与让也。"

以上品人的四字真言皆非实指，其具体意谓是需要对话者自己去感受、领会的。这也表明，中国美学的理论话语往往不是抽象性的概念，而是一种诗性的语言。

有时为了让这种虚灵性本性让人有更真切的体会，在人物品藻中还经常运用类似性感受或意象批评的审美把握方式。如：

> 世目李元礼："谡谡如劲松下风。"（《世说新语·赏誉》）
> 王戎云："太尉神姿高彻，如瑶林琼树。"（《世说新语·赏誉》）
> 王公目太尉："岩岩清峙，壁立千仞。"（《世说新语·赏誉》）
> 时人目王右军："飘如浮云，矫若惊龙。"（《世说新语·容止》）
> 有人叹王恭形茂者，云："濯濯如春月柳。"（《世说新语·容止》）

张法说："所谓类似性感受，就是某人的形象、神态、风韵给人的感受与某种自然物、自然景色、事物或场景给人的感受类似，就以物、以景评人。对风、神、气、韵的感受是难以言传的，通过类似性感受的描绘，把对风、神、气、韵的感受真切而深刻地传达了出来。"② 人物形象与自然感性之美的汇通、人格精神与具体意象的想象性交换，表明了魏晋士人

---

① 张法：《中国美学史》，四川人民出版社，2006，第87页。
② 同上。

眼中的生命不是一种抽象的精神性存在，而是一种具体活泼的生命性存在。个体生命与山水之美的玄同，表明了生命的风度与山水物理互为其宅，二者和谐默契地共振、逍遥于宇宙大化。学界对《世说新语》中人物品藻美学多有研究，此处不再多赘①，仅就魏晋人物品藻如何去"发现"人物神理的两种方式进行说明。

嵇康《养生论》云："形恃神以立，神须形以存。"形神是密不可分的，神的呈现有赖于形，需要"以形观神""见貌征神"——通过玩味形貌而去把握人物之神：

> 嵇康身长七尺八寸，风姿特秀。见者叹曰："萧萧肃肃，爽朗清举。"（《世说新语·容止》）

> 周侯说王长史父："形貌既伟，雅怀有概，保而用之，可作诸许物也。"（《世说新语·容止》）

嵇康、王濛父都是形貌伟岸之人，形神一致，故能先观容貌，然后由表及内、由形入神，始得其风姿与雅怀。这种观看方式往往伴随被观者生命形象由表象到本质的被发现过程：

> 夷甫时总角，姿才秀异，叙致既快，事加有理，涛甚奇之。既退，看之不辍，乃叹曰："生儿不当如王夷甫邪？"（《世说新语·识鉴》）

> 武昌孟嘉作庾太尉州从事，已知名。褚太傅有知人鉴，罢豫章还，过武昌，问庾曰："闻孟从事佳，今在此不？"庾云："卿自求之。"褚眄睐良久，指嘉曰："此君小异，得无是乎？"庾大笑曰："然！"于时既叹褚之默识，又欣嘉之见赏。（《世说新语·识鉴》）

> 郗超与傅瑗周旋。瑗见其二子，并总发。超观之良久，谓瑗曰："小者才名皆胜，然保卿家，终当在兄。"即傅亮兄弟也。（《世说新语·识鉴》）

"看之不辍""眄睐良久""观之良久"皆表明这种审美品鉴是伴随着由形入神的过程感的。特别是褚裒能在众人不言不语的情况下，仅通过形

---

① 李修建：《风尚：魏晋名士的生活美学》，人民出版社，2010。

貌而指出了气度不凡的孟嘉，显示了褚裒观人的高超洞察力。《世说新语·赏誉》就载有郭奕见羊祜而生发的赞叹过程："既见，叹曰：'羊叔子何必减郭太业！'复往羊许，小悉还，又叹曰：'羊叔子去人远矣！'羊既去，郭送之弥日，一举数百里，遂以出境免官。复叹曰：'羊叔子何必减颜子！'"这种"既见叹曰""复往又叹""既去复叹"的时间感实是一个由表及里、由形入神的观看体味过程。随着接触的深入，郭奕愈来愈被羊祜的风度折服乃至出境而不知，可算得上是一种审美上的陶醉。

形神虽一体，但又毕竟不同。作为生命本质的神有时也可以略过形体而被人一眼洞见，从而"聚精会神""即形知性"——在一种本质直观中去把握人物之神：

> 魏武将见匈奴使，自以形陋，不足雄远国，使崔季珪代，帝自捉刀立床头。既毕，令间谍问曰："魏王何如？"匈奴使答曰："魏王雅望非常，然床头捉刀人，此乃英雄也。"（《世说新语·容止》）

> 刘伶身长六尺，貌甚丑顇，而悠悠忽忽，土木形骸。（《世说新语·容止》）

> 庾子嵩长不满七尺，腰带十围，颓然自放。（《世说新语·容止》）

毕竟不是每个人都会形神一致。当形神不一致的时候，人物品藻采用的品鉴方式则是得意忘象、忘形得神。虽然曹操姿貌短小，但匈奴使臣却能遗形得神。刘伶和庾敱虽然都是形貌不佳，但却以神情自放而见赏。据《世说新语·轻诋》记载，裴启假借谢安之口杜撰说："谢安目支道林，如九方皋之相马，略其玄黄，取其俊逸。"《高僧传·支遁传》亦载："每至讲肆，善标宗会，而章句或有所遗，时为守文者所陋。谢安闻而善之，曰：'此乃九方堙之相马也，略其玄黄，而取其骏逸。'"九方皋相马只知千里马之俊逸而不知牝牡毛色一事出自《列子·说符》。刘孝标注引《列子》所载伯乐的话曰："若皋之观马者，天机也。得其精，亡其粗；在其内，亡其外；见其所见，不见其所不见；视其所视，遗其所不视。若彼之所相，有贵于马也。""见其所见，不见其所不见；视其所视，遗其所不视"正是这种"得神遗形"观看方式的说明。这种观看方式往往略其形貌而直入本质，体现为一种本质直观与当下寓目：

和尚天资高朗,风韵遒迈。丞相王公一见奇之,以为吾之徒也。(《世说新语·言语》刘孝标注引《高坐别传》)

石头事故,朝廷倾覆。温忠武与庾文康投陶公求救。陶公云:"肃祖顾命不见及,且苏峻作乱,衅由诸庾,诛其兄弟,不足以谢天下。"于时庾在温船后闻之,忧怖无计。别日,温劝庾见陶,庾犹豫未能往,温曰:"溪狗我所悉,卿但见之,必无忧也!"庾风姿神貌,陶一见便改观。谈宴竟日,爱重顿至。(《世说新语·容止》)

庾长仁与诸弟入吴,欲住亭中宿。诸弟先上,见群小满屋,都无相避意。长仁曰:"我试观之。"乃策杖将一小儿,始入门,诸客望其神姿,一时退匿。(《世说新语·容止》)

"一见奇之""一见改观""一时退匿"都表明这种审美观看是一种观者与对象之神的直接本质照面。这种人物品藻的观照方式与山水审美中的寓目美学观是一致的①。它改变了以往比德的人伦鉴识方式,无需抽象的伦理概念与功利目的为中介,而以直接的审美体验来获得对观看对象本质的感受。《世说新语·贤媛》云:"发白齿落,属乎形骸;至于眼耳,关乎神明。"正因为这种观看方式要"见其所见,不见其所不见;视其所视,遗其所不视",最能体现生命本质的眼睛就往往成为品鉴人物之神的"见其所见""视其所视"了。从孟子的"存乎人者,莫良于眸子"(《孟子·离娄上》)到蒋济的"观其眸子,足以知人"(《三国志·钟会传》)再到顾恺之"明点童子,飞白拂其上,使如轻云之蔽日""四体妍蚩,本无关于妙处;传神写照,正在阿堵中"(《世说新语·巧艺》)之论述可知,眼睛作为生命之性集中体现的观念已深入人心。正因如此,魏晋名士对人物之神的品鉴犹为注重眼神之交会。《世说新语·容止》载:

裴令公目王安丰"眼烂烂如岩下电"。

裴令公有俊容姿,一旦有疾至困,惠帝使王夷甫往看,裴方向壁卧,闻王使至,强回视之。王出语人曰:"双目闪闪,若岩下电;精神挺动,体中故小恶。"

---

① 郑毓瑜:《六朝情境美学综论》,台湾学生书局,1996。

> 王右军见杜弘治，叹曰："面如凝脂，眼如点漆，此神仙中人。"
>
> 谢公云："见林公双眼黯黯明黑。"孙兴公见林公："棱棱露其爽。"

王戎身材短小，不修仪表，但其炯炯有神的眼睛却给自身生命增添了华彩。裴楷疾困之时，容姿不再俊秀，而尚能以眼眸闪动使王衍默识其精神灵动。支道林作为著名僧人，无仪容俊秀之说，但其黝黑发亮的双眼则透露着直爽。眼睛作为人物之神的户牖，是生命本性的最集中散发处。因而，凝聚着生命内在精神的眼神使得生命之神闪烁于外，它如同一道亮光（"烂烂""岩下电""闪闪""挺动""点漆""明黑""露"等都有明亮之意）照彻了生命的本质所在。正因如此，眼睛往往成为遗形取神观看方式的最佳通道。千里马常有，而伯乐不常有。千里马的骏逸风神只有真正懂马的知音才能发见。《世说新语·赏誉》云："闲习礼度，不如式瞻仪形。"通过对被看者生命风流的审美发见，观看者也凭借这种观看的可逆性进一步打开了自身的存在境域。

> 周子居常云："吾时月不见黄叔度，则鄙吝之心已复生矣！"（《世说新语·德行》）
>
> 王平子与人书，称其儿"风气日上，足散人怀"。（《世说新语·赏誉》）
>
> 骠骑王武子是卫玠之舅，俊爽有风姿，见玠辄叹曰："珠玉在侧，觉我形秽！"（《世说新语·容止》）

周子居在见与不见黄叔度之间，自身的生命状态竟有如此大的差异。可见，美的欣赏不是欲望的激发，而是欲望的澄汰。这种对人物之美的纯粹观看，使得观看者自身也跃入一种本性显现的纯粹之境。王徽的"风气日上"足以使王澄"散怀"，而卫玠的"朗然照人"也使得本有风姿的王济"觉我形秽"。通过观赏人物之神、对象之性，自我鄙吝之心、得失之怀、自矜之念等有碍真实自我展现的意欲都得以散去。审美、散怀与神理的呈现于此时此际一体彰显。这里，观看的行为使得观看者体认到了自身生命状态的诸多遮蔽，已然具有引发生命本体存在价值的意义。

观看本身在此成就了观看者与被看者之间相互会通的意义世界。被看者是自我生命之神的舒展，观看者则是自我生命之神的返还。通过观看生命神理，观看者与被看者完成了一段生命本质之间回环赠答、交相辉映的精彩演出。唯有在这种以性观性、性与神会的默识和"客主不交一言"中，彼我双方都打开了自己的生命本性，完成了双方的心契神交。魏晋名士注重神理的生命意识，实有着发现与探询个体生命存在本质的美学意义！

三、魏晋名士高标自我的生命意识

魏晋名士个体生命意识自觉最显著的体现，当属于对自我本性有了一种自我体认。《说文解字》曰："我，施身自谓也。""施身自谓"，即于人群之中对自身的认知。段玉裁注曰："谓用己厕于众中，而自称则为我也。"魏晋名士的自我反身性体认表现为，当个人生命处于人群中时，他们不是让自己泯灭自身风采或趋同于某一固化人格模式，而是能自觉地张扬自我的个性并认知到自身的独一无二性。《世说新语》记载：

> 王太尉不与庾子嵩交，庾卿之不置。王曰："君不得为尔。"庾曰："卿自君我，我自卿卿。我自用我法，卿自用卿法。"(《世说新语·方正》)

> 桓公少与殷侯齐名，常有竞心。桓问殷："卿何如我？"殷云："我与我周旋久，宁作我。"(《世说新语·品藻》)

> 桓大司马下都，问真长曰："闻会稽王语奇进，尔邪？"刘曰："极进，然故是第二流中人耳！"桓曰："第一流复是谁？"刘曰："正是我辈耳！"(《世说新语·品藻》)

> 桓玄问刘太常曰："我何如谢太傅？"刘答曰："公高，太傅深。"又曰："何如贤舅子敬？"答曰："楂、梨、橘、柚，各有其美。"(《世说新语·品藻》)

> 王曰："圣人忘情，最下不及情；情之所钟，正在我辈。"(《世说新语·伤逝》)

> 阮籍嫂尝还家，籍见与别。或讥之，籍曰："礼岂为我辈设也？"(《世说新语·任诞》)

张季鹰纵任不拘，时人号为"江东步兵"。或谓之曰："卿乃可纵适一时，独不为身后名邪？"答曰："使我有身后名，不如即时一杯酒！"（《世说新语·任诞》）

这些材料表明，魏晋名士对自我的认知有如下特征。第一，这种自我非礼法所规约的自我，而是率性之我。第 1 则材料中，庾子嵩随性称王衍为"卿"而不按照礼法称王衍为"君"，并且不顾对方的反对而坚持自我。第 3 则材料表明的是对自我的一种自信。第 6 则材料则直接表明了自我与礼法所设定的规范毫不相干。第 7 则材料所指的我亦非功名利禄之我，而是任性纵适之我。第二，这种自我是独一无二、不可替代的。第 2 则材料中，殷浩面对桓温的竞心，明确表明了对自我独特性的珍视。殷浩对桓温的回答体现了晋人对自我生命独特性与不可比较性的自觉认识。"我与我周旋久"指的是我之生命与生俱来，而"宁作我"则是对个体我之生命的绝对肯定，也同时意味着我之生命的独一无二性与不可比较性。第 4 则材料中，刘瑾面对桓玄的咄咄逼问，直接以各有所长、各有其美来表明人与人之间的不可比较性。第三，这种自我非圣人境界论上的大我，而是一种至性至情之我。第 5 则材料中，王衍面对稚子的夭折，其情虽有所累，但亦是与出自本性的至亲之哀相关联的。张季鹰"纵任"的是生命本具的自我性情，踵武阮籍，故被时人号为"江东步兵"。

由此可见，魏晋名士对自我的体认实与先秦儒家和道家对自我的看法有着差别。儒家之我往往强调道德意识的主宰性，这种我是一种德行之我。《论语·述而》云："我欲仁，斯仁至矣。"《孟子·公孙丑下》云："如欲平治天下，当今之世，舍我其谁也？"这种自我皆为道德理性主宰的我，而魏晋名士标榜的自我则是感性个体之我、本性之我，是可以被审美鉴赏的我。魏晋名士之自我亦与庄子之我有别。《庄子》里对"我"的使用有两个层次。一是指俗世之我，是具有偏执与成心之我。对于这种我，庄子主张应"丧我""忘我""无我"。二是指真我，是具有精神自由境界之我。对于这种我，庄子认为此乃与天地并生、与万物为一的我。可见，庄子对真我的高扬，实是出于一种心性修养之我，有点类似于魏晋玄学所言的圣人境界论上的我。魏晋名士普遍认为圣人是不可学不可至的，其对心性修养之我尚未重视。他们最为标榜之自我乃是出于先天本性、具有神情气韵、率性纵适之自我。魏晋名士的这种自我生命意识与郭象的个体性之我当是密切关联的，或者至少说是一种时代思潮的桴鼓相应。郭象《庄子注》中对自性、本性之我有大量的描述：

  自然生我，我自然生。故自然者，即我之自然，岂远之哉！（《庄子·齐物论注》）

  故生为我时，死为我顺。时为我聚，顺为我散，聚散虽异，而我皆我之。则生，故我耳，未始有得；死，亦我也，未始有丧。（《庄子·德充符注》）

  夫形生老死，皆我也。故形为我载，生为我劳，老为我佚，死为我息。四者虽变，未始非我，我奚惜哉！（《庄子·大宗师注》）

  受生有分，而以所贵引之，则性命丧矣。若乃毁其所贵，弃彼任我，则聪明各全，入含其真也。（《庄子·胠箧注》）

  效之则失我，我失由彼，则彼为乱主矣。夫天下之大患者，失我也。（《庄子·胠箧注》）

  若夫轻身以赴利，弃我而殉物，则身且不能安，其如天下何！（《庄子·在宥注》）

  所贵者我也，而我与变俱，故无失也。（《庄子·田子方注》）

  在郭象那里，每个生命之我即自然所具之我。我顺自然之性而动，即得自我之真。生命的生死聚散皆自然而然，只有任我之自有并弃非我之所贵，才能不失我。故我之为我，根于天性，遵于本性，不束于外物得丧而卓然独立。反之，"失我""弃我"则是偏离生命正轨，导致天下大乱。郭象《庄子·大宗师注》云："然则凡得之者，外不资于道，内不由于己，掘然自得而独化也。"如果说，"外不资于道"表明的是生命的实现路径不能由外在做主，"内不由于己"则同时表明生命的实现路径也不能由内在之"己"做主。这种"己"不是"本然之我"，而是一种超出本性的有心、有欲的"主观之我"。任何外在于生命个性的规范和任何多于内在性分的智用、欲求都是对生命的鞭挞与伤害。由此，生命之本然之我就当是高标我之为我即可。既拒绝外在违背自然生命的束缚，又拒绝内在的非分之想，活出"就这一个"自我的精彩，正是魏晋名士高标自我生命意识的基本特色。

　　从郭象本性论哲学来揭示其与魏晋个体生命意识自觉的关系，更多的是以一种静态的结构分析方法来展示郭象与魏晋士风的关系。然而，魏晋名士的生命意识不单停留在这种静态的比照性结构关联中，还体现在生命自身的现实行为里。"情者，性之动也。"性作为生命的本有状态，必然要面向经验的现实世界走向生命的动态发展过程。生命本性与外在世界相遇，就产生了作为生命在世状态的"情"的问题。接下来的一章，笔者将继续围绕着郭象哲学的性情关系来进一步分析郭象本性论哲学与魏晋风流之间的关系。这将是从动态角度进一步来分析郭象人性论哲学与魏晋个体生命行为之间的诸多关联。

第五章　郭象性情论与魏晋风流

魏晋风流所昭示的生命之美，经过鲁迅、吴世昌、宗白华、冯友兰、王瑶、袁行霈等人的阐发，历来受到魏晋美学研究者的重视。然而，仅仅停留于现象层面的美学描述也使得对该领域的研究推进乏力。魏晋风流作为一种独特的审美现象，在深层次上依赖于一种新的人性论、人生观的出现。只有对个体生命性情有了一种新洞见，对个体人生价值有了一种新觉醒，魏晋士人方能在日常生活中彰显出特立独行、摇曳多姿的生命风流。冯友兰在《论风流》一文中就认为魏晋风流是一种人格美，需具有"必有玄心""必须有洞见""必须有妙赏""必有深情"四个构成条件①。因此，对魏晋风流的研究，除了从现象层面对其具体美学形态进行描述与总结外，还应该深入"玄心""深情"等人性论、人生观的层面来对这一独特历史现象进行哲学考察。"风流者，如风之飘，如水之流，不主故常，而以自在适性为主。"② 牟宗三以郭象的"自在适性"来释风流，可谓独具慧眼。然而，在众多的中国美学通史与魏晋美学断代史研究著作中，郭象人生哲学与魏晋风流之间的内在关系并未得到足够重视。本章意图从郭象性情关系入手，来展开对魏晋风流的一种哲学解读。

---

① 冯友兰：《三松堂全集》第五卷，河南人民出版社，2001，第311－314页。
② 牟宗三：《才性与玄理》，广西师范大学出版社，2006，第58页。

第一节　郭象的性情关系论

郭象性情关系论是其本性论哲学的动态延展。在郭象的人生哲学里，性是生命的本质所在，是生命行为得以展开的根据。生命的动态展开即以性为根据、为动力的自动过程。"情者，性之动也。"这种生命的动态展开在理论上呈现出的就是性情关系的问题。相较于内在于生命本质的性而言，情要显得驳杂一些。一方面，从生命的本然角度而言，情乃性之动，任性即是任情，此为性命之情、性情；另一方面，从生命的现实或实然角度而言，性之动又往往会受到情欲、心智以及外在事物的影响，从而滋生出一种益生的是非好恶之情、感物之情。正因为情处于性与物的相互拉锯之间，现实生命的具体形态往往呈现为多重性情关系的矛盾统一。通过对性情关系的把握，能更好地展示生命在世的基本存在方式。正由于性情关系的复杂性，其在郭象哲学中也有着性情统一、性情分离、以理遣情等不同的关联模式。这些性情和谐、性情对立、以理遣情的关联模式看似矛盾但自成一统，展现了生命性情的辗转与周旋，堪称魏晋风流的最佳写照①。

一、理想和谐的性情关系

既然郭象把性视为生命的本质、动力与目的，那生命最恰当的方式当是循性自然而动，由此呈现一种纯任性动之情的自足自由的生命形态。从逻辑上说，这种任性而动的性情关系既根植于郭象哲学所判定的生命初始状态，又应当成为郭象哲学所主张的生命理想状态，可视为一种本然与应然相统一的生命状态。在这种本然、应然的生命形态中，性即是情，情即是性，二者和谐一体，为一种最简率也最理想的生命在世方式。这种任性而发的情，在郭象那里被名为称情、达情、大情、性命之情、情性、率情等：

> 若乃失乎忘生之生，而营生于至当之外，事不任力，动不称

---

① 吴冠宏：《魏晋玄论与士风新探：以"情"为绾合及诠释进路》（台湾花木兰文化出版社，2009）一书对魏晋玄学中的"情"论问题及其与魏晋士风的关系有较好阐释，可资参阅。

情，则虽垂天之翼不能无穷，决起之飞不能无困矣！（《庄子·逍遥游注》）

是以达生之情者，不务生之所无以为；达命之情者，不务命之所无奈何也。全其自然而已。（《庄子·养生主注》）

以有系为县，则无系者县解也。县解而性命之情得矣。此养生之要也。（《庄子·养生主注》）

则一生之内，百年之中，其坐起行止，动静趣舍，情性知能，凡所有者，凡所无者，凡所为者，凡所遇者，皆非我也。理自尔耳，而横生休戚乎其中，斯又逆自然而失者也。（《庄子·德充符注》）

故无外无内，无死无生，体天地而合变化，索所遁而不得矣。此乃常存之大情，非一曲之小意。（《庄子·大宗师注》）

夫知礼意者，必游外以经内，守母以存子，称情而直往也。若乃矜乎名声，牵乎形制，则孝不任诚，慈不任实。父子兄弟，怀情相欺，岂礼之大意哉！（《庄子·大宗师注》）

此任其性命之情也。（《庄子·天地注》）

情尽命至，天地乐矣。事不妨乐，斯无事矣。情复而混冥无迹也。（《庄子·天地注》）

各自行其所能之情。（《庄子·天道注》）

恣情任彼，故彼各自当其责也。（《庄子·山木注》）

因形率情，不矫之以利也。（《庄子·山木注》）

"动而称情""称情直往""自行其情""恣情任彼""因形率情"都表明这种"达生之情""达命之情""大情""性命之情"是一种随性自发自动之生命情态。由于这种情是因性理而发的，故其乃性的动态展开与外在显现。它把内在于生命自身的本质力量绽放于外，体现了生命内在本质本有的生命动能和生命节律。因此，郭象"任性称情"的性情一体观真实无妄地呈现了生命固有的本质力量或生命风流。

这种生命风流只因凭于生命独有之性，而不黏滞任何非性分所具的是非念想、闻见知用、情志好恶。《庄子·达生注》云："不虑而知，开天也；知而后感，开人也。然则开天者，性之动也；开人者，知之用也。性动者,遇物而当,足则忘余,斯德生也;知用者,从感而求,倦而不已,斯贼生也。任其天性而动,则人理亦自全矣。民之所患,伪之所生,常在于知用,不在于性动也。"郭象区分了"性之动"与"知之用"两种生命形态。作为理想和谐的"性之动"应是内无知用念想、外无感物缱绻,是既不黏滞于内在心志也不感求于外在物累的任其天性而动。这表明,郭象所说的任性情而动,并不意味着想做什么就做什么。因为一旦出于"知用"之念想或"从感而求",其行为自身就已经偏离了任性而动了。《庄子·缮性注》云:"此淡泊之情也。"与嵇康对音乐本质的看法一致,在郭象那里,人的本性自身也是无所谓善与无所谓恶的,而只有自然之和。也就是说,人之本性是有分度与自然条理的。听任本性只是把生命所具的自然性理与自然本分毫无约束地铺陈舒展而已,并不导致为所欲为的结果。所谓的桀纣嗜杀成性,并非支遁批评郭象时所认为的那样乃本性使然,更多的是出于"知之用"与欲念之求。这种行为不但偏离了自身的本性之和,且在嗜杀别人的行动中亦破坏或毁灭了他者的本性实现,故根本谈不上是任性而动。任性而动,则本心、欲望都恰如其分足于本用,故无累而自得。"无涯之知"与"贵多之欲"则超出性分,作茧自缚。"夫去知任性,然后神明洞照,所以为贤圣也。"(《庄子·天下注》)由此可见,郭象所言的生命任性而动是生命自然的和谐条畅,而并不是生命的肆意浪荡与骄奢淫逸。就此而言,晋人中那些"对弄婢妾""露其丑秽"的淫逸之举实属于"从感而求,倦而不已"的"知用"之动,与真正的名士风度无涉。

从生命根源上说,郭象的这种性命之情内不据于心志、外不据于物感,而只是据于生命的本性,彰显了一种生动活泼、自由无滞的生命精神。不过要指出的是,由于郭象对生命本性的理解与庄子不同,其"任性称情"的生命形态与庄子也有所区别。一方面,与庄子"以心复性"的超越高迈的精神境界哲学不同,郭象的"任性称情"更注重的是类似无意识状态的人之本性的直来直往,而没有心之曲折的心性反本工夫;另一方面,与庄子对社会性内容、成心、偏情的完全拒斥不同,郭象不是从精神心性而是从才性、本性角度来谈论生命禀受的,因而他把生命禀领所受的性分、成心乃至偏情也视为一种本性。

夫仁义自是人之情性，但当任之耳。(《庄子·骈拇注》)

夫仁义者，人之性也。(《庄子·天运注》)

夫心之足以制一身之用者，谓之成心，人自师其成心，则人各自有师矣。人各自有师，故付之而自当。(《庄子·齐物论注》)

文者自文，武者自武，非大人所赐也。若由赐而能，则有时而阙矣。岂唯文武，凡性皆然。(《庄子·则阳注》)

从性之内容而言，郭象对人之本性的规定突破了庄子的自然性立场，他把至孝、仁义、社会性事能等也纳入了人性范围。郭象对人性的这种理解显然比庄子要宽泛，因而更能融入社会现实。从人各有性而言，郭象认为，由于每个人的生命都是自然所成，各有所受，故每个人天生就具有与生俱来的成心、偏情。因而，如果任性而动，则生命情态必然气质万千，各不相同。也就是说，郭象通过把人天生所具的成心、偏情本性化，正视了个体生命的不完善性，因而更能贴近现实人情。不过，在郭象哲学中，既存在着郭象认可的本性所具的属于生命个性的成心与偏情，也存在着郭象反对的超出本性的成心与偏情。那种本性化的成心、偏情与后天滋生的成心、偏情不同，前者为本性所具，后者为本性之外。郭象对本性内涵的扩大，使其本性更贴近了具体的现实生命本身。相比庄子对社会性事能、成心、偏情的排斥，郭象对本性的这种新解，既使得每个人的适性逍遥成为可能，也造就了每个人适性逍遥的形态万千。对于庄子而言，人要获得一种逍遥境界，需要通过自我的心性修养工夫去除成心、偏情的侵扰，以获得一种精神的高迈自由；对于郭象而言，人只要任性而动即可适性逍遥。这样，郭象的任性而动就把庄子借助心性提点的曲折工夫给简易化了。应该说，郭象的这种新解给每个普通人获得适性逍遥提供了可能。郭象将庄子高迈超俗的人格理想、主观境界形态的自由落实为一种具有现实实践性的人格理想以及客观实然形态的自由。

"任性称情"作为互为依存、互为一体的理想和谐性情关系，实是一种本然的也当是一种应然的生命形态。但人一旦生存于世，就难免与世间万物打交道，这就难免产生世情、物情；同样，人在与世界打交道的过程中，人的成心、偏情也难免与物相接，滋生出超出性分的是非成见、益生之情。因而，就现实形态而言，性情关系必然会面临着相互对立的实然层面。

二、现实对立的性情关系

由本性而动之情为一种与性一体的性命之情，属于理想的人生在世状态。然而，人生在世难免与物交接并情有所好，其现实性情就很难保持那种理想的纯粹性。因此，在性情之外，人还会滋生很多是非之情、忧乐之情、物情、偏情等。与根据本性之动的性情关系不同，这些情要么根据人的知用是非，要么根据外在物感，因而都是性外之情：

> 我以为是，而彼以为非；彼之所是，我又非之，故未定也。未定也者，由彼我之情偏。（《庄子·齐物论注》）
>
> 夫自是而非彼，彼我之常情也。（《庄子·齐物论注》）
>
> 道亏则情有所偏而爱有所成，未能忘爱释私、玄同彼我也。（《庄子·齐物论注》）
>
> 欲胜情至，潜兴害彼者也。（《庄子·人间世注》）
>
> 人皆知金之有系为不祥，故明己之无异于金，则所系之情可解，可解则无不可也。（《庄子·大宗师注》）
>
> 五藏之情，直自多方耳。而少者横复尚之，以至淫僻，而失至当于体中也。（《庄子·骈拇注》）
>
> 然情欲之所荡，未尝不贱少而贵多也。见夫可贵而矫以尚之，则自多于本用而困其自然之性。（《庄子·骈拇注》）
>
> 委蛇任性，而悚惧之情息也。（《庄子·天运注》）
>
> 知其小而不能自大，则理分有素，跂尚之情无为乎其间。（《庄子·秋水注》）
>
> 若乃忘其自为之功而思夫相为之惠，为之愈勤而伪薄滋甚，天下失业而情性澜漫矣，故其功分无时可定也。（《庄子·秋水注》）
>
> 父子君臣，怀情相欺，虽欲偃兵，其可得乎！（《庄子·徐无鬼注》）

偏情源于是非之心、忧乐源于感物太深、淫僻荡情源于跂尚、悚惧源于越性、伪薄源于有为，这种世俗益生之情皆超出性分之外，因而给现实生命增添了无穷的郁结。人往往陷溺于是非、偏爱、忧虑、娱乐、欲望、牵挂、恐惧、企羡、虚假、欺诈之困顿中难以自拔。也就是说，在郭象看来，性命之情与益生之情恰处于一种对立关系之中。个体要想保有性命之情与生命之风流，则须摆脱益生之情与生命之郁结；反之，生命一旦纠缠于益生之情，则会郁结不堪，使生命形象陷入扭曲、壅塞而不可观的泥沼。

《庄子·大宗师注》云："有无情之情，故无为也。"与庄子一样，郭象并非完全拒斥情本身，其所谓的"无情"，皆是要对跂尚之情、是非好恶之情予以否定。在《庄子·德充符》中，有一段著名的庄子与惠施关于"无情"与"有情"的辩论。在惠施看来，既然是人，就必然有情、有好恶。庄子则认为，人乃禀天道所成，因其自然则无情无好恶。郭象对这段辩论的注解为：

> 人之生也，非情之所生也。生之所知，岂情之所知哉？故有情于为离旷而弗能也，然离旷以无情而聪明矣；有情于为贤圣而弗能也，然贤圣以无情而贤圣矣。岂直贤圣绝远而离旷难慕哉？虽下愚聋瞽及鸡鸣狗吠，岂有情于为之，亦终不能也？不问远之与近，虽去己一分，颜孔之际，终莫之得也。是以关之万物，反取诸身，耳目不能以易任成功，手足不能以代司致业。故婴儿之始生也，不以目求乳，不以耳向明，不以足操物，不以手求行。岂百骸无定司，形貌无素主，而专由情以制之哉！
>
> 未解形貌之非情也。以是非为情则无是无非无好无恶者，虽有形貌，直是人耳，情将安寄！任当而直前者，非情也。止于当也。未明生之自生、理之自足。生理已自足于形貌之中，但任之则身存。夫好恶之情非所以益生，只足以伤身，以其生之有分也。夫神不休于性分之内则外矣，精不止于自生之极则劳矣，故行则倚树而吟，坐则据梧而睡，言有情者之自困也。言凡子所为，外神劳精，倚树据梧，且吟且睡，此世之所谓情也。而云"天选"，明夫情者非情之所生，而况他哉！故虽万物万形，云为趣舍，皆在无情中来，又何用情于其间

哉！(《庄子·德充符注》)

这里，郭象以"自生"与"有情"的对比来注解庄子和惠施关于无情与有情的辩论问题。针对惠施的有生则有情的论点，郭象认为，人是自生的，而不是由情而生的。自生，即任自然之性自然生成，因而纯任生命之理，来不得任何造作妄为；有情，则以是非好恶等外力来干涉生命之理的独化。在郭象看来，生命的出现是自然生成的，不论是离旷、贤圣乃至"下愚聋瞽""鸡鸣狗吠"等，都是自然而然的生命现象，都遵循着自身性理而任当直前，并非跂尚之情所能达至。这种任性而动的生命生理自足，无是无非、无好无恶，只是任性理自然而发。《庄子·人间世注》云："然知以无涯伤性，心以欲恶荡真。故乃释此无为之至易，而行彼有为之至难，弃夫自举之至轻，而取夫载彼之至重，此世之常患也。"因而，任性自生本是生命的不得不然，根本无须是非好恶之情措意其间。既然自生即是无情，则个体生命要保持自身的自生独化，在面对外在事物时也当保持一种无情应物的姿态，方能不为物累而任性自生。在这种意义上，任性本就是一种无情！由此，郭象对一种外在的感物之情也提出了批评：

感物太深，不止于当，遁天者也。将驰骛于忧乐之境，虽楚戮未加，而性情已困，庸非刑哉！(《庄子·养生主注》)

今人之有所不得，而忧娱在怀，皆物情耳，非理也。(《庄子·大宗师注》)

人在天地之中，最能以灵知喜怒扰乱群生而振荡阴阳也。故得失之间，喜怒集乎百姓之怀，则寒暑之和败，四时之节差，百度昏亡，万事失落也。(《庄子·在宥注》)

和庄子类似，郭象深深地感受到了人之本性困于物累而带来的对生命的伤害。《庄子·刻意》云："悲乐者，德之邪；喜怒者，道之过；好恶者，德之失。"显然，对于追求自然无为之道的庄子来说，情对物的接纳、应藏会改变性情之自然，而情对物的移注、烙印则会改变物之自然。这种情与物的缱绻徘徊使自我陷入物感的表象之中，并于此情物关系之中无法抽离，最终"丧己于物，失性于俗"。庄子对这种现实的人生悲叹道："与物相刃相靡，其行进如驰而莫之能止，不亦悲乎！终身役役而不见其成功,茶然疲役而不知其所归,可不哀邪!"(《庄子·齐物论》)郭象并非反对人与外物的相感,但他反对那种感物情动的有情之感物方式。在他看来,人之感物而生发出的喜怒哀乐之物情将影响本性自身的自生独化,从而让人驰骛于忧乐之境——以圆学方,以鱼慕鸟,终将破坏生命的自然和谐。《庄子·逍遥游注》云:"无心玄应,唯感之从。"《庄子·列御寇注》云:"必将有感,则与本性动也。"此表明,郭象提倡的是一种感物不起情的本性—物性彼此敞开的无心、无情之应物方式。

因而,在郭象那里,不管是内在的是非知用、跂尚之情,还是外在的物感之情,皆与性命之情有着对立紧张的关系。鉴于这种现实对立的性情关系,郭象进一步提出了"以理遣情"的方法来保证生命性理的任性独化。

三、以理遣情的性情关系

既然现实生命本性的运行遭遇了内在是非知用与外在物感之情的夹击,要维持其自身的任性独化,则需从内外两方面进行"彼我双遣"。郭象并不像庄子那样,直接从心性修养工夫上来谈遣情、遣物的问题,而是提出用"以理遣情"的方法来实现对内在情知与外在感情的"双遣"。正如前文所言,郭象所言的理,既指人生命本质的性理,也指外在的物理或事理。因而,"以理遣情"本质上不是在心上做工夫而仅是顺达性理而已。

> 明斯理也,将使万物各反所宗于体中,而不待乎外。(《庄子·齐物论注》)

> 忧来而累生者,不明也;患去而性得者,达理也。(《庄子·达生注》)

> 达乎斯理者,必能遣过分之知,遣益生之情,而乘变应权。(《庄子·秋水注》)

> 未明而概,已达而止,斯所以诲有情者,将令推至理以遣累也。斯皆先示有情,然后寻至理以遣之。若云我本无情,故能无忧,则夫有情者,遂自绝于远旷之域,而迷困于忧乐之境矣。(《庄子·至乐注》)

"明理""达理""推至理"皆表明的是郭象注重从一种玄智洞见的简易路数来化除内外之情对人之本性的侵扰。《庄子·在宥注》云:"理与物皆不以存怀,而暗付自然,则无为而自化矣。"由此,"达理"即意味着人与物各自任性、各得其所而化去溺我溺物之情。就内在性理来说,人所要做的就是任自身自足之性理;就外在物理来说,人所要做的就是任物理之自然呈现而不横生休戚哀乐。是故,"达理"亦意味着"遣情""无情"。一方面,现实生命要回复本性之动,需要"无"内在之情以明内在性理:

> 死灰槁木,取其寂寞无情耳。(《庄子·齐物论注》)
>
> 无情,故浩然无不任。无不任者,有情之所未能也,故无情而独成天也。(《庄子·德充符注》)
>
> 天下之平,莫盛于停水也。无情至平,故天下取正焉。(《庄子·德充符注》)
>
> 无人之情则自然为天人。(《庄子·庚桑楚注》)

所以,"无"内在之情,则能任内在性理,而为自然率性之"天人"。另一方面,现实生命要回复本性之动,还需要"无"外在之情以达外在物理:

> 若夫顺物性而不治,则情不逆而经不乱,玄默成而自然得也。(《庄子·在宥注》)
>
> 物自来耳,至愖者无交物之情。(《庄子·刻意注》)
>
> 若中无自好之情,则恣万物之所是。所是各不自失,则天下皆思奉之矣。(《庄子·列御寇注》)
>
> 故百姓寄情于所统,而自忘其好恶,故与一世而得澹漠焉。(《庄子·天下注》)

所以,"无"外在交物之情,则能无哀无乐而"恣万物之所是",而人与物"所是各不自失"。在这种人与物各得其是的"物我相冥"之中,"夫小大虽殊,而放于自得之场,则物任其性,事称其能,各当其分,逍遥一也"(《庄子·逍遥游注》),而人亦能"自忘其好恶,故与一世而得澹漠焉"。可见,郭象"以理遣情""无情"的方法即是人获得适性逍遥的途径。

郭象的逍遥观分为圣人无待的逍遥与群品、凡众有待的逍遥。由于圣人无所不顺，故其时刻处于无待的逍遥之中。但对于普通人而言，他们是生活在现实之中的，只能是处于有待的逍遥之中。由于凡众各有性分、各有事能、各有地位、各有处境，他们只有在适当的处境条件下方能获得自由。郭象认为，两种逍遥观虽然有着境界的高低之分，但就适性心态而言，二者并无不同。《庄子·逍遥游注》云："夫唯与物冥而循大变者，为能无待而常通，岂独自通而已哉！又顺有待者，使不失其所待，所待不失，则同于大通矣。故有待无待，无所不能齐也。至于各安其性，天机自张，受而不知，则吾所不能殊也。夫无待犹不足以殊有待，况有待者之巨细乎！"郭象有待逍遥观要解决的是普通人能否达至逍遥自由的问题。在郭象看来，如果普通人能不失其所待或处于恰当的条件中，则有待在某种意义上就转化成了无待。因此，有待与无待界限的消除，使得普通人也有了实现逍遥自由的可能。

郭象对庄子逍遥观或圣人逍遥观的这种改造就使得庄子绝对精神意义上的逍遥具有了现实性。庄子式的逍遥追求的是圣人无待的逍遥，它如同姑射山的神人，离尘绝俗而高迈悠远，令普罗大众难以企及。但郭象将有待转化为无待、有待与无待统一的适性逍遥则使凡众亦能获得一种绝对的精神自由。郭象的有待与无待并不像很多人所说的那样充满冲突乃至矛盾。因为无待的任性而动之中的"性"实际已经包含了"各有性分、各有事能、各有地位、各有处境"之有待内容。换句话说，任性而动实际说的就是任性分、任事能、任地位、任处境的"不失其所待""各安其性"而动。《庄子·逍遥游注》举例云："苟有待焉，则虽列子之轻妙，犹不能以无风而行，故必得其所待然后逍遥耳。"列子的性分决定了他不能无风而行。如果列子要达至逍遥，就应该遵循其不能无风而行而必须待风而行的性分。这里，外在处境的有待实际已转化为"天机自张，受而不知"的遵循性分的无待。有待与无待矛盾的消解，意味着个体生命只要适性生存，就一样可以体验到生命的逍遥自由之乐。如果说，庄子的"逍遥游"在遵从本性的基础上，还通过"游心"把生命向上提升去获取一种超越的精神自由的话，郭象的"逍遥游"则仅限于遵从本性，把本心与本性平铺于同一个层面去获取一种现实的精神自由。这种现实精神自由的实现是离不开外在处境条件的,是需要得其所待并同于大通的。因此,与性分相适的外在处境成为获得逍遥的重要方面。显然,"明理""达理"是人与外在处境能否相通为一、彼此玄冥的关键途径。

个体的生命原本于偶然与刹那的被抛状态。他孑然一身,没有家园,只能按照自己的生命本性来实现生命的适性逍遥。正是因为有了个体与他人、个体与万物的"群己"玄冥关系,个体生命才能在保存独化的同时,又能与他者彼我玄同,共游于自得之场,共通于玄冥之境。《庄子·人间世注》云:"故能弥贯万物而玄同彼我,泯然与天下为一,而内外同福也。"虽然玄冥之境首先指一种天地万物各自独化而又彼此相因连成的无限并难以把握的整体性疆域,但从个人生命的体验来说,玄冥之境又可以是一种生命自成、自得、自由的寄畅状态。在玄冥之境中,个体与个体之间、个体与周遭环境之间彼此独立自在而又相因相济。这是一种人与万物平等共存、相互共振、一体同在的和谐同福之境。"起于太初,止于玄冥。"(《庄子·应帝王注》)生命偶在于本然的原初和谐,生命最终又实现于应然理想的和谐,算是郭象给孤独而独立的个体生命描绘出的迫于现实无奈的安生之道吧。这种安生之道最为珍重的是个体生命与他者的当下遇合、凑泊以及在这种玄冥之境下个体生命与万物豁然贯通的刹那永恒之感。这就说明,普通人要实现生命的适性逍遥,需要将自身置于与自性相适应的客观环境中。就此而言,山水、田园、园林、文艺创作、酒、药、动植爱好等都能成为一种适性逍遥的自得之场。魏晋名士之所以热衷于日常"物"的生活世界与文艺体系的积极创建,正是在为自身生命的适性逍遥寻找一种自得之场。可以说,魏晋名士对"物"的日常生活世界与文艺体系的积极创建恰是意图通过这种适性之物来"以理遣情"而实现生命的自由逍遥。

根植于性情一体的生命理想,面对性情分离的社会现实,提出以"任(性)情""忘(感)情""以理遣(俗)情"以达至适性逍遥,郭象对性情关系的论述可视作对魏晋名士行为方式的哲学阐释。相应地,魏晋名士则以自身的"行为艺术"把庄学、玄学生活情调化了。因此,郭象的性情论哲学堪称魏晋名士任诞尽情、旷达忘情、以理遣情之人生的理论写照。

第二节　魏晋名士性情周旋的生命风流

余英时曾评价郭象道:"郭注'称情而直往'即是当时人所常说的'任情不羁',可见他也是'情之所钟'的我辈中人。不过从'忘哀乐''无情之情'等注语看,他的基本观点仍是'圣人无情'。"① 显然,余英时并未看到郭象"称情而直往"与"无情之情"实际是统一的,以至于做出了"情之所钟"与"圣人无情"之前后矛盾的判断。郭象哲学看似矛盾而实际统一的性情关系与魏晋名士性情周旋的生命风流高度一致。在魏晋风流中,我们既看到了他们率性纵情、放任不羁的一面,又看到了他们无心忘情、旷达雅量的一面,还看到了他们寄情嗜好、适性逍遥的一面。在这些后人不断称道的生命风流里,实蕴含着魏晋名士对生命性情的玄智洞察。

一、魏晋名士任诞尽情的生命风流

按郭象的看法,生命存在的意义在于任本性而动,称情而直往。这种任性称情的人生乃是从人之本性绝然无待或生命个体的私人领域之角度来凸显个体生命自由的绝对性。由此,生命的自由乃是自然天赋的,它只遵从本性的生命自动而不应受制于任何外在的礼法规范。郭象的这种任性称情之性情关系当为魏晋名士任诞尽情人生的哲学写照。《世说新语》载:

> 王平子、胡毋彦国诸人,皆以任放为达,或有裸体者。(《世说新语·德行》)

> 郗太傅在京口,遣门生与王丞相书,求女婿。丞相语郗信:"君往东厢,任意选之。"门生归,白郗曰:"王家诸郎,亦皆可嘉,闻来觅婿,咸自矜持。惟有一郎,在床上坦腹卧,如不闻。"郗公云:"正此好!"访之,乃是逸少,因嫁女与焉。(《世说新语·雅量》)

> 刘伶恒纵酒放达,或脱衣裸形在屋中,人见讥之。伶曰:"我以

---

① 余英时:《士与中国文化》,上海人民出版社,1987,第425页。

天地为栋宇，屋室为裈衣，诸君何为入我裈中？"（《世说新语·任诞》）

阮籍嫂尝还家，籍见与别。或讥之，籍曰："礼岂为我辈设也？"（《世说新语·任诞》）

阮公邻家妇有美色，当垆酤酒。阮与王安丰常从妇饮酒，阮醉，便眠其妇侧。夫始殊疑之，伺察，终无他意。（《世说新语·任诞》）

王、刘共在杭南，酣宴于桓子野家。谢镇西往尚书墓还，葬后三日反哭。诸人欲要之，初遣一信，犹未许，然已停车。重要，便回驾。诸人门外迎之，把臂便下，裁得脱帻，箸帽酣宴。半坐，乃觉未脱衰。（《世说新语·任诞》）

王子猷居山阴，夜大雪，眠觉，开室，命酌酒，四望皎然。因起彷徨，咏左思《招隐诗》。忽忆戴安道。时戴在剡，即便夜乘小船就之。经宿方至，造门不前而返。人问其故，王曰："吾本乘兴而行，兴尽而返，何必见戴？"（《世说新语·任诞》）

刘尹云："孙承公狂士，每至一处，赏玩累日，或回至半路却返。"（《世说新语·任诞》）

嵇康与吕安善，每一相思，千里命驾。（《世说新语·简傲》）

王子敬自会稽经吴，闻顾辟疆有名园。先不识主人，径往其家，值顾方集宾友酣燕。而王游历既毕，指麾好恶，傍若无人。（《世说新语·简傲》）

王澄、胡毋辅之等人任放为达，闭室酣饮，但并未影响到公共活动的展开，故依然是不顾名教的任自然之举①；相比王家诸郎的"咸自矜持"，王羲之的坦腹东床实彰显其真性情，故得郗鉴垂青；刘伶纵酒，以天地为庐，乃见其胸襟辽阔；阮籍放任无心，显其坦荡淳至；谢尚忘礼酣宴，可谓忘情又多情；子猷、孙统、嵇康自然发乎性情，自然止于性情，可谓循

---

① 自东晋戴逵《放达为非道论》认为"竹林之为放，有疾而为颦者也，元康之为放，无德而折巾者也"的论断后，历来对"江左八达"的举动充满微词，认为其是"作达"，但笔者认为其散发裸裎、闭室酣饮实也有以放任反抗虚伪礼教之用意。《南史》卷十九《谢灵运传》载谢灵运与王弘之等人在千秋亭饮酒，裸身大呼而被孟顗责备，谢灵运就大怒说："自身大呼，何关痴人事。"当然，如果这种行为置于公共场合，则确乃无德之荡。

性而动；王献之不顾俗情礼数，随性造访，尽显名士风流。这些魏晋名士任诞尽情的生命风流可以通过如下两个关系来得到理解：

一是任性与外在礼法的关系。首先，任性与外在礼法并不必然冲突。就个体生命的私人领域而言，一个人如果并不构成对他人或社会的危害，这种任性称情就是个体生命的自由，不应受到道德上的谴责。因此，不论是"江左八达"的放达、王羲之的坦腹东床还是刘伶的脱衣裸形，皆是一种可资称道的生命风流。其次，当任性与外在礼法产生冲突时，真正的任诞尽情可以不用考虑礼法。阮籍与嫂子见别、醉眠妇侧等行为虽有违"嫂叔不通问""男女授受不亲"等礼法，但阮籍却能越名教而任自然。谢尚之举虽有违丧礼，但在性情与礼法的冲突中，最终还是任性之情占据了上风，被人称赞为"有韵""其率如此"（《世说新语·任诞》刘孝标注引《文章志》）。同样，王子敬、王子猷直入别人园林旁若无人地欣赏园景，虽有违日常相见之礼，但其任性也传为美谈。《世说新语·伤逝》载："顾彦先平生好琴，及丧，家人常以琴置灵床上。张季鹰往哭之，不胜其恸，遂径上床，鼓琴，作数曲竟，抚琴曰：'顾彦先颇复赏此不？'因又大恸，遂不执孝子手而出。"张翰的"上床鼓琴、不执孝子手而出"显然是有违丧礼的，但无疑却是任诞尽情之举。

二是任性与目的性的关系。任性尽情"内不由于己，掘然自得而独化"，这意味着任性尽情乃出于一种内在本性的自然行为，而容不得任何内在意欲与功利目的。由于生命本具有"和"之性理，故这种任性不是胡作非为、为所欲为，而这种尽情也不是纵欲滥情。这种真正的任诞之举乃是生命本性的"天机玄发"，是"外坦荡而内淳至"生命的审美展现与行为艺术。不论是嵇康对吕安的"每一相思，千里命驾"、阮籍醉眠妇侧的"终无他意"，还是王徽之"雪夜访戴"的"乘兴而行，兴尽而返"以及孙统的"半路却返"，都是生命本性的当下直发。所谓生命当发于所发，而止于所止，来不得任何造作起念与意欲目的。

从这两点可以看出，魏晋名士任诞尽情的生命风流正是对郭象谈及的理想性情关系的生活实践。这种任诞尽情外不拘于礼法，内不拘于意念，其核心精蕴正体现了郭象的任性称情思想。由于任性称情之理想性情关系的实现，往往受掣于内之知用与外之物扰的现实性，故要真正做到任诞尽情实非易事。如果个体没有对生命性情内在关系的玄智洞察，没有真性情的无目的性、自然性流露，仅流于任诞行为之外在形式，则会出现一些假名士、假风流之举：

> 惠帝元康中，贵游子弟相与为散发裸身之饮，对弄婢妾，逆之者伤好，非之者负讥，希世之士耻不与焉。（《晋书·五行志》）

> 王导与周颉及朝士诣尚书纪瞻观伎。瞻有爱妾，能为新声。颉于众中欲通其妾，露其丑秽，颜无怍色。（《世说新语·任诞》刘孝标注引《晋纪》）

这种散发裸饮、对弄婢妾、露其丑秽欲通其妾而颜无怍色之举看似是一种任诞尽情行为，但其行为实受内在欲念目的性的驱使，乃丑恶之举。这种举止一则有了欲念的起意，乃"从感而求"；二则遇物不当，破坏了他者（如婢妾）的本性实现。可见，魏晋名士的任诞尽情乃是一种生命审美意义上的风流自张，其与纯肉欲意义上的下流造作有着天壤之别。

二、魏晋名士旷达忘情的生命风流

"情"的自觉一直以来被视为魏晋风流的重要特征。宗白华说："晋人向内发现了自己的深情。"① 冯友兰《论风流》中也把"必有深情"视为魏晋风流的一大特征②。何谓魏晋的深情呢？笔者认为，我们不仅要从悲情或钟情的层面去理解魏晋的深情，还要从脱情或无情的层面去理解魏晋的深情。

确实，对宇宙人生的深情，特别是对生死无奈、命运无常的敏感悲情构成魏晋名士的一大气质：

> 卫洗马初欲渡江，形神惨悴，语左右云："见此芒芒，不觉百端交集。苟未免有情，亦复谁能遣此！"（《世说新语·言语》）

> 桓公北征经金城，见前为琅邪时种柳，皆已十围，慨然曰："木犹如此，人何以堪！"攀枝执条，泫然流泪。（《世说新语·言语》）

---

① 宗白华：《美学散步》，上海人民出版社，1981，第 215 页。
② 冯友兰：《三松堂全集》第五卷，河南人民出版社，2001，第 314 页。

桓子野每闻清歌，辄唤"奈何"。谢公闻之曰："子野可谓一往有深情。"（《世说新语·任诞》）

王长史登茅山，大恸哭曰："琅琊王伯舆，终当为情死。"（《世说新语·任诞》）

魏晋名士所流露出来的这种深情不仅是对个人遭际的叹惜，而且进一步将之上升到了一种对宇宙人生的慨叹之情，此乃一种情之"本体的感受"（李泽厚语）。这种对宇宙人生的深情具有极强的美学表现性，它深刻地体现了魏晋名士对人的个体生命自觉。"外表尽管装饰得如何轻视世事，洒脱不凡，内心却更强烈地执着人生，非常痛苦。这构成了魏晋风度内在的深刻的一面。"[①] 然而，这里的问题是，魏晋名士对这种深情的自觉以及对人生的执着痛苦是否必然是玄学带来的呢？前面谈过，从《楚辞》、汉赋、《古诗十九首》再到魏晋，中国文化上的迁逝悲情理论有着自身的发展脉络。荀悦《申鉴·杂言篇》云："凡言神者，莫近于气。有气斯有形，有神斯有好恶喜怒之情矣。故人有情，由气之有形也。"从根源上来说，感物美学中迁逝悲情的滋生与发展是与气化类应宇宙论一体相关的，其本质上属于汤用彤所说的汉代"旧学"。玄学的趋新，所针对的恰恰是将气化类应的宇宙论转换成了以有无为主题的本体论。虽然，在魏晋名士心头依然普遍弥漫着一种深沉的宇宙人生悲情，但玄学恰恰是意图对治这种悲情或者说让人从这种悲情中解脱而被提出来的。刘师培说："建武以还，士民秉礼。迨及建安，渐尚通侻。侻则侈陈哀乐，通则渐藻玄思。"[②] 刘师培说的是建安时期"侈陈哀乐"与"渐藻玄思"的并存，但事实上，这一并存现象在魏晋时代（如阮籍、王羲之等人身上）一直存在。准确地说，是悲情与脱情的周旋构成了魏晋风度内在深刻的一体两面，而玄学在其中正扮演着脱情的角色。不加辨析地将二者都归属于玄学美学，将无法理解玄学乃至佛学对于魏晋士人所生发的生命意义。

郭象哲学既看到了现实世界中因性情对立而生的各种悲困感，又为这种人生困境提供了解脱之方，为理解魏晋士人悲情与脱情周旋的生命深情

[①] 李泽厚：《美学三书》，安徽文艺出版社，1999，第105页。

[②] 刘师培：《中国中古文学史讲义》，上海古籍出版社，2000，第7页。

世界提供了阐释模式。就郭象玄学来说,郭象消解万物外在生成根据的看法,实际上以一种非因果关联式的思维方式回答了"万物从哪里来""人从哪里来"等哲学追问。在郭象的哲学中,万物和人并不存在一个万物生命所出的"哪里",它只是在那里,无缘无故地在那里而已。所谓"块然而自生"(《庄子·齐物论注》)、"不知所以然而然"(《庄子·齐物论注》)、"突然而自得此生"(《庄子·天地注》)、"无所稍问"(《庄子·寓言注》)等论述,表明的就是郭象对这一因果关联式追问的悬置与否认。既然没有缘由,万物生命的存有也就没有必然性,它只是一种偶然刹那的存在。偶然性表明,人的生命在世属于一种刹那被抛的无根状态,它既没有由头,也没有归属。这里,郭象对生命的看法赓续了汉魏士人那种"人生忽如寄""四顾何茫茫""譬如朝露"的生命悲情。但是,郭象的人生哲学恰恰是要去消释这种生命的原生悲态,以使生命"向悲而生"。

这就说明,魏晋名士对宇宙人生的悲哀之情,正是中国文化情感发展到魏晋时期的日常心态,而并非玄学直接带来的。虽然,玄学对这种"悲情"的自觉有所推进,但玄学总体上却是要给人提供一种消释这种悲情的文化策略。汤用彤在谈到魏晋人生观时认为:"从哲理上说,所在意欲探求玄远之世界,脱离尘世之苦海,探得生存之奥秘。"[1] 从庄子妻死的"鼓盆而歌"、何晏、钟会的"圣人无情论"、王弼的"应物而无累于物"、嵇康的"声无哀乐论"到郭象的"任性无情",庄学与魏晋玄学对"情"所持的都是一条"脱离尘世之苦海"的"脱情""忘情"路径。冯友兰《论风流》一文就说:"但是有玄心底人,若再有进一步底超越,他也就没有哀了。一个人若拘于'我'的观点,他个人的祸福成败,能使他有哀乐。超越自我底人,站在一较高底观点,以看'我',则个人的祸福成败,不能使他有哀乐。但人生的及事物的无常,使他有更深切底哀。他若从一更高底观点,从天或道的观点,以看人生事物,则对于人生事物的无常,也就没有哀了。没有哀乐,谓之忘情。"[2] 郭象《庄子·大宗师注》云:"夫非誉皆生于不足,故至足者忘善恶,遗死生,与变化为一,旷然无不

---

[1] 汤用彤:《魏晋玄学论稿》,上海古籍出版社,2001,第196页。
[2] 冯友兰:《三松堂全集》第五卷,河南人民出版社,2001,第315-316页。

适矣。"《庄子·德充符注》亦云："夫至足者，不以忧患经神，若皮外而过去。"所以，从玄学的影响来说，恰是忘情、无情而不是哀乐、有情，才是玄学给魏晋风流带来的"深情"之特色。"能忘情比不能忘情高，这也是晋人所都承认底。"①《晋书·隐逸传·郭文传》载："（温峤）又问（文）曰：'饥而思食，壮而思室，自然之性，先生安独无情乎？'文曰：'情由忆生，不忆故无情。'"有"忆"则有妄念，无情不是要否定生理本来的食色，而是不要让这种自然之性掺入了知用。忘情，则能内不拘于七情、外不滞于物感，则能一任己性、旷达自适，彰显生命的随任与从容。

人能忘情，则能顺势应时，置生死于度外：

> 孔融被收，中外惶怖。时融儿大者九岁，小者八岁。二儿故琢钉戏，了无遽容。（《世说新语·言语》）

> 谢太傅盘桓东山时，与孙兴公诸人泛海戏。风起浪涌，孙、王诸人色并遽，便唱使还。太傅神情方王，吟啸不言。（《世说新语·雅量》）

面对生死情境，常人往往惶怖惊惧，只有像孔融二子与谢安这种顺应时势者，方能不受势累，生死坦然。郭象《庄子·齐物论注》云："夫死生之变，犹春秋冬夏四时行耳。故死生之状虽异，其于各安所遇，一也。"这种旷达雅量的人生实是由忘情生死而带来的"与物冥而循大变"之生命风流。

人能忘情，则能临丧不泣、节哀顺变：

> 阮步兵丧母，裴令公往吊之。阮方醉，散发坐床，箕踞不哭。（《世说新语·任诞》）

> （魏舒之子）年二十七，先舒卒，朝野咸为舒悲惜。舒每哀恸，退而叹曰："吾不及庄生远矣，岂以无益自损乎！"于是终服不复哭。（《晋书·魏舒传》）

> 张玄之、顾敷，是顾和中外孙，皆少而聪惠。和并知之，而常谓顾胜，亲重偏至，张颇不恹。于时张年九岁，顾年七岁，和与俱至寺

---

① 冯友兰：《三松堂全集》第五卷，河南人民出版社，2001，第316页。

> 中。见佛般泥洹像，弟子有泣者，有不泣者，和以问二孙。玄谓"被亲故泣，不被亲故不泣"。敷曰："不然，当由忘情故不泣，不能忘情故泣。"（《世说新语·言语》）

面对亲人的逝世，常人要么因痛失挚爱而悲不自胜，要么遵循礼制而临丧哭泣、无益自损。只有像阮籍、魏舒等通达生死命理者，方能做到如庄子"鼓盆而歌"般齐万物、一生死。陶渊明《拟挽歌辞》（其三）云："亲戚或余悲，他人亦已歌。死去何所道，托体同山阿。"郭象《庄子·逍遥游注》云："齐死生者，无死无生者也。"在体玄识道的魏晋名士那里，死生皆是自然之命理，人所要做的就是"纵浪大化中，不喜亦不惧。应尽便须尽，无复独多虑"（陶渊明《神释》）。《宋书·隐逸传》亦载，宗炳的妻子罗氏去世时，"炳哀之过甚，既而辍哭寻理，悲情顿释"。

人能忘情，则能忘却日常礼教乃至身份名望的束缚，真正能莫逆于心，引为知己：

> 王子猷出都，尚在渚下。旧闻桓子野善吹笛，而不相识。遇桓于岸上过，王在船中，客有识之者，云是桓子野。王便令人与相闻云："闻君善吹笛，试为我一奏。"桓时已贵显，素闻王名，即便回下车，踞胡床，为作三调。弄毕，便上车去。客主不交一言。（《世说新语·任诞》）

面对王徽之为其吹笛的要求，贵显的桓伊并没有因其无礼而拒绝。二者的相交可谓无心无系，只是两人本性的直接相照。客主不交一言，忘却了凡俗的客套人情与身份悬殊，可谓相濡以沫不如相忘于江湖。但是，彼此之间心意的相通相赏，却具有各自适性而又无言心契之美感。道是无情却有情，彼我无言而心悦的惺惺相惜，可谓真知音！

魏晋名士旷达忘情的生命风流"无"去了意欲有念之情、喜怒哀乐爱恶惧等感物之情，而让自身的生命性情和盘托出，最终成己成物，物我两忘。《世说新语·言语》载："支公好鹤，住剡东峁山。有人遗其双鹤，少时翅长欲飞。支意惜之，乃铩其翮。鹤轩翥不复能飞，乃反顾翅，垂头。视之，如有懊丧意。林曰：'既有凌霄之姿，何肯为人作耳目近玩？'养令翮成，置使飞去。"支遁先是痴迷执着于鹤，为留鹤乃至于铩其翮，可谓为物所累。此物累之情使得物我两伤。支遁体察鹤情后，继而体认到鹤性的凌霄之姿，从而物我两忘，去己之执迷物累之情。后来苏轼也讲要寓意于物而不能留意于物。支遁在前面就是留意于物、为物所困扰。当他真正领悟到鹤的自由、鹤的本性在哪里的时候，就让鹤的物性得到了实现，而当他自身放下了那种被爱约束的立场后，也就实现了自己的心灵自由。这种生命因忘情而达至的既不自损也不损物，且让彼我各适其性的逍遥之境，实是一种与物一体、物我两得的至性至情与人间大情。可以说，任诞尽情与旷达忘情实是生命本性风流的一体两面，前者着眼于由内而外的本性舒展，后者着眼于由外而内的本性返还。

三、魏晋名士以理遣情的生命风流

支遁由有情，经体察鹤理，最终达至适性忘情的过程，实质上是一个以理遣情的过程。在庄子那里，达至忘情的过程是通过"心斋""坐忘"等心性工夫获得的。庄子的这种"以心复性"的工夫论可以仅停留于主观境界形态阶段，而并不必要借助外在客观形态来展开。正因如此，从庄子哲学可以开出一种中国艺术的主观精神境界但难以开出一种中国艺术的客观实然形态。相较于庄子对心性践履精神的注重，魏晋玄学名士普遍缺失对心性修养工夫的体贴。因而，魏晋玄学的"以理遣情""以理化情"更多的是借助于外在客观形态即物的日常生活世界的创建来进行的。也就是说，魏晋名士由于缺乏心性工夫论的体贴，其任性忘情、适性逍遥的达至往往经由对外物的体察与实践，借助外物性理来化其郁结，从而各适其性，彼我逍遥。可以说，魏晋名士对包括山水园林、人物品藻、文艺、清谈、雅好、饮酒、服药行散等在内的日常生活世界或士人文化艺术体系的创建，是与郭象哲学"以理遣情"的观念息息相关的。这当是理解魏晋名士热衷于营建日常生活审美世界的深层哲学根据。

1. 山水园林

简文入华林园，顾谓左右曰："会心处不必在远。翳然林水，便自有濠、濮间想也。觉鸟兽禽鱼，自来亲人。"（《世说新语·言语》）

刘尹云："清风朗月，辄思玄度。"（《世说新语·言语》）

王司州至吴兴印渚中看。叹曰："非惟使人情开涤，亦觉日月清

朗。"(《世说新语·言语》)

> 朝荣虽云乐，夕毙理自因。(庾蕴《兰亭诗》)

> 思萦拂之道，屡借山水，以化其郁结。(孙绰《兰亭诗序》)

在清风习习、明月朗照的夜晚，自然的美感使刘惔"人情开涤"而裸露本性。在微风轻拂中看到月明星稀之景，刘惔仿佛又看到了风神清朗的许玄度。于此诗意中，刘惔的清朗、玄度的清朗与自然的清朗可谓合而为一，实现了人与人、人与自然之间的一体玄同。可见，寓目自然山水之景，则人情开涤化其郁结而呈现自身生命的高致面向，自能适性逍遥。简文帝翳然林水，则滋生与鱼鸟同幽游、与自然同一体的回归生命本性的畅快之乐。在魏晋名士眼中，徜徉在山水、园林诗意的美景空间之中，生命则放弃了负担，忘却了机心，如同庄子笔下那条快乐从容的鲦鱼或那只曳尾涂中的乌龟，与天地万物相融契、同吐纳，快然而自足。当下会心的园林山水、林木、鸟兽禽鱼不但给人亲和、亲近之美感，而且直接让人领会到生命的适性逍遥以及"以天地为栋宇"的生命寄托感。东晋戴逵《闲游赞》云："然如山林之客，非徒逃人患避争门，谅所以翼顺资和，涤除机心，容养淳淑，而自适者尔。况物莫不以适为得，以足为至，彼闲游者，奚往而不适，奚待而不足。故荫映岩流之际，偃息琴书之侧，寄心松竹，取乐鱼鸟，则淡泊之愿，于是毕矣。"[①] 魏晋名士正是在"荫映岩流之际"，在把玩自然物理之时，涤除了机心，实现了生命的自适、自足与自得。

2. 人物品藻

> 周子居常云："吾时月不见黄叔度，则鄙吝之心已复生矣！"(《世说新语·德行》)

> 王平子与人书，称其儿"风气日上，足散人怀"。(《世说新语·赏誉》)

> 庾风姿神貌，陶一见便改观。谈宴竟日，爱重顿至。(《世说新语·容止》)

---

① 严可均辑：《全晋文》卷一三七，商务印书馆，1999，第1485页。

对某个对象风神之美的欣赏，可以化掉自身的欲望与功利纠缠，从而使自己回复本性。这种对人物之美的纯粹观看，使得观看者自身也彰显了自己的真性美。外在的观看与内在的回应由此获得了玄同。观赏人物之神、对象之性理，使得自我鄙吝之心、得失之怀、成见之念都得以散去。陶侃本想以乱国之罪诛杀庾亮，但一见庾亮风姿神貌，则直接放弃了先前的政治性立场，反与之"谈宴竟日，爱重顿至"。在"我见犹怜"的典故中，南康长公主因妒本欲杀掉李势之女，但当她看到李势之女的姿貌神色时，妒意顿消，并发出了"阿子，我见汝亦怜，何况老奴"之叹①。在审美观看的瞬间，形象的眼见是先于概念的心想的。观看者因折服对象之神采而改变自身，从而摆脱了政治立场、道德大义与私念欲望的先行。在观看的过程中，美的形象完全压倒了抽象的伦理概念。正因如此，在庾亮与李势之女风神之美的引发下，陶侃与公主遣掉了各种利害考量，遂以一种因循本己性情的、非功利的美学新视域来开展与对方的生命交流。

3. 文艺

谢太傅语王右军曰："中年伤于哀乐，与亲友别，辄作数日恶。"王曰："年在桑榆，自然至此，正赖丝竹陶写。恒恐儿辈觉，损欣乐之趣。"（《世说新语·言语》）

郭景纯诗云："林无静树，川无停流。"阮孚云："泓峥萧瑟，实不可言。每读此文，辄觉神超形越。"（《世说新语·文学》）

袁虎少贫，尝为人佣载运租。谢镇西经船行，其夜清风朗月，闻江渚间估客船上有咏诗声，甚有情致。所诵五言，又其所未尝闻，叹美不能已。即遣委曲讯问，乃是袁自咏其所作《咏史诗》。因此相要，大相赏得。（《世说新语·文学》）

许掾尝诣简文，尔夜风恬月朗，乃共作曲室中语。襟怀之咏，偏是许之所长。辞寄清婉，有逾平日。简文虽契素，此遇尤相咨嗟，不觉造膝，共叉手语，达于将旦。既而曰："玄度才情，故未易多有

---

① 《世说新语·贤媛》刘孝标注引《妒记》载："温平蜀，以李势女为妾，郡主凶妒，不即知之。后知，乃拔刃往李所，因欲斫之。见李在窗梳头，姿貌端丽，徐徐结发，敛手向主，神色闲正，辞甚凄婉。主于是掷刀前抱之曰：'阿子，我见汝亦怜，何况老奴。'遂善之。"

许。"(《世说新语·赏誉》)

桓大司马曰："诸君莫轻道,仁祖企脚北窗下弹琵琶,故自有天际真人想。"(《世说新语·容止》)

陶渊明《感士不遇赋序》言："夫导达意气,其惟文乎？"谢安、王羲之伤于哀乐,借助音乐方得欣乐之趣；谢尚弹琵琶,则自有天际真人想；即使如陶渊明这种不懂音律之人,在饮酒酣意之际,也会拿起无弦素琴抚弄一番,是谓"但识琴中趣,何劳弦上声"。阮孚读文,在诗文审美意象中,能感受神超形越；谢尚与袁虎、司马昱与许询虽有着身份差别,但在文学的世界中,他们都忘却了身份地位之别而适性互赏。文艺之美化解了人身上附加的各种光环,让人沉浸在本真的性情世界而相赏相惜。"文果载心,余心有寄。"这不能不说是艺术的魅力。

4. 清谈

王逸少作会稽,初至,支道林在焉。孙兴公谓王曰："支道林拔新领异,胸怀所及乃自佳,卿欲见不？"王本自有一往隽气,殊自轻之。后孙与支共载往王许,王都领域,不与交言。须臾支退,后正值王当行,车已在门。支语王曰："君未可去,贫道与君小语。"因论《庄子·逍遥游》。支作数千言,才藻新奇,花烂映发。王遂披襟解带,留连不能已。(《世说新语·文学》)

支道林、许、谢盛德,共集王家。谢顾谓诸人："今日可谓彦会,时既不可留,此集固亦难常。当共言咏,以写其怀。"许便问主人："有《庄子》不？"正得《渔父》一篇。谢看题,便各使四坐通。支道林先通,作七百许语,叙致精丽,才藻奇拔,众咸称善。于是四坐各言怀毕。谢问曰："卿等尽不？"皆曰："今日之言,少不自竭。"谢后粗难,因自叙其意,作万余语,才峰秀逸。既自难干,加意气拟托,萧然自得,四坐莫不厌心。支谓谢曰："君一往奔诣,故复自佳耳。"(《世说新语·文学》)

魏晋的玄学清谈自正始名士开端,其余波一直延续到南朝。正始之后,魏晋名士的清淡逐渐由义理的探讨转向一种个人神情气韵的风度表演。因此,魏晋名士的清谈还具有审美性与游戏性。如裴遐在论辩时"辞气清畅,泠然若琴瑟",使边上不懂玄理的人也叹服称快,而乐广用麈尾敲击桌子的动作来演绎"旨不至"玄理的故事更是被传为美谈。王羲之先对支遁心存隔膜,颇有轻视之意,听其玄论后则披襟解带、留连不能已而引为知音。支遁、许询、谢安、王濛等人在时不可留、人生无常的慨叹心绪下,通过清谈庄理以写其怀,遂能莫不厌心。从谢安就《渔父》篇的寥寥数言而生发"万余语"的辩难可知,东晋名士的清谈已不再是单纯围绕着庄学原义展开,而更多的是郭象式的"六经注我""寄言出意"式的语言与风度表演。在场诸人获得的是"言咏写怀""萧然自得"的适性之乐。可见,清谈义理也是化解时序感、悲情感的重要方式。

5. 雅好

祖士少好财,阮遥集好屐,并恒自经营。同是一累,而未判其得失。人有诣祖,见料视财物。客至,屏当未尽,余两小簏箸背后,倾身障之,意未能平。或有诣阮,见自吹火蜡屐,因叹曰:"未知一生当箸几量屐?"神色闲畅。于是胜负始分。(《世说新语·雅量》)

张季鹰辟齐王东曹掾,在洛见秋风起,因思吴中菰菜羹、鲈鱼脍,曰:"人生贵得适意尔,何能羁宦数千里以要名爵!"遂命驾便归。(《世说新语·识鉴》)

王武子善解马性。尝乘一马,箸连钱障泥。前有水,终日不肯渡。王云:"此必是惜障泥。"使人解去,便径渡。(《世说新语·术解》)

王子猷尝暂寄人空宅住,便令种竹。或问:"暂住何烦尔?"王啸咏良久,直指竹曰:"何可一日无此君?"(《世说新语·任诞》)

魏晋很多名士有着自身的兴趣爱好。按照郭象哲学,这种兴趣爱好虽有雅俗的差别,但适性则一。然而,要适性谈何容易,稍有欲念起意,则会导致为物所累,激发贪婪占有之心。后世苏轼就曾以"留意于物"与"寓意于物"区分了对物的占有与审美心态。留意于物的人,对物存有的是占有之欲,谈不上真正的成己成物;寓意于物的人,方能真正体察物性,从而物我两得。祖约好财,然倾心于物,心念不平;阮孚好屐,然以物达生,神色闲畅。张翰爱故乡菰菜羹、鲈鱼脍,遂生抛弃名爵、辞官归隐之心,被誉为"任性自适,无求当世,时人贵其旷达"(《世说新语·任诞》刘孝标注引《文士传》)。王济真性爱马,自能善解马性。王徽之嗜竹,不可一日无竹,可谓"无竹令人俗"。由此可见,魏晋名士的雅好,实也有着格物穷理、安顿性情之用。

6. 饮酒

刘伶著《酒德颂》,意气所寄。(《世说新语·文学》)

温问:"酒有何好,而卿嗜之?"嘉曰:"明公未得酒中趣尔。"又问:"听伎,丝不如竹,竹不如肉,何也?"答曰:"渐近自然。"(《世说新语·识鉴》刘孝标注引《嘉别传》)

张季鹰纵任不拘,时人号为"江东步兵"。或谓之曰:"卿乃可纵适一时,独不为身后名邪?"答曰:"使我有身后名,不如即时一杯酒!"(《世说新语·任诞》)

王光禄云:"酒,正使人人自远。"(《世说新语·任诞》)

王卫军云:"酒正自引人箸胜地。"(《世说新语·任诞》)

王孝伯问王大:"阮籍何如司马相如?"王大曰:"阮籍胸中垒块,故须酒浇之。"(《世说新语·任诞》)

王佛大叹言:"三日不饮酒,觉形神不复相亲。"(《世说新语·任诞》)

酒在魏晋名士那里不只是一种嗜欲之物,还具有浇愁避祸、超然烦顿、使形神相亲的文化意义。可以说,酒在魏晋名士那里起到了一种类似于工夫论的作用。在酒精的作用下,人往往能暂时忘却世事俗情的侵扰,摆脱功名利禄的束缚,则能让生命之性"渐近自然",使得形神一体、气韵飘然。正如刘伶《酒德颂》所言:"先生于是方捧罂承槽,衔杯漱醪,奋髯箕踞,枕曲借糟。无思无虑,其乐陶陶。兀然而醉,慌尔而醒,静听不闻雷霆之声,熟视不睹太山之形,不觉寒暑之切肌,利欲之感情。俯观万物之扰扰,如江、汉之载浮萍。"酒消利欲,真性乃见;逍遥浮世,与道俱成。到陶渊明那里,饮酒开始大量地成为一种诗歌题材进入中国诗史。陶渊明在同一年秋天饮酒后就陆续写了二十首《饮酒诗》。这些诗作借饮酒为题,多抒发自己的田园生活以及人生感悟。"欢然酌春酒,摘我园中蔬。"美景怡人、美酒醉人,诗意的文字就自然流淌出来。诗、酒与自然美景的交相辉映,编织出了魏晋名士人生的诗意面向。

7. 服药行散

> 何平叔云:"服五石散,非惟治病,亦觉神明开朗。"(《世说新语·言语》)

> 王恭始与王建武甚有情,后遇袁悦之间,遂致疑隙。然每至兴会,故有相思时。恭尝行散至京口射堂,于时清露晨流,新桐初引。恭目之曰:"王大故自濯濯。"(《世说新语·赏誉》)

魏晋名士服用五石散(寒食散)虽为不良之好,但亦有着借助五石散来使神明开朗、本性彰显的"以理遣情"之用。正因如此,王恭虽然与王忱有嫌隙,但在服药行散途中,却摒弃前嫌而真情迸发。

从上述列举的材料可以看出,魏晋名士对日常生活世界与文化艺术体系的创建,实与郭象玄学"以理遣情"观念有莫大关联。他们透过生活物质世界的经营,以生命的密度来对抗生命的短暂,是对生命的无奈也是对生命的深情。就哲学因素来说,正是在内在心性工夫论上的缺失,方导致了魏晋名士对外在客观生活世界的积极营建。魏晋名士通过寄情山水、文艺、玄谈、雅好、酒药等,借助物理以化其郁结,让自身真性得以显露,既成就了自己,也创造了士人生活审美世界。由此,文化艺术体系一改过去的"雕虫篆刻,壮夫不为"之卑微地位,而在魏晋士人生命中担当起了极为重要的角色。所谓魏晋时期"文的自觉""物的发现""文论的自觉"等,当都与这种郭象玄学性情论密切相关。章启群就说:"郭象的自然观,最后沟通了客观世界的自然之理与人的主体的自然之性。我认为,这种艺术化的审美主体的出现,及其与自然世界的内在和谐统一,无论从主体还是客体来说,都是构成当时中国艺术自觉的一个绝对的必要条件。"① 可以说,郭象哲学对主体自然之性与客体自然之理的双向展现,也加剧了魏晋士人对艺术主体创作心理与艺术自身形式法则等艺术内在规律性的探询兴趣,从而大大提升了中国艺术的创作理论水平。

---

① 章启群:《论魏晋自然观》,北京大学出版社,2000,第132页。

谢安《与王胡之诗》诗云："朝乐朗日，啸歌丘林。夕玩望舒，入室鸣琴。五弦清激，南风披襟。醇醪淬虑，微言洗心。幽畅者谁？在我赏音。"正如谢安诗中所描述的，在朝日、丘林、夜月、清风、啸歌、琴弦、美酒、玄言等构成的士人文化艺术体系中，魏晋名士们展现了他们清澈幽畅、适性逍遥的生命风流。这种生命风流在哲学上根植与会通于郭象任性称情、旷达忘情、以理遣情的性情论思想，可谓是一种哲学、人生与文化艺术体系在魏晋历史阶段相辅相成、交相辉映的产物。

不过要指出的是，借助对物与艺术品的把玩来"化其郁结"达至适性逍遥的美学致思存在着三个层面的问题。其一，这种"以理遣情"的审美自适对外在自得之所有着极大的依赖性，一旦离开自得之所，生命就难以获得适性的恒定性。可以说，魏晋士人的超脱性乃是以物质生活世界为依托的一种当下生命满足，与经由心性工夫达至的内在超越式精神境界有着不同。其二，生命本性在借助外物或艺术活动开显的过程中，由于本性缺乏心性精神的引导，有时难免溺惑于物，反而容易走向为物所困的牢笼。其三，生命的风流与文化艺术世界的建构虽然彰显了人生个体性的审美情态与诗性乐园，但士人的道义担当于此地亦得以隐匿乃至消解。随着佛学的兴盛、玄学的衰微，注重生命性情直发与倚重外物的本性论哲学渐趋过渡为注重内在精神境界的以心摄物、心物一体的心性论哲学。由此，如翔风厉水、清波漪涟般的魏晋风流也一去不返了。

第六章　郭象"游外冥内"观与东晋士人心态

郭象的"游外冥内"观虽然是就圣人精神境界展开的，但依然具有极强的典范性。王葆玹就说："在郭象学说里，'玄冥'却不仅属于圣人，而且也与个体有密切的关联。郭象论说无数个体的'独化'，一盖附加'玄冥'两字，……意即任何存有的个体都是'独化'的，而任何个体的独化都是玄冥之境进行的。"① 张节末也说："向郭其实是把王弼的有情之圣人降落到平常人，并把他们理解为具有自然秉性的个体，对圣人的推崇似乎只是一个幌子。"② 郭象这种内外玄冥的圣人境界绾合着其自生独化、适性逍遥等观念，给魏晋士人在政治领域出与处、自然与名教、情与礼等方面的内心冲突提供了一种调适方案。特别是，随着东晋王权衰微与门阀政治兴盛的历史契机，这种调适方案得以真正落实，从而给东晋士人心态③带来重要转折，并影响到了士人文化艺术体系的建构。

第一节　郭象"游外冥内"辨义

作为融通出处、自然名教难题的创造性命题，郭象的"游外冥内"说

---

① 王葆玹：《玄学通论》，台湾五南图书出版公司，1996，第555页。
② 张节末：《禅宗美学》，北京大学出版社，2006，第33页。
③ 士人心态与审美活动、生活方式等是密切相关的，当为美学研究一隅。傅璇琮就说："研究士人心态，是为了更深一层地探讨文学思想演变的原因，研究文学创作所包含的生活理想和艺术追求形成的社会因素与作家的心理因素。"参看傅璇琮为罗宗强《玄学与魏晋士人心态》（天津教育出版社，2005）一书所作的序言。

历来受到学界的重视,但褒贬不一。褒扬者认为郭象通过这一命题成功地实现了自然与名教的调和,代表了一种儒道会通意义上的"内圣外王"之政治思想;批评者则认为郭象的这一命题完全失去了对现实的批判精神,代表了一种为统治制度辩护的混世滑头哲学。笔者试图从"方外"与"方内"、"自然"与"名教"、"所以迹"与"迹"等息息相关的维度来阐释郭象"游外冥内"这一命题,并以此说明郭象哲学不是一种混世滑头主义,而是一种政治理想主义。

郭象的"游外冥内"观念是其自然观、人生论哲学在社会政治领域的延伸。其一方面延续了魏晋玄学关于出处问题、自然名教问题的讨论,另一方面又跳脱出了先秦两汉哲学与其他玄学的本末二元对立思路和整体主义哲学思维,从本性论的个体主义哲学层面对这一难题予以理论上的融通。虽然郭象"游外冥内"观有较强的政治理想性,但其调和方案也使得横亘在魏晋士人心中的出处、自然名教之间的对立紧张关系得到了极大舒缓。

郭象的"游外冥内"观包含了如何去调和"方内"与"方外"、"自然"与"名教"、"迹"与"所以迹"关系之丰富创见,以一种理论创新形态为现实问题提供了答案。郭象把方内与方外两种世界性的划分统摄于一种"即方内即方外"的适性处世心态,从而使现实世界的逍遥成为可能;郭象以自然性分的新内涵整合了自然与名教的冲突,提出了"自然即名教"(而非名教即自然)的新观念,从而使遵循真名教也可以是一种任自然的体现;郭象还旗帜鲜明地对名教之治与"弃情逐迹"现象进行了批判,彰显了其政治理想主义的理论倾向。

一、以适性化解方内与方外的对立

在庄子那里,方内与方外既是一种空间世界也是一种处世之法。方内即依存一定礼法规矩的现实俗世以及与之相应的处世方式,方外即听任自然性情的理想世界以及与之相适应的处世方式。关于方内与方外问题的讨论,源自《庄子·大宗师》记载的孔子与子贡之间的一段对话:

> 莫然有间,而子桑户死,未葬。孔子闻之,使子贡往侍事焉。或

编曲，或鼓琴，相和而歌，曰："嗟来桑户乎！嗟来桑户乎！而已反其真，而我犹为人猗！"子贡趋而进曰："敢问临尸而歌，礼乎？"二人相视而笑曰："是恶知礼意！"子贡反，以告孔子，曰："彼何人者邪？修行无有而外其形骸，临尸而歌，颜色不变，无以命之。彼何人者邪？"孔子曰："彼游方之外者也，而丘游方之内者也。外内不相及，而丘使汝往吊之，丘则陋矣！"

庄子通过"子桑户死"的寓言表明了儒道两家对待礼的截然不同的态度，从而引出了孔子关于儒家乃方内之士而道家乃方外之士的讨论。在庄子那里，方内俗士与方外隐士俨然是泾渭分明、相互对立、外内不相及的两个世界。正因为方内与方外处于两个世界，故可以遵循不同的礼意态度。就庄子而言，其更为倾向的当是游外的超俗世界。

魏晋时虽依然存在把方内与方外二元对立并视方外为优为高的观念，但也出现了把二者等量齐观的趋势。《世说新语·任诞》载："阮步兵丧母，裴令公往吊之。阮方醉，散发坐床，箕踞不哭。裴至，下席于地，哭吊唁毕，便去。或问裴：'凡吊，主人哭，客乃为礼。阮既不哭，君何为哭？'裴曰：'阮方外之人，故不崇礼制；我辈俗中人，故以仪轨自居。'时人叹为两得其中。"在这则故事中，不崇礼制的方外之人与仪轨自居的方内之人已经不再有高下之分，而是被时人"叹为两得其中"。这种"两得其中"，方内方外各行其是、等量齐观的解决方案虽然提升了方内处世方式的地位，但依然谈不上把二者融通起来，故其看似是在抹平不崇礼制与仪轨自居二者之间的冲突，背后实显示了对二者冲突关系难以调和的无奈。

正是针对这一难以化解的时代主题，郭象提出了自己的独特解决方案。在《庄子·大宗师注》中，郭象云：

> 夫知礼意者，必游外以经内，守母以存子，称情而直往也。若乃矜乎名声，牵乎形制，则孝不任诚，慈不任实。父子兄弟，怀情相欺，岂礼之大意哉！夫理有至极，外内相冥，未有极游外之致而不冥于内者也，未有能冥于内而不游于外者也。故圣人常游外以冥内，无心以顺有。故虽终日见形而神气无变，俯仰万机而淡然自若。夫见形

而不及神者,天下之常累也。是故睹其与群物并行,则莫能谓之遗物而离人矣;睹其体化而应务,则莫能谓之坐忘而自得矣。岂直谓圣人不然哉,乃必谓至理之无此。是故庄子将明流统之所宗,以释天下之可悟,若直就称仲尼之如此,或者将据所见以排之,故超圣人之内迹,而寄方外于数子。宜忘其所寄以寻述作之大意,则夫游外冥内之道坦然自明,而庄子之书,故是涉俗盖世之谈矣。

郭象运用"寄言出意"的创造诠释学方法,将庄子本意的游外与游内的两元对立融为"外内相冥"一体。庄子认为,由于现实方内世界受到礼法规矩的约束,故任性与自由的实现只能在方外世界才能获得。而郭象的"未有极游外之致而不冥于内者也,未有能冥于内而不游于外者也"的说法则表明,现实方内世界一样可以实现任性与自由。"游外冥内"曾被人理解为"内圣外王",并将"冥内"释为"内圣"、"游外"释为"外王"[1]。这种解释虽在命题总体意义上没错,但对"冥内"与"游外"的解释却恰恰是与郭象的原义相反的。在郭象那里,"游外"是指"无心",即"适性的处世态度",其义实近于"内圣";"冥内"是指"顺有",即"冥于现实世界",其义实近于"外王"。郭象所提出的"游外经内""外内相冥""游外冥内""无心顺有"的解决方案不但抹平了内与外两种世界的区分,而且把外内、有无对立的两个世界转化成了一个群体社会性的世界。"礼意""经内""存子""孝慈""冥内""顺有""终日见形""俯仰万机""与群物并行""应务""涉俗盖世"等词语表明,郭象要解决的核心问题是在现实方内世界能否实现生命的任性与自由的问题。如果可以,那所谓的方内与方外的对立性也就不再具有意义,因为有意义的是生命能否实现任性与自由,而在哪里实现则无关紧要!

就此而言,如果裴楷"以仪轨自居"乃出于"称情直往",则不妨其任性与自由;反之,如果裴楷乃"矜乎名声,牵乎形制",则是作茧自缚不得逍遥。因此,方外之士也可能有假名士,而方内之士也可能有真风流,关键在于其所作所为是否出自适性之为。《庄子·逍遥游注》云:"庖

---

[1] 杨立华:《郭象〈庄子注〉研究》,北京大学出版社,2010,第169页。

人尸祝，各安其所司；鸟兽万物，各足于所受；帝尧许由，各静其所遇。此乃天下之至实也。各得其实，又何所为乎哉？自得而已矣！故尧许之行虽异，其于逍遥一也。"尧帝与许由，一处庙堂，一隐山林，但如果能做到"各安所司""各足所受""各静其遇""各得其实"，则皆可适性逍遥。这样，郭象把方内方外两种世界性的划分统摄于一种"即方内即方外"的适性处世心态。从世界区分的角度而言，方内世界与方外世界是二元对立难以调和的，要么处于山林要么处于庙堂。但从适性处世态度的角度而言，只要有一种"游""经""冥""无心"的态度，则方内与方外、山林与庙堂、出处默语是一个世界。《庄子·在宥注》即云："出处默语，常无其心而付之自然。"也就是说，内外两个世界的划分在郭象这里已经不存在了，存在的只是一个是否适性去处世接物的问题。

夫圣人虽在庙堂之上，然其心无异于山林之中，世岂识之哉！徒见其戴黄屋，佩玉玺，便谓足以缨绋其心矣；见其历山川，同民事，便谓足以憔悴其神矣，岂知至至者之不亏哉！（《庄子·逍遥游注》）

夫游外者依内，离人者合俗，故有天下者，无以天下为也。是以遗物而后能入群，坐忘而后能应务，愈遗之愈得之。（《庄子·大宗师注》）

所谓无为之业，非拱默而已；所谓尘垢之外，非伏于山林也。（《庄子·大宗师注》）

可以看出，在郭象那里，山林庙堂只是一个世界。按其逻辑，不论是在方外山林还是在方内庙堂，皆有适性群体的合理性存在。不过，郭象哲学的主旨是去论证如何在现实世界实现适性逍遥的问题，故如何在山林适性的问题不是其关注所在①。《庄子·大宗师注》："小大相群，不得已之势也。"郭象意图论证的恰恰是在社会群体性世界如何能做到"其心无异于山林之中""不缨绋其心""不憔悴其神""游外离人""遗物坐忘""无

---

① 郭象哲学的目的是把庄子哲学拉入凡俗世界，故对山林之隐的看法有所矛盾：一方面他认为只要适性，山林庙堂皆可逍遥；另一方面他又认为伏于山林并不能做到真正的逍遥。也许在他看来，山林隐士毕竟是以遏制自身性分中的社会性才能、事能为代价的，故不能真正适性逍遥。

为之业""尘垢之外"的问题,这就是《庄子序》所言的"明内圣外王之道"。郭象虽是就圣人"无为之治"立论,但亦打开了普通凡众在社会群体性世界实现任性与自由的通道。就圣人来说,其"游外冥内"依靠的是圣人高邈超越、无所不适的精神境界;就普通凡众来说,其"游外冥内"依靠的是适性而为。

然而,社会群体性世界是有仪轨名教的,这种仪轨名教与任性自由能够兼容统一吗?在名教面前,普通人的适性而为可能吗?这就需要进一步从郭象独特的性分论内涵或自然与名教的关系来进行理解了。

二、以性分论融通名教与自然的对立

郭象的性分论与庄子心性论最大的差别在于其对自然之性内涵的扩展。前面说过,在庄子那里,人之真性指的是一种发自本心的精神生命本质,是为心性;在郭象那里,人之真性指的是根源于生命潜质的现时态的一种生命活力的显发,是为本性。不唯如此,郭象还把生命本性所显发的性情以及与之相适应的性能也纳入了其本性论内涵。生命本性显发的性情、能力性内涵往往形于外并可以被规范化,因而可以成为一种社会属性。《庄子·秋水注》云:"真在性分之内。"这就是说,郭象突破了庄子对性的理解的自然主义的立场,同时把人的一些社会属性纳入了人性。把自然之性所具有的外显性情规范、社会性能、社会事能等性之"分"纳入性的内涵,使得郭象对人性本质的看法具有鲜明的特色。郭象云:

> 夫仁义自是人之情性,但当任之耳。(《庄子·骈拇注》)
> 夫仁义者,人之性也。(《庄子·天运注》)
> 贤出于性,非言所为。(《庄子·徐无鬼注》)

这表明,郭象认为仁、义、贤等道德情感实是出于人之本性,因而为本性之分、本性之能。这与孔孟把"仁义"内在化的思路是一致的。孔子就说:"我欲仁,斯仁至矣。"(《论语·述而》)孟子也说:"君子所性,仁义礼智根于心"(《孟子·尽心上》),"仁义礼智,非由外铄我也,我固有之也"(《孟子·告子上》)。不同的是,在孔孟那里,仁义等道德性内容是一种普遍性的自觉的道德精神意识,而郭象的仁义只是一种分殊性的固有的道德材质。在郭象看来，人之本性中就具有仁义贤孝等真性情，只是由于人各有性、性各有极的原因，每个人所具有的这份道德情感是有才性差异的。这里可以看出，郭象并非反对仁义贤孝等道德名教性内涵，而是把这种道德名教性内涵性分化了。

同样，郭象对庄子自然之性的一大改造是把人性所具有的社会性能、事能亦进行了本性化：

> 物任其性，事称其能，各当其分，逍遥一也。（《庄子·逍遥游注》）

> 凡得真性，用其自为者，虽复皂隶，犹不顾毁誉而自安其业。（《庄子·齐物论注》）

> 马之真性，非辞鞍而恶乘，但无羡于荣华。（《庄子·马蹄注》）

> 夫善御者，将以尽其能也。尽能在于自任，而乃走作驰步，求其过能之用，故有不堪而多死焉。若乃任驽骥之力，适迟疾之分，虽则足迹接乎八荒之表，而众马之性全矣。而惑者闻任马之性乃谓放而不乘，闻无为之风遂云行不如卧，何其往而不返哉！斯失乎庄生之旨远矣。（《庄子·马蹄注》）

> 故性之不可去者，衣食也；事之不可废者，耕织也。此天下之所同而为本者也。（《庄子·马蹄注》）

> 故善用人者，使能方者为方，能圆者为圆，各任其所能，人安其性。（《庄子·胠箧注》）

> 目能睹，翼能逝，此鸟之真性也。（《庄子·山木注》）

> 文者自文，武者自武，非大人所赐也。若由赐而能，则有时而阙矣。岂唯文武，凡性皆然。（《庄子·则阳注》）

> 性之所能，不得不为也；性所不能，不得强为。（《庄子·外物注》）

在郭象看来，人是群居性的，每个人都有自己的性分与事能。这一性分与事能的展开有待于与他者之间的相因相济。每个人都具有自己的本性，这种本性一旦外在体现出来，就必然产生一定的外在力量。对普通人而言，人之本性都有耕织衣食能力；对于官员而言，人之本性有能文能武、能方能圆的能力；对于动物而言，其本性有能飞能乘的能力。"人之生也，可不服牛乘马乎？服牛乘马，可不穿落之乎？牛马不辞穿落者，天命之固当也。"(《庄子·秋水注》)在郭象看来，这种本性之能恰恰是适性的一种体现。所以适性并非什么也不做，而恰恰是要充分地实现性分所具的社会性潜能。这种性分之能的实现，不但体现了个人本性的展开，而且体现了个人生命价值的实现。正是在每个人性分的独化中，社会方成为相因相济的和谐整体。这就表明，郭象所言的任性并非逃离社会去隐逸山林，而是应充分地去实现自己的性分潜能。如同马的真性"非辞鞍而恶乘"一样，人的真性也必然包含了社会性的事能。"凡得真性，用其自为者，虽复皂隶，犹不顾毁誉而自安其业。"(《庄子·齐物论注》)"臣能亲事，主能用臣；斧能刻木，工能用斧。各当其能，则天理自然，非有为也。"(《庄子·天道注》)在郭象看来，社会群体性是人之生存不可逃避的，那种意图逃离社会、推卸真性之能的"方外之士"实难以真正实现自身的适性逍遥。

人各有性，性各有分。正由于人之本性所具的性分潜能是有差异的，人必然也呈现为不同的社会分工与社会地位。如果人不安于其性其能，而企慕性能之外的性情与社会地位，则必然是非分之想。《庄子·骈拇注》云："夫曾史性长于仁耳，而性不长者，横复慕之，慕之而仁，仁已伪矣。天下未尝慕桀跖而必慕曾史，则曾史之簧鼓天下，使失其真性，甚于桀跖也。"在曾史的性分中，仁性比较突出，那些仁性较少的人如果超出自身的性分而去强为之，则必然表现为假仁假义。《庄子·齐物论注》云："若皆私之，则志过其分，上下相冒，而莫为臣妾矣。臣妾之才而不安，臣妾之任则失矣。故知君臣上下，手足外内，乃天理自然，岂直人之所为哉！"君王与臣妾各有其才，如果以臣妾之才上冒君王之才，则强性所为必失天理。郭象的这种观念往往被人理解为在为统治的现有政治秩序服务。冯友兰说："郭象的哲学，都是要证明，在自然界和社会中，凡是存在的都是合理的。这是他的'内圣外王之道'的主要内容。"①"(郭象)主张'名教'即是'自然'，合乎'名教'即是合乎'自然'，这是一种为已逐渐形

---

① 冯友兰：《中国哲学史新编》第四册，人民出版社，1986，第179页。

成的封建伦理道德关系（其中还包含有浓厚的奴隶社会观念的残余）做辩护的理论，原先包含在'名教'与'自然'的争论中的那种批判的精神，已经消失。"① 虽然这样的评价在一定程度上揭示了郭象哲学所具有的阶级属性，但并不完全公允。从郭象整个哲学观念来看，其对人的社会分工与地位差异的认同，并非简单地出于对门阀世族统治的辩护而是其性分论哲学的必然结论。

把人的仁义贤孝等道德情感与社会性才能等纳入自然性分范围，这必将带来一种自然与名教关系的新理解方式。从汉末魏晋以来，自然与名教的关系问题一直是一个横亘在士人心头的处世难题。一方面，个体生命意识的觉醒让魏晋士人认识到了人的个人独立性与生存自由的价值；另一方面，现实的社会政治状况与宗法等级制度又是魏晋士人必须面对的生存面貌。要在现实的社会政治规范下追求自然与自由，就必然呈现自然与名教的冲突。在郭象之前，何晏、王弼、嵇康、裴頠等人都提出了各自关于自然与名教的看法，但自然与名教的冲突问题依然没有得到很好的解决。王弼云："用夫无名，故名以笃焉；用夫无形，故形以成焉。守母以存其子，崇本以举其末，则形名俱有而邪不生，大美配天而华不作。"② 王弼一方面认可了社会名教存在的必然性，另一方面又试图用以自然为本、以名教为末的方式把二者统一起来，从而崇本举末、守母存子，使"名教出于自然"。然而，在王弼的解决方案中，尚有两个主要问题没有得到有效解决，从而导致了其理论不能自圆其说的矛盾：一是对现实名教自身的合法性问题并没有去深入反思，有无条件承认现实名教之嫌；二是王弼的"以无为本"的哲学，实会导致以"自然无为"为上而名教名存实亡之倾向（"崇本息末""守母弃子"）。"由于他的本体论尚未达到'体用一如'或'体用一源'的高度，把有无分为两橛，所以名教与自然也仅只做到了外部的松散的联结。"③ 王弼对自然与名教关系处理的矛盾性发展到嵇康与裴頠，遂形成"越名教而任自然"与"崇有论"之两个极端。嵇康的《与山巨源

---

① 李泽厚、刘纲纪：《中国美学史》第二卷，中国社会科学出版社，1987，第141页。
② 楼宇烈校释：《王弼集校释》，中华书局，1980，第95页。
③ 余敦康：《魏晋玄学史》，北京大学出版社，2016，第309页。

绝交书》以"非汤、武而薄周、孔"的宣言展示了其任自然的反抗姿态，而裴頠的《崇有论》则以"居以仁顺，守以恭俭，率以忠信，行以敬让，志无盈求，事无过用"的说法意图全面恢复名教。

由此可见，郭象之前关于名教与自然的处理方式都没能有效解决二者的融通问题。王弼的"名教出于自然"虽然试图融合二者却没有说服力，而嵇康、裴頠则各自执于一端而谈不上融通。郭象的思路则完全不同，他是从扩充自然之性的性分内涵入手来解决这一问题的，这就改变了以往糅合自然与名教的理论进路，而开辟了一条儒道兼综、内圣外王的新路径。

郭象把发自自然本性的道德情感与社会性能也视为自然性分，这意味着以这种性分决定并外显的道德规范与社会秩序具有了一种自然合理性。由此，源于性分的道德规范与社会等级、社会分工、政治秩序等名教制度乃自然生发，不但不与自然相冲突，而且本身就是自然。这也意味着，遵循这种名教本身（冥内）就可以是任性（游外）的体现。正如郭象《庄子序》所言的："至仁极乎无亲，孝慈终于兼忘，礼乐复乎已能，忠信发乎天光。用其光则其朴自成，是以神器独化于玄冥之境而源深流长也。"这样，郭象通过性分论哲学，建构了一种"自然即名教"① 的新型自然名教一体观念。"自然即名教"意味着，郭象认可的并非所有的名教，而只是那种本于自然性分所形成的名教。因此，郭象对一些必然的、必要的社会名教制度进行了肯认：

> 千人聚不以一人为主，不乱则散。故多贤不可以多君，无贤不可以无君。此天人之道，必至之宜。（《庄子·人间世注》）
>
> 天下若无明王，则莫能自得。今之自得，实明王之功也。然功

---

① 以往郭象的自然名教观被很多人归纳为"名教即自然"，这让人错误地以为郭象承认所有的名教都是自然或"凡是现实的都是合理的"。所以，以"名教即自然"来概括郭象的自然名教观不是很恰当。笔者认为，郭象的自然名教观当概括为"自然即名教"或"即自然即名教"。吕锡琛《郭象认为"名教"即"自然"吗？》（《哲学研究》1999年第7期）一文就从"名教乃自然之迹""自然高于君命""以一正万，则万不正矣""名教不足固守""天性所受，各有本分""'捐迹反一'的理想"六个方面反驳了"名教即自然"这一对郭象自然名教观的传统看法。

在无为而还任天下，天下皆得自任，故似非明王之功。夫明王皆就足物性，故人人皆云"我自尔"，而莫知恃赖于明王。(《庄子·应帝王注》)

故所贵圣王者，非贵其能治也，贵其无为而任物之自为也。(《庄子·在宥注》)

这是说圣君明王制度。在郭象看来，作为群体社会性存在的人，如果没有君主的统治就如同一盘散沙，必然生乱。在解释《庄子·胠箧》所言的"则圣人之利天下也少而害天下也多"时，郭象引入了这样的讨论："信哉斯言！斯言虽信，而犹不可亡圣者，犹天下之知未能都亡，故须圣道以镇之也。群知不亡而独亡圣知，则天下之害又多于有圣矣。然则有圣之害虽多，犹愈于亡圣之无治也。虽愈于亡圣，故未若都亡之无害也。甚矣！天下莫不求利，而不能一亡其知，何其迷而失致哉！"虽然郭象也认为无君无圣无知是最为理想的社会状况，但现实的情况是并不是每个人都能做到"亡知"，故圣王之治是基于自然形成的，其存在依然是必要的。

官各当其所能则治矣。(《庄子·天地注》)

臣能亲事，主能用臣；斧能刻木，工能用斧。各当其能，则天理自然，非有为也。若乃主代臣事，则非主矣；臣秉主用，则非臣矣。故各司其任，则上下咸得，而无为之理至矣！(《庄子·天道注》)

这是说官僚等级制度。按照郭象的性分论，每个人的性分才能都是不同的。在一个社会性群体中，要实现社会的发展，就必须让合适的人去做合适的事。这种个人才能的不同自然会生成不同的官僚等级与阶级划分。因而，官僚等级制度的形成也是自然性分导致的必然结果。

尊卑有别，旅酬有次。(《庄子·人间世注》)

刑者，治之体，非我为。礼者，世之所以自行耳，非我制。知者，时之动，非我唱。德者，自彼所循，非我作。任治之自杀，故虽杀而宽。顺世之所行，故无不行。(《庄子·大宗师注》)

无不容者，非为仁也，而仁迹行焉。无不理者，非为义也，而义

功著焉。(《庄子·缮性注》)

明夫尊卑先后之序，固有物之所不能无也。(《庄子·天道注》)

鸣者，律之所生。言者，法之所出。而法律者，众之所为，圣人就用之耳，故无不当，而未之尝言，未之尝为也。(《庄子·寓言注》)

这是说仁义礼智等道德规范与刑事法律制度。在郭象看来，仁义礼智等道德规范出自自然性情，故为世之自行，因而具有自然合理性。同样，由于"天下莫不求利，而不能一亡其知"，故圣君需要顺应自然世情通过刑事法律制度的实行来确保天下人都能"自得于世"。

可见，郭象对名教的认可是有条件的：其一，这种名教是奠定在人的自然性分基础上的，是自然性分实现过程中的必然结果；其二，这种名教的存在又是为了去保障人之自然性分的顺利实现。从这两点可以看出，郭象的自然名教观断然不是有人认为的混世滑头主义，而是一种政治理想主义。

郭象的这种以性分来融通自然与名教对立的思路，既不同于王弼的含混矛盾，也不同于嵇康、裴頠的偏执，在理论上达到了新的思辨高度。然而，郭象的本于自然的名教毕竟与现实的名教制度不同。现实的名教制度当中，既存在一些因自然而形成的名教制度，也存在一些被专制统治者建立并利用来压制人的异化了的名教治理制度。应该说，郭象特别清醒地认识到了现实名教适用的复杂状况，而以一种理想主义的反抗姿态向现实不自然的名教之治进行了猛烈批判。

三、反名教之治与捐迹反一

名教之治是统治者以三纲五常、政治规范等为旗帜来改造民性、教导民众，从而维护皇权统治者的利益。这种名教观以名教为本、以人性为末、以本统末，与郭象以人性为本、以名教为末、本末一如的名教观念完全不同。郭象也正是基于自身的本性论哲学对现实存在的名教之治表示了极大不满，彰显了郭象自然名教观中"越名教而任自然"的积极批判精神。余敦康就说："(郭象)并没有片面地去证明'凡是现实的东西都是合乎理性的'。如果这样去看郭象，那是对郭象的误解。郭象对名教的弊端以及专制暴君的凶残是有清醒的认识的。"① 自汉代以来，中国社会就形成了以维护皇权统治者的利益为目的、以三纲五常为核心的道德伦理规范与刑事法律制度。统治者在社会治理中刚柔并用，一方面以刑事法律制度对民众进行威吓与惩治，另一方面又树立一套伦理规范来对人进行教化，从而让所有民众安于统治秩序。用一定的规范与刑法来进行社会治理本无可厚非，如儒家孔孟所推崇的理想的礼乐刑政就是要求以"仁"性为根基（合乎民意、民性）、以"民本"（维护民众利益）为旨归。名教之治则往往以"以名为号"，为帝王占有并以维护统治者利益为核心。这种名教之治一方面对人的自然性情进行了抹杀，另一方面又沦为一种矫伪固化的"虚假需求"而让很多人不顺本性地横复慕之。郭象正是意识到了这一点，从而对这种僵化的假仁虚礼与刻意的法律制度展开了批判。

秉承自然性分为本的思路，郭象主要从"矫拂其性"与"弃情逐迹"两个角度对现实名教之治进行了批评。"矫拂其性"指的是名教之治树立了一套固化的规范制度，并要求所有人都按照这套规范制度来为人处世，这就与性分的差异性与自然性相冲突，必然带来伪善。

> 若乃矜乎名声，牵乎形制，则孝不任诚，慈不任实。父子兄弟，怀情相欺，岂礼之大意哉！（《庄子·大宗师注》）

> 夫曾史性长于仁耳，而性不长者，横复慕之，慕之而仁，仁已伪矣。（《庄子·骈拇注》）

> 兼爱之迹可尚，则天下之目乱矣。以可尚之迹，蒿令有患而遂忧之，此为陷人于难而后拯之也。然今世正谓此为仁也。（《庄子·骈拇注》）

> 故乱心不由于丑，而恒在美色；挠世不由于恶，而恒在仁义。则仁义者，挠天下之具也。（《庄子·骈拇注》）

> 揉曲为直，厉鸳习骥，能为规矩以矫拂其性，使死而后已，乃谓之善治也。不亦过乎！（《庄子·马蹄注》）

---

① 余敦康：《魏晋玄学史》，北京大学出版社，2016，第 373 页。

礼义之弊，有斯饰也。(《庄子·田子方注》)

仁义有形，固伪形必作。(《庄子·徐无鬼注》)

后世人君将慕仲尼之遐轨，而遂忍性自矫伪以临民，上下相习，遂不自知也。(《庄子·列御寇注》)

这里，郭象并未对仁义、礼意、孝慈、兼爱等名教规范本身进行否定，他所否定的是那种伪饰矫性的名教之治。名教之治以统一固化的名教来治理民众，并因此形成一套名号、名分、名节乃至功名等评价体系。如此，民众在这一名教之治体系中，往往会因为追求社会的评价而做出有违自身性分的虚伪之举。这种社会风气一旦形成，整个社会就处于一种假仁假义、伪善虚礼之下。按照郭象的性分论哲学，每个人的道德性情天生就是不同的，试图用统一的外在道德规范来教化人也注定是徒劳的。《庄子·养生主注》云："天性所受，各有本分，不可逃，亦不可加。"《庄子·齐物论注》云："夫外不可求而求之，譬犹以圆学方，以鱼慕鸟耳。虽希翼鸾凤，拟规日月，此愈近彼愈远，实学弥得而性弥失。"《庄子·天道注》亦云："此言物各有性，教学之无益也。"因此，现实的名教教化与治理制度导致的只能是让人偏离性分并生出性分之外的伪善。郭象在注解《庄子·马蹄》中"道德不废，安取仁义！性情不离，安用礼乐！五色不乱，孰为文采！五声不乱，孰应六律"时说："凡此皆变朴为华，弃本崇末，于其天素有残废矣。世虽贵之，非其贵也。"其大意可理解为，仁义礼乐只有合乎自然性分的道德性情，方能是真正珍贵的，反之就应当废弃。联系汉末以来的"举秀才，不知书""举孝廉，父别居"的社会现实，郭象的见解可谓针砭时弊。郭象在这里反对的并非名教本身而是反对那种业已成形的固化的名教治理体系。他呼吁打破这种"矫拂其性"的僵化名教之治而回归一种合乎自然性分并予以具体差别对待的名教制度，希望能让名教的现实适用恢复到"真实"轨道。

同样，郭象还对以圣人之名制定的法律制度进行了大胆批判，这一点尤显郭象的胆识。

言暴乱之君，亦得据君人之威以戮贤人，而莫之敢亢者，皆圣法之由也。向无圣法，则桀纣焉得守斯位而放其毒，使天下侧目哉！

(《庄子·胠箧注》)

己与天下相因而成者也,今以一己而专制天下,则天下塞矣。己岂通哉!(《庄子·在宥注》)

夫圣人统百姓之大情,而因为之制,故百姓寄情于所统,而自忘其好恶,故与一世而得澹漠焉。乱则反之,人恣其近好,家用典法,故国异政,家殊俗。(《庄子·天下注》)

不顺民望。虽立法,而钝断无圭角也。(《庄子·天下注》)

郭象不反对圣君,但其圣君之治是与民相因、顺民望、依臣民之自为的无为而治,故圣君之法乃众人所为而圣人顺世之所行而已。与真正圣法的自然所成、自然所行不同的是,现实的很多圣法是假借圣人之意,实出于一己之专制与好恶,并依此来杀戮贤人,实乃天下之毒。这种为专制统治服务的圣法既无统百姓自然性分之大情的合法性,又无保障天下万物相因相济的合法性,可谓扰乱天下之具。

"矫拂其性"与"弃情逐迹"是相互关联的,前者侧重于对实施名教之治的专制统治者与专制制度进行批判,后者侧重于对被名教之治蛊惑的被统治者(也包括追慕三代之迹的统治者)进行批判。"弃情逐迹"其意指的是那些被名教制度(迹)束缚的人,他们把名教视为永恒神圣的权威,反而意识不到名教的根本在于自然性情(所以迹)。"寻其迹者,失其所以迹矣,故绝灭也。"(《庄子·秋水注》)这种人舍本逐末,自以为是,最终作茧自缚,不得逍遥。

夫仁义自是人情也,而三代以下,横共嚣嚣,弃情逐迹,如将不及,不亦多忧乎!(《庄子·骈拇注》)

夫黄帝非为仁义也,直与物冥则仁义之迹自见,迹自见则后世之心必自殉之,是亦黄帝之迹使物婴也。(《庄子·在宥注》)

所以迹者,真性也。夫任物之真性者,其迹则六经也。况之人事,则以自然为履,六经为迹。(《庄子·天运注》)

信行容体而顺乎自然之节文者,其迹则礼也。(《庄子·缮性注》)

仁义礼智、六经等都是圣人之迹,是圣人内在之性外在显现的迹象,体现了圣人因情发用、因时设教的圆通性。圣人之迹往往按病开药,一旦脱离其具体情境则可能成为谬误。但后世之人往往执着于追求这种迹象，并将之神圣化、权威化，看不到圣人之迹背后的"所以迹"之真性。在郭象看来，古今情境不同，人之性分也有时变，以僵化的圣人之迹来规范已经变化的情境与人性，必然带来主忧民困。

  当古之事，已灭于古矣。虽或传之，岂能使古在今哉！古不在今，今事已变，故绝学任性，与时变化，而后至焉。(《庄子·天道注》)

  况夫礼义当其时而用之，则西施也；时过而不弃，则丑人也。(《庄子·天运注》)

  夫仁义者，人之性也。人性有变，古今不同也。故游寄而过去则冥，若滞而系于一方则见。见则伪生，伪生而责多矣。(《庄子·天运注》)

  名法者，已过之迹耳，非适足也。(《庄子·则阳注》)

  诗礼者，先王之陈迹也。苟非其人，道不虚行。故夫儒者乃有用之为奸，则迹不足恃也。(《庄子·外物注》)

郭象的哲学非常注重万物独化、新成的观念。《庄子·大宗师注》云："夫无力之力，莫大于变化者也。故乃揭天地以趋新，负山岳以舍故。故不暂停，忽已涉新，则天地万物无时而不移也。世皆新矣，而自以为故；舟日易矣，而视之若旧；山日更矣，而视之若前。今交一臂而失之，皆在冥中去矣。故向者之我非复今我也。我与今俱往，岂常守故哉！而世莫之觉，横谓今之所遇，可系而在，岂不昧哉！"郭象这种天地趋新、万物无时而不移的自然流变观使其具有一种"革故鼎新"的开放意识。在他看来，仁义、诗礼、名法等都是先王之陈迹，并不能据为亘古不变之铁律。时代变化了，人性不同了，就应该根据时代与人性的变化制定新的名教。郭象认为，与其追逐先王之陈迹，不如把握先王之"所以迹"，这样就能"万变不离其宗"，真正领会名教的精神。因此，针对现实名教制度适用的复杂性情况，郭象提出以"捐迹反一"的真自然真名教精神来最终化解自然与名教关系的难题：

  故中知以下，莫不外饰其性以眩惑众人，恶直丑正，蕃徒相引。是以任真者失其据，而崇伪者窃其柄，于是主忧于上，民困于下矣。

由腐儒守迹，故致斯祸。不思捐迹反一，而方复攘臂用迹以治迹，可谓无愧而不知耻之甚也！(《庄子·在宥注》)

莫知反一以息迹，而逐迹以求一，愈得迹，愈失一，斯大谬矣！虽复起身以明之，开言以出之，显知以发之，何由而交兴哉？只所以交丧也！(《庄子·缮性注》)

"捐迹反一"即捐弃现实名教之具体规范而反归本性、性分，这可谓郭象关于自然名教关系的最终解决之道与方便法门。这就表明，面对现实中异化的名教，自然当捐弃之；面对现实中合乎自然性分的名教，也当因时因性而变，因为"向者之我非复今我也，我与今俱往，岂常守故哉"。人只有"反一""守一"，方能真正时时有自然、在在有名教。故性分所适即名教所在，而名教所在即性分所适。这应是郭象对仪轨名教与任性自由兼容统一的回答，也是对普通人于政治领域能够适性逍遥的回答。这种以自然性分为最高准则的思想，体现了郭象哲学的现实批判性。

可以看出，郭象的"游外冥内"观以性分所适的独特观念从理论上化解了方内方外、名教自然的对立冲突，从而给普通人的为人处世规划了一个"各尽其性""各尽其能""各得其所"的理想图景。在这一理想图景中，每个普通人都适性分而为，体现了个体生命的极大自由；同时，每个普通人又都各守本分、各尽其才，形成一种与性分一致的社会秩序和伦理规范。在这一理想图景中，作为统治者的圣君是为保障这一自由有序社会状态而出现的。他依据民意、顺应世情而让圣法行当其所当行，从而保证天下万物之间的相因相济。郭象的理想是圆满的，但现实是残酷的。在一个统治者残暴、权阀势力恣意妄为、很多人争名夺利的魏晋现实社会中，郭象"游外冥内"观呈现的政治理想图景只能是一个桃花源式的梦想。

整体社会政治图景虽为理想，但郭象"游外冥内"的玄学观念却为方内方外、自然名教关系的解决带来了一种积极的理论效应。《世说新语·文学》载："《庄子·逍遥篇》，旧是难处，诸名贤所可钻味，而不能拔理于郭、向之外。"萦绕在魏晋士人心头的出处问题、自然名教问题总算有了一种融通的理论依据，它至少在现实生活中给了士人心理一个宽慰与调适的空间。郭象的"即方内即方外"的适性心态与"即自然即名教"的自然名教观皆能给内心焦虑矛盾的东晋士人带来调适的可能。

第二节　东晋士人心态的调适

　　郭象对方内方外、自然名教关系的理论调和，在满足门阀士族现实政治利益的同时也满足了他们自然适性的精神需要，从玄学高度给晋人的现实生存方式指明了出路。郭象的"游外冥内"观使得方内与方外、出仕与隐逸、性情与礼教的矛盾冲突统一于适性分的心理态度与现实行为。相对于适性之"所以迹"而言，或方内或方外、或出或处、或情或礼等皆为"迹"。只要人能内在适性，其外在之迹则可以不用太在乎也不用分高下。

　　这种理论效应对魏晋士人心态的影响是非常直接的。《晋书·向秀传》载："康既被诛，秀应本郡计入洛。文帝问曰：'闻有箕山之志，何以在此？'秀曰：'以为巢许狷介之士，未达尧心，岂足多慕。'帝甚悦。"嵇康被诛对魏晋士人的震撼是巨大的，这意味着士人以一己之力反抗名教之途的失败。在强大的专制统治之下，士人们要想"全身"，唯有寻找一种新的平衡出处、自然名教矛盾关系的处世方式。这种处世方式一方面要放弃激越的反抗性而有所妥协，另一方面又必须保持住士人相对的精神独立性。向秀对司马昭说的"巢许狷介之士，未达尧心，岂足多慕"，正是向、郭《庄子·逍遥游注》中所言的"取于尧而足，岂借之许由哉！若谓拱默乎山林之中而后得称无为者，此庄老之谈所以见弃于当涂"之意。向秀入洛这一历史事件，不但使得新的"朝隐"隐逸方式在魏晋盛行，也彰显了《庄子注》"游外冥内"哲学观念对士人处世心态与处世方式的现实效应。

　　这种哲学观念的现实效应主要体现在以下三个相互关联的方面：其一，郭象对方内与方外对立关系的化解，使得出处同归，造就了朝隐观念在两晋，特别是东晋的盛行[①]；其二，郭象对名教与自然关系的融通，使

[①] 出处同归观念的提出，除了郭象的影响外，还有佛教思想的影响，特别是《维摩诘经》"不二"思想的影响。关于这一点，学界多有论述。可参看：孙昌武：《中国文学中的维摩与观音》，高等教育出版社，1996；宁稼雨：《从〈世说新语〉看维摩在家居士观念的影响》，《南开学报》2000 年第 4 期；李昌舒：《中古出处与审美关系研究》，南京大学出版社，2016。

得即名教即自然,从而矫正了为所欲为的放诞行为,造就了东晋士人任自然而不废名教的士风;其三,郭象以适性分为本的"捐迹反一"策略给情与礼的冲突提供了缓释的空间,推动了东晋"缘情制礼"之情礼关系的解决。这三个方面互为一体,铸就了东晋士人相对平静的内心世界。虽然,魏晋士人在出处、自然名教、情礼关系处理上还有着其他方式与高下评判之分,但郭象的"游外冥内"观确给他们提供了一条现实性的处世之道。

一、出处同归

政治的险恶、生命的无常使得魏晋士人处于一种极度焦虑和苦闷的精神状态之中。如何处理仕与隐、出与处的关系就是横亘在他们心头的一个重要问题。在孔孟等早期士人那里这个问题相对好处理。一方面,孔子胸怀治国平天下的理想,积极地追求入仕,以更好地去实现自己的政治理想,所谓"君命召,不俟驾行矣"(《论语·乡党》)、"三月无君,则皇皇如也"(《孟子·滕文公下》);另一方面,孔子又言"道不行,乘桴浮于海"(《论语·公冶长》)、"君子哉蘧伯玉!邦有道,则仕;邦无道,则可卷而怀之"(《论语·卫灵公》),孟子也说"无罪而杀士,则大夫可以去;无罪而戮民,则士可以徙"(《孟子·离娄下》)。当君主贤明有道,自身抱负能实现时则兼济天下;当君主昏庸无道,自身抱负无法施行时则独善其身。正由于士人有出仕当官与隐逸退避的自由,在孔孟那里,统治集团和士人之间的紧张关系还不是很明显。秦汉中央集权制建立后,统治集团对士人的控制开始加强。"普天之下,莫非王土。率土之滨,莫非王臣。"在严密的集权制下,士人欲隐逸退避也开始遭遇困难,正如董仲舒在《士不遇赋》中所言:"于吾侪之云远兮,疑荒途而难践。"亦如东方朔在《答客难》所云:"故绥之则安,动之则苦,尊之则为将,卑之则为虏,抗之则在青云之上,抑之则在深渊之下,用之则为虎,不用则为鼠。"正因如此,秦汉以后,士人的独立性与统治者的集权制之间的关系开始变得紧张,士人对集权制的离心程度也越来越深。东汉末年的两次"党锢之祸"可以说是这种紧张关系的一次爆发。

魏晋之际,这种紧张关系依然持续,嵇康、阮籍等"越名教而任自然",以激烈言词和实际行动抨击时政。在理论上,嵇康非汤、武而薄周孔。在《太师箴》里，嵇康对司马氏进行了讽喻："季世陵迟，继体承资，凭尊恃势，不友不师，宰割天下，以奉其私。故君位益侈，臣路生心，竭智谋国，不吝灰沉，赏罚虽存，莫劝莫禁。"在行动上，嵇康对钟会的拜访表现出的冷漠蔑视态度更是对权贵的一种抗议。嵇康对时政的针砭与抗议遭到了当权者的镇压，最终被司马氏政权借故戮于东市。与嵇康的一往无前不同，阮籍则一直徘徊于出处两端，故内心始终处于一种"终身履薄冰，谁知我心焦"的困苦与彷徨之中。一方面，他以《大人先生传》一文对那些官场的礼教人士进行了辛辣讽刺，并以"白眼"来迎对礼俗之士，以此彰显士人的独立性；另一方面，他又应招出仕，为司马氏的座上之宾。阮籍的这种"身出心隐"虽是被迫而为的全身之道，但亦开启了魏晋的朝隐之路。向秀入洛当与阮籍是同一心态，所谓"在朝不任职，容迹而已"。阮籍、向秀的应招，山涛、王戎的入仕，虽有被迫与主动之别，但皆表明了士人在出处的两难抉择中多数选择了出仕而非处隐。不过，在阮籍、向秀那里，出仕或朝隐尚是一种被迫的选择，其心之隐与身之仕之间充满着难以调停的矛盾与冲突。这可以看作西晋很多士人的普遍心态。

李昌舒说："在出处对立的矛盾中，嵇康等人能逍遥方外，以一往不复的气势表达对当政者的决裂与超越；在出处统一的状态中，东晋玄言诗人能在玄理与山水中体味萧散与从容。惟西晋士人，处于从对立到统一的调整与探索过程中，既无嵇康式的决绝与超越，也无兰亭诗人的从容与淡定，故只能在名教与自然、出与处、仕与隐的彷徨中无所适从。"① 西晋士人的这种身心矛盾在他们的作品中充分体现了出来。张华、左思、陆氏兄弟等虽萦于纷华，但也写了《鹪鹩赋》《归田赋》《招隐诗》《逸民赋》《逸民箴》等出尘之作，以寄托自己栖心丘园、枕石漱流的隐逸情怀。潘岳的《闲居赋》写于元康六年（296年），那一年潘岳正好闲居洛阳，隐逸之情更是溢于言表："于是退而闲居，于洛之涘。身齐逸民，名缀下士……顿足起舞，抗音高歌，人生安乐，孰知其他。退求己而自省，信用薄而才劣。奉周任之格言，敢陈力而就列。几陋身之不保，而冀拟乎明哲，仰众妙而绝思，终优游以养拙。"潘岳虽对闲居生活充满了向往，但

---

① 李昌舒：《中古出处与审美关系研究》，南京大学出版社，2016，第39-40页。

其隐逸、止足之念不过是仕途受挫的心灵慰藉而已。元好问《论诗三十首》（之六）就云："高情千古《闲居赋》，争信安仁拜路尘。"潘岳并未真正退求园宅，一颗求取功名利禄、抗尘走俗之心依然在强烈跳跃。即使像石崇这样的人物也把隐逸挂在嘴边了，其《思归引序》言："余少有大志，夸迈流俗，弱冠登朝，历位二十五年，五十以事去官。晚节更乐放逸，笃好林薮，遂肥遁于河阳别业。……困于人间烦黩，常思归而咏叹。"正如王瑶在《论希企隐逸之风》一文中所说的："他们在诗文中所表现的希企隐逸的思想，也只表示一种对于隐逸的歌颂。我们不但能用史实来证明这些作者们没有做到这样超脱，甚至他们根本就没有尝试这样去做。"① 也就是说，在西晋士人那里，出处矛盾并没有得到很好的解决。

由此可见，从嵇康"越名教而任自然"的反抗，到阮籍的迎合名教而心向自然以及西晋士人希企隐逸而心向朝廷的身心冲突焦虑，再到郭象的即方内即方外、即自然即名教，魏晋士人完成了一个如何处理出处关系的理论发展过程。由此理论发展，魏晋士人对朝隐的态度也完成了他们的心理转换：从最初的不得已与焦虑冲突转化成了心安理得的适性之态。郭象的即方内即方外的观念使得东晋很多士人内心以出为劣而以处为高的心理状态发生了翻转②，这使得他们心安理得、面不改色地跻身朝廷。随着郭象适性逍遥观念的盛行，朝隐则渐趋成为东晋士人一种心安理得的处世常态。

如何统一与调适出处矛盾呢？从理论上看，要么彻底地出仕，要么彻底地隐逸。如果要两全，只能是身处一端而又心安理得。像南朝梁时陶弘景那样做一个"山中宰相"毕竟是个案，不足为多数人效法。由此，最为现实的处世方式就是身存魏阙，但其心无异于江湖。显然，郭象的游外冥内哲学为这种出处矛盾的统一提供了最佳解决方案。

---

① 王瑶：《中古文学史论》，北京大学出版社，1986，第191－192页。
② 当然不是全部东晋士人皆如此，东晋士人中尚有人内心还一直存有以处为高、以出为劣的观念。《世说新语·排调》载："谢公始有东山之志，后严命屡臻，势不获已，始就桓公司马。于时人有饷桓公药草，中有'远志'。公取以问谢：'此药又名"小草"，何一物而有二称？'谢未即答。时郝隆在坐，应声答曰：'此甚易解：处则为远志，出则为小草。'谢甚有愧色。桓公目谢而笑曰：'郝参军此过乃不恶，亦极有会。'"

事实上，在阮籍的《咏怀诗》中，一种试图缓解"形存魏阙，心在江海"之内心焦虑的观念已经出现。阮籍《咏怀诗》（其四十六）云："鸴鸠飞桑榆，海鸟运天池。岂不识宏大，羽翼不相宜。招摇安可翔，不若栖树枝。下集蓬艾间，上游园囿篱。但尔亦自足，用子为追随。"阮籍虽借用了《庄子·逍遥游》中鸴鸠与海鸟的意象，但却做出了与庄子相反的阐释。庄子提倡的是人当有鲲鹏之志，去追求一种高迈自由的精神境界。阮籍则认为鸴鸠栖集于桑榆、蓬艾、园囿中亦为自足。应该说，阮籍以性分自足来齐同鸠鹏的阐释与向、郭适性逍遥学说是完全一致的。

随着向、郭《庄子注》的影响，"出处同归"观念也得以流行。"出处同归"意味着隐逸不再是离群脱俗、遁入山林，而是以一种适性心态齐同仕隐。《世说新语·文学》记载："阮宣子有令闻，太尉王夷甫见而问曰：'老、庄与圣教同异？'对曰：'将无同？'太尉善其言，辟之为掾。""将无同"，亦作"将毋同"，其意为"恐怕相同、大概没什么不同"。阮修的回答得到了王衍的赏识，并被时人赞为"三语掾"。《世说新语·文学》刘孝标注引《中兴书》载谢万的《八贤论》曰："其旨以处者为优，出者为劣。孙绰难之，以谓体玄识远者，出处同归。"相对于魏晋很多士人以处为优而以出为劣的观念，孙绰以"出处同归"予以了反驳。联系起孙绰在《兰亭诗序》中所言的"于是和以醇醪，齐以达观，决然兀矣，焉复觉鹏鷃之二物哉"，不难看出郭象适性逍遥观对"出处同归"观念的理论效应。

据《晋书·邓粲传》记载，东晋史学家邓粲隐而复出，被其友人斥为"改节"。粲笑答曰："足下可谓有志于隐而未知隐。夫隐之为道，朝亦可隐，市亦可隐。隐初在我，不在于物。"邓粲以"笑答"的方式一改谢安式的"甚有愧色"，而以一种"理论自信"的方式对友人进行了"未知隐"的判定。邓粲对庙堂与隐山林的调和，使讲究"在于物"（隐逸场所）的身隐转化为"在于我"的道隐。隐逸的重点与关键是摆脱了方内方外两个世界的对立，而代之为一个适我、适性的世界。把心理的压制与冲突转换调适为一种心理的适性自由，使得在名教、朝廷中悠游自得成为一种最具现实性的隐逸之道。辛谧云："昔许由辞尧，以天下让之，全其清高之节。伯夷去国，子推逃赏，皆显史牒，传之无穷。此往而不反者也。然贤人君子虽居庙堂之上，无异于山林之中，斯穷理尽性之妙，岂有识之者邪！是故不婴于祸难者，非为避之，但冥心至趣而与吉会耳。"(《晋书·隐逸·辛谧传》) 辛谧将许由、伯夷等隐逸山林之士视为"往而不反者"，认为真正的贤人君子是能做到"居庙堂之上，无异于山林之中"的。其间的穷理尽性、冥心至趣之妙，也许只有有识之士方能体味得出。这里，辛谧的话与郭象的观念如出一辙。

不仅如此，在东晋大多数士人心中，朝隐是一种道隐，其价值开始高出山林之隐的身隐。王康琚《反招隐》诗中就写道："小隐隐陵薮，大隐隐朝市。"王康琚把朝市之隐贯以"大隐"，而将山林之隐视为"矫性失至理"之"小隐"，翻转了过去"以处者为优，以出者为劣"的出处仕隐观。在他们看来，小隐尚需纯净的山林为隐迹，而大隐则能出淤泥而不染，更能彰显生命的洒脱。所以，真正的"所以迹"者是能"捐迹"之有执而做到"游外以冥内"的。由此，朝隐开始以一种积极自信的心态出现在中国文化中。《世说新语·言语》："竺法深在简文坐，刘尹问：'道人何以游其朱门？'答曰：'君自见其朱门，贫道如游蓬户。'"《莲社高贤传·周续之传》载："或问：'身为处士，时践王庭，何也？'答曰：'心驰魏阙者，以江湖为桎梏。情致两忘者，市朝亦岩穴耳。时号通隐先生。'"朱门如蓬户，市朝亦岩穴，可见方内方外一如，唯适而已。沈约在撰写《宋书·隐逸传》时有段序言是这样写的："夫隐之为言，迹不外见，道不可知之谓也。若夫千载寂寥，圣人不出，则大贤自晦，降夷凡品。止于全身远害，非必穴处岩栖。……贤人之隐，义深于自晦，荷蓧之隐，事止于违人。论迹既殊，原心亦异也。身与运闭，无可知之情，鸡黍宿宾，示高世之美。运闭故隐，为隐之迹不见；违人故隐，用致隐者之目。身隐故称隐者，道隐故曰贤人。"这些说法都表明了六朝士人对齐一儒道、出处的朝隐的推崇。

从东汉末年的"党锢之祸"到魏晋之际嵇、阮的激愤抗世，到西晋时期出处的冲突焦虑，再到东晋时期心安理得的朝隐，中国隐逸文化走过了一段从抗争、妥协到和光同尘的历程。这一历程同样是士人个人独立性和朝廷集权制之间的关系由紧张走向缓和的历程。从此以后，朝隐开始成为中国隐逸文化的主流。可以说，在这一隐逸文化的历史转变过程中，郭象敏锐地看到了这一历史发展进程中出处理论的结穴所在。郭象的"游外冥内"观对横亘在魏晋名士心头的出处冲突难题进行了极佳的理论化解,对推动中国隐逸文化发展的历史进程功不可没。从积极方面说,郭象的"游外冥内"以及引出的"出处同归"理论要求的是,在朝者应各尽其能、各任其职,在个体生命的性分所适与社会事能方面寻找平衡;从消极方面说,由于庄子自然之性观念在晋人心中依然有很大的影响,郭象的这一观念也可能导致一些士人借着在朝的幌子只追求自然之性的满足而放弃社会事能与社会责任,从而产生尸位素餐的社会问题。

二、任自然而不废名教的东晋士风

东晋时期,士人与朝廷的紧张关系得到了一定程度的改善,士人的精神压力也相对松弛了很多,这一时期还出现过王、庾、谢、桓四大侨姓世族和司马氏共坐天下的现象。随着东晋政权在江左的逐步稳定,偏安一隅的心态使得玄风又炽于江左。《世说新语·方正》刘孝标注引《高逸沙门传》就云:"晋元、明二帝,游心玄虚,托情道味。"不过,相比中朝,东晋士风至少呈现了两大变化。一是随着朝隐观念普遍被接受,东晋多数士人在朝政之余又积极地组织并参与清谈、游宴、雅集等闲情雅致活动。以王导、谢安为代表的东晋名士,既施展着自己的治世之才、积极建功立业,又在各种文化艺术活动中自得其乐、适性逍遥。二是东晋的任诞士风过滤掉了为所欲为、毫无约束的放荡层面,而趋于任自然而有节。这两大变化都体现了自然与名教关系在东晋士人身上的缓和。任自然而不废名教的士风,体现了东晋士人面对自然与名教的关系问题所采取的"将无同"之调和与融通立场,当与郭象玄学自然名教调和观是桴鼓相应的。当自然性分之中本具有社会才能与道德情感之内涵时,其任自然之举亦可以是遵名教之举。

随着门阀士族势力在东晋政治上地位的上升,东晋多数士人都以一种积极的姿态参与朝政,如王导、庾亮、殷浩、郗鉴、周顗、谢安等人既在玄学上有很高造诣又都是东晋重臣。这些借重家族势力而登上东晋政治舞台的名士中不乏极具政治才能之人。如位居"中兴之功"首位的王导,以自己杰出的平衡与稳定之术调解了侨姓世族与江南士族之间的矛盾,让司马睿东晋朝廷在江左很快立稳了脚跟。余敦康说:"中原沦陷,晋室南渡,王导辅助晋元帝在江东建立功业,就是根据玄学思想特别是根据郭象所阐发的那种内圣外王之道。"①《世说新语·政事》载王导言:"人言我愦愦,后人当思此愦愦。"正是王导开创的宽和镇静与无为而治之国策造就了东晋百年的偏安格局。不过"夷淡以约其心,体仁以流其惠"的王导所主张的无为而治并非什么事都不做,其无为恰是郭象哲学所揭示的那种"各尽其能""各司其职"②。庾亮与殷浩的北伐也是"戮力王室,克复神州"之举,虽未成功,但也彰显了东晋士人对功业与朝政的认同。《世说新语·言语》载:"王右军与谢太傅共登冶城。谢悠然远想,有高世之志。王谓谢曰:'夏禹勤王,手足胼胝;文王旰食,日不暇给。今四郊多垒,宜人人自效。而虚谈废务,浮文妨要,恐非当今所宜。'谢答曰:'秦任商鞅,二世而亡,岂清言致患邪?'"这段话立场虽有差异,但都表明了王羲之与谢安所具有的任自然而不废名教的心态。在谢安看来,清谈与任自然并非误国之举,二者并不矛盾。这一点在谢安指挥淝水大战中体现明显,他一方面"意色举止,不异于常";另一方面则运筹帷幄,决胜千里,显示了非凡的雅量与胆识。相比谢安,王羲之则对虚谈废务更多存一层深深的忧虑,他主张"随事行藏",将自然玄远精神与勤勉实干宜时宜势地统一起来。

东晋士人不唯积极发挥自身的政治才能去追求事功,亦将朝政生活与个人的适性生活进行了统一。在西晋士人那里,一方面,仕途的不得志与苦闷之情常常是溢于言表的;另一方面,他们又向往着隐逸的生活。不愿放弃仕途又向往归隐的矛盾冲突造就了西晋士人内心的挣扎与痛苦。但对多数遵从朝隐观念的东晋士人而言,这种挣扎与痛苦则渐趋平静。仕与隐、出与处、名教与自然的统一,使得东晋士人在参与朝政的同时又构筑着适性的精神世界。也就是说,东晋士人实现了朝政生活与隐逸生活的同步和浑同。正是这种心理的平衡机制使得仕途的苦闷被适性的生活冲淡稀释,既在一定程度上坚守了名教又保持了任自然之举,从而使得东晋士人心态在整体上趋于宁静。

---

① 余敦康:《魏晋玄学史》,北京大学出版社,2016,第404页。
② 田余庆:《东晋门阀政治》,北京大学出版社,2012,第16页。

心安理得地隐逸朝廷使得东晋士人不再去纠结于仕隐与名教自然的矛盾，而是展开了既仕又隐、身名俱泰的生活追求。在诚惶诚恐、如履薄冰的心态下，人是很难全身心地去营造适性诗意生活的。东晋士人心态的平衡则给适性而诗意的生活打下了心理基础。由此，东晋士人以积极的热情投入各种文化艺术体系的建设之中。

这种仕隐、出处、名教自然统一的"亦官亦隐"方式，使得隐逸生活不再是单纯停留于"积土为室，编蓬为户"的安贫乐道境地，而是发展出了一套相对精致而优雅的隐逸文化载体。于是乎，文会、雅集、游宴、书画、园林、乐舞等文人文化艺术体系得以大规模出现。王毅说："东晋在中国士大夫文化发展史上具有突出的地位，其所以如此，主要是因为在这个时代，前人提出的齐一儒道仕隐的理论和对之的初步尝试，变成了士大夫在自己广泛生活领域中的大规模实践。正是在此基础上，中国士大夫文化的基本格局才得以确立，它才发展成为包括园林、山水文学、绘画、书法、音乐、玄学、佛教、道教、游历、著述、饮食、服饰、弈棋……一直到仪态风神这样一个庞大而统一的文化体系。"① 郭象《庄子·列御寇注》云："吟咏所以通性。"晋人正是在这种文化艺术体系中，既感受到了性情所适，又给仕途生活的不顺提供了适时的排遣，从而真正实践了一种"名教中自有乐地""会心处不必在远"的任自然而不废名教的日常生活。就拿魏晋时兴的私家园林来说，其在东晋以后方迎来营造高潮②，也是与这种隐逸观念有很大关联的。对于朝隐的士人来说，除了利用空暇时间去登临山水，还能以艺术的方式把自然山水搬进园林。这样，士人在忙碌的朝政之余，不用长途跋涉也能在一方山水之中打造属于自己的独立审美空间。同时，在园林中还可以集合饮食、文会、音乐、书法、花鸟等其他文化因子，能更为有效地实现士人之间的各种交流。所以具有艺术综合性的园林在中国古人那里很快成了朝隐文化的承载代表。东晋士人正是在出仕与隐逸、朝政与个人独立性的齐一相冥中，于名教统治当中，营建了一个

---

① 王毅：《园林与中国文化》，上海人民出版社，1990，第547页。
② 关于六朝时期各个朝代的私家园林发展状况，可参阅拙作：《六朝园林美学》，重庆出版社，2007。

实现自然性分与精神自由的生存地带。

东晋士风的第二个重大变化就是追求一种任自然而有节的"性通"之举。《世说新语·赏誉》评价王濛说:"性至通,而自然有节。"从前文对《世说新语》所引的东晋士人对"性"的描述用语可知,东晋人对人性的认知加入了"孝悌""雅重""清淳""通简""平淡"等内涵。这些对人性的价值性认知,也表明了东晋士人对自然之性的基本理解。所谓"任性",并非为所欲为,而是一种自然有节。罗宗强说:"玄风发展到东晋,任自然、重情性还是一脉相承的,但是任自然、重情性已经不是西晋士人那种为所欲为、不受约束的放诞,而是任自然而有节。"① 余英时也说:"渡江以后,南方关心伦理秩序的人,无论其思想为儒家或道家,都以纠矫任诞之风为当务之急。"② 这种士风的转变虽有着多方面的原因,但也与郭象对自然名教进行了较好的理论调和密切相关。正因如此,东晋很多士人在追求任自然的生活时不再是放浪不堪,而是多了一份操守、节制与雅趣。

《世说新语·德行》载:"王平子、胡毋彦国诸人,皆以任放为达,或有裸体者。乐广笑曰:'名教中自有乐地,何为乃尔也!'"王澄、胡毋辅之等人的任放之举如果是闭室行为,则可视为一种任自然的表现,但如果在大庭广众之下,这些人也"去巾帻,脱衣服,露丑恶,同禽兽",则确实是"东施效颦"的无德折巾之举。《晋书·五行志》载:"惠帝元康中,贵游子弟相与为散发裸身之饮,对弄婢妾,逆之者伤好,非之者负讥,希世之士耻不与焉。"这种毫无廉耻之心的放荡行为实际已经不再是自然之适性而沦为纯粹生理欲望行为。针对这种过分之举,乐广"名教中自有乐地"的看法已呈现出了晋人融通自然与名教的新观念。《晋书·乐广传》就载乐广既"宅心事外"又"名重于时"。"乐广是当时清谈的领袖人物,也是一个玄学大家,他所谓的名教绝不是统治者所提倡的那种异化的名教,而是合乎自然的名教。"③ 乐广的这一看法预示着一种"即自然即名

---

① 罗宗强:《玄学与魏晋士人心态》,天津教育出版社,2005,第234页。
② 余英时:《士与中国文化》,上海人民出版社,1987,第418页。
③ 余敦康:《魏晋玄学史》,北京大学出版社,2016,第11页。

教"新士风的出现。显然，这一看法与郭象的自然名教观是一致的。余敦康认为："郭象的玄学体系基本上是根据乐广的一句名言而展开的。"① 此话虽然缺乏证据，但亦有见地。这表明，郭象注《庄子》并不是仅仅出于一种玄谈思辨兴趣，而且是基于当时很多现实问题所进行的理论关切。借助于乐广与郭象的推动，任自然而不废名教的主张渐趋深入东晋士人之心。

《世说新语·品藻》云："孙兴公、许玄度皆一时名流。或重许高情，则鄙孙秽行。"孙绰才藻非凡，但由于有秽行，受到了时人的指摘。刘孝标注引《续晋阳秋》云："绰虽有文才，而诞纵多秽行，时人鄙之。"这表明，东晋人在评论名士风流时，德行亦成为一个重要尺度。谢鲲也因为调戏邻家之女，而被耻笑为"任达不已，幼舆折齿"。此事还被编为童谣布告天下，以儆效尤。周𫖮贵为东晋重臣，因醉酒放荡，亦被时人讥讽为"秽杂无检节"，还被人参奏要求罢其官职。《世说新语·品藻》载谢安与时贤共论李重与乐令优劣。李重侄儿李弘度潸然流涕曰："赵王篡逆，乐令亲授玺绶。亡伯雅正，耻处乱朝，遂至仰药。"李弘度以忠义品评人物的看法得到了谢安的认同。这些史料表明，虽然东晋还存有好色纵欲与不忠义之行为，但已经不再被视为通达的表现，反而成了人格的污点。按郭象的性分理论，仁孝礼义廉耻等名教观念亦是自然之性的体现，故遵守这些基本的名教本就是任自然。由此可见，东晋士人所推崇的任自然，实是一种郭象意义上的调和了名教的自然。

三、缘情制礼

情与礼的冲突由来已久。不论是孔子的以仁释礼，还是《性自命出》的"礼作于情"观念，先秦儒家对礼之根据的探问就是在给礼乐制度提供一种哲学根据。汉代以来，随着"三纲五常"礼教制度的建立，"止乎礼"成了情的节度。最终，"以礼节情"的观念成了解决情礼冲突的一种方案。时至魏晋，随着朝廷礼教管控力相对松弛与个体性情解放等，魏晋士人开始高扬个体性情，大胆突破礼制，"任情废礼"，使得情礼的矛盾问题显得

---

① 余敦康：《魏晋玄学史》，北京大学出版社，2016，第10页。

格外突出。

整体上，在情与礼冲突的场合，魏晋士人是以性情至上的，以"礼岂为我辈设也"的姿态对传统礼制规定的很多日常伦理进行了颠覆。

> 王戎、和峤同时遭大丧，俱以孝称。王鸡骨支床，和哭泣备礼。武帝谓刘仲雄曰："卿数省王、和不？闻和哀苦过礼，使人忧之。"仲雄曰："和峤虽备礼，神气不损；王戎虽不备礼，而哀毁骨立。臣以和峤生孝，王戎死孝。陛下不应忧峤，而应忧戎。"（《世说新语·德行》）

和峤备礼不当忧，王戎哀毁当忧。在情礼关系上，至孝之情压倒了哀丧之礼。

> 谦之字子光。才学不及父，而傲纵过之。至酣醉，常呼其父字，辅之亦不以介意，谈者以为狂。辅之正酣饮，谦之规而厉声曰："彦国年老，不得为尔！将令我尻背东壁。"辅之欢笑，呼入与共饮。（《晋书·胡毋辅之传》）

子直呼父名，而父欢笑。在父子关系上，至亲之情打破了父子纲常与尊卑之别。

> 王子猷、子敬俱病笃，而子敬先亡。子猷问左右："何以都不闻消息？此已丧矣！"语时了不悲。便索舆来奔丧，都不哭。子敬素好琴，便径入坐灵床上，取子敬琴弹，弦既不调，掷地云："子敬！子敬！人琴俱亡。"因恸绝良久。月余亦卒。（《世说新语·伤逝》）

弟亡兄不哭，不顾礼制而意欲弹琴。在兄弟关系上，彼此相惜珍视超越了繁文缛节。

> 王安丰妇常卿安丰。安丰曰："妇人卿婿，于礼为不敬，后勿复尔。"妇曰："亲卿爱卿，是以卿卿；我不卿卿，谁当卿卿？"遂恒听之。（《世说新语·仇隙》）

相亲相爱，耳鬓厮磨，在夫妇关系上，狎昵之态代替了相敬如宾。

这类情重于礼、情胜于礼的例子不胜枚举。不唯日常生活伦理有改变，连忠孝地位也有了翻转。由于晋祚本于不忠，故晋代提倡以孝治国。东晋门阀制度的建立，出于家族的利益，对孝道的提倡远超过忠。唐长孺认为："自晋以后，门阀制度的确立，促使孝道的实践在社会上具有更大的经济上与政治上的作用，因此亲先于君、孝先于忠的观念得以形成。"①《世说新语·轻诋》中，刘孝标注引《邴原别传》："魏五官中郎将，尝与群贤共论曰：'今有一丸药，得济一人疾，而君、父俱病，与君邪？与父邪？'诸人纷葩，或父、或君。原勃然曰：'父子，一本也。'亦不复难。"这种至亲之情高于忠君之义的看法更是情大于礼、孝重于忠、家先于国的体现。

《太平御览》卷四四五《人事部》八十六《品藻上》与《册府元龟》卷八二七《总录部·品藻二》皆引用了一段被称为郭象《论嵇绍》的佚文。《太平御览》载，河南郭象著文称："嵇绍父死非罪，曾无耿介，贪位死暗主，义不足多。"曾以问郄公曰："王裒之父，亦非罪死，裒尤辞征，绍不辞用，谁为多少？"郄公曰："王胜于嵇。"或曰："魏、晋所杀，子皆仕宦，何以无非也？"答曰："殛鲧兴禹，禹不辞兴者，以鲧犯罪也。若以时君所杀为当耶，则同于禹。以不当耶，则同于嵇。"嵇绍的父亲嵇康与王裒的父亲王仪都为司马氏集团所杀，但二人对待晋室的态度截然不同。嵇绍在其父死后经山涛举荐而被朝廷任用。在八王之乱的荡阴之役中，嵇绍以身体保护晋惠帝，被杀于帝侧，血溅御服。王裒在其父被杀后，则未尝西向而坐，以示不臣朝廷，终生不仕晋。郭象对嵇绍的做法予以了痛斥，认为嵇绍"曾无耿介，贪位死暗主，义不足多"。这一史料表明，在忠孝问题上，郭象明显也是持亲先于君、孝先于忠观念的。《列子·杨朱》张湛注云："若夫刻意从俗，违性顺物，失当身之暂乐，怀长愁于一世；虽支体具存，实邻于死者。"无疑，在魏晋人心中，生命性情的价值是远远超出外在礼制的。如果父子、兄弟、夫妇、朋友之间虽表面上礼让有加，背地里却怀情相欺，那这个礼又有什么用呢？在此情形中，礼制越浓重，人情越虚伪。

然而，礼作为一种强大的传统习俗与制度，完全抛弃显然也不可能。

---

① 唐长孺：《魏晋南北朝史论拾遗》，中华书局，1983，第 238 页。

特别是，肆纵为贵、任诞成风确实带来了整个社会风俗的败坏。所以，在魏晋任诞之风背后一直也有着强大的批评力量，如傅玄、裴頠、干宝、戴逵、王坦之、葛洪等人就都写过批评时俗之文。随着自然与名教调和理论的兴起，一种新的制礼原则开始在东晋被纳入了礼制制定的过程。

余英时说："永嘉乱后，名教危机随着玄风一起渡江，到了南方。关心社会秩序的人，无论是北人或是土著，儒家或是道家，在痛定思痛之余，都大声疾呼要消弭这一危机。但此时传统旧礼法既不足以适应已变的社会状态，而魏晋以来一直支配着士大夫生活的新的伦理价值——情——也不能完全置之不顾。因此，如何革新旧礼法以安顿新价值，使情礼之间得到调和，可以说是解决问题的唯一途径。东晋以后，礼玄双修的学风便是在这种情势下发展起来的。"① 西晋灭亡之痛与自然名教在理论上的调和使得东晋人着手进行礼制变革。这种礼制变革要获得社会的认可，在原则上就是要改革与创新礼，让礼适时变通，照应到社会发展出现的"情"之价值。"如何解决实际生活中情与礼的冲突并不是一个单纯的理论问题。在理论肯定了情是一个社会价值之后，随之而来的问题则是'称情直往'能不能成为一种社会存在……关键不仅在于情而更在于礼，即怎样把礼变得合乎'礼意'。"② 何为"礼意"？郭象《庄子·大宗师注》说："夫知礼意者，必游外以经内，守母以存子，称情而直往也。若乃矜乎名声，牵乎形制，则孝不任诚，慈不任实。父子兄弟，怀情相欺，岂礼之大意哉！""礼意"就是让礼的形式与时代性情内容相互适应，做到情礼兼到。这直接导致了东晋以来在礼制革新过程对"缘情制礼""因时修制"观念的落实。

据唐人杜佑《通典》的记载，"缘情制礼"命题的提出，首先源于曹魏时期的蒋济、何晏、夏侯玄、曹羲等人关于"叔嫂服"的争论③。蒋济曾撰《万机论》认为叔嫂宜服小功之服，而何晏则撰《与夏侯太初难蒋济叔嫂无服论》认为叔嫂当无服，后曹羲又撰《申蒋济叔嫂服议》支持了蒋

---

① 余英时：《士与中国文化》，上海人民出版社，1987，第436页。
② 同上书，第426页。
③ 杜佑撰：《通典》卷九十二，中华书局，1984。

济的观点。曹羲曰:"敌体可服,不必尊卑;缘情制礼,不必同族……嫂叔共在一门之类,同统先人之祀,有相奉养之义,而无服纪之制,岂不诡哉!"按《礼记·曲礼》的规范,"叔嫂不通问"与"叔嫂无服"乃为旧制。然而,随着时代的发展,大族累世同居,嫂叔共在一门、同统先人之祀、有相奉养之义等现象在魏晋已成为常态。《世说新语·规箴》载:"王平子年十四五,见王夷甫妻郭氏贪欲,令婢路上儋粪。平子谏之,并言不可。郭大怒,谓平子曰:'昔夫人临终,以小郎嘱新妇,不以新妇嘱小郎!'急捉衣裾,将与杖。平子饶力,争得脱,逾窗而走。"可知,王澄之母去世时,将王澄托付给了其嫂子,叔嫂之间有奉养之义。据《晋书·后妃下·康献褚皇后传》记载,东晋孝武帝就为其嫂康献褚皇后行过齐衰服,因褚后在帝冲龄时曾临朝称制。正是由于这种变化,很多旧制在实践过程中实有着修改的必要。所谓"缘情制礼",可理解为礼的制定既要合乎情势也要合乎人情。《世说新语·言语》载:"王中郎甚爱张天锡,问之曰:'卿观过江诸人,经纬江左,轨辙有何伟异?后来之彦,复何如中原?'张曰:'研求幽邃,自王、何以还;因时修制,荀、乐之风。'"从张天锡的回答也可以看出,东晋以来的"因时修制"在之前亦有先例。不过从总体来说,"缘情制礼"与"因时修制"在东晋以前仅停留于理论或修礼个案层面。东晋建国后,"朝臣无习旧仪者",礼制面临着空前的缺失,重建新礼就成为必要了。

  元帝践阼,征拜尚书仆射,使崧与刁协共定中兴礼仪。(《晋书·荀崧传》)

  于时朝廷草创,宪章未立,朝臣无习旧仪者。协久在中朝,谙练旧事,凡所制度,皆禀于协焉,深为当时所称许。(《晋书·刁协传》)

  谟博学,于礼仪宗庙制度多所议定。(《晋书·蔡谟传》)

  朝廷疑滞皆谘之于循,循辄依经礼而对,为当世儒宗。(《晋书·贺循传》)

  荀崧、刁协、蔡谟、贺循皆为东晋礼学家。在重建新礼的过程中,"缘情制礼"的原则得到了贯彻与落实。如针对当时战乱导致父母存亡不知、生死不明的情况,如果按照旧制就必须守孝三年,不出仕、不嫁娶,显然这种方式被晋人变通了，他们开始针对各种情而适配相应形式的礼。这种情礼兼到、玄礼合流的做法既得到了玄学家的认可，也得到了礼学家的赞同。《晋书·谢尚传》载："时有遭乱与父母乖离，议者或以进仕理王事，婚姻继百世，于理非嫌。尚议曰：'典礼之兴，皆因循情理，开通弘胜。'"据《通典》卷九十八载，孔子二十二世孙孔衍《乖离论》曰："谓莫测存亡，则名不定，名不定，不可为制，孝子忧危在心，念至则然矣。自然之情，必有降杀。故五服之章，以周月为节。况不闻凶，何得过之。"同卷载东晋礼学家贺循《上尚书定父子生离服制》言："二亲生离，吉凶未分，服丧则凶事未据，从吉则疑于不存，心忧居素，盖出人情，非官制所裁也。""循情理""自然之情""盖出人情"的说法都表明东晋在礼制运用中对情礼关系的统一。

作为自然与名教理论在现实中的具体运用，"缘情制礼"可视为自然名教调和观所催生的针对现实问题的解决策略。这虽然是社会历史发展的必然，但同时也与魏晋玄学的自然名教观的理论发展密切相关。这其中，郭象"游外冥内"观在理论上对自然与名教关系的调和理当起到了重要的推动作用。当礼法在性情的基础上来制定（自然即名教）时，这种名教与自然的冲突性就被极大缓和了。恰如余英时谈及东晋"缘情制礼"问题时说的："这固然是由于时代使然，但另一方面我们也不能不承认魏晋以来玄学家提倡'称情直往'的士风已深深影响到传统的礼法了。"① 郭象将名教视为自然之性的外在体现，以"性分"将符合自然的名教整编入自然之性，对解决名教的支离确实起到了一定的功效。不过需要指出的是，到底什么样的名教是符合自然的乃是一个殊难判定的问题。特别是，当这种判定权力掌握在愚民的统治阶级手上时，"性分"就有着剥夺自然之性的危险。也许唯有挺立大仁大义之心，以一种超越性的价值来裁定名教、安顿名教，方能真正实现自然与名教的合一。

---

① 余英时：《士与中国文化》，上海人民出版社，1987，第431页。

第七章　郭象哲学的理论盲点与玄学美学的转迁

作为中国文化上的一道异彩，郭象哲学高扬了个体万物的独立自足，激活了个体生命中蕴含的生命动能，为感性的自然之美、生命人格、艺术之美走向历史舞台提供了思想资源，并与魏晋名士的生命风流互为表里。"一手持蟹螯，一手持酒杯，拍浮酒池中，便足了一生"（《世说新语·任诞》），毕卓这种浪漫、感性的生命风流在直面生命悲情底色的同时，又欲以生命的适性逍遥来拯救自身。然而，这种挥洒生命本性与才情的自我救赎实是极为脆弱的，它既缺失道体、礼教的信仰，又不具有心性意志的持守。在短暂的逍遥与沉醉之后，面对复杂的社会现实，内心的彷徨无主会再次侵袭自身。牟宗三在论述魏晋浪漫文人生命时说："在此，生命是一独立自足之领域，它不能接受任何其他方面之折冲。依此，它必冲决一切藩篱，一直向上冲，直向原始之洪荒与苍茫之宇宙而奔赴。这是一个无挂搭之生命，只想挂搭于原始之洪荒与苍茫之宇宙。不但俗世之一切礼法不能挂搭，即任何'教'之系统与'学'之系统亦不能挂搭。此即所谓四不着边。依此，不但与礼法有永恒之冲突，而且与一切礼法、教法有普遍之冲突。此即所谓'逸气'，所谓'天地之弃才'，亦即魏晋时名士文人之独特风格。"[①] 魏晋文人以感性生命展现了自身之"逸气"，在开辟花烂映发的美学情调的同时，也导致了生命的了无挂搭。

---

① 牟宗三：《才性与玄理》，广西师范大学出版社，2006，第251页。

牟宗三对魏晋文人生命独特风格的阐释其实也适用于作为魏晋风流理论写照的郭象哲学。郭象在解构实体性天道基础上构建起来的本性论哲学正是魏晋文人生命形态的哲学理据所在。在历史的际遇中，郭象哲学催生了中国美学史上令后人迷醉的魏晋风流。然而，正如牟宗三所指出的，郭象哲学在展现感性生命"逸气"时，也只是将生命置于随性所行之处并"暂得于己"，而无法彻底给人提供安顿之所。在注重心性精神与天人合一的关联性、整体性思维传统中，郭象张扬本性论、个体论的哲学思维终归属于另类与异彩。随着佛教影响的深入与郭象哲学内在矛盾的彰显，更切合传统思维的心性论与道体论哲学又再一次以更为高级的理论形式吸引了时人的关注。在这种文化背景下，作为魏晋风流理论写照的郭象哲学也面临着新的反思与审视，并最终被新的思想消融与转化。由此，中古文化与美学迎来了新的思潮更替。

第一节 适性逍遥论的理论困境与心性哲学/美学的转向

从生命之学的角度而言，郭象高扬了生命本性的原发精神，彰显了个体生命感性的独立自足，并以适性即逍遥的方式回答了生命在世的自由意义问题。这种哲学无疑切中了多愁善感而又普遍缺乏心性超越意识的魏晋人士的心灵，给他们解答了人生应如何在世的生命意义难题。然而，玄学发展到东晋中后期，随着更富思辨性的佛学思想的大量引进，郭象哲学的内在理论矛盾也开始被人关注。这些理论矛盾致使独具异彩的郭象本性论哲学在佛学的冲击下渐趋失去了影响力，而逐步让位于契合正统、讲究精神超越性的心性哲学。

关于郭象哲学的理论矛盾，黄圣平、暴庆刚等人关于郭象哲学的研究专著多有揭示，兹不赘述。需要指出的是，学界指出的郭象哲学诸多理论矛盾很多是站在今天的理论思辨高度做出的，故有些理论盲点并不一定在当时也被人意识到了。就理论的历史进展而言，支遁对郭、向适性逍遥说的批判才是最触及时人心灵的，也是最具哲学转向意义的。虽然，当代学人可以站在今天的立场来评述支遁的批判是否有力或合理，但对于当时士人来说,支遁的批判事实上取得了压倒性的胜利。支遁对郭象适性逍遥说的发难,在暴露郭象哲学本性论内在理论矛盾的同时,更大的意义在于它昭示了本性论哲学向心性论哲学的学术史转向。

> 《庄子·逍遥篇》,旧是难处,诸名贤所可钻味,而不能拔理于郭、向之外。支道林在白马寺中,将冯太常共语,因及《逍遥》。支卓然标新理于二家之表,立异义于众贤之外,皆是诸名贤寻味之所不得。后遂用支理。(《世说新语·文学》)

> 遁尝在白马寺与刘系之等谈《庄子·逍遥篇》,云:"各适性以为逍遥。"遁曰:"不然,夫桀跖以残害为性,若适性为得者,彼亦逍遥矣。"于是退而注《逍遥篇》。群儒旧学,莫不叹服。(《高僧传·晋剡沃洲山支遁》)

以上两则材料传递了两项信息。其一,向郭的适性逍遥说为当时士人理解庄子逍遥义的主流观念。不论是"诸名贤所可钻味,而不能拔理于郭、向之外"还是"各适性以为逍遥",都说明了这一点。其二,支遁对适性逍遥提出了辩难,其对《庄子·逍遥游》的新理异义获得了诸贤的赞同。"后遂用支理"与"群儒旧学,莫不叹服"都说明了这一点。《世说新语·文学》还载:"王逸少作会稽,初至,支道林在焉。孙兴公谓王曰:'支道林拔新领异,胸怀所及乃自佳,卿欲见不?'王本自有一往隽气,殊自轻之。后孙与支共载往王许,王都领域,不与交言。须臾支退,后正值王当行,车已在门。支语王曰:'君未可去,贫道与君小语。'因论《庄子·逍遥游》。支作数千言,才藻新奇,花烂映发。王遂披襟解带,留连不能已。"这表明,王羲之亦深为支遁逍遥论之才思文采所折服①。支遁的《逍遥游注》与《逍遥论》全文皆已缺失,仅在《世说新语·文学》刘孝标注中存有《逍遥论》片段:

---

① 按史料,支遁给《逍遥游》做过注,同时还写了一篇《逍遥论》。注与论二者应有区别,但思路当是一致的。按陈寅恪、汤用彤等人的看法,支遁援佛理解逍遥是其义理胜场。义理上的胜场能否都落实为具体的现实行为是个难以实证的问题。总体而言,东晋正处于玄佛交涉时期,适性逍遥说依然占据了时代思想的主流,对东晋士人的现实行为的影响依然是最为主要的。同时,随着玄学渐趋向佛学的过渡,东晋士人的现实行为当也有着支遁逍遥新义的影响。

夫逍遥者，明至人之心也。庄生建言大道，而寄指鹏、鷃。鹏以营生之路旷，故失适于体外；鷃以在近而笑远，有矜伐于心内。至人乘天正而高兴，游无穷于放浪，物物而不物于物，则遥然不我得，玄感不为，不疾而速，则逍然靡不适。此所以为逍遥也。若夫有欲当其所足，足于所足，快然有似天真。犹饥者一饱，渴者一盈，岂忘烝尝于糗粮，绝觞爵于醪醴哉？苟非至足，岂所以逍遥乎？

郭象以"适性"言逍遥，不管是大鹏还是鷃雀，只要适其本性即可逍遥，所谓"苟足于其性，则虽大鹏无以自贵于小鸟，小鸟无羡于天池，而荣愿有余矣。故小大虽殊，逍遥一也"（《庄子·逍遥游注》）。支遁则以"明至人之心"言逍遥，以个体生命的精神境界的至足为逍遥。以性言逍遥，意味着无需艰涩的修行工夫与精神境界的提升，只需生命本性的充分实现与自适自足即可。以心言逍遥，意味着需要通过心性的自觉修养，以心性的超拔工夫来自制生命本性，方能物物而不物于物。《世说新语·品藻》记载了谢安对支遁与殷浩清谈之比较："正尔有超拔，支乃过殷；然亹亹论辩，恐殷欲制支。"在谢安看来，支遁的清谈优势在于具有超拔性的特点。许理和在谈及支遁批评向郭"适性逍遥"论的佛教思想背景时就说："首先，向、郭的观念本质上是社会中的非道德观念，在这种社会中，只要每个人的行为与他'自然的'才能和爱好一致，那么过任何一种生活都是正当的，这显然与受普遍道德律约束的佛教观点相冲突。其次，根据向、郭哲学，根据'不为不能为之事，只能为能为之事'，严格的决定论形式与有关人格可被提升以及支遁所说的'圣人'之圣可通过心灵修养、道德和虔敬达到的佛教思想，无法取得一致。"[①] 因此，郭象逍遥论与支遁逍遥论的区别从哲学类型上看实质是本性论哲学与心性论哲学的区别。本性论哲学以个体自然本性的充分实现为人生在世之意义，它昭示了生命的活力（包括生理层面的）与美学情态（客观本然式的生命美学）；心性论哲学以个体的精神觉解为人生在世之意义，它昭示的是生命的灵觉（纯粹精神性层面）与美学意态（主观境界式的生命美学）。

[①] 许理和：《佛教征服中国》，江苏人民出版社，2017，第172页。

这两种哲学体系的区别导致了辩论双方对核心概念"性"的理解是存在差别的。在郭象本性论哲学那里，性是个体生命天生的材质禀赋及其自然发展样态，是一种本质性、个体性、能动性、价值性的人性论。因人各有性，故性的自足也是各不相同的。性的自足形态虽不同，但就个体生命自身的体验来说，其在生命意义的圆满度上又是相同的。因此，大鹏与鹦雀虽一遨游高空一腾跃榆枋，但"小大虽殊，逍遥一也"，皆是生命个性的自足逍遥。从本性论哲学出发，支遁对郭象逍遥观的批判实是站不住脚的。一方面，支遁所言的"桀跖以残害为性"实不同于郭象所言的本性，而是把"残害之情"偷换成"残害之性"。因为在郭象看来，人之本性只是天生禀赋，本无善恶之别，反而自具生命的合目的性条理乃至仁义贤孝等自然性分。所以，桀跖的"残害之性"并非本性使然，而是"无涯之知"与"贵多之欲"使然，故应视为情乃至欲而不是性。另一方面，就本性的满足来说，饥者一饱，渴者一盈，乃出于本性。其发乎本性，又止乎本性，并不会出现支遁所言的"岂忘烝尝于糗粮，绝觞爵于醪醴哉"情况的出现。

支遁的心性论哲学虽也承认材质本性的存在，但作为生命本质的性只能是纯粹精神性的心性。《孟子·尽心下》云："口之于味也，目之于色也，耳之于声也，鼻之于臭也，四肢之于安佚也；性也，有命焉，君子不谓性也。"在心性论哲学看来，生命的材质之性是一团欲性，仅是毫无拘束、遵循快乐原则的消极性、生理性存在。正因这种心性论哲学传统，支遁才把"适性逍遥"理解成适"残害之性"、适"饥渴之性"而逍遥这一令人无法接受的结论来达成对对手的致命攻击。从逻辑上来说，支遁的批判是站不住脚的，因为支遁的批判是在误解郭象本性观基础上或者说是在偷换概念中进行的。吊诡的是，支遁这一逻辑上并不成立的批判居然在当时取得了辩论的胜利并得到了名贤们的普遍赞同。我想，至少有两个原因与此相关。

其一是，郭象的本性论哲学在理论上存在一些内在理论盲点，导致东晋士人对"适性"的理解存在偏差，从而在道德标准上认可了支遁对郭象本性观的误解。暴庆刚说："而郭象又没有明确规定性之善恶，故由性恶理解适性也为理论上与逻辑上之合理，但由此得出之结论却不合社会的道德标准，从而造成个体逍遥与社会价值观的直接冲突。"① 其二是，随着玄佛交涉的思想进程，东晋士人对心性论哲学渐渐产生兴趣，从而站在心性论哲学立场来理解生命本质的问题，这就有可能导致他们对郭象哲学所言的"本性"做出消极理解。

就第一点而言，郭象的本性观确实存在着一些难以辨析清楚的理论盲点。首先，本性观所言的"何为适性"难以判别。郭象的本性观定位于个体生命的有差别的材质之性，其仅遵循本性的内在动力、内在理则运行。这种生命的任性而动乃无心无系、自在自为的。由于缺乏心识主动自觉的把控能力，生命本性所发的这种行为方式更多呈现为一种无意识的活动。在这种生命活动过程中，由于每个人的材质各不相同，故在呈现生命神情气韵千姿百态的同时，生命本性的释放过程也充满了不确定性与迷乱的可能。虽然"从感而求，倦而不已"是郭象明确反对的，但人之本性中的欲望往往是复杂多变并以快乐至上的。在复杂的生命现实经验层面，由于缺少一颗自觉灵明的超越之心，到底何种行为是本性之动、何种行为又是从感而求，往往是难以划界与判定的。同时，由于生命本性观遵循的是生命之"适"、生命之"和"的理则，当生命本性遭遇毁灭的危险时，生命将倾向于选择保全自我的本能行动。从道德的崇高性层面而言，这种生命的适性自保行为也可能难以得到很多人的认同。可能正因如此，当支遁用"残害之性""饥渴之性"来阐释郭象的本性与适性时，东晋士人并不认为支遁的说法是有悖于郭象本性观的。与之不同的是，"支遁要求人们抛弃对物质欲望的追求，去寻求所谓精神超脱的逍遥，对当时的名士们来说，自然要胜过向、郭一等，显得更为清高自傲"②。

其次，本性观所言的"是否适性"也难以判别。郭象本性观认为每个人都有不同的性分，这种性分决定了其能力的大小与社会地位的高低。《庄子·齐物论注》就云："夫时之所贤者为君，才不应世者为臣。若天之自高，地之自卑，首自在上，足自居下，岂有递哉！虽无错于当，而必自当也。""言性各有分，故知者守知以待终，而愚者抱愚以至死，岂有能中

---

① 暴庆刚：《反思与重构：郭象〈庄子注〉研究》，南京大学出版社，2013，第121页。
② 许抗生：《僧肇评传》，南京大学出版社，1998，第84页。

易其性者也!"然而,由于人的本性是不断发展的,人也总是处于成为其自己的过程中,故人所能看到的仅是当时本性的发展状态以及因这种本性发展状态而具有的能力大小与社会地位高低。此时此地的本性贤愚并不必然就决定了其以后可能具有的能力与社会地位。我此时此地为农为工,就表明了我至死也只能为农为工吗?我此时此地为农为工,就表明了我为农为工即适性逍遥吗?显然,郭象的本性观并未对这一点提供很好的说明。同时,为了贯彻其本性论哲学,郭象是反对后天之"学"的。在他看来,本性乃天授禀赋,只可因性积习而成,不可矫性强学。《庄子·知北游注》就云:"故学之善者,其惟不学乎!""绝学去教,而归于自然之意也。"显然,郭象在处理生命之性的先天与后天关系上还缺乏一种辩证的思维。这种人性的先天决定论确实有为"现实的就是合理的"进行辩护的嫌疑。这也是有人认为郭象哲学是在为门阀制度辩护的一个重要理由。相较而言,支遁以"明至人之心"来提拔人性,无疑给"安于现状"的生命之性注入了应不断积极地去追求适性生活的勇气。

就第二点而言,随着东晋玄佛交涉的进展,东晋士人对佛教般若学开始表现出极大的理论兴趣。东晋时期流行的"六家七宗"虽是一种玄学化的佛学,但作为宗教哲学,其与作为世俗哲学的玄学依然在理论关注点上有着不同的旨趣。玄学关注的主题是自然与名教的关系,其追求的是自然之性的保存问题;般若学的中心主题则是真谛与俗谛的关系,其追求的是精神境界的涅槃寂灭问题。支遁所言的"至人之心"实是超越世俗而了悟般若本体之人(至足者而非自足者)的觉悟之心。在支遁看来,俗人拘于现象界,不能真正了悟"色即为空",故不能真正超越"饥者一饱,渴者一盈"的物质欲望,尚谈不上真正的逍遥。《世说新语·文学》刘孝标注引支遁《妙观章》说:"夫色之性也,不自有色。色不自有,虽色而空,故曰色即为空,色复异空。"支遁认为,真正的逍遥在于"即色游玄",即通过"色"(假有)来领悟本体之空。这样,支遁的"空"与"色"之间实存在着体用之别,而连接这种体用的就是"至人之心"。也就是说,本性自足者是无法达至逍遥的精神境界的,而只有心性至足者才能真正了悟世间本体真正超脱世俗现象达至玄远之境。

从思想上比较,郭象的适性逍遥说注重的是"性",以生命的率性放浪为逍遥，而支遁的至足逍遥说注重的是"心"，以精神的境界为逍遥。由于"适性"是离不开恰当的自得之场的，当魏晋士人处于一种生命的自得之场时，他们可以做到生命的适性与自由，但一旦离开这种场域，生命又复归悲情。可见，"适性逍遥"在魏晋名士身上是一个不断周旋反复的过程，需要一个时时演练的过程。这种适性与不适性的不断循环，实际很难安顿身心。"适性说之提出，本为时代问题所逼成，然此种由思辨进路所建立之玄学，是否真能安顿时代心灵，实大有问题。盖玄学本质为哲理之解悟，而非生命之修证，抽象之智悟，岂能弥补存在之悲情，故其适性说之实用性，实值得怀疑也。"① 伴随着东晋玄佛交涉的历史进程，佛教对士人的影响也逐渐加深。由"六家七宗"的"格义"思想、鸠摩罗什与僧肇的中观论，再到竺道生的涅槃学，佛教虽然理论各异，但总体上都围绕着本体论、心性论问题展开。佛教非有非无的本体论架构以及渐修顿悟的心性工夫，皆导致玄学的诸多令人困惑的论题在一种更为成熟的思维方式下得到了解决。赵建军就认为："两晋，特别是东晋佛玄理论的心性含义，在中国化心性哲学基础上，也切近了佛理的真蕴，使佛玄价值趋向由宗教的、伦理的本体追求向哲学化的心性本体转化。"② 可能正是这个原因，在玄学主流文化观念之外，佛学与中国本土问题结合而兴起的心性论哲学也开始影响东晋士人心态，并给东晋士人带来了极大的理论兴趣。支遁逍遥新义能得到时人的普遍赞同，应是与心性哲学的这种影响力有关的。所谓"皆是诸名贤寻味之所不得""才藻新奇，花烂映发。王遂披襟解带，留连不能已"的现象，既表明了佛教对玄学旧题阐释所呈现的新奇思维魅力，又表明了时人对"心"之主体自觉性开始有所领悟。与心性哲学的转化一致，中国美学的发展路线也渐趋转向心性美学。笔者认为，这是理解中国美学史上魏晋玄学美学向唐宋意境美学转迁的一个重要内在理路。

支遁"至足逍遥"对郭象"适性逍遥"的替代，从理论个案上揭示了东晋中后期中国文化所面临的哲学/美学转向问题。虽然，这一文化转向

---

① 林聪舜：《向郭庄学之研究》，台湾文史哲出版社，1981，第68页。
② 赵建军：《映彻琉璃：魏晋般若与美学》，中国社会科学出版社，2009，第187页。

过程不是一蹴而就的，但本性论哲学的逐渐衰退与心性论哲学的逐步兴起已然在此显现端倪。在这一文化转向过程中，郭象哲学功不可没，它既接引了佛教，又被佛教超越，可谓担当了理论排头兵的角色。

第二节　相因玄冥论的绝对化与哲学/美学道体的恢复

郭象以个体的自然本性为根据，建构了个体与个体之间自为相因的玄冥之境。在此玄冥之境中，每个个体都以自身之性为本并通过彼此相因而存在，虽默契配合但互不侵扰。郭象的这种"个体间性"关系是为了保障个体的绝对独立性而提出来的，显然是一种理想化的群己关系解决方略。一方面，为维护个体的绝对独立性，郭象的相因玄冥论否认了物与物之间尚存在的相互作用、相互制约、相互转化的客观事实，这是有悖常识的；另一方面，为维护自然之性的本体地位，郭象的个体性哲学直面的是具体万物本身而否定了实然天道本体的存在，这是有悖传统哲学观念的。郭象的这种绝对化的相因玄冥论在随后的佛道论辩中受到了多方批判。

就第一方面而言，郭象的相因玄冥论把物我关系、物物关系置于一种绝对的彼此独立、互不侵扰的关系格局中，对万物之间的复杂关联性有所简化。按照常识，万物的存在是处于一种相互作用、相互转化、相互联系的动态过程中的，完全"不资于外"的绝对孤立事物是不存在的。不论是传统的老庄哲学还是周易哲学，都将变化与生成视为宇宙的基本规律，并试图从内外因上去寻求这种变化与生成的根据。相比兼容并蓄的天道化生万物之说与万物之间具有相互关联性之思维，郭象的自生独化与相因玄冥理论就显得有点偏执。拿个体来说，其生命本质属性的生成既有先天的因素，同时也是社会关系的产物。人与人之间的相因玄冥更多是一种诗意的理想状态，而现实中更多存在的是矛盾乃至对抗冲突。应该说，个体的真正自由当是在与他者互动过程中进行的自主选择、主动实践的自由，而不能仅仅是将自我封闭于自足世界任其自动的自由。郭象试图以个体的绝对独立性来解决人的自由问题，却将人与人、人与社会的复杂性和辩证性关系简单化了。

同时，郭象的相因玄冥论是以自然无心的耦合来说明物我关系、物物关系的，其必然导致的一个结论就是对世间因果关系之规律性的否定。这对于宣扬因果报应的佛教来说，不啻为一个必须直面的理论靶子。虽然很难看到佛教在这方面对郭象哲学的直接批判材料，但后世佛道论辩中关于"自然"与"因缘"的争论无疑能从一个侧面让人去了解郭象哲学的命运走向。南朝朱世卿曾撰有《性法自然论》一文，对佛教的因果报应说进行了批判。朱世卿说："夫万法万性，皆自然之理也。夫唯自然，故不得而迁贸矣。故善人虽知善之不足凭也，善人终不能一时而为恶；恶人复以恶之不足诫也，恶人亦不能须臾而为善。又体仁者，不自知其为善；体愚者，不自觉其为恶。皆自然而然也。"在朱世卿看来，世间万物的发生皆是自然自造，不但不可改迁、不可转化，亦无因果联系可言。正因性乃自然、必然，善恶皆为自然之理，所谓的因果报应也就于理不通了。朱世卿对因果联系的否定，遭到了真观《因缘无性论》的批驳。真观说："若云各有自性，不可迁贸者，此殊不然。至如鹰化为鸠，本心顿尽；橘变成枳，前味永消。昔富今贫，定性之理难夺？先贵后贱，赋命之言何在？"针对性不可改变、不可转化的观点，真观针锋相对，以自然与人事转化事例来表明物性可变的道理，从而提出行为与果报之间的因果联系。虽然真观的论证目的主要在于辩护佛教业报说，但他确实看到了物物之间存在着的相互作用、相互制约、相互转化的规律。这一反驳不但适用于朱世卿，同时也适用于郭象哲学的理论盲点。郭象物我、物物关系的相因玄冥论，并没有认识到个体独立性与相互联系性实可处于一种个体与整体的辩证关系之中。

就第二方面而言，郭象对传统形而上天道观的解构因其不符合传统哲学思维，最终也遭到了后世的淘汰。后世佛教哲学、道教哲学与宋明理学等基本上都没有接受郭象哲学罢黜天道的看法，而是在高扬道体的思路上进行发展的。在玄学的"有无"之辨中，郭象哲学的一个鲜明"异彩"在于他否定了传统本体之道（无），而让差异性、多元性的"性"走向了理论舞台。在郭象那里，并不存在一个决定世间万物存在的天道，存在的只是各因本性独立发展而又相因玄冥的整体性疆域（玄冥之境）。这一"名无而非无"的玄冥之境实际只是一个"万物之总名"，并不具有实体性的意义。郭象对天道观的否定与传统儒家和道家都有不同。传统儒道之学作为安身立命的生命之学，其形而上本体的天道往往是生命价值的承载与皈依之所。郭象对这一皈依之所的拆解，无疑是离经叛道之举。方立天说："中国古代哲学家认为万物是实在的，作为万物本原的本体同样也是实在的。也就是说，本体虽是无形的，但无形并不等于虚幻空无，而是实有，如道、太极、气都是真实不虚的无形存在。可以说，肯定万物和本体同样具有实在性，是中国古代哲学家本体论思想的一个特点。"① 可以说，正由于中国文化有着根深蒂固的这种道体观念，佛教在中国的发展进程中，本土化的佛教虽然吸收了佛教心性空的观念，但并没有接受"万法皆空"的本体观念。因此，东晋盛行的"六家七宗"都没有真正落实般若中观学对万物实在性与本体实在性的双重否定。如道安的本无宗虽然否定了现实世界的实有，却肯定了精神本体无的实有，是"心有色无"；支愍度的心无宗虽然否定了精神本体无的实有，却肯定了现实世界的实有，是"心无色有"；支遁的即色宗虽意图不执于有无、色空两端，倡导"色即为空"，但"色复异空"的说法依然肯定了"假有"的存在，空得并不彻底②。"六家七宗"之所以呈现出这样的关于本体与现象的观念，一方面固有其未能全面掌握佛教中观学思维的原因，另一方面更大的原因当是出于与中国传统道体观念进行对接的考虑。

"六家七宗"之后，佛教本土化进程中的竺道生之涅槃学因其契合了中国传统哲学观念而流行。竺道生是东晋南朝佛学由般若学向涅槃学转捩的关键人物，他的"顿悟成佛"说使得六朝佛学风气由般若言"空"向涅槃成"圣"方向进行了转变。关于竺道生的涅槃说，方立天在《中国佛教哲学要义》中概括为主要的两点：其一是涅槃生死不二，其二是得性便是涅槃③。涅槃生死不二强调对众生来说，涅槃佛性就是众生本性，众生不应舍离生死而另求解脱。得性便是涅槃强调众生如返本得性就是涅槃。道生的佛性论既是心性哲学转向的重要体现，又是对中国传统天人合一之学

---

① 方立天：《中国佛教哲学要义》，中国人民大学出版社，2002，第744-745页。
② 具体论述参看余敦康：《魏晋玄学史》，北京大学出版社，2016，第十四章。
③ 方立天：《中国佛教哲学要义》，中国人民大学出版社，2002，第159页。

的丰富。道生主张人皆有"佛性我",并将涅槃成佛作为生命的最高精神境界。这种肯定"佛性""法身""涅槃"实有的观念,是与传统儒道哲学肯定天道实有以及天人合一的观念相一致的。道生主张不脱离现实生活来顿悟佛性,肯定了万物的实存,契合了中国传统哲学的世俗性。"经过涅槃佛性学的洗礼,对'非无'(即'有')的肯定成为佛学理论的前提,'无'、'空'(即'非有')则仅仅成了表达'妙有'(即'本体')不同于'俗有'、'定有'的语言形式而已。纵观晋宋之后中国佛学乃至整个中国哲学本体论的发展,基本上是沿着这一理论轨道行进,或者说并未脱离这一'真空''妙有'相统一的理论框架。诚然,这种理论框架既可以视为对中观学的超越,也可以看作向中国传统的本体实在论的复归。"①

正是在这种天道本体实在论的复归语境中②,张湛在注解《列子》时就一方面援用大量向郭《庄子注》的思想来说明群有现象的自生、变化之理,另一方面又坚持了作为"生化之本""不生不化者""寂然至虚凝一而不变者"的群有之本体的存在:群有以至虚为宗,万品以终灭为验。《列子·天瑞注》就云:"夫巨细舛错,修短殊性,虽天地之大,群品之众,涉于有生之分,关于动用之域者,存亡变化,自然之符。夫唯寂然至虚凝一而不变者,非阴阳之所终始,四时之所迁革。"同样,成玄英在义疏《庄子》时,改变了郭象对道体的否定,又重新强调了道的实存性、真常性。"夫以己制物,物丧其真。欺诳之德,非实道"(《庄子·应帝王》成疏)、"万物纷扰,颉滑不同,统而治之,咸资实道"(《庄子·徐无鬼》成疏)、"既休虑息心,乃与虚空合德;与虚空合德,则会于真实之道。真实之道,则自然之理也"(《庄子·天道》成疏)等皆表明了道教重玄学对天道实在性的基本认知。不但如此,成玄英还提出了"道能通生万物"的观点。"道生物"显然与郭象的"物自生"观点不同,这是一种传统的宇宙生成论。由此,成玄英在接续汉代道教道气思想基础上重新恢复了玄学罕言的"气"之地位。《庄子·在宥》成疏曰:"妙本一气,通生万物,甚自

---

① 李延仓:《道体的失落与重建》,中国人民大学出版社,2013,第168页。
② 玄学在南朝时的发展重新回归到以王弼玄学为主,可能也与道体的恢复氛围有关。《南齐书·陆澄传》载陆澄与王俭书云:"元嘉建学之始,玄、弼两立。逮颜延之为祭酒,黜郑置王。"可见,王弼玄学是元嘉时期思想界的主流话题。

简易,其唯道乎!""气"作为道通生万物的中介,改变了郭象哲学的道即个体独化的个体性哲学而重新让世界归于一种更为辩证的整体性哲学。

事实上,随着南朝皇权政治统治形态的恢复以及门阀士族的式微,儒家正统观念也相对一度中兴。沈约云:"自黄初至于晋末,百余年中,儒教尽矣。高祖受命,议创国学,宫车早晏,道未及行。迄于元嘉,甫获克就,雅风盛烈,未及曩时,而济济焉,颇有前王之遗典。天子鸾旗警跸,清道而临学馆,储后冕旒黼黻,北面而礼先师,后生所不尝闻,黄发未之前睹,亦一代之盛也。"① 道体的恢复与气本体论的复兴既是这一政治环境的产物,也是哲学思想的内在发展要求。且不说道教的形质气修之学,儒家正统观念出于文之教化的考虑,也倾向于以气来贯通天—人—艺的关系。在刘勰与钟嵘的文学理论中,气化宇宙观、感物论、养气说、情志论等观念正是这一道体恢复语境下的产物。刘勰《文心雕龙》首篇《原道》即云:"文之为德也大矣,与天地并生者何哉?夫玄黄色杂,方圆体分,日月叠璧,以垂丽天之象;山川焕绮,以铺理地之形。此盖道之文也。"中国美学作为"为人生而审美"的生命之学,是极为重视审美形而上学维度的。"道之文"表达了中国美学对"道"的美学或审美形而上学的基本观念,这也是中国天人之学在美学领域的具体落实。反观郭象哲学对审美的影响也能看出,郭象哲学生发的美学效应更多的是个体感性生命的张扬、独立与山水艺术现象层面的感性开启,而对于超越性的精神境界层面则建树较少。这种现象背后的一个深刻原因恰是郭象哲学的特性②。

以生命的个体本性代替了精神共性、以任性称情代替了心性的修养、以个体间性关系代替了整体性天道,从这种意义上说,郭象哲学是对传统哲学的解构。这种解构哲学高扬了生命的个体价值,释放了生命的感性,也带来了生命的冲突。在强大的关联型与形而上传统思维面前,极具个性

---

① 沈约撰:《宋书》卷五十五《臧焘徐广傅隆列传》,中华书局,1974,第1553页。
② 这里并不是否定郭象哲学所具有的安身立命作用,而是表明郭象本性论哲学的安身立命处不在于纵向的心性境界式超越而在于横向的客观形态化展开。郭象以实现本性的适性逍遥为旨归,以新的天人并置关系架构了个体与玄冥之境的和谐关系。如果说,庄子的"逍遥游"在遵从本性的基础上,还通过"游心"把生命向上提升以以天道去获取一种超越的精神自由的话,郭象的"逍遥游"则仅限于遵从本性,把本心与本性平铺于同一个层面,从而让人与宇宙外物并置合一去获取一种现实的精神自由。

的郭象哲学最终被扬弃，其注重个体性、现象感性等某些合理内核亦被化入后续的哲学与美学思想中。

第三节　郭象哲学与中古美学的发展

随着心性哲学的转向与道体的重建，郭象哲学渐趋失去了其影响效应。不过，从哲学史的发展进程来看，郭象之后的心性与道体哲学并不是向先秦哲学的简单复归，而是有着更为精细的思想内涵①。其中，郭象哲学的一些新质对于推动这些思想内涵的出现是起过极大作用的。就佛教的发展而言，真正对中国文化发生作用的是本土化了的佛教，而本土化佛教则主要是玄佛两种思想体系碰撞与融合的产物。正因为本土化佛教建立在玄佛格义基础之上，郭象玄学也必然在其生成过程中生发影响。

李小茜从三个方面指出了郭象哲学对禅宗美学的影响：首先，郭象哲学崇"有"重"感"，将庄子式大气磅礴的自然孤立成一个个具有独立审美价值的片段，视为禅宗美学自然观之先导（此点源自张节末《禅宗美学》中所持观念）；其次，郭象玄学的"自性"说，认为万物圆融自足，世界的意义在其本身，与禅宗美学阐发的"真即实"的观念相通；最后，郭象提出"玄冥"与"无心"的认识论，与禅宗美学的"妙悟"说有着惊人的暗合。其论甚当！② 笔者这里更注重从历史发展具体转化轨迹上（即郭象与支遁、竺道生、谢灵运等人的思想关联处）来简要勾勒郭象哲学对后世中国美学发展之影响，以使郭象哲学之影响建立在更为具体切近的基础上。在中古美学的发展转换中，郭象哲学至少有三个重要方面推动了美学历史的发展：第一，支遁的至足逍遥可以说是对向郭无待逍遥说的转述与发展，这使得郭象玄学给心性美学的转向提供了理论契机；第二，佛教与后世哲学的发展对万物实存的肯认是与郭象哲学对"物"的意义的发现密切相关的；第三，道生、谢灵运的顿悟学说亦与郭象哲学大力倡导的寓

---

① 朱汉民从士人人格、身心之学、性理之学、经典诠释方法等方面论述了包括郭象在内的玄学影响理学的内在理路。参见朱汉民：《玄学与理学的学术思想理路研究》，中国社会科学出版社，2012。

② 李小茜：《郭象哲学与中古的自然审美》，天津社会科学院出版社，2016，第157页。

目直观理论有着莫大干系。

　　前面说过,支遁"明至人之心"的至足逍遥说相对于流行于世的向郭适性逍遥说,可谓是一种新义。但如果相较于向郭的圣人无待逍遥说,则又谈不上有多大的创建。郭象《庄子·逍遥游注》云:"夫唯与物冥而循大变者,为能无待而常通,岂独自通而已哉!又顺有待者,使不失其所待,所待不失,则同于大通矣。故有待无待,吾所不能齐也。至于各安其性,天机自张,受而不知,则吾所不能殊也。"在郭象看来,圣人因无所不适,故能"所遇斯乘""无待而常通",随时随处皆能顺应万物、与物玄冥。然则圣人之所以能如此,正在于其具有凡庶群品所不具有的圣性。圣人的自然之性实质就是一种能超越万物的心性、一种精神境界。不同的是,圣人的这种心性与精神境界乃其天生具有,其心性工夫的发用亦是出自先天本性而非后天修为。圣人的这种既为心性亦为本性的独特性能之心,实与支遁所言的"至人之心"是相近的。正因如此,汤用彤就认为支遁的逍遥新义实是"为向郭之说加上佛教意义也","支公新义,以为至足乃能逍遥。实就二家之说,去其有待而存其无待"①。余敦康也认为:"支道林不仅用般若学的思想形式转述了郭象的玄学,而且也用般若学的思辨方法丰富发展了郭象的玄学。"② 由此可见,支遁的逍遥论本身就是直承郭象的圣人无待逍遥说的。其区别在于,支遁渐趋将郭象针对圣人而言的逍遥说转化为一种亦可针对凡众的普遍性的逍遥论,有大乘佛教普度众生的意味。由于普通凡众不可能具有圣人那样的先天心性,故这种普遍性的逍遥论必然要求凡众通过后天的心性修养来达成逍遥。因而,凡众的"明至人之心"就意味着必须遵从心性修养而自主地去达于至足之心,而不能只停留于自动顺应本己之性的层次。这也表明,中古心性哲学与心性美学的转向既有佛教般若学的影响,也与郭象玄学理论资源密切相关。正如李小茜说的:"作为魏晋玄学的集大成者,郭象玄学既是正始玄学向两晋思想转捩点,也是玄学美学向大乘佛教的现象学、美学演化的中介。"③

---

①　汤用彤:《魏晋玄学论稿》,上海古籍出版社,2001,第193页、第51页。
②　余敦康:《魏晋玄学史》,北京大学出版社,2016,第476页。
③　李小茜:《郭象哲学与中古的自然审美》,天津社会科学院出版社,2016,第9页。

第七章　郭象哲学的理论盲点与玄学美学的转迁 /255

同样，本土化佛教乃至后世中国的哲学虽然都基本上肯认了道体的存在，但都认为这种道体并非一悬空、虚无、抽象的存在而是与万物之"有"一体并存的。这种道不离器、体用一源的哲学思维与佛教中观学有同又有异。就同而言，其吸取了佛教中观学非有非无、不落两边的思维形式；就异而言，本土化佛教"真空""妙有"相统一的理论框架以及后世理学对道气关系、理器关系的论述都没有彻底"空掉"物的实在性。即凡即圣、入世而出世的观念不但契合了中国古人对现实物质世界的认知经验，又满足了中国古人对整体超越世界的精神追求。就现实物质世界认知经验的总体特征而言，郭象以前的哲学并未把目光聚焦于物质世界本身。先秦道家重点关注的是体道的精神世界对现实经验世界的超越，其现实物质世界往往被道体化、本质化；先秦儒家重点关注的是日常人伦道德世界，其现实物质世界往往被比德化、义理化；汉魏气感类应哲学重点关注的是元气论下天—人—物之间的关联体系，其现实物质世界往往被类型化、比兴化。正如本书第二章所揭示的，直到郭象的自生独化论哲学，方真正为物的价值独立性确立了哲学理据。这意味着，中国后世文化的发展不可能再仅仅把物视为一种无足轻重的手段，而应当在重视物自身的个体性、现象感性之独立价值基础上去寻求一种更高层次的综合。从哲学思维上说，对"道之体"与"物之用"的态度不再是体用二分而应是体用一如、即体即用的关系。这无疑大大提升了物在中国文化中的地位，也使得主客关系得到了进一步的融通。这一点在宋代理学中有着细致的阐发。傅伟勋认为郭象的万物独化自适理论实被后世本土化的中国禅宗承接，而成为其禅道的根本义谛之一。他说："就禅道的深层结构言，郭象所云万物独化自适的自然无为或天台的'一色一香，无非中道'必须充当无位真人无心解脱、平常无事的大前提。换言之，无位真人无心解脱之前万事万物必先解脱（即自适自足的无为境界），至于有否无位真人无心解脱的人间事实，丝毫影响不了万事万物的原本自如，无为自然。"[①] 不能不说，郭象哲学对物的独立价值的发现为这种色空、道气、理器、主客关系的更高层次综合做出了贡献。

---

① 傅伟勋：《从西方哲学到禅佛教》，三联书店，1989，第407页。

对于以感性形象为对象的美学来说，物的发现更是对后世中国美学的发展影响极为重要。如果说先秦道家美学是一种超越现实物质世界的"大美""道之美""心之美"，郭象玄学则开辟了一种"物之美""性之美"。虽然"性之美"被心性哲学再度转化为"心之美"（郭象"性之美"问题后在晚明思潮中得到回响），但郭象所开辟的"物之美"则被后世美学吸收沿袭，成为中国美学的一个基础理论。朱良志说："中国哲学史上，禅宗确立世界本身的独立自足意义，认为世界的意义在于其'自性'中，郭象的崇有哲学与其最为相似。"① 虽然笔者不同意世界本身独立自足的意义是由禅宗所确立，但朱良志极为敏锐地看到了郭象崇有、自性哲学对于后世中国美学的重大影响。从中国美学史的发展历程看，后世主流美学多在高扬物性的基础上去寻求道体的生命寄居与心性的境界满足。后世美学的这种道体的生命寄居不再是一种脱离具体万物的精神本体满足，而是与"传神""气韵生动""度物象而取其真""活泼""鸢飞鱼跃""生意""氤氲"之外物世界一体共在的，所谓"同自然之妙有"的道器相即。后世美学的心性境界满足也不再是一种脱离具体万物的心灵的高蹈自由，而是"随物以宛转、与心而徘徊""心物一体""身与竹化""身即山川而取之""吾师心，心师目，目师华山""搜尽奇峰打草稿"，所谓"外师造化，中得心源"的心物相即。在这种道与物、心与物双向打开的一体共在美学结构中，物之神、物之性、物之理、物之气韵等与道、心连成一片，共筑了中国美学天人合一、主客合一的生命精神。山水诗的出现、刘勰"情景交融"论、禅宗即物即真论等的提出，也正是"景""物"自身的独立价值被充分肯定的一种结果。"从整个中国美学史上看，从先秦儒家的作为道德之比附，再到两汉的作为皇权之象征，'物'在整个先秦两汉基本上没有独立存在的价值。而从盛唐开始，肯定、表达'物'之美，是中国美学的一个基本思想。由此，中国美学才真正丰富多彩起来。而这，不能说没有郭象哲学的贡献。"②

郭象的寓目直观理论也对竺道生、谢灵运的顿悟与后世美学的妙悟理

---

① 朱良志：《中国美学十五讲》，北京大学出版社，2006，第36页。
② 李昌舒：《郭象哲学与山水自然的发现》，《复旦学报（社会科学版）》2006年第2期。

论有着影响。郭象的寓目直观经验将先秦老庄的体道直观运用到经验世界中，对中国自然山水新的审美经验形成产生了极大影响。

晋宋之际，竺道生"孤明先发"，在不依傍佛典的基础上，独创了一套完整的佛性思想，从而使得佛学的发展由般若学转移为涅槃学。般若学以探讨般若性空的本体论为主，而竺道生的涅槃学则以探讨如何成佛的心性论为主。可以说，竺道生佛性本有与顿悟成佛的观念是在对玄学与般若学的双重突破基础上建立起来的。与玄学主张不同，竺道生的佛性本有思想突破了玄学的天赋差异才性论，而认为众生皆有佛性，而非圣人独有。同样，竺道生的顿悟成佛理论也突破了玄学的"圣人不可学不可至"的主张，而认为人人皆可成佛成圣。与般若学主张不同，竺道生的佛性本有思想突破了般若学的遮诠之法，而肯定了佛性的实存。同样，竺道生的顿悟成佛理论也突破了般若学所持的积学渐悟之法。虽然竺道生的理论看似离经叛道，但其实与中国文化的相关观念息息相通。其佛性本有思想是与儒家"四端本有""人皆可以为尧舜"一致的，而顿悟成佛理论则与玄学的"得意忘言""玄鉴洞照""无心无系""冥于当下"之寓目直观方法相类似。"郭象不但贯彻'自然'之义有功，亦有功于特标'无心'之旨，而为庄子与禅宗打通了一道哲理联贯的桥梁。"[①] 其中，郭象玄学对竺道生顿悟成佛理论当有着重要影响。

竺道生的顿悟学说一改佛教对积学与修行的重视，而提出了"一阐提人皆得成佛"的主张。按《泥洹经》，那种信不具、断善根的人是不能成佛的。而竺道生则认为断善根之人亦有佛性，信不具之人亦能通过顿悟成佛。顿悟，就意味着可以不通过积学努力与修行信念来一超直入。这实际是一种佛教智慧的直觉体验。方立天说："众生主体以佛教智慧观照世界，观照真理，主体心灵直接契入所观的对象，并与之冥合为一，而无主客能所之别，谓之观；或主体观照本心，反省本心，也称为观。观是佛教智慧的观照作用，是一种冥想，也即直观、直觉。"[②] 这样，竺道生将直觉体验的方法带入了佛教的本体认识论。而"得意忘

---

① 傅伟勋：《从西方哲学到禅佛教》，三联书店，1989，第410页。
② 方立天：《中国佛教哲学要义》，中国人民大学出版社，2002，第1032页。

言"式的直觉体验方法正是当时玄学最主要的体道法门。《高僧传·宋京师龙光寺竺道生》言:"生既潜思日久,彻悟言外,乃喟然叹曰:'夫象以尽意,得意则象忘。言以诠理,入理则言息。自经典东流,译人重阻,多守滞文,鲜见圆义。若忘筌取鱼,始可与言道矣。'"竺道生由玄学言—象—意的理论主题生发出彻悟之道,可见其思想实乃玄佛合流的产物。竺道生的这种主客能所冥合为一的顿悟方法与郭象的寓目直观理论尤为契合。

在郭象玄学看来,积学无助于得性。《庄子·天运注》云:"由外入者,假学以成性者也。虽性可学成,然要当内有其质;若无主于中,则无以藏圣道也。"因此,郭象对积学一贯持反对态度,所谓"学弥得而性弥失"(《庄子·齐物论注》)、"绝学去教,而归于自然之意也"(《庄子·知北游注》)、"故学者不至、至者不学也"(《庄子·庚桑楚注》)。既然积学教化不能得圣道,直觉体验自然成为郭象所主张的主要适性体道方法。正如本书第三章所揭示的,郭象以一种"冥于当下"的无心无系的直观体验方法去达成主客之间的"本性—物"之玄冥。这种无主客能所之别的冥合为一,恰是群品的适性逍遥所在,也是个体生命与造化的合一所在。虽然郭象不认为人皆可以成圣,但适性逍遥亦可视为人皆可以体认本体之性,人皆可以体道生存。可以看出,竺道生虽以心性替代了本性,以成佛替代了适性,但其与郭象哲学的致思是非常类似的。竺道生《大般涅槃经集解》云:"夫真理自然,悟亦冥符,真则无差,悟岂容易?不易之体,为湛然常照,但从迷乖之,事未在我耳。苟能涉求,便返迷归极,归极得本。"余敦康说:"对真理的认识是一种直观的体验,叫作'冥符',也就是使主体与客体契合无间。迷是主客分而为二,悟是主客合二为一。只要做到了主客'冥符',就能'归极得本',完成理想的人格,达到崇高的精神境界。'冥符'这个概念是从郭象那里来的。"[1] 郭象在讲述主客、心物的直觉关系时就大量使用了"相冥""冥合""玄冥""玄符""玄合"等概念。由此可见,郭象哲学对竺道生确实存在着影响。

---

[1] 余敦康:《魏晋玄学史》,北京大学出版社,2016,第490页。

竺道生的"顿悟成佛"一方面突破了玄学"圣人不可学不可至"的理论区隔，另一方面又迎合了魏晋士人普遍不愿通过积学修养工夫来体道的精神诉求。所以，其思想刚一提出，就受到了谢灵运的高度赞赏。谢灵运《与诸道人辨宗论》云：

> 释氏之论，圣道虽远，积学能至，累尽鉴生，不应渐悟。孔氏之论，圣道既妙，虽颜殆庶，体无鉴周，理归一极。有新论道士，以为"寂鉴微妙，不容阶级。积学无限，何为自绝？"今去释氏之渐悟，而取其能至；去孔氏之殆庶，而取其一极。一极异渐悟，能至非殆庶。故理之所去，虽合各取，然其离孔、释矣。余谓，二谈救物之言，道家之唱，得意之说，敢以折中自许。窃谓新论为然。

随着心性哲学的转向与道体的恢复，探讨如何体认本体的问题在谢灵运时代已经成为风尚。方东树《昭昧詹言》说："看来康乐全得力一部《庄》理。其于此书，用功甚深，兼熟郭注。"同时，谢灵运对佛教也用功甚深，并著有《与诸道人辨宗论》《佛影铭》《金刚般若经注》等。这就不难理解为何谢灵运会如此推崇作为玄佛折中之论的竺道生的顿悟之说。在谢灵运看来，释氏之论（谢灵运说的实为安世高系小乘禅数之学）认为人可以成佛，但需要积学渐悟（可学可至）；孔氏之论（谢灵运说的实为玄学）认为圣道乃顿然间一蹴而就，但并非人人可至（不可学不可至）；新论道士（谢灵运说的实为竺道生）则去释氏之积学渐悟而取其人皆可成佛，去孔氏之殆庶不能至而取其顿悟之法。这样，通过对释孔二论的取离折中，一种"不可学而能至"的顿悟成佛新论就提出了。汤用彤说："生公去二方之非，取二方之是，而立顿悟之说，谓圣人可至，但非由积学所成要在顿得自悟也。自此以后，成圣成佛乃不仅为一永不可至之理想，而为众生均可企及之人格。"①

谢灵运不但对竺道生的顿悟理论深表赞同，而且把这种直觉体验方法运用到了诗歌的创作之中，推动了美学妙悟学说的发展。唐代诗僧皎然《诗式》云："康乐公早岁能文，性颖神澈。及通内典，心地更精，故所作

---

① 汤用彤：《魏晋玄学论稿》，上海古籍出版社，2001，第109页。

诗，发皆造极。得非空王之道助邪？"谢灵运将顿悟引入其"寓目辄书"的山水诗创作中，从而在对自然山水之景的观照中去顿得自悟，臻至一种"物我同忘，有无一观"之境地。"观此遗物虑，一悟得所遣"（《从斤竹涧越岭溪行》）、"禅室栖空观，讲宇析妙理"（《石壁立招提精舍》）、"恒充俄顷用，岂为古今然"（《入华子岗是麻源第三谷》）讲的都是在山水观照中因顿悟空观而超越物虑、古今而达至的主客能所冥符合一之境。叶梦得《石林诗话》云："'池塘生春草，园柳变鸣禽。'世多不解此语为工，盖欲以奇求之耳。此语之工，正在无所用意，猝然与景相遇，借以成章，不假绳削，故非常情所能到。"王夫之《夕堂永日绪论》评谢灵运名句亦云："'池塘生春草'，'蝴蝶飞南园'，'明月照积雪'，皆心中目中与相融浃，一出语时，即得珠圆玉润。"这种猝然与景相遇、心中目中与相融浃正是妙悟美学理论精要所在。郭象《庄子·人间世注》云："不瞻前顾后，而尽当今之会，冥然与时世为一。"僧肇《涅槃无名论》说："然则玄道在于妙悟，妙悟在于即真。"严羽《沧浪诗话·诗辨》云："大抵禅道惟在妙悟，诗道亦在妙悟。"从这些表述中，不难发现郭象直观理论与妙悟学说之间的类同之处。叶维廉说："郭象注的南华真经不仅使庄子的现象哲理成为中世纪的思维的经纬，而且通过其通透的诠释，给创作者提供了新的起点。"[①] 可以说，正是老庄、郭象玄学的直觉体验思想与佛教顿悟学说的融通才导致了后世妙悟美学之盛行。

作为中古"思维的经纬"与两汉哲学向隋唐佛学转捩核心节点的郭象《庄子注》，为我们理解中国思想转型提供了一个坐标点。从哲学本体论上说，《庄子注》的自生独化之道解构了先秦两汉的宇宙生成论与何晏、王弼的宇宙本体论，其即体即用、体用一源的现象学式思维为接引佛教提供了本土思想的准备，并间接影响到了宋明理学的建立。从人性论上说，《庄子注》在先秦儒道心性论哲学之外，将质实的才性论哲学发展成了一种更具灵动的本性论哲学，从而更旗帜鲜明地彰显了生命个性的原发精神，使中国文化的"性之美"登上了历史舞台并进行了一次精彩演示。从认识论上说，《庄子注》不但截断了先秦两汉以来物赖以存在的

---

① 叶维廉：《中国诗学》，三联书店，1992，第91页。

宏大叙事式类应关联网络，使得"物之美"被人自觉赏析，而且还大大推动了寓目直观体物方式与诗学传统理论的融合。从政治观上说，郭象调和自然与名教所催生的朝隐实践，使得士人找到了一个处理精神自由与积极入世之矛盾冲突的缓释地带。从中古美学发展的这种历史脉络看，《庄子注》当是一部伟大的美学著作，而郭象也当是一位伟大的美学思想家。

附录一　钟情与无情的周旋：论魏晋风度的内在矛盾性*

按中国哲学传统，性动之情或性情是生命本性所发之情，其产生动力在"性动"，所谓"情者，性之动也"；感物之情或感情是因外物的感召而生发的感应之情，其产生动力在"物感"，所谓"人生而静，天之性也。感于物而动，性之欲也"。性情是任性而发的，其情态即使遇到外物也不会受物牵制，因而能超越于物感。感情则是由感而发，其情态受物的牵制而激发情志，是随物缱绻的。在魏晋的重情风尚中，虽然这两种情态都得到了高扬，但又有着区别。借鉴《庄子·德充符》中关于"有情""无情"内涵的辩论，笔者将性动之情称为一种超越感情的"无情"或"忘情"，将感物之情称为一种与物婉转的"有情"或"钟情"。本文所要澄清的是，魏晋美学中对感情的高扬乃出于汉末以来的气感类应哲学，而对性情的高扬则是玄学带来的新义。从魏晋玄学来看，不是"钟情"，而是"无情"，方为其性情论的主旨。受其影响，魏晋士人在日常"钟情"生命层面上还开辟了一条"无情"的人生之路。应当说，气化之"钟情"与玄化之"无情"构成了魏晋士人生命内在深刻而又矛盾的一体两面。

一、气感类应哲学与魏晋"钟情论"

"情"的自觉一直以来被视为魏晋风流的重要特征。宗白华说："晋人

---

* 本文原载《中国文学批评》2018 年第 4 期。

向外发现了自然,向内发现了自己的深情。"① 冯友兰《论风流》中也把"必有深情"视为魏晋风流的一大条件②。确实,对宇宙人生的深情,特别是对生死无奈、时序流转、命运无常的敏感悲情,构成魏晋名士的一大气质。《世说新语》载:

> 王戎丧儿万子,山简往省之,王悲不自胜。简曰:"孩抱中物,何至于此?"王曰:"圣人忘情,最下不及情;情之所钟,正在我辈。"简服其言,更为之恸。(《世说新语·伤逝》)
>
> 卫洗马初欲渡江,形神惨悴,语左右云:"见此芒芒,不觉百端交集。苟未免有情,亦复谁能遣此!"(《世说新语·言语》)
>
> 桓公北征经金城,见前为琅琊时种柳,皆已十围,慨然曰:"木犹如此,人何以堪!"攀枝执条,泫然流泪。(《世说新语·言语》)
>
> 桓子野每闻清歌,辄唤"奈何"。谢公闻之曰:"子野可谓一往有深情。"(《世说新语·任诞》)
>
> 王长史登茅山,大恸哭曰:"琅琊王伯舆,终当为情死。"(《世说新语·任诞》)

这里,魏晋名士怀着对生命的无限眷恋,对宇宙人生的变迁与易逝发出了叹惜与悲慨。这种"悲情"具有如下两个特征:第一,是一种因外物影响而生发的感应之情,子丧、茫茫江水、金城柳、清歌、茅山皆为催生悲情之外物;第二,是一种情物交感并沉迷其中的缱绻之情,悲不自胜、亦复谁能遣此、泫然流泪、奈何、一往有深情、终当为情死表明了此情的难以排遣、不可收拾。显然,这种情态属于魏晋两种情态之中的感情、有情与钟情类型。魏晋名士所流露出来的这种"深情",不仅是叹惜个人遭际,也是进一步上升到了对宇宙人生的慨叹,此乃一种情之"本体的感受"。这种对宇宙人生的深情具有极强的美学表现性,深刻地体现了魏晋士人个体感性情感生命的自觉。

然而,这里需要追问的是,到底是什么样的原因使得魏晋士人如此

---

① 宗白华:《美学散步》,上海人民出版社,1981,第215页。
② 冯友兰:《三松堂全集》第五卷,河南人民出版社,2001,第314页。

"有情"于或感物迁逝于这个世界？笔者认为，这一现象的出现乃是汉末以来元气论自然观或气感类应哲学在魏晋士人生命体验上的延续，而并非玄学的产物。汤用彤说："魏晋时代思想界颇为复杂，表面上好像没有什么确切的'路数'，但是，我们大体上仍然可以看出其中有两个方向，或两种趋势，即一方面是守旧的，另一方面是趋新的。前者以汉代主要学说的中心思想为根据，后者便是魏晋新学。我们以下不妨简称'旧学'与'新学'的两派。'新学'就是通常所谓玄学。当时'旧学'的人们或自称'儒道'……，其实思想皆是本于阴阳五行的'间架'，宇宙论多半是承袭汉代人的旧说；'新学'则用老庄'虚无之论'作基础，关于宇宙人生各方面另有根本上新的见解。"① 按汤用彤的看法，汉代的元气论"旧学"与玄学"新学"在魏晋时代的思想界是并行的，且新学有着取代旧学的总体趋势。

事实也是如此，正始玄学之前，主宰汉魏思想界的正是自汉代因袭过来的气感类应哲学。从哲学传统的粗线看，先秦《周易》与乐教传统、秦汉的月令模式、董仲舒的天人交感哲学到王充的自然元气论一脉大致都属于气感类应哲学发展的不同阶段。其哲学最根本的特征是以气作为生成与统摄万事万物的本根，以气的交感类应作为万事万物联结的方式。具体到人与外物的关系上，则强调人之体气与物之元气之间的感应交流。特别是到了王充那里，不但以自然元气论剔除了董仲舒哲学中神秘交感与谶纬学说中荒谬比附的内涵，还凸显了个体生命之自然气性。这就为汉末个人气化感性生命与外物感召之间建立审美性的关联做了铺垫。随着汉末魏晋社会的动乱、战争的频仍与政治生态的破坏，死亡的悲剧性感受时刻萦绕在魏晋士人心头，加剧了气感类应哲学在魏晋的流行。

从文学传统看，感物迁逝的抒情美学可以追溯到《楚辞》传统。从屈原《离骚》的"日月忽其不淹兮，春与秋其代序。惟草木之零落兮，恐美人之迟暮"到宋玉《九辩》的"悲哉秋之为气也！萧瑟兮，草木摇落而变衰"②，都在气化的世界观中注入了个人对时序变迁生发的迁逝悲情。不

---

① 汤用彤：《魏晋玄学论稿》，上海古籍出版社，2001，第111页。
② 黄寿祺、梅桐生译注：《楚辞全译》，贵州人民出版社，1984，第2、140页。

过,与《楚辞》注重个人情感与群体性政治共感的交叠不同,汉末魏晋士人的感物迁逝更多地摆脱了政治讽喻而强化了个人生存状态抒情的鲜明特色。这与诗学观念由"诗言志"到"诗缘情"的发展路径是一致的。在气感类应的自然观下,当群体性特别是道德性、政治性的类应缺失回应或者遭遇断裂时,感物之情也就只能围绕着个体的遭遇、观感、生死等关涉自身生命流转的诸多领域展开。

在"以悲为美"的《古诗十九首》、"慷慨以任气"的建安文学与晋代感物诗中,对人生多舛、生命短暂、物序飘零之迁逝悲情的抒发是文学的核心主题。曹丕的"文以气为主"观念的提出也正是根于这种气感类应哲学。吉川幸次郎在《推移的悲哀》一文中将《古诗十九首》的主题称为"推移的悲哀",认为是一种人类意识到自己生存于时间之上而引起的悲哀。李泽厚则认为汉末魏晋人士将这种有限的人生感伤"变成了一种本体的感受,即本体不只是在思辨中,而且还在审美中,为他们所直接感受着、嗟叹着、咏味着"①。这种强大的气感类应哲学并未因玄学的兴起就退出历史舞台,在西晋陆机那里还被总结为一种以情感直抒为特征的感物美学。陆机《文赋》云:"遵四时以叹逝,瞻万物而思纷。悲落叶于劲秋,喜柔条于芳春。心懔懔以怀霜,志眇眇而临云。"② 这种抒情方式依然建立在悲—落叶—秋、喜—柔条—春这一气感类应模式上,从而将个体生命的喜怒哀乐等情志与对外物的感受关联起来。《晋书·羊祜传》载:"祜乐山水,每风景,必造岘山,置酒言咏,终日不倦。尝慨然叹息,顾谓从事中郎邹湛等曰:'自有宇宙,便有此山。由来贤达胜士,登此远望,如我与卿者多矣!皆湮灭无闻,使人悲伤。如百岁后有知,魂魄犹应登此也。'"羊祜面对山水,感受的并非玄学"濠、濮间想"式的淡情与从容,而是反切自身情志的物是人非的无奈叹惋。这种对山水的感物兴怀本身是魏晋风度的一种"钟情"表现,显示了魏晋人士心中难以磨灭的悲情。

这就表明,伴随着玄学的中兴,虽然魏晋士人的心态有着由"钟情"向"无情"转换的总趋势,但与气感类应哲学相关联的"钟情"作为一种

---

① 李泽厚:《美学三书》,安徽文艺出版社,1999,第 347 页。
② 张少康集释:《文赋集释》,人民文学出版社,2002,第 20 页。

强大的传统并不因此就完全退却,它甚至构成了魏晋名士最原初与日常的生命情态。

因此,魏晋名士在日常生活中体现出的"钟情",实是汉末以来的传统气感类应之学在魏晋的延续,而并非玄学新义所带来的。那种把魏晋风度之"钟情"归因于玄学影响是有问题的①。虽然玄学也看到了普通人任情违理的一面,但玄学理论主旨恰是要给"为情所困"的日常人生提供一种超脱方式,为魏晋士人的行为方式提供一种新的人生哲学指引。魏晋玄学的中兴,其主流思想所针对的恰恰是将气化类应的宇宙论转换成了以有无为主题的本体论,试图为浓得化不开的悲情人生开出一条救赎之路。

二、玄学性情论与魏晋"无情论"

面对为情感所困的人生,玄学通过对性、情、物关系的辩论开启了一种"无情论"。玄学性情论是为对治为物感所累而终不得自由的观念提出的,故其性情论哲学的主题在于用"无情"之法来解决人如何不为感物之情所制而获得性情自由的问题。虽然玄学性情论讨论的有些问题是围绕着圣人理想人格展开的,但其理论依然会对魏晋士人的精神追求产生强大的示范效应,从而给时人引领出一条超离感情而高扬性情的人生新路。

《三国志·魏书·钟会传》注引何劭《王弼传》载:"何晏以为圣人无喜怒哀乐,其论甚精,钟会等述之。弼与不同,以为圣人茂于人者神明也,同于人者五情也,神明茂故能体冲和以通无,五情同故不能无哀乐以应物,然则圣人之情,应物而无累于物者也。今以其无累,便谓不复应物,失之多矣。"② 何晏、钟会等人的无情论暂且不说,需要辨析的是王弼的圣人有情论是否开启了一种任感情风尚呢?比照何、钟的圣人无情论,王弼提出的圣人有情论有三个理论要点:一是圣人有五情,此点与凡俗无异;二是圣人有喜怒哀乐之情应物,此点亦与凡俗无异;三是圣人神

---

① 如陈顺智说:"如果说何晏圣人无情说为作为凡人的士人们提供了任情的理由,那么王弼圣人有情说、'畅万物之情'的观点则给作为凡人的士人们提供了感情生活的广阔内容。"参见陈顺智:《魏晋玄学与六朝文学》,武汉大学出版社,1993,第 226 页。

② 陈寿撰、裴松之注:《三国志》(简体字本),中华书局,1999,第 591 页。

明茂，应物而不累于物，此点与凡俗不同。从前两点可以看出，王弼的圣人有情论大大拉近了圣人与凡俗的距离，看到了人之感情具有不可去除一面，大大提升了感情的地位。第三点表明，圣人有情与凡俗之有情又具有根本性的差别。所谓"神明茂故能体冲和以通无"，说的即是圣人之性天生就具有顺应自然，贯通性情、道物、无有之资质。这里，王弼玄学论证的不是任感情的合理性，而恰恰是论述了面对这种不可割除的感情应如何节制的问题。

在王弼看来，理想的人格应是在以情应物过程中，发挥"神明"之心的"通无"功能，使得哀乐之情顺应自然之性而不为物所累，从而贯通性情、无有。王弼《老子道德经注》云："圣人达自然之性，畅万物之情，故因而不为，顺而不施。除其所以迷，去其所以惑，故心不乱而物性自得之也。"① 这里，五情的发动并不是一往无前不可收拾的，而是在心之"达""畅""因顺""去除""不乱"之功能妙用下进行的。王弼在《论语释疑》中也提出："不性其情，焉能久行其正，此是情之正也。若心好流荡失真，此是情之邪也。若以情近性，故云性其情。"② "性其情"是儒家性情理论的传统主张，目的是在承认情感不可割除的基础上又对情感的发动进行节制。节情无疑不是寡情更不是灭情，但也绝不是任情。唐君毅说："此谓圣人有情，同于人，其无累于物，不同于人，则其情亦自有不同于人之处。此不同于人之处，在依其无累，而其情、其感应，乃广大而不可穷极。"③ 依唐君毅的说法，王弼的"广大而不可穷极"之情与魏晋名士的"钟情"有很大区别。王弼的有情论凸显的是一种自然无为之心性（神明）提点下的自然性情，而与魏晋名士直来直往的"一往有深情"还是有别的。魏晋的"钟情"当为一种感物之情所致，乃出自生命与所遇之境的自然交感。"钟情"并没有一个"广大而不可穷极"的"神明"纵贯于上，而只是随物感一任而发并伴有情志的产生，难免会偏离自然之性。"夫耳、目、口、心，皆顺其性也。不以顺性命，反以伤自然。"④ 王衍丧

---

① 楼宇烈校释：《王弼集校释》，中华书局，1980，第77页。
② 同上书，第631-632页。
③ 唐君毅：《中国哲学原论·原道篇》，中国社会科学出版社，2006，第546页。
④ 楼宇烈校释：《王弼集校释》，中华书局，1980，第28页。

子的悲不自胜、王伯舆的"终当为情死"皆为感物之情,且为物所悲困而无法自拔,以致伤害自然之身之情。从气感类应之学的角度说,此情与汉末、西晋的缘情感物主体生命一样,皆具有一种审美意味。但从玄学角度看,此情只会令人无休止地陷入生命悲情之中而不得自由,依然是一种为物所累之世情。从这种意义上说,王弼的圣人有情论与魏晋重情风尚有着区别。"王弼的'圣人有情论',是代表着玄学的主要倾向的,因为玄学整个而言是重情的,不是禁欲或寡情的。这同魏晋时期整个社会风尚和心理有密切关系。"① 这话当是拔高了王弼的圣人有情论对魏晋重情风尚的影响。

真正将情物关系脱离圣人语境来进行探讨的是嵇康。嵇康的《声无哀乐论》以音乐为具体对象,深入探讨了情与声的关系问题。嵇康的"声无哀乐"的新见是直接针对儒家"声情相应"的乐教传统理论提出来的。从情物关系看,儒家的乐教理论遵循的是一种有情应物式的感物论音乐美学,而嵇康的"声无哀乐论"则旨在破除这种感物说,提出了一种无情应物式的新型音乐美学。嵇康云:"和声无象。""声音自当以善恶为主,则无关于哀乐。""音声有自然之和,而无系于人情。"② 首先,嵇康从音乐本质上剥落了儒家附属在乐上的情感与伦理内涵,赋予了音乐一种天地自然之和的新本质,从而使得音乐纯粹化了。既然音乐是一种客观的存在,则其本质就不能从情感表现上定位而只能是一种"自然之和"。其次,嵇康认为,声音与人之间所存在的感应关系并不是"声情相应"的哀乐情感关系,而只是一种声音与人之间的躁静反应。嵇康云:"然皆以单复、高埤、善恶为体,而人情以躁静专散为应……此为声音之体,尽于舒疾;情之应声,亦止于躁静耳……若言平和哀乐正等,则无所先发,故终得躁静……躁静者,声之功也;哀乐者,情之主也;不可见声有躁静之应,因谓哀乐皆由声音也。"③ 躁静效应不同于哀乐之情感,是人在和声逗引下生命最内在的心性变化。也就是说,人与音乐的关系只是人以

---

① 李泽厚、刘纲纪:《中国美学史》第二卷,中国社会科学出版社,1987,第131页。
② 戴明扬校注:《嵇康集校注》,中华书局,2015,第316、317、321页。
③ 同上书,第324-325页。

"游心太玄"之心性去顺应声音之和,而达至超越情感的"俯仰自得"。嵇康《养生论》云:"故修性以保神,安心以全身,爱憎不栖于情,忧喜不留于意,泊然无感,而体气和平。"① 嵇康的这种情物关系实也是无情应物的。

郭象在继承王弼、嵇康、向秀等人思想的基础上,以时人最为推崇的《庄子》入手,对情物关系进行了论述。放下郭象的"圣人无情"论不表,仅看一下郭象对凡众倡导一种什么样的情物关系。对于凡众而言,由于其缺乏圣人的秉性,故要实现自得逍遥,尚需要借助主客两方面的条件方能获得自由。郭象《庄子·列御寇注》云:"必将有感,则与本性动也。"从主体而言,凡众需要做到感物过程中随性而动而不能随感而动。因为随性而动,其主导权在性,则能适性;随感而动,则主导权在物,只会为物所役。《庄子·达生注》即云:"性动者,遇物而当,足则忘余,斯德生也;知用者,从感而求,倦而不已,斯贼生也。"从客体而言,凡众需要得其所待,在一种恰当的、与自身性分相适应的"自得之场"中方能获得逍遥。也就是说,只有在主客"各当其分"的情境中,人方能获得适性逍遥。"不自是而委万物,故物形各自彰著。常无情也。""不自是""常无情"意味着主体是以本性之动来面对外物;"委万物""物形彰著"意味着客体物性的自然自在。这种"性与物冥"的主客玄冥实际上是生命本性与物的本性双向打开、双重显现的过程。生命本性与外物性理的双重显现使得日常的情志主体在这种"性与物冥"的当下体验之中得以化解,这就是郭象的"以理遣情"的思想。"达乎斯理者,必能遣过分之知,遗益生之情,而乘变应权。故不以外伤内,不以物害己,所以常全也。"人若能"明""达"性理,自能反内遣外,性得而累去。人在玩味物理的瞬间已然脱离了情志的生发,从而实现"物任其性,事称其能,各当其分,逍遥一也"。

从何晏、钟会、王弼、嵇康到郭象,魏晋玄学性情论所持的都是一条有别于"缘情感物"的"无情论"理论主张。汤用彤在谈到魏晋人生观时

---

① 戴明扬校注:《嵇康集校注》,中华书局,2015,第229-230页。

认为:"从哲理上说,所在意欲探求玄远之世界,脱离尘世之苦海,探得生存之奥秘。"① 相应地,魏晋士人则以自身的"行为艺术"把庄学、玄学生活情调化了。因此,玄学无情论堪称魏晋士人任诞忘情、以理遣情之人生的理论写照。

《晋书·隐逸传·郭文传》载:"(温峤)又问(文)曰:'饥而思食,壮而思室,自然之性,先生安独无情乎?'文曰:'情由忆生,不忆故无情。'"有"忆"则有妄念,无情不是要否定生理本来的食色,而是不要让这种自然之性掺入了知用与感求。正是在这种意义上,魏晋士人的任诞、任性的生命风流才得以解释。任性不是任感情而是任性情,因为要真正做到任性情恰恰要超脱感物之情。因而,任性就是一种"无情""忘情",这是一种只遵从本性的生命自动而不受制于任何外在礼法规范等常情黏滞的生命风流。这种生命的任性风流在《世说新语》中比比皆是。王澄、胡毋辅之等人任放为达、闭室酣饮,但并未影响到公共活动的展开,故依然是反抗名教的任自然之举;相比王家诸郎的"咸自矜持",王羲之的坦腹东床实彰显其真性情,故得郗鉴垂青;刘伶纵酒,以天地为庐,乃见其胸襟辽阔;阮籍"酒醉便眠其妇侧"的放任无心,显其坦荡至淳;谢尚"半坐,乃觉未脱衰"的忘礼酣宴,可谓忘俗情又多性情;嵇康的"每一相思,千里命驾"、子猷的"雪夜访戴"之"乘兴而行,兴尽而返"皆自然发乎性情,自然止于性情,可谓循性而动;王献之不顾俗情礼数,随性造访顾辟疆园林、王子猷与桓伊打破常规的"客主不交一言"而又莫逆于心,则尽显名士风流。面对亲人的逝世,常人要么因痛失挚爱而悲不自胜,要么遵循礼制而临丧哭泣、无益自损。只有像阮籍、魏舒等通达生死命理者,方能做到如庄子"鼓盆而歌"般齐万物、一生死。

魏晋名士旷达忘情的生命风流"无"去了意欲有念之情、喜怒哀乐爱恶惧等感物之情,而让自身的生命性情和盘托出,最终成己成物,物我两忘。《世说新语·言语》载:"支公好鹤,住剡东岇山。有人遗其双鹤,少时翅长欲飞。支意惜之,乃铩其翮。鹤轩翥不复能飞,乃反顾翅,垂头。视之,如有懊丧意。林曰:'既有凌霄之姿,何肯为人作耳目近玩?'养令

---

① 汤用彤:《魏晋玄学论稿》,上海古籍出版社,2001,第 196 页。

翻成，置使飞去。"支遁先是痴迷执着于鹤，为留鹤乃至于铩其翮，可谓为物所累。此物累之情使得物我两伤。支遁体察鹤情后，继而体认到鹤性的凌霄之姿，从而物我两忘，去己之执迷物累之情。这种生命因忘情而达至的既不自损也不损物而让彼我各适其性的逍遥之境，实是一种与物一体、物我两得的至性至情与人间大情。

三、"钟情"与"无情"相周旋的矛盾人生

从上述两个方面的论述可见，魏晋的重情风尚实则包含了"钟情"与"无情"两个维度。如同汉代"旧学"与玄学"新学"并存一样，"钟情人生"与"无情人生"的并存也构成了魏晋士人生命世界的一体两面，显现了魏晋士人充满矛盾与拉锯的人生。刘师培说："建武以还，士民秉礼，迨及建安，渐尚通侻，侻则侈陈哀乐，通则渐藻玄思。"① 刘师培说的是建安时期"侈陈哀乐"与"渐藻玄思"的并存。但事实上，"哀乐"与"玄思"这一并存现象在魏晋时代（如阮籍、王羲之等人身上）一直存在。李泽厚曾对魏晋风度评价道："外表尽管装饰得如何轻视世事，洒脱不凡，内心却更强烈地执着人生，非常痛苦。这构成了魏晋风度内在的深刻的一面。"② 这种"内在的深刻"实际体现了魏晋风度内在的矛盾性。

正因如此，在魏晋士人身上，我们看到了他们矛盾冲突的生命世界：时而遗弃世事，时而利禄熏心（如山涛）；时而疾恶如仇，时而又诫子寡言慎备（如嵇康）；时而简要清通，时而贪财鄙吝（如王戎）；时而坦荡旷达，时而夜起彷徨（如阮籍）；时而操节守义，时而放荡淫逸（如周颙）；时而任诞风流，时而高德雅量（如谢安）；时而才情高远，时而诞纵秽行（如孙绰）；时而畅叙幽情俯仰自得，时而兴怀感叹痛悼死生（如王羲之）；时而兄弟情深不能顺命，时而无情适性随遇而安（如王徽之）……此正如颜之推在《颜氏家训·勉学》中所写的："而平叔以党曹爽见诛，触死权之网也；辅嗣以多笑人被疾，陷好胜之阱也；山巨源以蓄积取讥，背多藏

---

① 刘师培：《中国中古文学史讲义》，上海古籍出版社，2000，第7页。
② 李泽厚：《美学三书》，安徽文艺出版社，1999，第105页。

厚亡之文也;夏侯玄以才望被戮,无支离臃肿之鉴也;荀奉倩丧妻,神伤而卒,非鼓缶之情也;王夷甫悼子,悲不自胜,异东门之达也;嵇叔夜排俗取祸,岂和光同尘之流也;郭子玄以倾动专势,宁后身外己之风也;阮嗣宗沉酒荒迷,乖畏途相诫之譬也;谢幼舆赃贿黜削,违弃其余鱼之旨也。彼诸人者,并其领袖,玄宗所归。其余桎梏尘滓之中,颠仆名利之下者,岂可备言乎!"①

这些矛盾冲突的生命表现都真实地发生在魏晋士人身上,构成了魏晋风度的多重紧张面相。这里,生命形态展示出来的不再是道德人格的高尚或精神境界的高超,而只是具体生命偏执却又真实的非完美个性。从生命的原初形态而言,魏晋士人秉承的依然是汉末以来敏感多情的文人心绪,这构成了一种生命在世在在处处的日常情态。然而,玄学的指引又使得魏晋士人力图去实践一种平淡玄远、超然事外的理想人格。这样,如同名教与自然、庙堂与山林、入世与出世的矛盾共存一样,实然的"钟情"与应然的"无情"扭结在一起,构筑了魏晋人生的矛盾统一体。

> 思萦拂之道,屡借山水,以化其郁结。(孙绰《兰亭诗序》)②

> 谢太傅语王右军曰:"中年伤于哀乐,与亲友别,辄作数日恶。"王曰:"年在桑榆,自然至此,正赖丝竹陶写。恒恐儿辈觉,损欣乐之趣。"(《世说新语·言语》)

> 殷仲堪云:"三日不读《道德经》,便觉舌本间强。"(《世说新语·文学》)

> 王佛大叹言:"三日不饮酒,觉形神不复相亲。"(《世说新语·任诞》)

从上述材料可以看出,生命的郁结、伤于哀乐、舌本间强、形神不复相亲等可视为魏晋名士日常的生命情态,而用以化解这种日常情态的则是山水、音乐、玄学、饮酒等一系列士人文化艺术体系。魏晋名士们正是通过其所建构的一系列文化艺术体系来实现"钟情"向"无情"人格的转换。"谁能无此慨,散之在推理。"(王羲之《兰亭诗》)"散以玄

---

① 檀作文译注:《颜氏家训》,中华书局,2007,第115-116页。
② 严可均辑:《全晋文》卷六十一,商务印书馆,1999,第638页。

风，涤以清川。"（孙绰《答许询诗》）"亹亹玄思得，濯濯情累除。"（许询《农里诗》）① 日常悲态使得士人们走入山水，并在山水的审美体验中消释悲情并在与自然山水的一体玄同中超越生死。冯友兰《论风流》就说："有玄心底人，若再有进一步的超越，他也就没有哀了。一个人若拘于'我'的观点，他个人的祝福成败，能使他有哀乐。超越自我的人，站在一较高底观点，以看'我'，则个人的祝福成败，不能使他有哀乐。但人生的及事物的无常，使他有更深切的哀。他若从一更高底观点从天或道的观点，以看人生事物，则对于人生事物的无常，也就没有哀了。没有哀乐，谓之忘情。"② 吴冠宏也说："魏晋深情之美，往往不仅是个人情感自然的流露与宣泄而已，尤在能善体物情，于任彼之情中而浑然忘我之私，由之而物我两忘，共契道境之自然与逍遥，反而不在自我意识的高涨与唯我之情的面向。"③ 忘情，则能内不拘于五情，外不滞于物感，则能一任己性、旷达自适，彰显生命的随任与从容。但是，玄学的"无情人生"是否成功地对日常的"钟情人生"进行了彻底转换呢？从"屡借""正赖""三日不读""三日不饮"等时间性语汇可知，这种生命情态的转换在魏晋名士身上是一个需反复时时演练的过程。也就是说，魏晋人的"钟情"与"无情"生命情态的转换是一个周旋反复的过程。当他们处于一种生命的自得之场时，他们可以实现生命的适性与超然，但一旦离开这种场域，生命又复归悲情。这种反反复复的两情跨越，不断循环，实际很难安顿身心。

王羲之的《兰亭集序》可算是这种"钟情"与"无情"生命周旋的真实流露。《兰亭集序》云："及其所之既倦，情随事迁，感慨系之矣。向之所欣，俯仰之间，已为陈迹，犹不能不以之兴怀，况修短随化，终期于尽？古人云：'死生亦大矣！'岂不痛哉！"④ 这种慨叹时序流转、直抒生命悲情的"钟情"语调显然属于汉魏、西晋以来的抒情文学传统，它表达

---

① 逯钦立辑校：《先秦汉魏晋南北朝诗》，中华书局，1983，第896、899、894页。
② 冯友兰：《三松堂全集》第五卷，河南人民出版社，2001，第315-316页。
③ 吴冠宏：《魏晋玄论与士风新探：以"情"为绾合及诠释进路》，台湾花木兰文化出版社，2009，第109页。吴冠宏以"钟情与忘情""真情与矫情""约情与肆情""高情与俗情"的交错来谈论魏晋士风，给笔者很大启示。与吴冠宏仅立足于魏晋玄学来谈魏晋之情的两端交错不同，本文对魏晋之情的阐释是立足于气感类应与玄学两种哲学区分上的。
④ 严可均辑：《全晋文》，商务印书馆，1999，第258页。

了魏晋士人心中难以平复的日常心态。与此同时，王羲之又对"冥于当下"的时刻充满了寄予："是日也，天朗气清，惠风和畅。仰观宇宙之大，俯察品类之盛，所以游目骋怀，足以极视听之娱，信可乐也！夫人之相与，俯仰一世。或取诸怀抱，悟言一室之内；或因寄所托，放浪形骸之外。虽趣舍万殊，静躁不同，当其欣于所遇，暂得于己，快然自足，曾不知老之将至。"① 生命的原生态悲情也许只有在当下直观的仰观俯察、游目视听、欣于所遇中才能快然自足。通过寓目山水的当下直观，让人快然自足于当下审美，从而让山水之性理化去日常之悲态，遂达至生命的适性逍遥。王羲之的《兰亭集序》思想内容的矛盾性，还引发了学界关于《兰亭集序》文章与书法是否为王羲之所写的持续争论②。但笔者认为，这种心态的矛盾性可能恰恰是王羲之真实的"钟情"与"无情"相纠缠的矛盾心理之呈现。

魏晋"钟情"与"无情"相周旋的矛盾人生，根源上还是在于玄学是建基自然本性的生命本质观而非自然心性的生命本质观上。在庄子那里，达至忘情的过程是通过"心斋""坐忘"等心性工夫获得的。庄子的这种"以心复性"的工夫论可以仅停留于主观境界形态阶段，而并不必须借助外在客观形态来展开，由此可以使生命的寄托具有一种精神的恒定性。相较于庄子对心性践履精神的注重，魏晋的本性论玄学普遍上缺失对心性修养工夫的体贴③。如在郭象那里，庄子所持的精神高迈之逍遥就被转化成了凡俗亦能简易做到的"适性逍遥"。"适性"实是让生命本性得到无碍的实现，所谓"顺""任""循""率""恣""当"等，这是一种无须内在心灵自觉自主去"提撕"的无心、无意识、直来直往之生命行为。因而，魏晋玄学的"无情""以理遣情""以理化情"更多的是借助于外在客观形态即物的日常生活世界或士人文化艺术体系的创建来进行的。也就是说，魏晋名士由于缺乏心性工夫论的实践，其任性忘情、适性逍遥的达至往往是

---

① 严可均辑：《全晋文》，商务印书馆，1999，第257-258页。
② 参看《兰亭论辨》（文物出版社，1977）以及华人德、白谦慎主编《兰亭论集》（苏州大学出版社，2000）。
③ 虽然魏晋玄学也不乏心性论修养工夫的讨论，但更多集中于圣人领域。而圣人之所以能如此，恰恰是因为圣人自然本性如此。

经由对"自得之场"中外物的体察,借助外物性理来化其郁结,从而各适其性、彼我逍遥。这样,魏晋玄学给魏晋士人开出的脱情药方只具有治标不治本的疗效。它能暂时抚慰魏晋士人敏感多情的人生悲态,能让他们展现"冥于当下"的生命风流之一面。但由于无法根治,在短暂的任性与逍遥之后,魏晋士人面对复杂的社会现实,"钟情"的一面就会随时复发,内心的彷徨无主会再次侵袭自身。

正由于玄学并不能真正解决魏晋士人安顿生命的精神诉求,随着佛学的兴盛、玄学的衰微,本性论哲学渐趋过渡为心性论哲学(支遁"明至人之心"的至足逍遥论取代郭象的适性逍遥说即是这两种哲学渐趋转向的理论个案),魏晋风流也相应地一去不返了。

附录二　刘勰对山水诗的创造性误读与中古诗学的转向*

　　山水诗的兴起是中国诗歌史上的重要转折。关于山水诗在晋宋时期的兴起，学界已从多个角度进行了较好阐发，但也存在一些争议①。笔者认为，这种争议主要是源于刘勰《文心雕龙》② 对山水诗的理论定位与历史事实之间存在一些偏差。本文意图跳脱刘勰的成见，来呈现其山水诗理论与中古诗学发展事实间的这种偏差，以期给理解中古诗学中的诸多理论问题提供另一条思路。可以说，刘勰虽在《文心雕龙》的《物色》《明诗》诸篇中对山水诗的思想基础、历史形成与诗学特色给了充分关注和理论概括，但这种理论本身皆是以儒家诗学为参照系和阐释学"前见"而得出的，有着明显的以儒家诗学去"收编"山水诗的意图。具体而言，通过将气化交感自然观置换玄佛的物色自然观、将玄言诗在山水诗转向中的贡献有意抹杀、将山水诗情景交融的诗学特色溯源到《诗》《骚》传统等诸多创造性误读策略，刘勰实现了山水诗与儒家诗学的对接，影响到了中古诗学向传统儒家诗学主流的再次回归。

---

　　* 本文由笔者与贾瑞鹏共同完成，原载《南京大学学报（哲学·人文科学·社会科学）》2020 年第 4 期。

　　① 关于玄言诗与山水诗的关系，自刘勰提出"庄老告退，而山水方滋"（《文心雕龙·明诗》）的论断以来，就主要存在着两种不同的看法。一种看法同意刘勰论断，认为玄言诗阻碍了山水诗的出现；另一种看法反对刘勰论断，认为玄言诗与山水诗是密切相关的，前者推动了后者的发展。笔者同意王瑶、葛晓音、王钟陵、张节末等人观点，认为玄言诗与山水诗是前后相续的。

　　② 本文所引《文心雕龙》，均据周振甫：《文心雕龙今译》，中华书局，1986。

一、自然观的置换

一般而言,《文心雕龙·物色》被看作一篇论述文学创作中人与自然关系（或是创作主客体关系）的文章。在各种各样的阐释中,"物色"一直与儒家的"物感"传统纠缠不清,或是直接用"物感"解释"物色",或是直接将"物色"看作对"物感"传统的沿袭。这种混淆不仅忽视了二者在自然观与体物方式上的重大差异,也使得晋宋之际的诗学转向变得更加模糊不清。

"物感"和"物色"之间的理论差异被掩盖,绝非偶然,因为即使是刘勰本人,在两个概念的运用上也是有意混同的。在《物色》篇中,刘勰这样解释"物色":"春秋代序,阴阳惨舒,物色之动,心亦摇焉。盖阳气萌而玄驹步,阴律凝而丹鸟羞,微虫犹或入感,四时之动物深矣。若夫珪璋挺其惠心,英华秀其清气,物色相召,人谁获安……岁有其物,物有其容;情以物迁,辞以情发。"对比陆机《文赋》的"遵四时以叹逝,瞻万物而思纷。悲落叶于劲秋,喜柔条于芳春"[1] 以及钟嵘《诗品序》的"气之动物,物之感人,故摇荡性情,形诸舞咏"[2],三者都是借"感物生情"的气化宇宙论来解释诗人的情感机制。这种美学理论最早在《礼记·乐记》中就确立起来:"乐者,音之所由生也,其本在人心之感于物也。"因此,刘勰这种"感物心动"的理论并非源于魏晋诗学的新变,而是沿袭于先秦两汉的气化交感自然观。尤其是"是以献岁发春,悦豫之情畅;滔滔孟夏,郁陶之心凝;天高气清,阴沉之志远;霰雪无垠,矜肃之虑深"一段,将四时节气和人的心理状态对应起来,明显是一套阴阳五行观念在背后起作用,与汉儒的天人交感理论如出一辙。不过,在魏晋"情"与"物"地位得以凸显的知识学背景下,在刘勰的"情以物迁,辞以情发"的物感理论中,"物"已不再仅是一种情志的拟代而具有了"景"的审美性,而"情"也有了更加自然、鲜明的审美抒情特色。这就表明,刘勰的"物色"论实将传统"物感"说的心物关系提升为一种极具美学性的新型

---

[1] 张少康集释:《文赋集释》,人民文学出版社,2002,第20页。
[2] 陈延杰注:《诗品注》,人民文学出版社,1961,第1页。

情景关系。这里，在"物色"与"物感"之间，最为明显的差别是"物"摆脱了在"物感"说中所处的情志之附庸地位而实现了质的飞跃，成为与"情"并在的一种"主位对象"①。由此，追问"物"地位之所以独立的背后之自然观基础，当成为理解"物色"论的重要内容。在《物色》篇中，刘勰直接将传统"物感"说背后的气化交感自然观当作新型"物色"论的思想基础，其中的深意就值得玩味了。

事实上，"物色"概念是伴随着山水的发现与山水诗的兴起才出现的，其代表了一种区别于传统"物感"的新体物方式。魏晋物感诗与山水诗的不同至少有如下几个方面。

首先，对"物"的态度不同。物感说虽然注重"物"对情感的触发之用，但并不意味着主体就仅是被动的。陆机的"悲落叶于劲秋，喜柔条于芳春。心懔懔以怀霜，志眇眇而临云"之语中，悲、喜、心懔懔、志眇眇皆是先在的情志。吕正惠说："'感物'内在于'叹逝'的主题结构之中，两者根本是密不可分的。"② 也就是说，物感诗侧重的是"感"与"叹逝"，而非"物"，抒情方是其诗学精神。这也解释了为什么物感诗所描绘的对象通常是时间上短暂即逝、空间上浮动无依之物（如春草秋风、飘风流水、枯条落叶、白露朝霜、走兽孤雁、浮萍游云、寒蝉离鸿等），因为飘零之物恰恰是先在的"叹逝"情志之投射。其所感的对象并不是物自身，而仅是投射在物象上的悲情。这样的"物"无非是在气类感应的自然观下与诗人的生命"叹逝"之间产生了某种习惯性联系罢了。因此，在魏晋物感诗中，"物"基本上处于情志的拟代地位而并没有被人自觉赏析。与之相反，山水诗笔下之物则是经由玄佛思想，特别是玄学自然本体论洗礼之后的产物，已然具有了自身的独立性与主位性。尤其是郭象《庄子注》对"物性"独特个性的揭橥，使得"物"挣脱了气类交感的罗网而具有了自身的独立价值③。

其次，对"物"的感知不同。物感诗中的"物"并不一定需要借助感

---

① 叶维廉：《中国诗学》，三联书店，1992，第85页。
② 吕正惠：《抒情传统与政治现实》，华中师范大学出版社，2011，第53页。
③ 关于"物"与"山水"独立价值的凸显以及玄学自然观特色，可参看李昌舒：《郭象哲学与山水自然的发现》，《复旦学报（社会科学版）》2006年第2期。

官当下直接把握,其更多的只是作为想象的物象并以听觉为主导来引发诗人的生命之叹①。在这种机制之下,物本身的形貌被遮蔽于笼统的物象当中。随着这种程式化的作用,物象与情感之间逐步形成一种相对稳定的"各从其类"的对应模式,如伤春悲秋等。由于是抒情先于感知而不是感知先于抒情,"寓目"直观就不会成为核心要素②。但在山水诗创作中,身观目视的山水感知则是第一位的。诗人以一种主动的姿态去亲临山水,"寓目辄书",成为山水诗创作的铁门限。

最后,对"物"的描绘不同。伴随视觉感官的打开,诗歌对物的描绘也呈现出声色大开的样貌。刘勰所谓的"自近代以来,文贵形似,窥情风景之上,钻貌草木之中。吟咏所发,志惟深远,体物为妙,功在密附"(《物色》),可以看作刘勰对早期山水诗以及对景物生动刻画的肯定③。对山水形貌的精细刻画和刻意经营是山水诗区别于物感诗(其对物的描写,是服务于情感倾泻的)的又一特点。

由此可见,"物感"之"物"与"物色"之"物"有着明显的差异,用物感理论解释山水诗的兴起存在着严重缺陷。蔡彦峰就说:"'体物'诗学的确立,不是从'感物'中写景成分的增多而自然而然地发展而来的,准确地讲,'感物'到'体物'不是一种自然的演进,而是诗学上的一种转折,二者具有不同的思想基础。"④刘勰以儒家的"物感"置换"物色",淡化了"物色"背后所具的玄佛自然观思想基础,掩盖了玄佛思想在转变山水地位与体察方式上的巨大贡献。这里,进一步澄清"物色"这一概念更有助于把握其与"物感"在自然观思想基础上的重大区别。

通常有人把"物色"理解为事物的外在形式、样态⑤,笔者认为这样

---

① 萧驰:《玄智与诗兴》,台湾联经出版事业股份有限公司,2011,第75页。
② 郑毓瑜:《六朝情境美学综论》,台湾学生书局,1996,第123—124页。
③ 学界有些人认为"窥情"之情为"情感"义,而"吟咏所发,志惟深远"乃"诗言志"义,从而认为这句话实际上包含了刘勰"情景交融"的看法。事实上,"窥情"之情为"情态",即一种风景的形态,与"钻貌"是一致的;而"吟咏所发,志惟深远"是对山水诗中蕴含的玄理或佛理的说明。刘勰这句话当是针对以谢灵运为代表的早期山水诗而言的。
④ 蔡彦峰:《玄学与魏晋南朝诗学研究》,人民文学出版社,2013,第77页。
⑤ 张晶:《中国古典美学中的"感物"说》,《大连大学学报》1999年第1期。

的解释太过笼统且见不出其本意。自然景物被缀以"色"字是晋宋山水诗中的一个标志，如暮色、晨色、日色、月色、山色、水色①，等等。正是从这时起，"色"才和景色有了联系，"物色"也被看作自然景色的主要代称。而在此之前，无论是"物色"还是"色"，都与景色的含义丝毫无涉。

"物色"一词在魏晋以前有多种用法，其中出现最早，也是使用最多的一种用法是在祭祀当中，代指献祭牲畜的毛色。《淮南子·时则训》云："乃命宰祝，行牺牲，案刍豢，视肥臞全粹，察物色，课比类，量小大，视少长，莫不中度。"②另外，刘向在《列仙传》里提道："老子西游，喜先见其气，知有真人当过，物色而遮之，果得老子。"③这里的"物色"可以被看作一种特殊的天象。奇异的云气被看作伴随神人出现的祥瑞，所以视其气物有异色而寻迹之，就可找到神人。"物色"还可以指代人的容貌，如："朗心伤其冤，试以建等物色独问忠、平，而二人错愕不能对"④。作"形貌"意的"物色"后来演变为动词，即"以形貌来寻访"，这个用法一直延续至今。看起来与景色相近的用法出现在《西京杂记》当中："高帝既作新丰，并移旧社，街巷栋宇，物色惟旧。"⑤尽管这里的"物色"指街上景物的形貌，但与晋宋诗歌中出现的"暮色""月色""天色"还有很大区别。自然景物冠之以"色"有着明确的审美指向，而街巷栋宇冠之以"色"则仅限于市井的形貌布置之新旧。可见，在传统用法中，合成词"物色"基本上与自然景色内涵无涉。

同样，单独的"色"字在传统用法中也与景色无关。在魏晋以前"色"字的用法多与人相关，指女色和脸色，《世说新语·贤媛》中同时出现了这两个用法："妇曰：'夫百行以德为首，君好色不好德，何谓皆备？'允有惭色，遂相敬重。""色"另外一个常见的用法就是指色彩，如五色

---

① 张静：《"物色"：一个彰显中国抒情传统发展的理论概念》，《台大文史哲学报》2007年第67期。
② 杨坚点校：《淮南子》，岳麓书社，2015，第44页。
③ 王叔岷撰：《列仙传校笺》，中华书局，2007，第22页。
④ 范晔撰：《后汉书》，中华书局，1965，第1417页。
⑤ 刘歆等撰：《西京杂记（外五种）》，上海古籍出版社，2012，第18页。

等。这些"色"的传统用法都与"物色"相去甚远。

然而，佛教传入之后，"色"在佛经翻译的过程中开始演变为一个很重要的宗教概念。据张静《"物色"：一个彰显中国抒情传统发展的理论概念》一文的考察，"色"是翻译梵文 rūpa（一切物象的显现形式）的结果，在佛教中代指一种所见之像。这个像由眼根所摄取，且变动不居，是一种自性空的现象境。对于山水来说，不论是"晨色""暮色"还是"日色""月色"，都是眼见之色，都要经视觉来呈现，而且这些景色同样具有变动不居稍纵即逝的特点。萧统在《昭明文选》中将《风赋》《秋兴赋》《雪赋》《月赋》归类为"物色"，显然注重的也是"风、秋、雪、月"之"色"的当下变动不居与现象之虚层面，而非"物"的稳定性、实体性层面。两相对照之下，物色之"色"与传统"色"的用法差异较大，而与佛教之"色"确有高度的契合。

此外，就"暮色""夜色""晨色"诸词而言，都离不开光线的作用，而"山色""水色"诸词又与色彩有着密切的关系。这种对待"物"的具体形态之当下"寓目"感，在物感说心物与主客双方都情气化的自然观背景下几乎是不可能实现的，但玄佛的直观体物方式恰能调动生命自然之性的原发精神而细腻地观照到声色的微妙变化。正如张节末所说："体玄悟道一旦被置入直观，就培养起对自然之声音、光线和色彩的敏感。"①

从其生平来看，刘勰有着长期的寺庙生活和极高的佛学素养，自然对"色"这样一个核心概念了如指掌。不过，尽管"物色"和玄佛自然观有着诸多联系，刘勰还是有意将其淡化而直接将气化交感自然观概括成了山水体物美学的自然观基础。

刘勰对"物感"和"物色"的混淆，也许是为了贯彻儒家的诗学传统而有意为之。在《序志》篇中，刘勰提到"盖文心之作也，本乎道，师乎圣，体乎经，酌乎纬，变乎骚，文之枢纽，亦云极矣"。以此来看，"本乎道，师乎圣，体乎经"是要坚守儒家文艺理论的基本底色，而"酌乎纬，

---

① 张节末、李鹏飞：《中古诗学史：境化与律化交织的诗歌运动》，浙江大学出版社，2013，第105页。

变乎骚"又体现了一种开放的态度与胸襟,要借助和吸收其他典籍中的合理成分来改造原有的儒家文艺体系。这与刘勰用儒家的思想框架糅合佛道思想以完成山水文学理论建构的实践是相互印证的。只是,为了将山水诗整合进儒家诗学传统,在自然观上,刘勰置换了山水诗本来的玄佛自然观"山头",而直接插上了儒家气化宇宙论的"天道"大旗。

二、诗学史的误判

刘勰敏锐地把握到了由山水诗带来的诗体转向,所谓"宋初文咏,体有因革,庄老告退,而山水方滋"(《明诗》)。但在对玄言诗的评价上,刘勰的看法却不一定中肯:"江左篇制,溺乎玄风,嗤笑徇务之志,崇盛亡机之谈。袁孙已下,虽各有雕采,而辞趣一揆,莫与争雄"(《明诗》)。刘勰与大多数齐梁诗人一样,对玄言诗评价不高。依其表述,"山水方滋"和"文有雕采"是值得肯定的,但"溺乎玄风"是需要批评的。这种批评不仅指向玄言诗本身的"理过其辞、淡乎寡味",而且从诗学史的角度对玄言诗的地位进行了贬低。这主要体现在两方面:其一,给玄言诗以前的抒情文学很高的地位,而认为玄言诗的兴起导致了诗、骚体尽,建安风力尽失;其二,对玄言诗以后的山水诗高度评价,褒扬其山水刻镂之功,但认为玄言诗在山水诗的兴起过程中起了阻碍作用。

在时间段上,玄言诗正处于魏晋缘情物感诗之后、山水诗全面兴起之前。从刘勰"宋初文咏,体有因革,庄老告退,而山水方滋"的论断可知,刘勰认为由魏晋的缘情物感诗发展到晋宋的山水诗本当是一种水到渠成的自然进程,玄言诗的出现反而阻断了这种诗史的顺利进展。正是根据这种诗学史观念,刘勰贬低玄言诗之目的就是要把山水诗的产生直接纳入山水自身不断清晰化的过程中,在缘情物感诗和山水诗之间构建起一种一脉相承的沿袭关系。然而,玄言诗的出现恰恰是魏晋社会历史发展过程中的必然产物,作为中古诗学史的有机组成部分,实有不可或缺的历史积极作用。

事实上,刘勰认为玄言诗阻断了缘情传统的论断是十分到位的,只是不该就此对玄言诗进行单纯的批评。恰恰相反,玄言诗中非缘情的观感方式才是山水之美自在呈现的重要推手。从这一点来看,玄言诗在山水诗形成过程中可谓居功至伟。

从缘情物感诗到山水诗，感物方式经历了明显的变革。尽管在"缘情感物"的机制下，山水得以冲破象征性的道德比附和美刺比兴直接与情感关联，特别是自然中一些微妙易逝的景象（如朝露、薄雾、秋草、尘埃）也开始受到诗人的关注，但正如前引蔡彦峰所说，景象描写成分的增多并不必然带来体物美学的变革。在缘情物感诗中，山水形态虽然得到了一定程度的呈现，但这种山水形态又被一种强烈的情感语态包裹与压制而没有达至后世"情景交融"的艺术至臻之境。在强烈情感的灌注下，山水形态的呈现最终还是服从于情感抒发的需要而成为一种情感的拟代物。这表明，没有观感方式的质变，山水几乎不可能在物感说的道路上自我彰显、自身独立。

正始以来，司马氏的高压统治使得政治环境渐趋恶化。当"借诗观志"成为一种政治手段以后，文人自然而然对"赋诗言志"持观望或逃避的态度。韬光养晦、无为处世、喜怒不形于色的生活态度是在朝不保夕的环境下所应采取的最佳策略。在这种政治背景下，庄子的"无情"理论得到魏晋名士的共鸣。"言志抒情"的诗学道路也随着魏晋名士对"情"的态度转变而转变。

魏晋玄学对"情"的态度集中体现在"圣人有情无情"的讨论上。无论是何晏主张的"圣人无情"还是王弼主张的"圣人应物而无累于物"，本质上都带有玄学之士对"感物之情"的排斥态度。郭象更将俗世的不快归结于物感之情："今人之有所不得，而忧娱在怀，皆物情耳，非理也。"与其在俗务中百般纠缠、痛苦不堪，倒不如不悲不喜、逍遥于天地之间。适性逍遥的理想再加上对道家经典中神仙居所的极度向往，士人们选择逃离现世的樊笼而遁身到不生不死、无穷无尽的玄学宇宙中去。

然而，无论是"清泠之渊"还是"无何有之乡"，无论是"濠梁"还是"虚舟"，都只是漆园之描绘。精神的安顿之所毕竟无迹可寻，故而终究安顿不了肉身。安顿肉身的只能是现世的"毕罗"。将精神安顿于玄理之后，名士们也找到了身体的安顿之所——山水。东晋玄学"以玄对山水""山水即道"观念的盛行，实现了自然之道与山水性理的同一，其要旨是在山水的生动形态之性理中去体玄识远、适性逍遥。陶渊明《归园田居》（其一）云：

"少无适俗韵,性本爱丘山。"① 谢灵运《游名山志》曰:"夫衣食人生之所资,山水性分之所适。"② 这里,陶谢两位大诗人就都把山水视为一种"适性"的自得之场。这样一来,自然山水也就成为散怀去累的最佳去处。对于向往适性逍遥的士人来说,山水至少有两个层面的作用:一是借山水化其名教郁结,二是借山水以体悟自然道境。二者实为借助山水来隐退"物情"并返归性理的同一个心理过程。

如果说物感理论中的"物"是被"情"厚厚包裹的,那么在玄言诗的发生机制下,这样的情就被逐步淡化了。因为"物情"所联系的是世俗的功利纠缠,而山水散怀的目的就是要去除情累。孙绰《太尉庾亮碑》云:"而方寸湛然,固以玄对山水。"③ "以玄对山水"要求以湛然淡泊、莹澈明亮的无心、虚心而非"感物情动"的方式来契合自然山水之性。黄侃在《文心雕龙札记》里就说:"若孙、许之诗,但陈要妙,情既离乎比兴,体有近于伽陀。"④ 试看王羲之《兰亭诗》(其一):"代谢鳞次,忽焉以周。欣此暮春,和气载柔。咏彼舞雩,异世同流。乃携齐契,散怀一丘。"⑤ 尽管从一开始诗人就感叹时光飞逝,但是并没有任由这种情感泛滥,更没有走向对暮春时节的叹逝,而是一笔带过转而去描绘天气晴和。感物生情的机制并没有在此发挥作用。接着,诗人表达了对先贤自由之境的追慕。在王羲之以外,孙绰、谢安、袁峤之等人都在《兰亭诗》中引用了"舞雩"的典故,然而这些人在描述这件事的时候,都只沉浸在现实的游冶之乐中,而孔子及其弟子"舞雩"之中的道德情感则淡化了,因为浓厚的道德感被庄子式的自然主义逍遥取代了⑥,因为这次集会就是抱着"散怀一丘"之目的而进行的。

但寄情于山水世界并非诗人的最终归宿,山水只是通向理感世界之路的媒介。道无处不在,玄理也无处不在。在山水中化解现实之情的郁结与

---

① 逯钦立辑校:《先秦汉魏晋南北朝诗》,中华书局,1983,第991页。
② 严可均辑:《全宋文》,商务印书馆,1999,第319页。
③ 同上书,第648页。
④ 黄侃:《文心雕龙札记》,商务印书馆,2014,第28页。
⑤ 逯钦立辑校:《先秦汉魏晋南北朝诗》,中华书局,1983,第895页。
⑥ 张节末、李鹏飞:《中古诗学史:境化与律化交织的诗歌运动》,浙江大学出版社,2013,第82页。

生命生死之忧，在山水中体悟人与自然大化的契合方是山水意义所在。正是这种理感的获得，保证了散怀的有效性。在理感的世界中，并没有为"感物之情"的长吁短叹留出空间。随着"感情"的退出，"物感"模式在玄言诗中彻底失效。"情—物"模式被"理—景"模式取代。"酷不入情"的玄言诗通过"以理化情"的方式阻断了感物抒情的缘情传统。

除了"以理化情"，玄言诗对物感诗的另一大变革在于"以观代感"。在感物理论中，"感"强调的是内在体气与外在元气间的交流往复，比兴式的内在情感想象力是占据首位的。"寥亮心神莹，含虚映自然。亹亹沈情去，彩彩冲怀鲜。"① 玄言诗"寓目理自陈""目击道存"的观物方式将玄思玄理与山水的视觉形象联系起来，视觉在体物过程中的作用被大大强化了。"仰观宇宙之大，俯察品类之盛。"玄言诗观物的方式是一种"仰观俯察"的"寓目"直观方式。在这种"寓目"直观下，人与山水在一种"冥于当下"的审美观照中，真实形态的山水也自然地能被人捕捉。正因如此，从晋开始，"寓目"一词作为一种最为典型的感知经验开始大量出现在诗歌创作中。如"驾言游西岳，寓目二华山"（潘尼《游西岳诗》）、"拂驾升西岭，寓目临浚波"（庾阐《登楚山》）、"肆眺崇阿，寓目高林"（谢万《兰亭诗》）、"寥朗无厓观，寓目理自陈"（王羲之《兰亭诗》）、"以为寓目之美观"（谢灵运《山居赋·注》）等。

王钟陵说："迁逝感的淡退，与外物愈益成为描写的对象，是一组呈现反向运动的因果联结，内心深沉的感荡之减弱，方才能使外物的描写从'有我之境'走向'无我之境'，自然景候才能日益成为一种独立的审美对象。"② 在玄言诗的当下即目的观感方式之下，视觉感官被充分打开。诗人在模山范水的创作实践中积累了丰富的景物描写和意境经营的经验，山水自身的形貌得以走向明晰，并且可以沿这样一条道路继续走向成熟。王瑶说："由玄言诗到山水诗的变迁，所谓'庄老告退而山水方滋'，并不是诗人的思想和对宇宙人生认识的变迁，而只是一种导体，一种题材的变迁。"③

---

① 逯钦立辑校：《先秦汉魏晋南北朝诗》，中华书局，1983，第1080页。
② 王钟陵：《中国中古诗歌史》，江苏教育出版社，1988，第526页。
③ 王瑶：《中古文学史论》，北京大学出版社，1986，第251页。

可见，在物感诗与山水诗之间，玄言诗实起到了反转前者开启后者的桥梁之用。刘勰将山水诗与物感诗直接勾连并意图在儒家诗学脉络上直接生发出山水诗的诗学史误判，实有将山水诗纳入传统儒家诗学以达成其"宗经"的理论目的。这在下一个问题上表现得更为明显。

三、《诗》《骚》传统的嫁接

在《物色》篇中，刘勰对情景交融的问题进行了精妙的论述，概括起来则是"写气图貌，既随物以宛转；属采附声，亦与心而徘徊"。"随物宛转"用典源于《庄子·天下》，原文为"椎拍輐断，与物宛转"，成玄英疏："椎拍，笞挞也。輐断，行刑也。宛转，变化也。复能打拍刑戮，而随顺时代，故能与物变化而不固执之者也。"由此来看，"宛转"所强调的是人要主动顺应物的变化。而关于"随物宛转"中的"物"应作何解，学界尚有不同看法。一般而言，将其训作"外境、外物"① 更为合理。刘勰这两句表述采用了互文的手法，就是说无论是描写物的神气、形貌还是修饰物的文采、声音，都既要尊重物的客观性（与物宛转），又要考虑主观情感表达的需要（与心徘徊）。反映到刘勰的创作论里，就是要实现情的主观性与"物"的客观性的自然绾合，情景交融。

除了对心物关系的论述以外，刘勰还为刻画物象提供了具体可行的方法。刘勰提倡凝练传神的语言，即"以少总多，情貌无遗"，并以此将《诗》《骚》中的选词状物看作景物描绘的典范，认为其远胜司马长卿之徒"字必鱼贯""繁而不珍"的铺陈方式。提到晋宋以来的诗文新变，刘勰同样以"文贵形似"的标准，对"窥情风景之上，钻貌草木之中……体物为妙，功在密附"的逼真刻画予以了高度评价。

事实上，刘勰对《诗》《骚》以及山水诗的评价是统一于"刻镂物象"这一标准之下的。似乎只要能成功地"刻镂物象"，就必然已经遵循了一套心物一体、情景交融的原则。也就是说，在刘勰看来，山水诗对自然山水的刻镂与情景交融实际是有着儒家传统的。但是，仅仅通过技法上的对比，尚不能说明山水诗创作沿袭了《诗》《骚》传统。

---

① 王元化：《文心雕龙讲疏》，上海三联书店，2012，第 102 页。

这里，存在着应如何去评判《诗》《骚》传统作品中的心物关系的问题，即《诗》《骚》传统是否存在着足够山水诗效法的情景交融法则呢？从山水诗在南朝宋梁间的发展来看，既有以谢灵运为代表的理—景结合作品，又渐趋出现了谢朓等为代表的情—景结合的作品。不过，这两种山水诗类型都与《诗》《骚》传统有着区别。拿与玄言诗紧密关联的谢灵运理—景结合作品来说，其本身就是对《诗》《骚》传统的反动。檀道鸾《续晋阳秋》言："正始中，王弼、何晏好《庄》、《老》玄胜之谈，而世遂贵焉。至江左李充尤盛。故郭璞五言始会合道家之言而韵之。询及太原孙绰转相祖尚，又加以三世之辞，而《诗》、《骚》之体尽矣。"① 从檀道鸾的描述可见，玄言诗的出现本身就是对传统讽咏比兴、言志抒情的《诗》《骚》之体的终结，而谢灵运的理—景结合作品亦是如此。拿山水诗中的情景交融作品来说，其与《诗》《骚》传统的心物关系实也有着很大区别。山水诗的情景关系是一种极具美学性的心物关系，其情更注重的是"人禀七情，应物斯感，感物吟志，莫非自然"（《文心雕龙·明诗》）的自然感情，其物更注重的是"千岩竞秀，万壑争流""山川自相映发"的自然之景，其文采则更注重"以切至为贵"与"巧言切状"。葛晓音说："到齐梁时山水诗又进一步和羁旅行役结合起来，人们对自然的心领神会以及微妙的感受意绪成为诗歌表现的主要内容，这就使抒情诗转向了从客观形象和情感本身寻求美感的时代……永明体产生后，随着篇幅的压缩、句法的凝练，构思方式发生了明显的变化，在处理情景关系上，开始显示出即景抒情、融情于景，寄不尽之意于象外的特点。"② 钱志熙也说："晋宋之际的诗人，继承了发生于汉魏之际的这种文学观念，但又更进一步地从文学的审美价值上追求自觉的文学意识。既认识到文学的本质和文学发生的基本原理，又认识到文学独立的审美价值……这一观念的变化，使文学由单纯的高古自然，转为丰富多彩，刺激了人们对文学形式美的自觉追求。"③ 不论是对客观形象的心领神会、对情感本身的微妙感受还是自觉的文学意识与形式美追求，说的都是

---

① 余嘉锡笺疏：《世说新语笺疏》，中华书局，2011，第229页。
② 葛晓音：《八代诗史》（修订本），中华书局，2012，第321页。
③ 钱志熙：《魏晋诗歌艺术原论》（修订本），北京大学出版社，2005，第356页。

山水诗在主客、心物关系的处理上已然是一种较为纯粹的审美关系了。

依此反观，不难发现山水诗情景美学处理方式与《诗》《骚》传统是存在巨大差异的。虽然《诗经》与《楚辞》中也不乏一些情景交融的秀句，但二者所遵循的"诗言志"诗学圭臬与"情景交融"显然是不同的。刘勰《文心雕龙·物色》中所列举的《诗经》中的"桃之夭夭，灼灼其华""昔我往矣，杨柳依依""其雨其雨，杲杲日出""参差荇菜，左右流之""桑之未落，其叶沃若"等秀句虽然确实初具了心物交融的美感，但《诗经》中还存在不少描写外物的诗句，其并不具备如此高的美学效果。更重要的是，《诗经》中很多外物的出现都是与道德或政治的比附连为一体的，这就构成了《诗经》在描写外物时内在道德性比附和外在本真形象性之间的矛盾。在比德美学中，物的"引譬连类"之象征性是主要的而物自身的具体形态则是附属的。因此，即使那些具有心物交融秀句的诗，通篇读下来，读者感受到的更多的是宏大的道德政治叙事而非情景交融的美感。李泽厚就认为："至于《诗经》中的'杨柳依依'，'蒹葭苍苍'，是否即如后世的情景意境，则未必然。它们只是后世以至今天的'读法'。在当时恐确有其具体人事、礼仪的含义，在这方面，汉儒美刺说，又是有其历史根据的。"① 在《离骚》中，这种比德手法的运用则更为普遍也更为系列化。正如王逸《楚辞章句·离骚经序》所云："《离骚》之文，依《诗》取兴，引类譬谕，故善鸟香草，以配忠贞；恶禽臭物，以比谗佞；灵修美人，以媲于君；宓妃佚女，以譬贤臣；虬龙鸾凤，以托君子；飘风云霓，以为小人。"②

可见，在《诗》《骚》作品中，心物关系主要是通过比德、比兴来建立的，这种关系始终贯彻着"诗言志"的儒家传统。《诗》《骚》传统中的心物关系和山水诗的情景交融存在着很大差别，从《诗》《骚》到山水诗大致经历了一个"《诗》《骚》言志—汉赋铺陈—物感诗缘情—玄言诗与谢灵运诗的理景结合—山水诗情景相融"的发展脉络。其中玄言诗与早期山水诗的消解感兴、凸显物性的理景结合阶段代表了一个十分重要的转折期。因此，从《诗》《骚》的心物关系发展到山水诗的情景交融关系，其间是存在着巨

---

① 李泽厚：《美学三书》，安徽文艺出版社，1999，第360页。
② 洪兴祖撰：《楚辞补注》，中华书局，1983，第2-3页。

大的历史跨越与诗学转折的，实不能混同为一。张少康说："刘勰的心物交融说，乃是对儒家的人心感物说与玄佛的寄情寄心说的综合，在此基础上从理论上加以发挥的结果。"① 这一推断当是成立的，只不过刘勰本人为了"理论的发挥"而有意将玄佛的心物关系在其间的作用淡化了。"《诗》《骚》所标，并据要害。"当刘勰将《诗》《骚》传统当作情景交融的典范并以此来为情景交融寻找"宗经"源头时，这本身便属于一种逆向式的误读。但这种误读的嫁接却给山水诗情景交融美学法则的确立带来了权威性，算得上是一种创造性嫁接。一方面，由于《诗》《骚》中确实存在着心物交融手法的运用，使得刘勰的"宗经"并非无迹可寻；另一方面，借助《诗》《骚》的经典性，刘勰情景交融美学的提出实可获得主流诗学的保障，而更有利于在山水诗中恢复情志的重要性。因此，情景交融美学法则既可被视为刘勰向齐梁间日益浮靡、离本讹滥诗风开炮的理论武器，同时也将山水诗的发展重新纳入了一条与传统主流诗学，尤其是与情志抒发宗旨相一致的正路。

至此，刘勰移山水诗之花接《诗》《骚》传统之木的阐释学特质也就呈现得十分清楚了。总的来看，刘勰始终坚守其儒家立场，且在回归儒家抒情言志的诗歌传统上，刘勰和钟嵘保持着同一战线，他们对玄言诗的批评集中在其酷不入情、阻断缘情传统上。因为"情"是抒情传统的核心所在，情的淡化对这个传统造成了根本性的破坏，所以刘勰不仅要强调情景交融，而且要为山水诗的情景交融找到"宗经"传统。刘勰的问题很明显，正如王钟陵所说："在刘勰把儒家经典视为一切文体之源泉，包容了一切文章作法的时候，他也就把质朴的远古典籍当代化了。"② 事实上，刘勰将山水诗情景交融美学法则嫁接于《诗》《骚》传统的理论建构中，更像是把当代的东西典籍化了。当诗学发生新变后，刘勰倾向于为这种新变找到"宗经"传统，以确保其处于儒家诗学体系的解释范围之内。

需要补充指出的是，刘勰对山水诗的创造性误读并非空穴来风，而是与南朝时代背景和山水诗的创作实践紧密关联的。钱志熙认为，南朝皇权

---

① 张少康：《刘勰及其〈文心雕龙〉研究》，北京大学出版社，2010，第242页。
② 王钟陵：《中国中古诗歌史》，江苏教育出版社，1988，第151页。

的加强、门阀士族的衰落、寒门士人的崛起、对汉魏西晋诗歌传统的复归、对汉魏乐府与晋宋新声的借鉴等多方面原因导致了诗人们对文学的情感本质的普遍性认同①。随着南朝皇权政治统治形态的恢复和门阀士族的式微，儒家正统观念也相对一度中兴。气本体论自然观的复兴既是这一政治环境的产物，也是哲学思想的内在发展要求。儒家正统观念出于文之教化的考虑，也倾向于以气来贯通天—人—艺的关系。可以说，南朝气化自然观的复兴、对文学情感本质的普遍认同以及鲍照、谢朓等人情景渐趋交融的山水诗创作实践，都为刘勰山水诗理论（山水诗自然观基础、山水诗史、山水诗美学法则）的建构提供了阐释学"前见"。虽然刘勰在山水诗的理论建构过程中存在着对早期山水诗诸多问题的误读，但由于这种误读是在时代思想转换与诗歌创作实践背景下完成的，因而其误读成果又构成了山水诗理论创造性发展的重要部分。正是经由刘勰以及同一战线的钟嵘等人的山水诗理论之推动，中古山水诗也逐步实现了由早期山水诗的理景结合或情景截为两端向情景交融路径的转向。

---

① 钱志熙：《魏晋诗歌艺术原论》（修订本），北京大学出版社，2005，第309-379页。

主要参考文献

一、古代文献类书籍

曹础基、黄兰发点校:《庄子注疏》,中华书局,2011.

陈伯君校注:《阮籍集校注》,中华书局,1987.

陈桥驿校证:《水经注校证》,中华书局,2007.

陈寿撰、裴松之注:《三国志》(简体字本),中华书局,1999.

陈延杰注:《诗品注》,人民文学出版社,1961.

程树德撰:《论语集释》,中华书局,1990.

戴明扬校注:《嵇康集校注》,中华书局,2015.

戴鸿森笺注:《姜斋诗话笺注》,上海古籍出版社,2012.

杜佑撰:《通典》,中华书局,1984.

范文澜注:《文心雕龙注》,人民文学出版社,1958.

范晔撰:《后汉书》,中华书局,1965.

方东树:《昭昧詹言》,人民文学出版社,1961.

房玄龄等撰:《晋书》,中华书局,1974.

伏俊琏撰:《人物志译注》,上海古籍出版社,2008.

高楠顺次郎等:《大正新修大藏经》第52册,昭和五十四年(1979).

顾绍柏校注:《谢灵运集校注》,中州古籍出版社,1987.

郭庆藩辑:《庄子集释》,中华书局,1961.

郭绍虞主编:《中国历代文论选》,上海古籍出版社,2001.

洪兴祖撰:《楚辞补注》,中华书局,1983.

黄寿祺、梅桐生译注：《楚辞全译》，贵州人民出版社，1984.

楼宇烈校释：《王弼集校释》，中华书局，1980.

陆德明撰：《经典释文》，上海古籍出版社，2013.

逯钦立辑校：《先秦汉魏晋南北朝诗》，中华书局，1983.

普济：《五灯会元》，中华书局，1984.

僧祐、道宣撰：《弘明集　广弘明集》，上海古籍出版社，1991.

沈约撰：《宋书》，中华书局，1974.

释慧皎撰：《高僧传》，中华书局，1992.

苏舆撰：《春秋繁露义证》，中华书局，1992.

孙希旦撰：《礼记集解》，中华书局，1989.

檀作文译注：《颜氏家训》，中华书局，2007.

王弼、韩康伯注，孔颖达正义：《周易正义》，中国致公出版社，2009.

王明校释：《抱朴子内篇校释》，中华书局，1985.

王先谦撰：《诗三家义集疏》，中华书局，1987.

萧统：《文选》，中华书局，1977.

萧子显撰：《南齐书》，中华书局，1972.

严可均辑：《全晋文》，商务印书馆，1999.

严可均辑：《全三国文》，商务印书馆，1999.

严可均辑：《全宋文》，商务印书馆，1999.

叶燮等：《原诗　一瓢诗话　说诗晬语》，人民文学出版社，1979.

杨伯峻撰：《列子集释》，中华书局，1979.

杨伯峻：《春秋左传注》，中华书局，1990.

杨明照撰：《抱朴子外篇校笺》，中华书局，1991.

余嘉锡笺疏：《世说新语笺疏》，中华书局，2011.

袁行霈撰：《陶渊明集笺注》，中华书局，2011.

张少康集释：《文赋集释》，人民文学出版社，2002.

张宗祥校注：《论衡校注》，上海古籍出版社，2010.

周振甫：《文心雕龙今译》，中华书局，1986.

朱熹撰：《四书章句集注》，中华书局，1983.

朱熹注：《周易本义》，中国书店，1994.

二、现当代研究著作

暴庆刚：《反思与重构：郭象〈庄子注〉研究》，南京大学出版社，2013.

蔡彦峰：《玄学与魏晋南朝诗学研究》，人民文学出版社，2013.

陈秋宏：《六朝诗歌中知觉观感之转移研究》，台湾新文丰出版股份有限公司，2015.

陈望衡：《中国古典美学史》，武汉大学出版社，2007.

陈寅恪：《金明馆丛稿初编》，三联书店，2001.

范子烨：《中古文人生活研究》，山东教育出版社，2001.

方立天：《中国佛教哲学要义》，中国人民大学出版社，2002.

冯友兰：《中国哲学史新编》第四册，人民出版社，1986.

冯友兰：《三松堂全集》第五卷，河南人民出版社，2001.

傅伟勋：《从西方哲学到禅佛教》，三联书店，1989.

高华平：《魏晋玄学人格美研究》，巴蜀书社，2000.

葛晓音：《八代诗史》（修订本），中华书局，2012.

葛晓音：《山水田园诗派研究》，辽宁大学出版社，1993.

顾彬：《中国文人的自然观》，上海人民出版社，1990.

韩国良：《道体·心体·审美：魏晋玄佛及其对魏晋审美风尚的影响》，中华书局，2009.

韩林合：《游外以冥内：郭象哲学研究》，商务印书馆，2016.

何国平：《山水诗前史》，暨南大学出版社，2011.

胡大雷：《中古诗人抒情方式的演进》，中华书局，2003.

胡海、秦秋咀：《中国美学通史·魏晋南北朝卷》，江苏人民出版社，2014.

胡晓明：《万川之月：中国山水诗的心灵境界》，北京大学出版社，2005.

华人德、白谦慎主编：《兰亭论集》，苏州大学出版社，2000.

黄圣平：《郭象玄学研究：沿着本性论的理路》，华龄出版社，2007.

康中乾：《有无之辨：魏晋玄学本体思想再解读》，人民出版社，2003.

康中乾：《魏晋玄学》，人民出版社，2008.

孔繁：《魏晋玄学与文学》，中国社会科学出版社，1987.

李昌舒：《中古出处与审美关系研究》，南京大学出版社，2016.

李小茜：《郭象哲学与中古的自然审美》，天津社会科学院出版社，2016.

李修建：《风尚：魏晋名士的生活美学》，人民出版社，2010.

李延仓：《道体的失落与重建》，中国人民大学出版社，2013.

李泽厚：《中国古代思想史论》，人民出版社，1986.

李泽厚：《美学三书》，安徽文艺出版社，1999.

李泽厚、刘纲纪：《中国美学史》第二卷，中国社会科学出版社，1987.

林聪舜：《向郭庄学之研究》，台湾文史哲出版社，1981.

刘成纪：《自然美的哲学基础》，武汉大学出版社，2008.

刘师培：《中国中古文学史讲义》，上海古籍出版社，2000.

刘笑敢：《庄子哲学及其演变》，中国人民大学出版社，2010.

刘运好：《魏晋经学与诗学》，中华书局，2017.

卢国龙：《郭象评传》，广西教育出版社，1996.

卢盛江：《魏晋玄学与中国文学》，百花洲文艺出版社，2010.

鲁迅：《中国小说史略》，商务印书馆，2011.

吕正惠：《抒情传统与政治现实》，华中师范大学出版社，2011.

罗宗强：《玄学与魏晋士人心态》，天津教育出版社，2005.

马良怀：《崩溃与重建中的困惑：魏晋风度研究》，中国社会科学出版社，1993.

马一浮：《马一浮集》第二册，浙江古籍出版社、浙江教育出版社，1996.

牟宗三：《才性与玄理》，广西师范大学出版社，2006.

宁稼雨：《魏晋名士风流》，中华书局，2007.

潘知常：《中国美学精神》，江苏人民出版社，1993.

普慧：《南朝佛教与文学》，江苏人民出版社，2019.

祁志祥：《中国美学通史》，人民出版社，2008.

钱穆：《庄老通辨》，九州出版社，2011.

钱志熙：《魏晋诗歌艺术原论》（修订本），北京大学出版社，2005.

曲经纬：《庄禅摆渡：〈庄子注〉与玄学美学》，东南大学出版社，2018.

任继愈：《中国哲学史》第二册，人民出版社，1963.

苏新鋈：《郭象庄学平议》，台湾学生书局，1980.

孙康宜：《抒情与描写：六朝诗歌概论》，上海三联书店，2006.

汤一介：《郭象与魏晋玄学》，中国人民大学出版社，2016.

汤用彤：《魏晋玄学论稿》，上海古籍出版社，2001.

汤用彤：《汉魏两晋南北朝佛教史》，武汉大学出版社，2008.

唐长孺：《魏晋南北朝史论拾遗》，中华书局，1983.

唐君毅：《中国哲学原论·原道篇》，中国社会科学出版社，2006.

田晓菲：《烽火与流星：萧梁王朝的文学与文化》，中华书局，2010.

田余庆：《东晋门阀政治》，北京大学出版社，2012.

汪裕雄：《意象探源》，安徽教育出版社，1996.

王葆玹：《玄学通论》，台湾五南图书出版公司，1996.

王国维：《观堂集林》，河北教育出版社，2003.

王国璎：《中国山水诗研究》，台湾联经出版事业公司，1986.

王江松：《郭象个体主义哲学的现代阐释》，中国社会科学出版社，2008.

王力坚：《由山水到宫体：南朝的唯美诗风》，台湾商务印书馆，1997.

王晓毅：《儒释道与魏晋玄学形成》，中华书局，2003.

王晓毅：《郭象评传》，南京大学出版社，2006.

王瑶：《中古文学史论》，北京大学出版社，1986.

王毅：《园林与中国文化》，上海人民出版社，1990.

王振复：《中国美学史教程》，复旦大学出版社，2006.

王钟陵：《中国中古诗歌史》，江苏教育出版社，1988.

文物出版社：《兰亭论辨》，文物出版社，1977.

吴冠宏：《魏晋玄论与士风新探：以"情"为绾合及诠释进路》，台湾花木兰文化出版社，2009.

小川环树：《论中国诗》，贵州人民出版社，2009.

小尾郊一：《中国文学中所表现的自然与自然观》（第 2 版），上海古籍出版社，2014.

萧驰：《诗与它的山河》，三联书店，2018.

萧驰：《玄智与诗兴》，台湾联经出版事业股份有限公司，2011.

徐复观：《两汉思想史》第二卷，华东师范大学出版社，2001.

徐复观：《中国艺术精神》，广西师范大学出版社，2007.

许抗生等：《魏晋玄学史》，陕西师范大学出版社，1989.

许理和：《佛教征服中国》，江苏人民出版社，2017.

杨立华：《郭象〈庄子注〉研究》，北京大学出版社，2010.

姚维：《才性之辨：人格主题与魏晋玄学》，人民出版社，2007.

叶维廉：《中国诗学》，三联书店，1992.

余敦康：《魏晋玄学史》，北京大学出版社，2016.

余英时：《士与中国文化》，上海人民出版社，1987.

袁济喜：《六朝美学》，北京大学出版社，1989.

张法：《询问佛境》，宗教文化出版社，2000.

张法：《中国美学史》，四川人民出版社，2006.

张法：《中国美学史》，高等教育出版社，2015.

张海明：《玄妙之境：魏晋玄学美学思潮》，东北师范大学出版社，1997.

张节末：《禅宗美学》，北京大学出版社，2006.

张节末、李鹏飞：《中古诗学史：境化与律化交织的诗歌运动》，浙江大学出版社，2013.

章启群：《论魏晋自然观》，北京大学出版社，2000.

张锡坤、姜勇、窦可阳：《周易经传美学通论》，三联书店，2011.

赵建军：《映彻琉璃：魏晋般若与美学》，中国社会科学出版社，2009.

赵琼琼：《汉末魏晋缘情诗审美经验研究》，武汉大学出版社，2015.

郑毓瑜：《六朝情境美学综论》，台湾学生书局，1996.

朱汉民：《玄学与理学的学术思想理路研究》，中国社会科学出版社，2012.

朱良志：《中国美学十五讲》，北京大学出版社，2006.

庄耀郎：《郭象玄学》，台湾里仁书局，1998.

宗白华：《美学散步》，上海人民出版社，1981.

三、期刊论文

曹峰：《"自生"观念的发生与演变：以〈恒先〉为契机》，《中国哲学史》，2016年第2期.

陈琰：《郭象〈庄子注〉美学思想研究》，武汉大学博士论文，2010年.

程剑平：《应当重视郭象对中国美学史研究的意义》，《成都大学学报》，2000年第2期.

高晨阳：《玄冥》，《中国哲学史研究》，1989年第2期.

洪之渊：《郭象玄学与东晋赏物模式的确立》，《文学评论》，2014年第5期.

兰喜并：《试释郭象的"玄冥之境"》，《中国哲学史研究》，1986年第2期.

李昌舒：《郭象哲学与山水自然的发现》，《复旦学报（社会科学版）》，2006年第2期.

吕锡琛：《郭象认为"名教"即"自然"吗？》，《哲学研究》，1999年第7期.

罗安宪：《中国心性论第三种形态：道家心性论》，《人文杂志》，2006年第1期.

马元龙：《郭象玄学与魏晋风度》，《中州学刊》，2000年第4期.

宁稼雨：《从〈世说新语〉看维摩在家居士观念的影响》，《南开学报》，2000年第4期.

王叔岷：《〈庄子〉向郭注异同考》，《"中央图书馆"馆刊》1卷第4期.

王晓毅：《郭象"性"本体论初探》，《哲学研究》，2001年第9期.

吴承学：《论古诗制题制序史》，《文学遗产》，1996年第5期.

萧驰：《郭象玄学与山水诗之发生》，《汉学研究》，2009年第27卷第3期.

许抗生：《关于玄学哲学基本特征的再研讨》，《中国哲学史》，2000

年第1期.

杨明照:《郭象庄子注是否窃自向秀检讨》,《燕京学报》第28期.

袁济喜:《郭象与魏晋美学》,《宝鸡文理学院学报》,2004年第4期.

张静:《"物色":一个彰显中国抒情传统发展的理论概念》,《台大文史哲学报》,2007年第67期.

郑毓瑜:《身体行动与地理种类:谢灵运〈山居赋〉与晋宋时期的"山川"、"山水"论述》,《淡江中文学报》,2008年第18期.

周广文:《试论郭象哲学的直觉观念》,《河南师范大学学报》,2007年第2期.

图书在版编目（CIP）数据

郭象《庄子注》与魏晋美学思潮 / 余开亮著. -- 北京：中国人民大学出版社，2023.1
（百家廊文丛）
ISBN 978-7-300-31182-1

Ⅰ.①郭… Ⅱ.①余… Ⅲ.①道家②《庄子》-注释 Ⅳ.①B223.52

中国版本图书馆 CIP 数据核字（2022）第 204350 号

百家廊文丛
郭象《庄子注》与魏晋美学思潮
余开亮　著
Guo Xiang《Zhuangzi Zhu》Yu Weijin Meixue Sichao

出版发行	中国人民大学出版社			
社　　址	北京中关村大街 31 号	邮政编码	100080	
电　　话	010-62511242（总编室）	010-62511770（质管部）		
	010-82501766（邮购部）	010-62514148（门市部）		
	010-62515195（发行公司）	010-62515275（盗版举报）		
网　　址	http://www.crup.com.cn			
经　　销	新华书店			
印　　刷	唐山玺诚印务有限公司			
规　　格	160 mm×230 mm　16 开本	版　次	2023 年 1 月第 1 版	
印　　张	19.25 插页 1	印　次	2023 年 1 月第 1 次印刷	
字　　数	289 000	定　价	79.00 元

版权所有　　侵权必究　　印装差错　　负责调换